Paul Holzhausen

Heinrich Heine und Napoleon I.

Holzhausen, Paul

Heinrich Heine und Napoleon I.

ISBN: 978-3-86741-489-0

Auflage: 1
Erscheinungsjahr: 2010
Erscheinungsort: Bremen, Deutschland

Bei diesem Titel handelt es sich um den Nachdruck eines historischen, lange vergriffenen Buches aus dem Verlag Diesterweg, Frankfurt a. M. (1903). Da elektronische Druckvorlagen für diese Titel nicht existieren, musste auf alte Vorlagen zurückgegriffen werden. Hieraus zwangsläufig resultierende Qualitätsverluste bitten wir zu entschuldigen.

Paul Holzhausen

Heinrich Heine und Napoleon I.

EUROPÄISCHER
HOCH
SCHUL
VERLAG

Napoleon I.

Nach einem Aquarell von O. Homlin.

(Original im Besitz des Verfassers.)

Heinrich Heine und Napoleon I.

von

Paul Holzhausen.

Nach Frankreich zogen zwei Grenadier.

Mit vier illustrativen Beigaben.

Frankfurt a. M. · · · Verlag
von Moritz Diesterweg · 1903.

Meines Vaters Schwester

Fräulein Natalie Holzhausen

in Leipzig

zum siebzigsten Geburtstage.

Vorwort.

Heine und Napoleon stehen auf diesem Buche, ein Adler und eine Leier — bekannte Namen und geläufige Symbole.

Zwei vielumstrittene Namen und zwei Namen, deren Träger beide von sich sagen dürften:

> Von der Parteien Gunst und Haß verwirrt,
> Schwankt mein Charakterbild in der Geschichte.

Erst dem zwanzigsten Jahrhundert, in dessen frischer Morgenstunde wir leben, scheint es vergönnt zu sein, diesen beiden wirklich gerecht zu werden. Von dem deutschen Dichter, der in fremder Erde ruht, hat das unlängst Max Kaufmann in einem allerliebsten Büchlein gesagt*), das ich jedem, der über Heines Charakter sans phrase ins klare zu kommen wünscht, nicht warm genug empfehlen kann. Über den korsischen Helden, in dem der freier blickende Sohn eines neuen Zeitalters den Baumeister seiner Tage zu sehen anfängt, habe ich mich selbst in gleichem Sinne in früheren Studien geäußert, die dem Leser bekannt oder vielleicht auch — unbekannt sein mögen.

Wie Heine, der hier nach der Methode exakter Forschung aufgefaßte und behandelte Heine, trotz der weinlaubumsponnenen Gartenlaube der Romantik, worin er einen Teil seiner Jugend verträumte, dem großen Klassiker, dem erobernden Weltreformator gegenüberstand, der auf dem mit Blut gedüngten Boden des achtzehnten Jahrhunderts die Neuzeit schuf, unsere heutige Gegenwart: davon werden diese Blätter erzählen.

---

*) Max Kaufmann, Heines Charakter und die moderne Seele, Zürich, 1902.

Und so glaube ich, nicht allein die Teilnahme der im engeren Sinne so genannten „Gelehrten" für meine Studie in Anspruch nehmen zu dürfen; sie ist auch für alle geschrieben, die, auf der Höhe zeitgenössischer Bildung stehend, über das graue Einerlei des Werkeltags hinausdenken und in mehr oder minder intime Beziehung zu den vornehmen Geistern zu treten wünschen, welche, wie Heine von dem die Welt durchschreitenden Cäsar Napoleon sagt, „über die Jahrtausende hinweg einander zunicken."

Wem Zeit und Neigung gestatten sollten, sich ernster und eingehender mit dem Inhalt dieses Buches zu beschäftigen, wird, wie ich hoffe, finden, daß mancher alte Schutt, der bisher den Zugang zu der hohen Halle versperrte, worin Cäsars und seines Poeten marmorne Bilder stehen, beiseite geräumt wurde — was dem Anblick beider nicht schaden mag. Sei mir ein schönes Wort Nietzsches zu nennen erlaubt: „Fröhliche Wissenschaft!" Ja, fröhliche Wissenschaft wurde in dieser Arbeit getrieben, die nach Lessings leuchtendem Vorbild die Wahrheit sucht, wie es dem Manne geziemt, dem die tapfere Sonne der Moderne taghell ins offene Fenster scheint.

Die bisher in Napoleon noch immer den politischen und militärischen „Struwwelpeter" gesehen, der, wie Chateaubriand mit beneidenswerter Naivetät sagen konnte, ein großer Schlachtengewinner, aber, davon abgesehen, ungeschickter als der geringste General war, sie werden hier manches Neue finden, das ihnen anfangs befremdend vorkommen mag. Aber vielleicht werden sie sich bekehren lassen, und, wenn nicht — nun, ein bischen Polemik putzt den Rost von den Geistern! Auch wer von dem nach Aristophanes ungezogensten Liebling der Grazien nur in einem Tone zu reden gewohnt ist, in dem vor vielen Jahren der im übrigen recht schätzbare Karl Goedeke schrieb oder Wilhelm Scherer und neuerdings noch Adolf Bartels in Weimar, auch er wird mal wieder sehen, daß die Ansichten der Menschen mit den Zeiten sich ändern, wenigstens das audiatur et altera pars sich energisch zum Wort meldet.

Gerade die politisch vielleicht verfänglichste Seite in Heines Dichten und Denken, sein Verhältnis zu dem französischen Kaiser, nimmt sich, wie so vieles, in der Nähe betrachtet und auf seine Entstehung hin geprüft, doch etwas anders aus als im verschwommenen Halbdunkel landläufiger Anschauungen und zu Dogmen verdichteter alter Märchen, die von Buch zu Buch wandern und dadurch eine Art historischer Sanktion erlangt zu haben scheinen. Es ist manchmal gut, den längere Zeit hindurch getragenen Rock auf seine Fadenscheinigkeit zu prüfen, ehe man in vornehme Gesellschaft geht. . . .

Und wer diese Blätter zur Erholung liest, in der traulichen Stunde des Abends, beim grünen Schirm der freundlichen Lampe, der mag dem Verfasser nicht gram sein, wenn ihm dieser nicht ganz allein von dem Gotte des Feldlagers und dem dessen Taten mit dem Blitzlicht seines Geistes beleuchtenden Poeten vorplaudert, sondern wenn er ihm ein etwas bunteres Bild von dem Leben der in ihrer Art nicht uninteressanten Zeit entwirft, die auf die Jahre der Revolution und des Empire gefolgt ist, der Zeit, in deren stilles Dunkel der Abendstern Goethes wie ein Licht aus helleren Sphären hineinleuchtet.

Eine reichhaltige und farbensatte Milieuschilderung fordern jetzt Wissenschaft und Lesewelt, und ich will es gar nicht verschweigen, daß meine Studie über das im Titel Versprochene etwas hinausgeht und daß neben den beiden Haupthelden auch andere dem gebildeten Leser vertraute Gestalten unserer und fremder Literaturen in das Buch hineingeschaut haben, in dem sie dann stehen blieben: Löb Baruch, der in der deutschen Schriftstellerwelt Ludwig Börne heißt, und Varnhagen und die feine Rahel und aus Heines Pariser Bekanntenkreise der pompöse Victor Hugo und der kleine Thiers, auch des Kaisers Neffe, der dritte Napoleon, in seinen Werdejahren und noch manche andere, die zu des Dichters Leben und Denken in näheren und entfernteren Beziehungen gestanden. Doch sind das immerhin mehr Randverzierungen. In der Mitte des Bildes steht der Düsseldorfer Jude, der Liebling des deutschen Volkes, trotz allem, was die Gegner sagen und trotzdem er dem auf seiner Reise um die Welt durch die Allee der Rheinstadt reitenden fremden Cäsar die schönsten Strophen und die geistreichste Prosa nachgesungen hat.

Nicht absichtslos aber sind im Hintergrunde auch Byrons und Goethes gigantische Schattenbilder aufgestellt. Diese großen Individualisten, die, der gewaltige Cäsar voran, weit hinausdachten über die engen Schranken, welche die kleinen Geister in unsichtbarem Bann gefangen halten, sie alle, Napoleon und Heine, der Dichter von Newstead-Abben und der Alte von Weimar, üben ja auf den Menschen der Gegenwart eine dämonische Anziehung, die über das Interesse, das sie früher besaßen, nicht unbeträchtlich hinausgeht. Ich erkenne darin — und auch darin kann ich nur früher Gesagtes wiederholen — Zarathustras Atem, den Geist Friedrich Nietzsches.

Der Individualismus reckt mächtig die Glieder. Seinem Fühlen kommt auch das Buch entgegen, das hier auf dem Tische liegt, und daher schien mir diese historische Studie innerhalb der eigentlichsten Interessensphäre der Gegenwart gelegen, und daher ward sie geschrieben.

Sollte es ein Irrtum sein? Immerhin! Das Haus ist unter Dach, und der Zimmermann hat sein Bäumchen darauf gepflanzt. Wem's gefällt, mag darin wohnen, wem nicht, der muß eben anderweitig Kost und Logis suchen. Dem Architekten aber bleibt noch eine Pflicht: allen zu danken, die mit liebenswürdiger Bereitwilligkeit Bausteine, große und kleine — aber sämtlich nicht ohne Wert — für das Werk geliefert haben. Mögen ihre Namen in alphabetischer Reihenfolge dieses Vorwort beschließen: Professor Louis P. Betz (Zürich), Mr. Ernest Hartley Coleridge (Croydon, England), Maurice Courcelle (Paris), Professor E. Elster (Marburg), Dr. H. H. Houben (Berlin), Geh. Rat Hüffer (Bonn), Dr. Gustav Karpeles (Berlin), endlich Direktor Otto Simon (Görlitz), der das Publikum in Bälde mit einer wertvollen Sammlung der Napoleondichtungen beschenken wird, aus deren Schatz er mir reichliche Proben zur Verfügung stellte. Auch im Freundes- und Verwandtenkreise ward mir Förderung und Hilfe in schöner Weise zuteil.

Bonn, 31. Oktober 1902.

Der Verfasser.

Inhalt.

1. Kapitel.

Zum Milieu und zur Vorgeschichte.

Die Entwicklung des Napoleonkultus in Deutschland bis um die Mitte der zwanziger Jahre.

❧

Ist es nicht fatal, mit einem Gemeinplatze beginnen zu müssen? So will ich ihn wenigstens von einem andern aussprechen lassen. „Selbst das Genie", sagt Hermann Marggraff[1]), „das doch über seine Zeit hinausragt und zugleich am Busen der Zukunft liegt, wurzelt im Boden seiner Zeit und ist mit ihren Säften erfüllt." Diese heutzutage banale Erkenntnis, von' der die moderne Milieuschilderung ausgeht, muß auch auf unsern Fall Anwendung finden. Wenn man einmal von den „Grenadieren" absieht, deren Treue gegen ihren Kaiser Heine schon sehr frühe sein nie verklingendes Loblied gespendet, so tritt dieser Dichter als Träger des Napoleonkultus mit dem Erscheinen des zweiten Bandes der „Reisebilder", also rund um 1825, in die Literatur ein.

Zu dieser Zeit nahm jener Kultus zwar noch nicht völlig die Gipfelstellung ein, auf die ihn die Julizeit, die das dreifarbige Banner auf den Turm der Notre-Damekirche zurückführte, später gebracht hat; aber er war in stetigem Wachsen begriffen und hatte an äußerer Ausbreitung und innerer Wärme schon einen erheblichen Grad erreicht. Wie war das möglich gewesen, ein Jahrzehnt nach Waterloo, kaum fünf Jahre nach dem Tode des Kaisers, der, wie seit unserer Großväter Tagen jeder Schulbube weiß, unter den Flüchen vieler Millionen von der Schaubühne der Weltbegebenheiten abgetreten war? Wir werden diese in der Geschichte völlig beispiellos dastehende Erscheinung auf ihre Ursachen zu untersuchen haben.

Schon in früheren Studien[2]) habe ich den Versuch gemacht, heutigen Lesern ein Bild von dem Eindruck zu geben, den, um einige Jahrzehnte vor 1825, die Persönlichkeit des jungen Bonaparte unter den Mitlebenden, zumal in Deutschland, hervorgerufen hatte. In dem hageren, blassen Jüngling, dessen scharfkantige Züge das Republikaner- haar noch umflutete und der Österreichs geübte Feldherrn mit den Krallen seiner Adlerfänge auf den alten Kampfesstätten der raudischen Gefilde packte und schüttelte, dann unter Pyramiden, Sphinxen und Memnonsäulen für eine Zeitlang verschwand, um, heerlos, als Triumphator zurückzukehren, in ihm hatten die klassisch gebildeten Zeitgenossen der Revolution einen Brutus, einen Scipio, einen Hannibal gesehen. Nach dem achtzehnten Brumaire, dessen in die Entwick- lung des neuen republikanischen Staatswesens brutal einschneidende, wiewohl in ihren Folgen höchst segensreiche Gewalttat dem Sieger einen Teil der Sympathieen entzieht, ihn aber durch andere, der Qualität nach vielleicht wertvollere entschädigt, entspringt eine neue Quelle der Begeisterung. Die staunende Welt, die in lichten Scharen nach der konsularischen Residenz Paris pilgert, lernt die Taten des ordnenden Genies bewundern, das die tiefen Wunden des französischen Staatskörpers heilt oder doch erfolgreich verbindet, in der kurzen Spanne von vier, fünf Jahren die gesamte Verwaltung von Grund aus neu aufbaut, den chaotischen Trümmerhaufen der fünfundzwanzig- tausend Konventsgesetze zusammenrafft, um aus diesen ungefügen Hau- und Bausteinen ein Rechtsbuch, dem Justinianischen an Wert und Dauer vergleichbar, zu schaffen. Auch den äußeren Schmuck des Lebens stellt der Konsul, in etwas geradliniger, steifbeiniger Form, wieder her, richtet Zucht und Sitte, wenigstens die notwendigsten Schranken des Dekorums wieder auf und führt Handel und Gewerb- fleiß in das zerrüttete Land Frankreich zurück.

Wenn die unverbesserlichen Verrinas eines starren Republikaner- tums von dem Konsul-Diktator nunmehr sich abwenden, so gewinnt dieser dafür die Achtung großer, der Erhaltung des Bestehenden zu- geneigter Kreise: ohne in dieser Skizze, der Vorgeschichte unseres Themas, auf weitere Einzelheiten eingehen zu wollen, kann ich doch den Namen Goethe nicht verschweigen. Die typischen Metaphern, mit denen man den bedeutenden Mann bezeichnet und deren farben- buntes Bild die Grade der Bewunderung auch in ihren feineren Abstufungen widerspiegelt, ändern sich bedeutungsvoll. Der den Staat herstellende General wird mit Thrasybul, auch schon einmal, was besonders charakteristisch genannt werden darf, mit Diokletian verglichen, der dem Rachen der Anarchie ein festes Gebiß anlegende Staatsmann mit dem konservativen Politiker Sulla; der siegreiche Feldherr und Ordner des Gemeinwesens vereinen sich im Bilde Cäsars; abseits grollende Republikaner werfen dem Machthaber vor, daß er auf den Ruhm eines uneigennützigen Washington verzichtet habe. Während noch andere den Spender des Friedens von Lunéville und Amiens als einen zweiten Timoleon feiern, tritt der diktatorische Charakter in dem Vergleich mit Cromwell scharf zu Tage.

Nun aber kommen die Jahre der Kaiserglorie und der gewaltigen Ausdehnung des Frankenreiches, die einen neuen Typus metaphorischer Bezeichnung im Gefolge haben und einen Namen, den der Gefeierte selbst besonders gern hört: Charlemagne, Karl der Große. Und die Gestalt des Herrschers wächst ins Riesengroße. Waren schon die mitlebenden Menschen bei dem ersten Auftreten des Generals Bonaparte ganz eigenartig ergriffen gewesen — auch Neider und Ungünstige wie die geistreiche Frau von Staël — hatte man in den Tagen des Konsulats, namentlich bei dem persönlichen Anblick des immer noch jugendlichen Staatslenkers, die Empfindung gehabt, einer völlig außerhalb des Rahmens der Erfahrung stehenden Persönlichkeit zu begegnen, so schien zur Kaiserzeit der bewundernden Phantasie auch der letzte Zügel zu entgleiten. Wenn er wie auf Meissoniers Bildern, von dem brausenden Jubel der Reitergeschwader umdröhnt, bei Jena oder Friedland über das Blachfeld ritt oder an der Spitze der Bärenmützen seiner alten Garde in den Hauptstädten Europas, Wien, Berlin, Madrid und Moskau, seinen Einzug hielt, da schien er etwas von der „Göttlichkeit" der Cäsaren des Altertums in sich zu tragen. Und er wurde vergöttert, nicht allein von den Lippen schmeichelnder Präfekten und charakterloser Liebediener aller Länder, auch von würdigen Männern: einem Denker wie Hegel, der während des Geschützdonners von Jena die „Phänomenologie des Geistes" vollendet, erscheint er als die „Weltseele". Ja, was vielleicht schwerer wiegt als die Begeisterung der ganzen französischen Nation zusammen, als die Loblieder aus den abhängigen Rheinbundländern, schwerer auch als die neidlose Bewunderung der großen kosmopolitischen Geister Deutschlands, selbst in dem streng national patriotischen Berlin werden nach der Katastrophe von 1806 Stimmen laut, Stimmen aus dem Munde unzweifelhafter Vaterlandsfreunde, die in dem fremden Herrscher den Neugestalter der Dinge verkünden und für den gesunkenen Musterstaat Friedrichs des Großen nur noch in dem Zusammengehen mit dem fränkischen Cäsar Heil und Errettung sehen. Massenbach und Johannes von Müller waren nicht die einzigen, die solche Gedanken laut werden ließen.

Allerdings waren in Preußen schon vor dem Kriege die ersten Klänge einer patriotischen Lyrik gegen den „Eroberer" erschollen, und ein unter diesem Titel erschienenes Gedicht des Kriegsrats Müchler war auch dichterisch so wohl gelungen, daß ihm sogar die Ehre widerfuhr, keinem Geringeren als Friedrich Schiller zugeschrieben zu werden. Auch Achim von Arnim und noch lauter Stägemann, der spätere Befreiungskriegssänger, hatten ihre Stimme erhoben, wie es ja denn in der preußischen Hauptstadt an Gegnern, auch höchst leidenschaftlichen Gegnern, Napoleons niemals gefehlt hat. Aber der Erfolg brachte sie zum Schweigen, und eigentlich haben doch erst die politische und wirtschaftliche Not der folgenden Jahre, die gänzliche Erniedrigung des nationalstolzen Volkes, die Kontributionen und die Übergriffe der Satrapen des länderbeherrschenden Xerxes jenen unermeßlichen Vorrat an Haß gegen den Kaiser zusammengetragen, der im Jahre 1813 zu so furchtbarem Brande sich entzünden sollte.

Besonders die realen Faktoren, die namentlich in den für Volk und Jugend berechneten Schriften über diese Zeit so oft hinter einem Nebel idealer Begeisterung für die Allgemeinheit verschwinden, dürfen hier nicht außer Rechnung gesetzt werden, wenn diese selbst nicht falsch werden soll. So gewiß es wahr ist, daß in jenen für immer unvergeßlichen Tagen sich in deutschen Landen ein gewaltiger Idealismus regte, ebenso wahr ist es auch, daß gerade das tobende Berserkertum, von dem wir noch zu reden haben werden, vorwiegend aus den niederen Wurzeln des Egoismus, der Habsucht und Rachgier hervorwuchs, wie das Sudermann im „Katzensteg" mit gewisser Übertreibung, aber gutem Erfassen der Luststimmung geschildert hat. Wir Realisten der Neuzeit kennen eben leider den Menschen zu gut, um die uninteressierte Opferfreudigkeit für mehr als eine Ausnahme zu halten! Für die Zwecke meiner Untersuchung hat dieser Hinweis insofern Bedeutung, als er zur Erklärung der Tatsache beiträgt, daß die Urteile über Napoleon nach dessen Sturze sich verhältnismäßig so rasch geändert und wiederum dort weniger rasch geändert haben, wo die wirtschaftliche Not vor und während der Kriege am größten gewesen war und die längstdauernden Nachwehen hinterlassen hatte.

Gilt das Gesagte vorwiegend von Preußen, so war auch in den übrigen deutschen Ländern, die mehr oder weniger unmittelbar unter dem kaiserlichen Scepter standen, in den letzten Jahren der Kaiserherrschaft allerlei Zündstoff angehäuft, und es braucht nur an die Konskription, den Polizeidruck, die Knebelung der öffentlichen Meinung und die französische Zollgesetzgebung erinnert zu werden, um eine wachsende Mißstimmung gegen den allmächtigen Mann zu erklären, eine Mißstimmung und Erbitterung, die auch in der Literatur, sobald dieser einmal die Zunge gelöst wurde, ihren Ausdruck finden mußte. Vor allem trug die Kontinentalsperre, das gewaltige Bollwerk, welches der Löwe wider den Walfisch errichtete und das man nach heutiger Einsicht mehr als eine Verteidigungs- denn als eine Angriffsmaßregel anzusehen berechtigt ist, dazu bei, dem Namen Napoleons in allen Ländern vom Strande der Ostsee bis zu den Fluten des Ebro Gegner zu erwecken, und man weiß, daß beispielsweise bei der Erhebung Hamburgs im Frühjahr 1813 die Erbitterung gegen die französischen Douanebeamten einem sonst friedfertigen und aller südlichen Erhitzung abgeneigten Volke die ersten Piken in die Hand gedrückt hat [3]). Selbst der Cichorienkaffee, an dessen Diktatur auch Männer wie Heine und Laube mit Grausen zurückdachten, hat das Seinige getan, um des Kaisers Bild zu trüben, und manches empfindsame Frauenherz, das für den Helden schwärmte, wird den Engländern ihre Siege vergeben haben, weil sie die von dem großen Manne mit den übrigen Kolonialprodukten verfehmte köstliche Bohne in die Küchen zurückführten!

Schon 1809 waren bekanntlich die Hoffnungen der deutschen, insbesondere der preußischen Patrioten aufgeflammt, und namentlich in den Dichtungen Heinrichs von Kleist war ein nationaler Haß zum Ausdruck gekommen, der sich nicht nur gegen die Franzosen im allgemeinen wandte, sondern seine nadelscharfe Spitze zuerst und unmittelbar auf Napoleons Brust richtete. „Der Anfang alles Bösen", der „Sünder, den anzuklagen die Sprache der Menschen nicht ausreicht", ein „der Hölle entstiegener Vatermördergeist", die „leibhaftige Lüge", das waren die schmückenden Beiwörter, die der Dichter der „Hermannsschlacht" schon damals dem im Zenith seiner Glorie strahlenden Imperator entgegenschleuderte, während beispielsweise Körner sich darauf beschränkte, Hofers Schicksal in einem Sonett zu besingen und etwas später dem Sieger von Aspern, Erzherzog Karl, ein paar Gedichte zu widmen.

Erst Napoleons Unglück in Rußland und die Erhebung Preußens während des Frühjahrs von 1813 hat den Tyrtäen der Befreiungskriege so recht eigentlich die Zunge gelöst. Körner, Schenkendorf, Fouqué, Rückert, Wetzel und viele, viele andere stießen in die Kriegsdrommete, keiner lauter und vernehmlicher als der urderbe Rügener

Bauernsohn Ernst Moritz Arndt. Es liegt in der Natur der diesen
Sängern und Propheten beschiedenen Aufgabe, daß sie garnicht daran
dachten, ob die etwaige Gestalt, die der Literaturhistoriker späterer
Zeiten aus ihren Gedichten als die eines Napoleon abstrahieren
könnte, irgendwelche Porträtähnlichkeit mit dem Geschmähten haben
würde oder nicht. Für sie war dieser Mann nur der Feind, dessen
Vernichtung um jeden Preis sie erstrebten und den sie in der Volks-
meinung so tief herabzusetzen suchten, wie nur möglich. Immerhin
waren die angewendeten Mittel nicht völlig dieselben, die Dosen bald
stärker oder schwächer, die Tinten blasser und tiefer, je nach dem
Charakter des Schreibers und der individuellen Stärke der allen
gemeinsamen Leidenschaft. Dem feurigen Jünglinge Theodor Körner
ist Napoleon meist kurzweg der „Wüterich" oder „Tyrann", doch ist
auch ihm wie Stägemann und andern die Vorstellung geläufig, daß
dieser Feind und seine Scharen etwas Höllisches haben oder mit der
Hölle im Bunde seien[4]).

Ungleich tiefer in den Farbentopf hat Arndt gegriffen:

> Brandgemalte Teufel scherzen
> Mit Menschenrechten, Menschenherzen,
> Die schwarze Hölle hat den Sieg,

heißt es in den „Liedern aus dem Katechismus für den deutschen
Wehrmann"[5]). Ihm ist Napoleon nicht nur „Tyrann" und „Wüterich",
sondern der „Drache"[6]), der „Teufel"[7]), die „wälsche Mordhyäne"[8]),
das „schwarze Abgrundstier"[9]), ein „Etzel Zwingeland"[10]), und noch
1837, sechzehn Jahre nach dem Tode des Gefangenen von St. Helena,
ruft er den Bewunderern des einstigen Welteroberers entgegen:

> Fort mit dem Lichterlöscher zu den Molchen,
> Fort mit dem Freiheitsmörder zu dem Galgen[11])!

Auch bei milderen Naturen wie Max von Schenkendorf spielen
Teufel und Hölle zur Bezeichnung Napoleons und seiner Anhänger
eine Rolle; doch tritt hier die rohe Beschimpfung des Gegners zurück
gegen die christlich fromme und mit einer starken Zutat von Mystik
versetzte Anschauung des Dichters, bei dem solche und ähnliche Wendungen
aus seiner Auffassung des Befreiungskrieges als eines Kreuzzugs entspringen und daher für das humane und ästhetische Gefühl des heutigen
Lesers weniger Verletzendes haben als die groben Ausfälle des derben
Pommern.

Am salonfähigsten unter den Befreiungsdichtern wird — einerlei,
wie man sonst über ihn denken mag — Fouqué erscheinen, dessen

vornehmer Charakter sich namentlich dagegen sträubte, nach dem
Siege gegen den gestürzten Imperator weiter zu schreiben, wie er
auch früher bei seinem Eintritt in den Tugendbund jeden Gedanken
einer Teilnahme an einem möglicherweise gegen Napoleon auszuführenden
Mordanschlag energisch von sich abgewehrt hatte.

Es war unausbleiblich, daß sich, wie stets in solchen Fällen, bei
den gemeineren Naturen die Freude am Sturze menschlicher Größe
erst dann mit lauter Vordringlichkeit äußerte, als deren Fall entschieden und nun auch die Gefahr, für verwegene Äußerungen von dem
Gewaltigen zur Rechenschaft gezogen zu werden, nach menschlichem
Ermessen für immer beseitigt war. Wie Schwämme nach dem Regen
schossen nach der Leipziger Schlacht die Früchte einer ultranapoleon-
feindlichen Volksliteratur aus dem Boden, und es waren, wie schon
ein maßhaltender Zeitgenosse damals bemerkt, viele giftige darunter [12]).

Wie anständig kommen uns im Vergleich zu ihnen die Gedichte
der Kriegsjahre von 1870/71 vor! Neben der augenscheinlich geringeren
Erregung der Leidenschaften ist darin der Fortschritt der Gemütskultur
und des literarischen Feingefühls unverkennbar. Zumal die Gestalt
Napoleons selber erscheint in jener unsäglich rohen, blutdürstigen und
bluttriefenden Volksliteratur von 1813/15 in einem wie durch Konvex-
spiegel erzeugten Zerrbilde, dem andern Zerrbilde vergleichbar, das
eine ebenso üppig wuchernde und im Grunde ebenso gemeine Kari-
katurenmalerei, die nach englischen Mustern unser Vaterland mit ihren
unsauberen Erzeugnissen überschwemmte, von dem einst Gefürchteten
gezeichnet hat [13]). Kein Schimpfwort der deutschen Sprache war
in jenen Liedern, Parodieen, Komödien und Farcen, keine Fratze,
kein Teufelsattribut, kein Bocksfuß in den ekelhaften Bildern gespart
worden, um ein einst mit gleichem Überschwange gefeiertes Heldenidol
durch den Kot zu schleifen.

Neben der nationalen Erniedrigung sehe ich gerade wieder in
der wirtschaftlichen Not, die, zumal in Norddeutschland, durch die
endlosen Militärlasten und Truppendurchzüge vor und im Jahre 1812
bis zur Unerträglichkeit gesteigert war, eine Erklärung dieser an
sich höchst unschönen und dem deutschen Gemüt im Grunde so fern-
liegenden Erscheinung. Ich meine den rohen Spott, der sich über die
namenlosen Leiden des fürchterlichen Rückzugs ergoß und in häß-
licher Weise die in ihrem Aussehen freilich ans Groteske streifenden
Soldatengespenster beleuchtete, die als Trümmer stolzer Heerhaufen
durch unser Land schlichen:

Trommel ohne Trommelstock,
Küraffier im Weiberrock,

höhnte Jahn, der sich wie ein dem Urwald entsprungener Teutone
geberdete, während seine Leistungen im Felde nach dem Zeugnisse
eines glaubwürdigen Zeitgenossen dem so pomphaft zur Schau getragenen Reckentum nur wenig entsprochen haben sollen [14]).

Natürlich haben sich auch geradezu falsche, sogar recht viele falsche
Töne in das gewaltig schmetternde Konzert der patriotischen Lyrik
jener Tage gemischt. Wenn unter ihren Stimmführern ein Kotzebue
auftritt, der den russischen Feldzug gar in einer witzig sein sollenden
Posse verspottet [15]), so kann für diesen zweifelhaften Vaterlandsver-
teidiger immerhin angeführt werden, daß er sich schon seit Jahren
als erklärten Feind des Franzosenkaisers gezeigt hatte, wiewohl er
einst anders geredet und beleidigte Autoreneitelkeit bei seinem Napoleon-
hasse stark mit im Spiele war [16]).

Fast noch fragwürdiger als Kotzebues Haltung konnte der plötz-
liche Stimmungsumschlag bei einer Reihe von Männern erscheinen, die
ernster genommen sein wollen als der Possenreißer von Weimar. So
haben, um nur ein paar hervorstechende Beispiele anzuführen, der
Berliner Geschichtschreiber Karl Ludwig von Woltmann, der Greifs-
walder Theologe Kosegarten und der Gothaer Schriftsteller Zacharias
Becker damals überraschend schnell ihre Ansichten über den einst vergötterten Helden geändert [17]). War der Stimmungswechsel, wie bei
allen dreien anzunehmen, auch ehrlich, so mußte seine Plötzlichkeit
immerhin Verdacht erregen, wie einst in umgekehrtem Fall bei
Johannes von Müller. Ein merkwürdiges Beispiel dieser Art bietet
auch der Briefwechsel des mit Goethe befreundeten weimarischen Staats-
ministers v. Voigt, der ganz kurze Zeit nach der Leipziger Schlacht
radikal umschwenkt. Gar zu schnell verwandelt sich in Voigts Briefen
der bis dahin mit allen Attributen vollkommenster Menschenwürde
ausgestattete „große Kaiser" in einen „Bären" und „Schergen der
Welt" und die gute Stadt Paris in das „große Babel," als daß der
Leser zu dieser Wandlung rechtes Zutrauen gewinnen könnte [18]). Noch
unangenehmer mußte auffallen, wenn der Berliner Publizist Friedrich
Buchholz, einer von den Preußen, die noch über 1806 hinaus an
Napoleon als den Regenerator der Dinge geglaubt, dann abgefallen
waren, später zum dritten Male seine Meinung änderte und gezwungen
war, sich wegen dieses öfteren Glaubenswechsels öffentlich in den
Zeitungen zu verteidigen [19]).

Noch im Jahre 1831 mußte der Göttinger Historiker von Heeren den Vorwurf Schloſſers ertragen, daß er „ein Spiel mit der Wahrheit treibe, das deutſche Volk förmlich betrüge und durch leeren und hohlen Schall der Worte um die Erkenntnis bringe, nach welcher es ſo eifrig ſtrebt." Dieſe Anklage war nicht ganz ungegründet, da Heeren in den verſchiedenen Ausgaben ſeiner „Geſchichte des europäiſchen Staatenſyſtems" auf Napoleon bezügliche Stellen in deutlich durchſcheinender Abſicht umgeändert hatte ²⁰)!

Solche Erſcheinungen machen es begreiflich, daß der Liberalismus nach wenig Jahren die Begeiſterung der Befreiungskriegszeit als eine von oben her befohlene hinſtellen und verſpotten konnte. War die Behauptung richtig, ſo verloren natürlich die Urteile über Napoleon, die jene Zeit abgegeben, alle und jede Rechtskraft. Aber auch wer das nicht zugab, mußte bald erkennen, daß ſie von gewaltiger Leidenſchaft diktiert und gewiß nicht einwandfrei waren. Das bewies ſchon die maßloſe Übertreibung im Ausdruck, die ſich in gleich hohem Grade wie in der poetiſchen auch in der noch umfangreicheren Journal-, Pasquill- und Flugſchriftenliteratur zeigt, deren bloße Aufzählung in den Katalogen größerer Bibliotheken viele Seiten in Anſpruch nimmt. Der begabteſte und zugleich rückſichtsloſeſte Vertreter derſelben iſt Görres geweſen, Görres, deſſen freiheitsdurſtige Seele ſich ſchon in den Tagen des achtzehnten Brumaire gegen das autokratiſche Regiment des Konſuls aufgelehnt hatte ²¹) und der 1814 dem Anſehen des Kaiſers ſolchen Abbruch tat, daß man ſeinen „Rheiniſchen Merkur" als eine vierte mit Napoleon im Kampf begriffene Großmacht bezeichnen konnte. Auch andere Zeitſchriften, die im Brockhausſchen Verlage herausgegebenen „Deutſchen Blätter", die „Germania" und wie ſie ſonſt heißen mögen, verfolgten die ausgeſprochene Abſicht, den Landesfeind, der den Bajonetten lange Zeit erfolgreichen Widerſtand leiſtete, literariſch zu vernichten. Auch hierbei ſuchte man die geplante Wirkung auf die Volksphantaſie durch möglichſt grobe Pinſelführung zu erreichen. Neben einer reichen Auswahl an Tierbildern zur Bezeichnung des Gegners — auch Walter Scott hat ſolche, wie Heine ihm ſpäter vorwarf, zu gleichem Zwecke ungemein reichlich verwertet — mußte wieder das antike Cäſarentum ſeine Typen hergeben. Aber diesmal war es nicht Caius Julius, der ehrbare Stammvater des Hauſes, mit dem der poſthume Cäſar verglichen wurde; die minder hoch im hiſtoriſchen Anſehen ſtehenden Tiberius, Caligula, Nero, auch Heliogabal wurden zu paſſend erſcheinenden Vergleichen herangezogen. Großenteils dieſelben Epitheta, mit denen

die englische respectability bei seinem gesellschaftlichen Sturze den
Sänger des „Childe Harold" überschüttete. Daneben treten Dschingis-
Chan und Attila auf, doch so, daß Napoleon unter letzteren zu stehen
kommt. Als Kuriosum aus der gleichfalls stark in Kontribution gesetzten Tierwelt mag noch erwähnt werden, daß der französische Kaiser
nicht nur mit jeglicher Art Raubzeug, Tiger, Schakal und Hyäne,
zusammengestellt wird, sondern in den Schriften eines besonders
patriotischen oder strebsamen Torgauer Diakonus sogar zum —
Büffelochsen avancierte[22]).

Neben den bekannten und schon aus diesen Bildern sich ergeben-
den Hauptvorwürfen grenzenloser Eroberungssucht und blutgieriger
Grausamkeit erscheint nun aber noch ein neuer, den man in den
Tagen von Moskau, Lützen, Bautzen und selbst nach Leipzig und
Waterloo kaum erwartet: der der Feigheit. Über die objektive Berechtigung dieser eigenartigen Anklage hier zu urteilen, ist nicht
meine Sache. Immerhin mochten die zweimalige überraschend schnelle
Abdankung des Kaisers, die Tatsache, daß er sich, wie viele doch
erwartet hatten, das Leben nicht nahm, und sein kaum ganz ein-
wandfreies Benehmen auf der Fahrt von Fontainebleau nach der
Insel Elba einigen Anlaß zu derartigen Vorwürfen bieten[23]). Und
diesmal wurden auch höhere Geister, selbst solche, die nicht in das
allgemeine Verdammungsurteil eingestimmt hatten, an ihm irre.

Bei der Kunde von Fontainebleau kritzelt der Sekundaner Hoffmann (von Fallersleben) in der Kinderstube seines Elternhauses mit
einem Diamanten ins Fenster ein Bild des Kaisers in zerlumpter
Uniform und schreibt darunter die respektwidrigen Verse:

> Hier zeigt die Zeit ein Schattenspiel:
> Napoleon den Großen,
> Wie er von seiner Höhe fiel
> In Nesseln mit dem Bloßen[24]).

Ein Schülerwitz, der nur um der Bedeutung des späteren Mannes
halber notiert zu werden verdient. Dieselbe Verachtung spiegelt sich
in den Worten von Arnold Friedrich Brockhaus, der gegen des
Kaisers Kanonen die Papierbatterien seiner „Deutschen Blätter" auf-
gefahren hatte und nun nach dem schwer errungenen Siege in größter
Verachtung ausrief: „Welch ein elender Wicht ist denn dieser Napoleon!
Pfui! er ist eigentlich nicht wert, daß man ihn anspuckt. Nicht den
Mut zu haben, ein so geschändetes Leben zu enden! Kann es hier
noch eine Frage sein mit Hamlet zu sagen: To be, or not to be,
that is the question[25])?

Daß er sich nach all den Kugeln, die er auf andere geschickt, keine durch den eigenen Kopf jagte, das konnten ihm die Kleinen nicht verzeihen [26]).

Aber auch ein Lord Byron hat in jenen Tagen geschrieben:

> In Kaiserhoffnung diese Ruh'
> Im Schiffbruch, oder fürchtest du
> Nichts andres als den Tod?
> Mehr Fürstentod als Sklavenlos?
> O deine Wahl ist schimpflich groß!

Mit Napoleons erster Abdankung war in seiner Würdigung ein Tiefpunkt eingetreten. Das gilt auch von unserem Lande, wenigstens von Mittel- und Norddeutschland. Nur einzelne groß geschnittene Geister haben es in jenen Tagen über sich gewonnen, den gestürzten Erz- koloß nicht ganz und gar unter das alte Eisen zu werfen. „Ich hasse ihn noch nicht", schrieb Rahel an Varnhagen [27]), Rahel, die patrio- tische Jüdin, die mehr auf den Altar des Vaterlandes gelegt hatte, als mancher der Korybanten, die gegen Napoleon laut brüllten, und Goethe, dem Herr von Gersdorff die erste Kunde von der Abdankung des Kaisers brachte, „schien etwas unangenehm durch diese Nachricht berührt" und bemerkte: „Daß er den Leuten den Gefallen tun würde, sich den Hals abzuschneiden, habe ich freilich nie geglaubt" [28]). Selbst in diesem Augenblicke also, wo die Voigt und Konsorten mit ver- dächtiger Eile umsattelten, bewahrte der Größte in Weimar „Dauer im Wechsel".

Wie gesagt, ein erster Tiefpunkt war erreicht in der Wert- schätzung Napoleons, der auch garnicht mehr Napoleon, sondern wieder Bonaparte oder Buonaparte genannt wurde. Sogar hohe Würdenträger, die soeben erst die kaiserliche Uniform ausgezogen hatten, z. B. Marschall Soult, bedienten sich, auch literarisch, dieser Bezeichnung, während der Sieger von Auerstädt, Davout, Charakter genug besaß, in seiner an Ludwig XVIII. gerichteten berühmten Ver- teidigungsschrift über die Belagerung Hamburgs nur von dem „Kaiser Napoleon" zu reden.

Aber schon im Laufe des Jahres 1814 schienen die Aktien des gestürzten Hauses Bonaparte wieder ein klein wenig anzuziehen. In Frankreich standen sie sogar bald wieder al pari. Die Bourbonen- regierung, weniger noch die königliche Spitze selbst als das von Béranger so köstlich verspottete Emigrantentum, tat schon damals, was in seinen Kräften stand, um das glorreiche Andenken des Sol-

datenkaisers unter dem Volke, vor allem in dem tiefgekränkten
Heldenheere, wachzuhalten und immer aufs neue zu beleben.

Das sind bekannte Dinge, bei denen wir uns nicht aufhalten
wollen. Hingegen ist bisher unbeachtet geblieben, daß auch in Deutsch=
land die ersten zarten Spuren eines neuen Napoleonkultus schon in
dieser Zeit zu finden sind. Nicht erst nach Napoleons zweitem Sturze
oder gar erst unter dem Eindruck der Memoirenliteratur von St. Helena,
wie gemeinhin gesagt wird. Zunächst ist es einleuchtend, daß denn
doch auch nach dem gewaltigen Umschwunge von 1813, namentlich
in den alten Rheinbundlanden und =heeren, ein stattlicher Rest von
persönlicher und militärisch=politischer Wertschätzung für den einstigen
Feldherrn und Gebieter übrig geblieben sein mußte.

Während der großen Bewegung zu vorsichtigem Schweigen ver=
urteilt, erheben sich nach kurzem wieder, bald hier, bald dort, ein=
zelne Stimmen zu Napoleons Gunsten. Schon während des Feldzugs
von 1814 hatte ihn Friedrich von Württemberg zu seinen neuen Siegen
beglückwünscht — vielleicht nur ein alter Rest von Servilismus, aber
doch charakteristisch in einer Zeit, wo eine Rückkehr des Geschlagenen
über den Rhein nicht mehr recht wahrscheinlich war. In West= und
Süddeutschland tritt Jahn den Freudenbezeugungen alter Rheinbund=
offiziere bei den gleichen Anlässen mehrfach entgegen, worüber er
sich, wie immer in etwas bramarbasierendem Tone, in den „Denk=
nissen" geäußert hat [29]). Auch Goethe, dem das Siegesgebrüll der
„Herdenmenschen" zuwider war, trägt in Wiesbaden und Weimar den
Orden der Ehrenlegion und wird deswegen von seinem Gaste, dem
österreichischen General Colloredo, mit soldatischer Grobheit an=
gefahren [30]).

Neben diesen Relikten alter Napoleonsverehrung zeigen sich neue
Ansätze. Da fällt zunächst auf, daß schon während des Aufenthalts
auf Elba manche Schriften erscheinen, in denen die napoleonische
Herrschaft und die neuen politischen Verhältnisse in einem Tone be=
sprochen werden, der sich von dem tobenden Berserkertum der vorhin
charakterisierten Literatur durch seine Mäßigung und das Bestreben
unterscheidet, auch dem Gestürzten Gerechtigkeit widerfahren zu lassen.
Hierher gehören die „Politischen Ansichten über Deutschlands Ver=
gangenheit, Gegenwart und Zukunft" und die „Bescheidene, doch
freimütige Andeutung über Übertreibungen und Rückwirkungen mit
besonderer Hinsicht auf Deutschland", von denen erstere den als
Kriminalisten und juristischen Schriftsteller geschätzten Ludwig Harscher
von Almendingen zum Verfasser hatte [31]).

Das findet die Zustimmung der Kritik, wie eine wichtige und gehaltvolle Besprechung in der „Jenaischen Allgemeinen Literatur-Zeitung" beweisen kann[32]). Dann bringt eine sächsische Zeitschrift, die freilich auch sonst an dem Sturm gegen den Kaiser nur mäßigen Anteil nimmt, um wenig später dem Gefangenen von St. Helena eine warme Fürsprecherin zu werden, der von Bergk und Heinichen herausgegebene „Europäische Aufseher" im Oktober 1814 einen Artikel, „Die Bonapartianer", der mit den bemerkenswerten Worten einsetzt: „Die Anzahl der Anhänger Bonapartes scheint jetzt wieder in Teutschland zuzunehmen. Männer, die ihn sonst verwünschten, sein Streben auf den Grund durchschaueten und alle seine Unternehmungen richtig würdigten, sind jetzt seine Freunde worden. Sie sehen ihn als die Schutzwehr der Verfassung durch Stellvertreter, als einen geschworenen Feind des Feudalsystems und als kräftigen Erzieher der Nationen zum Widerstande gegen mutwilligen Druck und abgenützte Vorurteile an[33]).“

Diese Stelle ist von Wichtigkeit als ein erstes Zeichen der Sinnesänderung der deutsch-liberalen Kreise dem gestürzten Imperator gegenüber. Neben den nationalen waren es ja besonders die liberalen Elemente und Ideen gewesen, die den Selbstherrscher gestürzt hatten und die ihn ein Jahr später in Frankreich noch einmal zu Fall bringen sollten. So kurzsichtig aber war auch in Deutschland gleich unmittelbar nach dem großen Volkskriege die Reaktion aufgetreten, daß sich wenige Monde nach Napoleons erstem Sturze in deutschen Blättern solche Worte hervorwagen konnten!

Das Gesagte bietet zugleich den Schlüssel zu manchen überraschenden Äußerungen des Jahres 1815, die von anderer Seite noch keine Beachtung fanden und in denen doch, wie in obigen Worten, die Vorläufer der späteren Napoleonbegeisterung der liberalen und radikalen Kreise, denen auch Heine angehörte, erkennbar sind. In unsern Schulbüchern und Geschichtskompendien kann man lesen, wie auf die Kunde von der Landung des trotz aller Schmähungen und Verhöhnungen noch immer recht gründlich Gefürchteten die Völker Europas mit neuer Begeisterung zu den Waffen griffen. Die Preußen unleugbar, und der alte Grimm, der sich bei Ligny und Waterloo noch einmal blutig entladen sollte, brach auch im Salongespräch vornehmer Zirkel so heftig hervor, daß feiner Empfindende, wie die inzwischen zur Frau von Varnhagen gewordene Rahel, die bei glühendem Patriotismus das Schimpfen nicht liebte, sich unmutig abwendeten[34]).

Doch haben sich auch Stimmen in wesentlich abweichendem Sinne geäußert. Selbst im mittleren Deutschland.

Schon an einer anderen Stelle habe ich auf eine Bemerkung des jungen Hoffmann von Fallersleben hingewiesen [35]), der im Vorjahre seinen frühreifen Witz an dem gefallenen Imperator geübt hatte. Zur Teilnahme am neuen Feldzug aufgefordert, versetzt der junge Mann verächtlich: „Für die schöne Regierung werde ich meine Haut nicht zu Markt tragen." Die „schöne Regierung" aber war eine, die für die Restaurationszeit als typisch gelten kann, nämlich die von Hannover. Eine kurzsichtige Reaktion war hier nach dem Verschwinden des Jérômeschen Regimentes eingerückt: wie in Kurhessen wurden alle, auch die vernünftigsten Neuerungen der westfälischen Zeit schleunigst beseitigt, und die steife Oligarchie der Vorzeit begann von neuem. Der Gedanke an Heine drängt sich hier besonders stark auf. Denkt man an seinen Ärger in Göttingen und Norderney über die hannöverschen Junker mit ihrer Adelsbank im Gerichts- und Kollegiensaale, ihren Prätensionen, Standesvorrechten und -vorurteilen, so dürfte schon hierin ein Stück seiner späteren Napoleonbegeisterung eine Erklärung gefunden haben.

Und wirklich schien Napoleons Regiment während der „hundert Tage" geeignet, den versinkenden Stern noch einmal mit neuem Glanze zu umgolden, einem ganz eigentümlichen Glanze, der nach seinem meteorgleichen Verschwinden Jahrzehnte lang am Himmel nachstrahlen wird und selbst heute noch bisweilen in den Bankettreden wiederleuchtet, die alljährlich am 15. August, dem Geburtstage des weiland Weltherrschers, von den Anhängern des gestürzten Kaisertums in Frankreich gehalten werden. Was ich hier meine, ist der „Liberalismus", zu dem der zurückgekehrte Kaiser, wenn auch wohl nur dem Zwange der Umstände gehorchend, sich bekannte, den er mindestens zur Schau trug. Neben dem Erlaß eines acte additionnel, der bekannten Zusatzakte zu den Konstitutionen des Kaisertums, die freilich den französischen Liberalen nicht genügte [36]), zeigte das vor allem sein Verhältnis gegenüber der Presse, das in der Geschichte, nicht allein der napoleonischen, beispiellos dasteht [37]). La liberté de la presse dépassait toutes les limites, „die Freiheit der Presse überschritt alle Grenzen," sagt Viel-Castel, einer der Geschichtschreiber der Restauration, und Guizot bemerkt in seinen Memoiren, daß diese Freiheit bald eine „in seltsamer Weise (étrangement) allgemeine und kühne" geworden sei. Sogar Aufforderungen zur Ermordung des Staatschefs, die mit Autornamen der Verfasser und Herausgeber erschienen, ließ Napoleon ungestraft hingehen. Das mußte um so mehr auffallen und die Gemüter um so wärmer zu seinen Gunsten stimmen, als er früher jede mißliebige Äußerung in der Presse streng unterdrückt hatte, wenngleich es feststeht, daß der ängstliche Servilismus des Beamtentums seine diesbezüglichen Befehle und Wünsche in der Aus-führung bis zur Karikatur übertrieb.

Wer aber an eine innere Wandlung des Mannes, der die Censur beseitigt und die Carnot und Benjamin Constant in den Ministerrat gerufen hatte, nicht glauben kann, wird doch wohl oder übel zugeben müssen, daß Napoleon edel oder klug genug gewesen ist, die Tage seiner letzten Herrschaft durch keinen Akt der Rache zu entweihen. Er hat niemanden wegen früherer Handlungen verfolgt, wiewohl er Grund genug dazu gehabt hätte. Je schneidender der Gegensatz zwischen dieser Versöhnlichkeit des großen Kriegsmannes und der kleinlichen Rachsucht der nach der Schlacht bei Waterloo wieder heimgekehrten Bourbonen war, um so löwenhafter mußte natürlich seine Natur im Vergleich zu jenen erscheinen. Auch die unmittelbare Wirkung ist damals nicht ausgeblieben, und nicht allein französische Schriftsteller haben von der „Milde der hundert Tage" gesprochen. In vorsichtig zweifelndem Tone läßt sich der „Europäische Aufseher" vernehmen: „Es scheint doch, daß man den neuen Bonaparte von dem alten unterscheiden müsse; denn wenn es auch bloß eine andere Marke sein sollte, mit der er auftritt, so erscheint er doch in einer neuen Gestalt" [38]). Und der genannte Kritiker der „Jenaischen Allgemeinen Literatur-Zeitung" meint, „daß seine persönliche Größe uns jetzt gefährlicher ge-worden als jemals, da er wenigstens den Anschein haben will, daß er zu seiner Riesenkraft Mäßigung und Reinheit des Willens geselle" [39]).

Viel entschiedener haben sich andere damals zu seinen Gunsten geäußert. Im englischen Parlamente wurde von der liberalen Oppo-sition den Ministern der Vorwurf gemacht, daß sie durch die Unter-zeichnung der berüchtigten Wiener Achterklärung vom 13. März zum Morde gegen Napoleon aufgereizt hätten. Lord Byrons Herz ist zu ihm zurückgekehrt. Der Dichter wünscht dem Helden neuen Sieg, und, als diese Hoffnung fehlschlägt, gibt er seiner Trauer in ergrei-fenden Oden Ausdruck, die er aus dem Französischen übertragen haben wollte [40]). Auch munkelte man, und der Gefangene von St. Helena hat es seinem Las Cases erzählt, daß eine alte Gegnerin, Frau von Staël, ihm nach der Rückkehr von der Insel Elba einen Versöhnungsbrief geschrieben habe. Auch in Heines Schriften ist davon die Rede [41]).

So hatte sich Napoleon einen sympathischen Abgang gesichert, er hatte, was für unsere Betrachtung von besonderer Wichtigkeit ist, noch am Vorabend von Ligny und Waterloo ein Terrain in Kreisen erobert, die ihm bisher in bitterem Hasse gegenüber gestanden hatten. Daß die Liberalen in den französischen Kammern dem zu Tode verwundeten Löwen den letzten Eselstritt versetzten, tut dem keinen Abbruch. Auch ist ihnen dieses Verhalten von eigenen Gesinnungsgenossen schwer genug verdacht worden. Man braucht nur an das zu erinnern, was Heine noch in der „Lutetia“ darüber gesagt hat. Und noch einmal spielte der Geschlagene einen Trumpf aus, als er beim Verlassen der Weltbühne seine letzte Karte auf den Tisch warf und vom äußersten Zipfel französischen Landes, von der Insel Aix aus, vor dem Besteigen des Bellerophon den berühmten Brief an den Prinzregenten von England richtete⁴²).

Es war ein wohlüberlegter Schachzug, daß sich Napoleon in diesem Augenblicke mit Themistokles verglich. Einerseits mußte es dem, wenn auch etwas weniger als zur Revolutionszeit, altertumsfreundlichen Geschlechte sympathisch klingen, wenn er, den man früher so gern mit Brutus und Scipio verglichen und in dem enragierte Republikaner einen verunglückten Washington betrauerten, sich dem großen Freiheitshelden Griechenlands an die Seite stellte, dann aber nahm er durch diesen geschickten Zug Englands Gastfreundschaft für sich in Anspruch und konnte bei dem tatsächlich nicht einwandfreien Benehmen seiner Gegner später sagen, daß ein edles Vertrauen in wenig ritterlicher Weise getäuscht worden sei. Das letztere geschah in dem Protest vom 4. August gegen seine Abführung nach St. Helena. Beide Scenen fanden einen weiten Widerhall in der Literatur. Die Mär von der verletzten Gastfreundschaft wird ein stehendes Argument in allen Anklageschriften gegen England — auch bei Heine wird es uns begegnen — und das Bild von dem verwundeten Kaiseradler, den der englische Leopard feig und hinterlistig umbringt, eine typische Metapher für die Dichter.

Treitschke, und alle, die mit ihm auf dem Boden der landläufigen Napoleonauffassung stehen, pflegten sich seither über den „Wechselbalg“ des liberalen oder demokratischen Bonapartismus zu entsetzen, der in den folgenden Jahrzehnten in der publizistischen und schönwissenschaftlichen Literatur das Haupt erhebt und seine glänzendsten Schlagworte und seine witzigsten Sarkasmen aus der Feder Heines in die Welt spritzen wird. Zunächst könnte man diesen Herren entgegnen, daß es eigentlich gar keine „Wechselbälge“ in der Geschichte

gibt und daß für den, der ohne die Voreingenommenheit eines Partei-
standpunktes die Physiologie einer Zeitepoche studiert, alles innerhalb
derselben Gewachsene und Gewordene eine natürliche Erklärung findet.
— Eine solche Erklärung glaube ich durch das über die Wandlungen der Jahre 1814 und 15 Gesagte schon angebahnt zu haben,
doch wird der weitere Verfolg der Ereignisse, wie ich hoffe, noch
größere Klarheit hierüber bringen, und anscheinend widerspruchsvolle
Erscheinungen werden sich zu einem, wenn auch nicht immer harmo-
nischen Gesamtbilde vereinen lassen.

Obwohl nun der Napoleonkultus der kommenden Jahre, wie
das schon bei dem der früheren zu beobachten war, der Natur und
politischen Rolle seines Helden entsprechend, einen internationalen
Charakter trägt, so wird es doch aus mehr als einem Grunde gut
sein, bei seiner Betrachtung von Frankreich auszugehen, als dem
Lande, in dem sich auch die mit ihm in organischem Zusammenhang
stehende Anschauungsweise des liberalen und demokratischen Bonapartismus am typischsten entwickelt hat, wobei freilich nicht in Abrede gestellt werden kann, daß auch in anderen Ländern, vor allem
in Deutschland, neben dem französischen Einfluß so etwas wie eine
generatio spontanea stattfand.

Zunächst war es eine rein nationale Empfindung, die dem fran-
zösischen Patrioten, falls er nicht etwa dem Lager der extremen
Ultras und Emigranten angehörte, den Tag von Waterloo zu einem
Trauertag machte. Nur mit tiefem Schmerze, der sich in den form-
vollendeten „Messenierinnen" des Delavigne spiegelt und in Raffets
Federzeichnung markerschütternd zum Himmel schreit[43]), konnte der
Vaterlandsfreund an diesen Tag denken, der Frankreich nach beispiellosen Triumphen so tief gedemütigt hatte und das bis dahin erste
Land der Welt auf längere Zeit von der Liste der europäischen Groß-
staaten gestrichen zu haben schien. Daher die zahlreichen Trauer-
lieder auf Waterloo, von Debraux, von Delavigne, von Barthélemy,
Nerval u. a., während Béranger, aufgefordert, den Tag des Unglücks
zu besingen, ablehnte, — weil der Gram zu tief saß:

<blockquote>Verdüstern soll sein Name nie mein Lied . . . . .</blockquote>

Daher auch der heiße Haß gegen die heilige Allianz, die sich in den
Jahren nach den Kriegen herausnahm, Frankreich, das „Land des
Ruhmes", wie ein unartiges Kind, das Schläge bekommen hat, einzu-
sperren und zu überwachen. So werden die Rufe „Rache für Waterloo!"
und „Nieder mit den Verträgen von 1815!" nationale Devisen, die

noch nach der Julirevolution und wiederum 1840 laut erschallten,
um beide Male den europäischen Frieden ernstlich zu gefährden und
noch dem dritten Nachfolger Napoleons, dem friedfertigen Bürgerkönige Ludwig Philipp, in dessen Kopfe keine Schlachtenpläne reiften,
eine Gänsehaut nach der andern über den Rücken zu jagen.

Mußten schon diese Stimmungen dem Manne zu gute kommen,
der, wie man ihm auch sonst gegenüberstand, immerhin die nationale
Standarte auf den Höhen von Mont-Saint-Jean verteidigt hatte, so
führte eine weitere Folge jener Schlacht, die schmähliche Mißhandlung
des alten Heldenheeres, das 1815 unter seinen Fahnen, diesmal
zweifellos nicht als Angreifer, sondern zum Schutze der heimischen
Grenzen gekämpft, mittels der tragischen Affekte von Furcht und
Mitleid ihm und seinen Anhängern von neuem die Herzen zu.

Der beste Kitt für eine Sache ist das Blut der Märtyrer. Der alte
Gemeinplatz hat sich auch in unserem Falle bewährt. H. von Treitschke
spricht einmal von dem „milden System" der letzten Bourbonen. Die
ruhmbedeckten Krieger der großen Armee haben davon wenig verspürt.
Wohl niemals ist ein tapferes Heer von der Regierung des eigenen
Landes schändlicher malträtiert worden, als Napoleons alte Soldaten
durch die von den Bajonetten der Feinde in ihr Land zurückgeführten
Könige. Wird man auch die Greueltaten des „weißen Schreckens",
die ein von politischem und religiösem Fanatismus wild erregter Pöbel
des heißblütigen Südens in Marseille, Nimes, Uzès und Toulouse beging und bei denen in der Päpstestadt Avignon der Marschall Brune
schmählich hingemordet wurde, nicht eigentlich auf Rechnung der
Regierung setzen, die immerhin diese Dinge geschehen ließ, so bleibt
noch der unter schwerem Rechtsbruch geführte Prozeß gegen den Helden
von der Beresina, Marschall Ney, übrig, bleibt vor allem das fluchwürdige
Verfahren, mit dem eine lange Reihe anderer mehr untergeordneter
militärischer Würdenträger verfolgt wurden, die in den „hundert Tagen"
von Napoleon empfangene Befehle einfach ausgeführt oder doch bei
ihrem Abfall zu dem Manne von Elba vom Sturm der allgemeinen
Begeisterung mit fortgerissen waren. Einer von vielen, aber ein
Fall, der einen langen Nachhall in der Literatur gehabt hat, war die
Verurteilung des greisen Generals Bonnaire, der auf eine erwiesener-
maßen falsche Anklage hin auf dem Vendômeplatze zu Paris öffentlich
degradiert wurde und bald darauf vor Gram und Scham im Militär-
gefängnisse starb“). Der empörende Vorgang wurde viele Jahre
nachher von Scribe im „Damenkrieg", einem der ansprechendsten
Stücke des fruchtbaren Bühnenschriftstellers, dichterisch verwertet.

Wenn in der Weise die hoch hinaus ragenden Spitzen eines ruhm-
gekrönten Heeres gebrochen wurden, so ist leicht zu ermessen, welche
Behandlung dem kleinen Manne zu teil wurde. Alle paar Wochen
mußten die französischen und, was für unsere Zwecke besonders wichtig
ist, auch die deutschen Zeitungen, namentlich die von Paris aus gut
unterrichtete Augsburger „Allgemeine", von Hinrichtungen zu melden,
von Degradationen — oft in der schmählichsten Form — von Verfolgungen und Schikanen aller Art, denen kaiserliche Offiziere und
Soldaten zum Opfer gefallen waren. Heute stand in Cottas Weltblatt
zu lesen, daß ein alter Soldat, dem auf kriegsgerichtlichen Spruch das
vom Kaiser verliehene Ehrenkreuz vor der Hinrichtung von der Brust
gerissen werden sollte, das Kleinod auf dem Gange zum Richtplatz
verschluckt habe:

> Mein Kreuz, es hat an seiner Brust gehangen, —
> Seht Ihr die Narbe da? Der Tag war heiß.
> Ich hab' aus seiner Hand sein Kreuz empfangen:
> Für euch kein solcher Tag, kein solcher Preis!

Morgen war zu lesen, daß ein armer Teufel für ein im Trunke aus-
gestoßenes Vive l'Empereur! zu langwieriger Gefängnisstrafe verurteilt, an einem dritten Tage, daß einem im spanischen Feldzug er-
blindeten Krieger die Aufnahme ins Invalidenhaus verweigert worden
war! So konnte wenige Jahre später der französische General Pelet
in seinen viel beachteten Memoiren von den „Belisaren" reden, welche
die „Dörfer und Flecken Frankreichs bevölkern" und „die stolzer in
ihrem Elend sind als diejenigen, die sie mit Gunst bedeckt und mit
Ordensbändern der Fremden verbrämt sehen."

Diese Verhältnisse haben nicht allein für das Verständnis in
Frankreich herrschender Stimmungen einen Wert; sie erklären auch
Vorgänge in den Nachbarländern, besonders wieder in Deutschland.
Denn es wird nun begreiflich, weshalb so viele Offiziere der alten Armee,
die den unerträglichen Plackereien einer beständigen Polizeiaufsicht,
oft auch direkter Lebensgefahr zu entgehen suchten, damals eine Art
zweiter Emigration unternahmen. Wie die einst von dem „großen"
Ludwig, dem Ältervater des bourbonischen Hauses, verfolgten Hugenotten
wandern sie über die Grenzen der ungastlichen Heimat; wie jene
haben sie für ihren Glauben, den Ruhm ihres Kaisers, geworben.
Varnhagen von Ense weiß im neunten Bande seiner „Denkwürdigkeiten" allerlei davon zu erzählen.

Einen besonderen Grund zur Verfolgung boten in den ersten
Jahren der Restauration die zahlreichen Verschwörungen, die gegen

die verhaßte Regierung von Liberalen und Bonapartisten gemeinsam
ins Werk gesetzt wurden. Bei den Aufständen und Komplotten von
Lyon, Grenoble, Saumur und Belfort wurde die Waffenbrüderschaft
zwischen beiden Parteien mit gemeinsamem Blute besiegelt, wie auch
die Rufe Vive l'Empereur! und Vive Napoléon II! mit den Hoch-
rufen auf die Freiheit und den liberalen Herzog von Orleans im
Munde Sterbender einträchtig miteinander verklangen. Eine literarische
Bedeutung gewann unter diesen Opfern eine kleine Schar blühender
Jünglinge, die vier Sergeanten von La Rochelle, die, zum Teil noch
Kämpfer von Waterloo, unter dem bourbonischen Henkerbeil ver-
bluteten, um später als Freiheitshelden wie Harmodius und Aristogiton
im Roman und Liederspiel fortzuleben. Auch der damals mit Heine
noch befreundete Börne hat den tapfern Sergeanten einige Seiten
seiner körnigen Prosa geweiht [45].

Man hat es bei dieser Verbindung des Liberalismus mit den
Anhängern des gestürzten Kaisertums keineswegs allein mit einer
bloßen Waffenbrüderschaft gegen einen gemeinsamen Feind zu tun.
Stattliche geistige Besitztümer waren Gemeingut beider Parteien. Schon
dem Ursprunge nach waren sie verwandt. Denn beide repräsentierten
die breiteren Schichten des Volkes, den tiers état, und ihr Kampf
gegen den Feudalismus ist nur eine Phase in dem Kampf des
Bürgertums und der durch die Revolution wachgewordenen Gedanken
gegen die bevorrechteten Stände; es ist jener Kampf, den auf wirt-
schaftlichem Gebiete in Deutschland Immermann in den „Epigonen"
dargestellt hat. Die Idee der „Gleichheit", die auch Napoleon in
sein Programm übernommen und an welcher der Liberalismus der
Reaktionszeit in Frankreich und überall, wo er nach französischem
Muster zugeschnitten auftrat, weit mehr hing als an der politischen
Freiheit, diese war das den beiden Parteien gemeinsame Stichwort.
„Die Gleichheit, die Napoleon durchführte", eifert Treitschke, „war
die Gleichheit der Chinesen vor dem Sohne des Himmels" [46]. Zugegeben
trotz der Übertreibung im Ausdruck. Aber man könnte, wenn sonst
nichts fehlte, dabei in China sehr glücklich leben. Der „Zar ist weit",
sagt ein russisches Sprichwort, und das Kaiserreich, das schon allein
durch das Prinzip der Rechtsgleichheit dem ancien régime und allen
Staatswesen, die noch auf dessen Basis standen, in fortschrittlichem
Sinne um eine gute Pferdelänge voraus war, hatte auch die für das
Bürgertum und die gerade damals einsetzende Entwickelung der
Industrie unentbehrliche Gewerbefreiheit beibehalten. Dazu kam
die gleiche Zugänglichkeit der Ämter für jedes Talent, dem nach

des Konsuls schönem Worte von seiner Regierung an die Bahn offen
war, während in den Staaten alter Observanz Geburtsprivilegien und
Kastenvorrechte weiter bestanden und nach 1815 auch in Frankreich der
oktroyierten Charte zum Trotz die Wiederherstellung der alten ständischen
Privilegien von den Ultras mit Ungestüm gefordert wurde. Gelangte
auch diese Partei nicht an das letzte Ziel ihrer Wünsche, so war die
Zugänglichkeit der Staatsämter für jedermann doch im Grunde eine
Illusion geworden, und in Wirklichkeit bestand das Vorrecht, mindestens
als Bevorzugung, nach wie vor weiter.

Wird es da nun nicht begreiflich, daß sich Imperialisten und
Liberale zusammenfinden und die Schwärmerei jener für die Person
des ehemaligen Kaisers sich auch auf diese zum guten Teil mit-
überträgt? Namentlich in der breiteren Masse des Volkes, die es
ohnehin mit feineren Unterschieden nicht so genau nimmt, konnte es
dann leicht geschehen, daß man die bürgerliche Gleichheit geradezu
mit der politischen Freiheit verwechselte, diese für jene substituierte
und so allmählich in Napoleon, dem großen Retter der sozialen Errungenschaften von 1789, auch einen Vorkämpfer der Freiheit erblickte, eine Anschauung, der sein Auftreten im Jahre 1815, auch
manche seiner Äußerungen auf St. Helena mindestens den Schein
einer Berechtigung gaben.

Wer trotzdem reinliche Scheidungen verlangt, dem will ich gern
einräumen, daß von den über diese Verhältnisse in Kurs befindlichen Ausdrücken der „demokratische" gegenüber dem „liberalen"
Bonapartismus entschieden die echtere Münze repräsentiert. Denn
demokratisch, das war der Bonapartismus. Schon seine Berufung
auf eine — wenn auch noch so sehr abhängige — Volkswahl gab
ihm für die Menge ein für allemal diesen Anstrich. Neben dem
plebiscitären Charakter, dessen Echtheit man im Ernst gleich Null
setzen mag, und neben dem erwähnten Festhalten am Gleichheits-
gedanken war auch das Interesse der Bonaparte für das Wohl der
unteren Klassen, wie es namentlich Napoleon III. bewies, ein echt
demokratischer Gedanke. So kann man den Bonapartismus als eine
Erscheinungsform der Demokratie mit cäsaristischer Spitze auffassen;
aber von dem Liberalismus unterschied ihn wesentlich die Unter-
drückung der parlamentarischen Freiheit, die er zur Zeit seiner Macht-
fülle höchstens dem Namen nach und als dürres Gespenst hat bestehen
lassen. Denn was auch der Gefangene von St. Helena darüber gesagt
und was ihm auch als endliches Ziel seiner Staatskunst vorgeschwebt
haben mag, in der wirklichen Weltgeschichte hat der Bonapartismus

jedesmal erft zur Zeit feines Niederganges auf das parlamentarifche
Syftem zurückgegriffen, das er bald nach feiner Ankunft auf dem
Machtgipfel fo gut wie befeitigt hatte. Konfequente liberale Denker,
namentlich folche, die eine Anlehnung an englifche Verfaffungsverhält-
niffe für erftrebenswert hielten, wie Benjamin Conftant oder Frau
von Staël, haben fich daher mit Napoleon höchftens vorübergehend
abfinden können; fie mußten ihm und feinem Syftem ablehnend
gegenüberftehen, eine Ablehnung, die fich, wovon noch zu fprechen
fein wird, bei der geiftreichen Genferin aus perfönlichen Gründen zu
jener giftigen Feindfchaft zufpitzte, deren vorwiegend Weiber und
weibifche Naturen fähig find.

So fcharfen Unterfcheidungen find Volk und Jugend weniger
gewachfen. Hier liefen Verwechfelungen und unwillkürliche Zufammen-
ftellungen eigentlich disparater Dinge mit unter. Aber wo wäre das
nicht bei Volksftimmungen der Fall gewefen? Gerade der populärfte Sänger des Bonapartismus in Frankreich, Béranger, war von
diefer politifchen Unklarheit nicht frei; hat ihm doch Treitfchke einmal — und nicht fo ganz mit Unrecht — feine „Durchfchnittsbildung“
vorgeworfen. „Er war inkonfequent und aufrichtig“, fagt Ernest
Legouvé[47]), „wie wir jungen Leute von achtzehn bis zwanzig Jahren,
die wir zugleich enragierte Bonapartiften und begeifterte Liberale
waren“. Bei der Jugend kam noch befonders der Widerwille gegen
die klerikale Reaktion der Bourbonen hinzu. Alfred de Muffet hat
fich in der Confession d'un enfant du siècle deutlich genug darüber
ausgefprochen[48]).

So kann denn allmählich und zwar in gar nicht langer Zeit die
Anficht Verbreitung gewinnen, daß der Tag von Waterloo nicht, wie
die Patrioten in den gegen Frankreich verbündeten Ländern gehofft
hatten, ein Marathon, ein Salamis, fondern daß er das Cannä der
Freiheit wäre, eine Anficht, die, wie fchon bemerkt, keineswegs auf
Frankreich befchränkt blieb. Schärfer Blickende mochten mit Lord
Byron immerhin einfehen, daß auf dem belgifchen Schlachtfelde das,
was man eigentlich „Freiheit“ nennt, fo recht in keinem der beiden
Feldlager gewohnt hatte, doch hat auch der große englifche Dichter
in der angeblich aus dem Franzöfifchen überfetzten Ode „An den Stern
der Ehrenlegion“[49]) den von dem Konful geftifteten Orden als ein
Symbol der Freiheit gefaßt. Wer weniger genau zufah, — und das
konnte neben der kurzfichtigen Maffe gerade der impulfiven Natur
und dem fchwärmenden Auge des Dichters und Künftlers leicht

paſſieren — dem ward die Theſe von der freiheitmordenden Schlacht
bei Waterloo zum Axiom.

Dieſe Anſchauung fand auch in Deutſchland bereitwillige Anhänger und Verfechter. Auch hier entwickelten ſich recht bald Gedanken-
reihen, Sympathieen und Stimmungen, die denen des liberalen und
demokratiſchen Bonapartismus in Frankreich naheſtehen.

Auch in landläufigen Geſchichtsdarſtellungen dieſer traurigen
Epoche wird zugegeben, daß der Franzoſenhaß, in dem das Geſchlecht
von 1813 förmlich geſchwelgt und den es gegen die Angriffe kühler,
vielleicht humaner Empfindender mit dem Hinweis auf die ſchlechteren
Seiten des franzöſiſchen Charakters verteidigt hatte, raſch verlöſchte.
„Zwei, dreimal noch“, ſagt H. von Treitſchke⁵⁰), „flammten am
Abend des achtzehnten Oktobers die Freudenfeuer auf den Bergen;
dann verſtummte die Feier, hier vor den Verboten der Polizei, dort
vor der Gleichgültigkeit der Menge“. Das iſt im ganzen richtig, wiewohl der aufmerkſamere Horcher noch bis in die zwanziger Jahre
hinein eine Reihe immer ſchwächer werdender Akkorde vernimmt, in
denen die Freude an den großen Siegen in' Vers und Proſa allmählich ausklingt⁵¹). „Dann verſtummte die Feier, hier vor den
Verboten der Polzei, dort vor der Gleichgültigkeit der Menge“. Vielleicht iſt beides nicht ſo ganz voneinander zu trennen. Schon im
Jahre 1815 hatte es der Berliner Staatsrechtslehrer Schmalz gewagt,
die Wunder der großen Kriege als ein Produkt des preußiſchen
Bürgergehorſams hinzuſtellen. Es geſchah das in jener berüchtigten
Schrift über den Tugendbund⁵²), die ihn mit Krug, Koppe und Niebuhr
in einen Federkrieg verwickelte. Die Reaktionsregierungen ſuchten,
ſoweit es ging, den Anteil des Volkes an den unerwarteten Erfolgen,
nachdem dieſe einmal errungen waren, abzuſchütteln. Jetzt, wo ſie
nicht mehr nötig war, wurde die allzu glühende Vaterlandsliebe verboten, und wieder ward, wie zur Mainzer Klubiſtenzeit der Name
„Patrioten“, deſſen großdeutſch-demokratiſcher Geruch für Metternichs
empfindliche Naſe nicht paßte, höchſt verdächtig. Kein Wunder, wenn
das Wort vom „befohlenen“ Patriotismus des Jahres 1813, deſſen
ſich die Liberalen zuerſt ſpottweiſe bedienten, mit der Zeit ernſtlichen
und allgemeineren Glauben fand.

Dieſer Glaube, den auch Heine teilte, erwuchs aus der bitteren
Erkenntnis, daß die Befreiungskriege nicht Kriege der Befreiung der
durch die Reaktion ärger als je zuvor bedrückten Völker geweſen
waren. Das Beiſpiel Spaniens und Italiens, wo die bourboniſche
Folter und der öſterreichiſche Korporalſtock den Leuten handgreiflich

bewiesen, um wieviel menschlicher die Herrschaft des „Korsen" gewesen, zeigte, wie die Machthaber mit der Freiheit umsprangen, da, wo sie nicht wie in Frankreich durch eine unaustilgbare Charte in Schranken gehalten waren. Auch in Deutschland wurden die in der Not der Kriegsjahre von den Fürsten gemachten Verfassungsversprechungen, wenigstens in dem Sinne wie sie gegeben waren, nicht gehalten.

In manchen deutschen Staaten war sogar ein direkter Rückschritt auch in der politischen Freiheit gegen die Zeiten unverkennbar, in denen die napoleonischen Dependancen wenigstens — nach dem Muster des Empire zugeschnittene — Scheinkonstitutionen besessen hatten. Waren sie auch nichts anderes gewesen, diese sogenannten „Verfassungen", so hatte es dem Bürger doch gefallen, daß am Hofe des Königs Jérome zu Kassel die Flügeltüren aufgerissen wurden, sobald der Präsident der Stände erschien, daß die Schildwachen präsentierten und die Lakaien ehrerbietig zur Seite traten, wenn ein ländlicher Deputierter von der Diemel oder von der Werra die Schloßtreppe hinaufstieg [53]).

Das war nun vorüber, und Zopf und Perrücke hatten in den Duodezstaaten die Krone wieder aufgesetzt, umgeben von den Prätensionen des heimgekehrten Adels, der in die großen und kleinen Residenzen mit den Fürsten seinen Einzug gehalten und sich auch in Preußen von einem Herrn von Dierike einen Ehrenbrief darüber ausstellen ließ, daß nicht die Opferwilligkeit des Volkes, sondern sein ritterbürtiger Heldenmut es gewesen, was den Staat Friedrichs des Großen nach dem Cannä von Jena gerettet habe [54]), eine Ansicht, die der brandenburgische Junker von der Marwitz mit dem ihm angeborenen Starrsinn sein Leben lang vertreten hat [55]).

Der Unmut über diese Dinge kam ganz ähnlich wie in Frankreich dem Andenken des gestürzten Imperators zu gute. Natürlich in verschiedenen Abstufungen, je nach der Zeit und dem Charakter des Verfassers der Berichte, die von solchen Stimmungen Zeugnis ablegen. Konnte selbst Goethe im Ärger die Verse hinschreiben:

> Gott Dank! daß uns so wohl geschah,
> Der Tyrann sitzt auf Helena!
> Doch ließ sich nur der eine bannen,
> Wir haben jetzo hundert Tyrannen . . . .

so begreift sich, daß ein Börne, der wie alle Erzradikalen von Napoleon ebenso wenig wissen wollte wie von den Fürsten, mindestens hat sagen können: „Indem es Frankreich besiegte, hat Deutschland nur ein Joch von ausländischem Holze gegen ein Joch von inländischem Holze vertauscht und den glänzenden Despotismus Napoleons gegen die Scheidemünze seiner armseligen Zwergtyrannen eingewechselt"⁵⁶). Das war eine Art, die Dinge zu betrachten, in welcher der Frankfurter Bürgersohn, der einmal bedauerte, nicht als ein Lord Byron auf die Welt gekommen zu sein, dem großen Freiheitsdichter Englands sehr nahe kam, namentlich dessen berühmten Strophen auf die Schlacht bei Waterloo im dritten Gesange des „Childe Harold":

Wir, die den Löwen schlugen, sollen wir
Dem Wolfe frohnden? sollen Knie und Geist
Vor Thronen beugen? — Nein, erst prüfet, eh' ihr preist!

Wo nicht, so feiert nicht des Einen Fall!
Vergebens wurden Wangen jung und zart
Versengt von Thränen um die Blumen all,
Die ausgerissen wurden und verscharrt . . . . . ⁵⁷)

„O blut'ges, höchst nutzloses Waterloo!" hat derselbe Dichter später die Schlacht auf dem flandrischen Felde genannt. Aber andere gingen noch weiter. In den Jahrgängen von 1815—1820 des „Europäischen Aufsehers" liest man eine lange Serie von Artikeln, deren beständig wiederkehrendes Leitmotiv ist, daß die Reaktion durch ihr Verhalten nach dem endgültigen Fall des Imperators einen starken Umschlag der Volksstimmung zu Gunsten des Gestürzten bewirkt habe:

„Das fünfzehnte Jahrhundert will man mit Gewalt wieder in das neunzehnte zurückbringen", heißt es in einem dieser Aufsätze⁵⁸), „und es soll nur Herren und Knechte, ohnmächtige Fürsten und Sklavenvölker geben . . . Zu weit ging Napoleon, und zu viel tat man nach seinem Sturze. Man beleidigte den Zeitgeist und erregte ein Mißtrauen und eine Unzufriedenheit, welche in der Tat noch mit manchen bedenklichen Folgen drohen . . . Daher wünschen einzelne Menschen und ganze Völker zurück, was sie noch vor wenigen Jahren verabscheuten." Und in einem andern Artikel⁵⁹) steht gar die merkwürdige Stelle: „Wäre ein Europäer seit dem Jahre 1813 ganz von aller Verbindung mit diesem Erdteile abgeschnitten gewesen und käme jetzt dahin zurück, so würde er über die Veränderung der öffentlichen Meinung erstaunen, welche seither erfolgt ist". Dann heißt es, wieder ein Jahr später⁶⁰): „Daß fast alle Nationen Europens von dem ehemaligen Kaiser Napoleon jetzt sehr glimpflich urteilen . . . . . wer wollte, wer könnte dies leugnen? . . . . Große Fehler müssen begangen, schreiende Ungerechtigkeiten

verübt und glänzende Hoffnungen getäuscht worden sein, daß sich die
öffentliche Meinung über den Kaiser Napoleon so sehr geändert hat".

Ja, es wird sogar — schon 1817 — behauptet, was garnicht
so falsch ist, aber doch zwei Jahre nach den lauten Flüchen und Ver-
wünschungen der Befreiungskriegszeit recht befremdend klingen muß,
daß unter dem Kaiserreich die Völker deutscher Zunge angefangen
hätten, „sich an die ausländische Herrschaft zu gewöhnen, die ihrer
Tätigkeit einen großen Spielraum eröffnete und ihnen doch immer
den Schein von Freiheit ließ" [61]).

Den Schein von Freiheit! Schon die Betrachtung der französischen
Verhältnisse hat gelehrt, daß von ihm bis zur Freiheit selber für die
in diesem Strome Fahrenden nur noch ein kurzer Ruderstoß war.
In einem, wie auch die zeitgenössische Kritik hervorhob, gut geschriebenen
Buche, das allerdings erst nach dem Morgenrot der Julitage das Licht
der Welt erblickte, dessen (unbekannt gebliebener) Verfasser aber von
der Zwischenzeit aus eigener Anschauung redet, steht wörtlich zu
lesen: „Die liberalen Institutionen neuerer Zeit sollten untergehen
kraft der Allianz im Jahre 1813 und die Institutionen des Mittelalters wieder hervorgerufen werden. So entbrannte der heilige
Krieg oder der Privilegierten wider die Nichtprivilegierten. Die Schlacht
bei Waterloo war das letzte Auflodern der sterbenden Flamme der
Freiheit der Völker, wenn man den Terrorismus der Ultras, der bald
darauf Frankreich mit Blut und Tränen bedeckte, die Verfolgung aller
Freigesinnten in allen Ländern Europas, die Herstellung der Inquisition,
der Tortur und der Feudallasten als unmittelbare Folgen jener Schlacht
sich denkt" [62]).

Die Worte hätte Heinrich Heine schreiben können, der wahrscheinlich nur noch eine witzige Pointe beigegeben hätte. So sehr
decken sie sich mit wiederholt und an wichtigen Stellen seiner Werke
von ihm kundgegebenen Auffassungen.

Zum Schlusse dieser politischen Betrachtung mag noch einmal ein
Wort der Einschränkung am Platze sein. Daß Napoleon und warum
er auch in Deutschland in den Kreisen früherer Gegner, der Liberalen
und Demokraten, sich von neuem großer Sympathieen erfreute, glaube
ich gezeigt zu haben. Trotzdem wäre es eine arge Übertreibung,
deren ich mich nicht schuldig machen möchte, wollte man behaupten,
der gesamte deutsche Liberalismus habe zur Reaktionszeit auf den
Namen des entthronten Kaisers geschworen. Das war natürlich noch
weniger als in Frankreich der Fall. Denn bei uns trat zu den Gegen-

gründen noch ein neuer. Hatte schon dort die eigentümliche Doppel-
stellung Napoleons, in dem man einen Bändiger oder Exekutor der
Revolution sehen und, je nachdem, lieben oder verabscheuen konnte,
eine Spaltung der Ansichten zur Folge, so wurde das ohnehin bunte
Bild in Deutschland noch krauser. Denn mit der politischen Sympathie
oder Antipathie kreuzte sich hier die nationale. Ein guter Teil der
Liberalen und Demokraten war streng national und gehörte zu den
nach den Befreiungskriegen so breitspurig auftretenden Altdeutschen.
Ein Wortführer dieser Gruppe wurde Wolfgang Menzel, der sich bald
durch sein Auftreten gegen Heine und das „Junge Deutschland" eine
zweifelhafte Berühmtheit erwerben sollte. Nun lassen sich zwar selbst
bei diesen recht urteutonisch sich geberdenden Leuten Spuren einer
Umkehr zur Anerkennung von Napoleons Wirken nicht wegleugnen,
und auch hierin trug die Reaktion das Ihrige zu dem Stimmungswechsel bei: „Die Reaktion . . . . welche den Freiheitskriegen so rasch
folgte, ist den Maßstäben für Napoleons Größe gar sehr förderlich
geworden", sagt Laube [63]). Aber ich bin doch weit entfernt zu
behaupten, daß die Richtung als solche je dahin gelangt sei, dem
Andenken des früher so grimmig gehaßten Gegners Bewunderung,
wenigstens Sympathie entgegenzubringen. Auf dem Boden der soeben
erwähnten Anschauungen stand im wesentlichen alles, was aus der
christlich germanischen Burschenschaft hervorgegangen war, wenngleich
auch hier der Unterschied der Individualitäten so groß war, daß beispielsweise Arnold Ruge noch nach vielen Jahren in dem früheren
Weltherrscher einen bloßen Charlatan sah, während der leichter bewegliche Heinrich Laube, trotzdem er über Heines Napoleonkultus
gelegentlich seine Verwunderung ausspricht, diesem Kultus selber nicht
fernstand.

Aber auch von dem mehr kosmopolitisch empfindenden, für
französische Verhältnisse begeisterten Flügel der Liberalen, namentlich
West- und Süddeutschlands, kann nicht behauptet werden, daß sie
ausnahmslos eine Neigung verspürt hätten, Napoleon zu erheben
oder zu preisen. Veneden würde sich im Grabe umdrehen, falls er
eine solche Anschuldigung vernehmen müßte. Nicht einmal Heine war,
wie wir sehen werden, ein unbedingter Lobredner des Korsen, und
bei Doktrinären wie Börne, die mit allzeit eingelegter Lanze gegen
jede Windmühle anstürmten, die von weitem der Gestalt eines „Tyrannen"
glich, war das ganz ausgeschlossen. In dieser Hinsicht ist ein Umstand
besonders charakteristisch. Aus der poetischen Rüstkammer wird der
abgebrauchte Vergleich Bonapartes mit dem berühmten General des

amerikanischen Unabhängigkeitskrieges wieder hervorgeholt, und das Bedauern darüber, daß Napoleon „nur" ein Napoleon und kein Washington geworden sei, wird auch bei Schriftstellern laut, die dem Gestürzten wesentlich freundlicher gegenüberstehen als der steifnackige Börne. Selbst aus Heines geistreichem Munde werden wir den alten Gemeinplatz einmal hören.

An dem Grundton des Bildes können diese dunkleren oder helleren Schattierungen und selbst Flecken natürlich nichts Wesentliches ändern, und das um so weniger, als zu den politischen Faktoren, die den sogenannten liberalen oder demokratischen Bonapartismus begründeten, auch eine Herzensangelegenheit kam, welche die Menschen der Restaurationszeit zu Gunsten des Entthronten wieder umstimmte und dem Napoleonkultus der folgenden Jahre einen — man möchte sagen — so persönlichen Charakter verlieh.

„Napoleon stürzt", sagt Gutzkow, „der Bellerophon trägt ihn über die schwankende See, ein weit entlegenes Eiland trennt ihn auf ewig vom Schauplatze seines Ruhmes; Napoleon auf St. Helena wird eine Ursache der allgemeinen Verwünschung Englands, ja, England selbst stimmt in den Ausbruch einer Teilnahme ein, die mit dem früheren Haß seltsam kontrastierte" [64]). Gutzkow hat recht. Schon 1816 hatte Lord Byron geschrieben:

> Erobrer und Gefangener der Welt!
> Noch zittert sie vor deines Namens Schall,
> Und mehr denn je bist du der Menschen Held [65]),

und viele Jahre später dichtete ein deutscher Poet, Karl Georg Neumann:

> Sein Irrtum aber, seine Fehler traten
> In Hintergrund, seit er auf Helena
> Verbannt war. Nur die Größe seiner Taten,
> Sein Heldenruhm, blieb allen Völkern nah.
> Hätt' er als Sieger auf dem Thron geendet,
> Man hätt' ihm nicht so viel Bewunderung gespendet [66]).

Was dieser preußische Patriot, der auch seinen König Friedrich Wilhelm III. im Liede feierte, aussprach, war eine allgemeine Empfindung. Die nur mit der Größe des Mannes vergleichbare Tragik seines Sturzes würde auf jeden Fall die Menschheit erschüttert und nach der Beschwichtigung der politischen Leidenschaften eine mindestens ästhetisch höchst interessante Figur aus ihm gemacht haben. Hier kam hinzu, was auf das Gefühl noch tiefer wirken mochte: ein Heldenbild wurde nicht wie das Cäsars oder Wallensteins durch die Katastrophe eines zerschmetternden Einsturzes in Stücke geschlagen; nein, es wurde vor der Zerstörung auf alle Weise beschimpft, besudelt und entehrt. Mit andern Worten: die rechtswidrige und vor allem höchst unwürdige Behandlung, die, um mit Heine zu reden, die Liliputaner der heiligen Allianz dem gefangenen Gulliver zuteil werden ließen, führte durch das Medium eines rein humanen Mitleids die Gemüter der Zeitgenossen zu dem Helden zurück, dessen Hekatomben sie vergaßen, als sie ihn auf dem Golgatha von St. Helena leiden sahen, was nie ein Mensch von solcher Größe vor oder nach ihm gelitten hat.

Als der Riese gefallen war, als die Diplomaten des heiligen Bundes ihn für immer abgetan halten durften, da glaubte man sich auch jeder Rücksicht des Anstandsgefühls gegen den Mann überhoben, vor dem in seinen guten Tagen Fürsten und Fürstendiener gekrochen waren. Stimmt man seinen Gegnern auch insoweit bei, um zuzugeben, daß die Gemeingefährlichkeit dieses übermenschlichen Beherrschers der Schlachtfelder es den „Herdenmenschen" von ihrem Standpunkt aus zur Pflicht machte, den einmal gepackten Riesen nicht wieder loszulassen, so mußte es doch und muß es noch heute empören, daß man den unter dem glühenden Himmel Südafrikas an den Felsen geschmiedeten Prometheus durch die Nadelstiche des elenden Hudson Lowe, wenn auch vielleicht nicht im buchstäblichen Sinne töten — denn er wäre wohl ohnehin seinen körperlichen und seelischen Leiden erlegen — aber doch fünf Jahre lang in unerhörter Weise quälen und martern ließ.

Ursprünglich hatten die Herren Diplomaten, die Liverpool und Castlereagh und wie sie heißen, etwas anderes im Sinne gehabt. Sie hätten den Gefangenen am liebsten an den allerchristlichsten König von Frankreich ausgeliefert, der ihn dann wie den Marschall Ney würde haben erschießen lassen können. Auch Blücher äußerte sich in gleichem Sinne, und Napoleon selbst hat einmal gesagt, daß er das für menschlicher gehalten haben würde als die furchtbare Gefangenschaft. Dann aber war man, wie bekannt, auf den schon auf dem Wiener Kongreß und vor dem Aufbruch von Elba ausgeheckten Plan mit St. Helena zurückgekommen.

Wie er zur Ausführung kam, werden wir, den Zwecken dieser Studie entsprechend, nur in dem Spiegelbilde lesen, das die aus diesem Elend hervorgewachsene Literatur in den Herzen unserer Großväter zurückließ. Um die unmittelbare Wirkung möglichst genau festzustellen, habe ich mir die Mühe nicht verdrießen lassen, über den Aufenthalt Napoleons auf St. Helena die gesamte Zeitungsliteratur, soweit sie erreichbar war, durchzuarbeiten. An der Hand dieser trotz

der Gedankenschnürbrust der Censur immerhin wertvollen Zeugnisse
haben die nachfolgenden Feststellungen gemacht werden können.

Sobald der von den einen verwünschte, von den andern ver-
götterte, von allen aber noch immer mit offenem oder heimlichem
Respekt betrachtete Mann an der Horizontlinie des Westmeeres ver-
schwunden war, wartete alle Welt begierig auf Nachricht über seine
ferneren Schicksale. Kein Wunder. Denkt man sich heute einen
Napoleon auf St. Helena, wieviel Depeschen würde wohl täglich das
Telegraphenamt der Hauptstadt Jamestown zu befördern haben?
Und welchen Verdruß würde einem heutigen Sir Hudson Lowe schon
allein die Zudringlichkeit der Korrespondenten des „New York Herald",
des „Petit Journal" und des „Berliner Lokalanzeigers" bereiten,
vorausgesetzt, daß nicht die gesamte Presse von der Insel verbannt
würde? Das war damals alles anders, aber schon damals war die
Neugier eine Tugend, und aus Afrika ankommende Reisende wurden
bei ihrer Landung in Plymouth überfallen und in ihren Absteige-
quartieren mit Fragen über das Leben des Exkaisers überschüttet.

Neben den mündlichen blieben dann auch die gedruckten Berichte
über den Verbleib des Gefangenen auf der entlegenen Insel nicht
aus. Es ist nicht unbekannt, wie sie lauteten, und für mich liegt um
so weniger Grund vor, auf sachliche Einzelheiten hier von neuem einzugehen, als ich erst unlängst in einer schon mehrfach citierten Schrift
über „Napoleons Tod" diese traurigen Verhältnisse beleuchtet habe.
Zur Orientierung der Leser möge nur so viel gesagt sein, daß die
Behandlung des Verbannten durch den miserabeln Gouverneur Hudson
Lowe, der allerdings durchaus im Einverständnis mit seiner Regierung
handelte, die denkbar unwürdigste gewesen ist. Dieses Urteil wird
trotz aller Ableugnungen von seiten der Engländer, denen erst unlängst
einer der besten Männer ihres Landes, Lord Rosebery, entgegentrat,
bestehen bleiben [67]). Wenn die Vorgänge auf St. Helena noch heute
in jedem anständig empfindenden Menschen ein lebhaftes Gefühl des
Unwillens wachrufen, so mußte das in weit höherem Grade zu der
Zeit sein, als dieses klägliche Nachspiel eines unvergleichlichen Heldendramas vor den Augen der Zeitgenossen aufgeführt wurde und zudem
die Schriften Napoleons und die Briefe und Broschüren seiner Leidensgefährten und Ärzte, der Warden, Santini, O'Meara, Montholon,
Las Cases, grelle Schilderungen des gequälten Titanen, noch dazu
vielfach untermischt mit Übertreibungen und Unwahrheiten, in die
Welt sandten.

Zwar hinterließen diese ersten St. Helenaschriften bei weitem nicht so zahlreiche literarische Spuren, wie die nach Napoleons Tode erschienenen, doch haben sie das Bild des Märtyrers mit der Dornenkrone, das jene weiter ausmalten, eigentlich geschaffen.

Laute Äußerungen der Entrüstung entfuhren der deutschen Presse, schon als der erste förmliche Protest des Gefangenen in der Öffentlichkeit erschien. Er war in Form eines Briefes gehalten, den ursprünglich Graf Montholon, Napoleons treuer Begleiter, an den Gouverneur der Insel gerichtet hatte und der, nach England eingeschmuggelt, als Broschüre erschien, die, wie fast alle St. Helenaschriften, kurz hintereinander eine Reihe von Auflagen erlebte, sodaß im Januar 1817 in dem der englischen Ministerialpartei nahestehenden Quarterly Review schon die vierte derselben besprochen werden konnte.

Die Klagen des Verbannten betrafen neben dem seiner Gesundheit schädlichen Klima der Tropeninsel vor allem die kleinliche und ungerechte Vorenthaltung des von England selbst früher anerkannten Kaisertitels und die schmutzige Knickerei und Knauserei der britischen Regierung in der Frage der Verpflegung des einstigen Weltherrschers. Gerade der letzte delikate Punkt, der sechs Jahre später Lord Byron die zornigsten Strophen der „bronzenen Zeit" eingeben wird, war von dem gefangenen Kaiser geschickt in Scene gesetzt worden.

Und als nun die offizielle englische Presse bei dem Bekanntwerden dieser Abscheulichkeiten, zum Schaden den Spott fügend, höhnende Artikel gegen den Unglücklichen losließ, deren einer ihn beispielsweise mit Bill-Soames, einem nach der Botanybai verbannten berüchtigten Spitzbuben, parodisch verglich, da riß großbritannischer Roheit gegenüber dem deutschen Anstandsgefühl der Geduldsfaden. In den von dem Publizisten Johannes Weitzel, einem jener entschiedenen Liberalen, die den Kaiser nicht sonderlich liebten, geleiteten „Rheinischen Blättern" erschien ein aufsehenerregender Artikel [66]), der neben sonstigen scharfen Angriffen auf England die bezeichnenden Worte enthält: „Ist die Schilderung nur halb wahr, die wir von Bonapartes Wohnung und Lebensweise durch einen seiner Gefährten, der von St. Helena zurückgekommen ist, erhalten haben, dann macht sie immer noch der britischen Freigebigkeit und Großmut wenig Ehre. Soll es eine Züchtigung für den Welterschütterer sein, daß es ihm oft an einer Suppe fehlt? daß die Ratten ihm sein Weißzeug fressen . . . . daß Tau und Regen ihm das Bett befeuchten? daß man ihm Bücher und Zeitungen versagt?"

Ich habe hier nicht zu untersuchen, wie weit diese ungeheuerlichen Anklagen alle der Wahrheit entsprachen. Auch die Entstellungen taten ihre Wirkung, und allein auf diese kommt es hier an. Dabei ist denn nun zu bemerken, daß der Artikel der „Rheinischen Blätter" nicht ausschließlich durch jenen Protest angeregt worden war, sich vielmehr zugleich auch auf eine Broschüre bezog, die unter dem Namen Santinis, eines auf Veranlassung des englischen Gouverneurs von St. Helena entfernten kaiserlichen Bedienten, in demselben Jahre (1817), gleichfalls in London, veröffentlicht war. Auch dieses rohe Machwerk, das auszugsweise in zahlreichen deutschen Tagesblättern erschien, fand trotz seiner augenscheinlichen Aufschneidereien lauten Nachhall, und der „Europäische Aufseher" brachte bei dieser Gelegenheit seine Teilnahme für den leidenden Helden wieder in unzweideutiger Form zum Ausdruck: „Sonst glaubte man," heißt es da, „das Unglück sei eine heilige Sache, und erwies ihm Schonung, jetzt scheint man anders zu denken, und die Welt ist nicht dadurch gebessert" [69]).

Daß der rohe Ton der englischen Ministerialen nur dazu beitrug, dem Mann auf St. Helena neue Sympathieen zu erwecken, zeigte sich auch, als bei Gelegenheit der Santinischen Broschüre das offiziöse Quarterly Review sich einen besonders infamen Angriff gegen den Wehrlosen erlaubt hatte. In diesem Schandartikel der offiziösen Zeitschrift [70]) waren die alten Tiraden vom Erschießen des Ruhestörers wieder aufgewärmt, Mitglieder der bonapartischen Familie mit den gemeinsten Ausdrücken — Stallknechte, Marqueure und Freudenmädchen — bezeichnet, endlich war zur Charakteristik des gestürzten Kaisers ein neuer Bildersaal metaphorischer Bezeichnungen eröffnet, unter dessen Originalstücken Shakespeares Bullcalf (aus „König Heinrich IV.") und der verrückte Hebertist Anacharsis Cloots der Kuriosität halber eine Erwähnung verdienen.

Auch diesmal hat es die deutsche Presse nicht unterlassen, gegen englische Frechheiten Front zu machen. „Wie hier geurteilt wird", sagt der „Europäische Aufseher" [71]), „so spricht nur blinde Parteiwut, die alle Mäßigung verkennt und Europa morgen wieder in denselben Abgrund stürzen würde, aus dem es sich jetzt als gerettet ansieht. Nicht was Napoleon getan hat, sondern was er war und wie man sich gegen ihn benahm, als er noch auf dem Throne saß, das verdient Rücksichten, sowohl um der Fürsten als um der Völker willen."

Geringere Spuren eines unmittelbaren Einflusses auf die deutsche Publizistik haben merkwürdigerweise die von Napoleon selbst diktierten „Kapbriefe" hinterlassen [72]). Natürlich trug auch diese Schrift, auf deren Inhalt hier nicht weiter eingegangen zu werden braucht, einen apologetischen Charakter, und Kraftstellen, wie der mit Meisterhand geschriebene Abschiedsbrief des Kaisers an den von seiner Seite gerissenen Grafen Las Cases und die Erzählung von der Zertrümmerung und dem Verkauf seines Silbergeschirrs, eine geschickte Antwort auf die englische Knickerei betreffs der Verpflegungskosten, konnten unmöglich ihren Zweck verfehlen[73]).

Dagegen hat eine kecke Fälschung, die als vorgebliche Schrift Napoleons 1817 von Paris und London aus auf den Büchermarkt gebracht ward, das sogenannte „Manuskript von St. Helena", weit hinaus Funken geworfen. In Frankreich bemächtigen sich die liberalen Publizisten Comte und Dunoyer der Broschüre, um der königlichen Regierung Verlegenheiten zu bereiten; in Deutschland verwickelt sie den größten der Vielschreiber, den Leipziger Professor Krug, in eine Preßfehde. Wenn auch kein anderes, so hatte diese Schrift jedenfalls das Verdienst, eine Menge naheliegender latenter oder auch im Umlauf befindlicher Gedanken über den gefangenen Kaiser zusammengestellt und in kurzen, knappen Sätzen den Lesern in Erinnerung gebracht zu haben. Daher die vielfachen Anklänge in benachbarten und auch entfernteren Literaturen. Die fatalistische Idee, die das „Manuskript" beherrscht, das Napoleon als Werkzeug gewaltiger, ihn zu seinem Handeln zwingender Kräfte hinstellt, begegnet in epigrammatischer Form fast gleichzeitig bei Platen, findet späteren Nachhall in Grillparzers schönem Gedichte „Napoleon" und in den Dichtungen von Zedlitz und kehrt dann begreiflicherweise in endlosen Variationen bis zur Neuzeit beständig wieder. Man braucht nur an Bleibtreus Dramen zu denken oder Tolstojs umfangreichen Roman „Krieg und Frieden" in die Hand zu nehmen. Ein anderer heute längst abgedroschen erscheinender Gedanke des „Manuskripts", der die Eroberungspolitik des Kaisers auf das Bestreben zurückführt, den republikanischen Ideen allgemeine Geltung zu verschaffen, taucht in dem Flugschriftenberge wieder auf, der bei Napoleons Tode mit vulkanischer Kraft aus den Tiefen des französischen Volkes hervorbricht. Und auch jene Wendung sollte sich in bestimmten Kreisen großer Beliebtheit erfreuen: der Sturz des zum Kaiser gewordenen Revolutionsmannes muß erfolgen, weil dieser die Freiheitswünsche und -bestrebungen, die er einst um eigenen Vorteils willen gehegt und gepflegt hatte, selbstisch der Herrschaft der Gewalt unterordnet. Auch Heine ist die Wendung nicht fremd geblieben.

So verquicken und durchsetzen sich, wie wir noch öfter beobachten

werden, in der St. Helenaliteratur mit den persönlichen fortwährend
politische Motive. Das lag in der Natur der Sache. Auch Napoleon
selbst hat sich als Gefangener unaufhörlich als den Vertreter der
Revolution hingestellt, was er ja im Grunde auch war, und dabei
von freisinnigen Gedanken gesprochen, deren Verwirklichung das
Endziel seines politischen Wirkens, nach der schließlichen Besiegung
aller Feinde, gewesen sei. Ganz gleichgültig, wieviel an diesen Phan-
tasieen echt und wahr sein mochte, jedenfalls fanden sie in seinem
Auftreten während der „hundert Tage" eine Stütze. So ist es denn
natürlich auch wieder kein Zufall, daß von der deutschen Presse gerade
die liberal-demokratischen Organe, neben dem „Europäischen Aufseher"
vor allem die süddeutschen Oppositionszeitungen, die von dem alten
Klubisten Friedrich Lehne geleitete „Mainzer Zeitung", die erwähnten
„Rheinischen Blätter", Butenschöns „Neue Speyerer Zeitung", die von
Heines späterem Freunde und Kollegen Friedrich Ludwig Lindner
herausgegebene „Tribüne" und andere Blätter dieses Schlages, sich
des Gefangenen annehmen. Doch ließen sich auch schon Organe sehr
gemäßigter, ja, selbst rückschrittlicher Richtung, wie das „Frankfurter
Journal", auch die bis ans Herz hinan kühle Beherrscherin der öffentlichen Meinung, Cottas „Allgemeine Zeitung", gelegentlich ein Wort
des Bedauerns und der Entrüstung über die kleinlichen Ränke des
Pedanten Hudson Lowe entschlüpfen.

Wie weit Heine um diese Dinge im einzelnen gewußt, vermag ich
freilich nicht anzugeben. Manchen Artikel über St. Helena wird er
in den Zeitungen gelesen haben, manches mag auch in seinem Vater-
hause (vergl. später) und Bekanntenkreise besprochen sein. So viel
darf man wohl aus den späteren Zeugnissen rückschließend folgern:
die fast allgemeine Grundstimmung gegen England, d. h. das toristische
England des Ministeriums Castlereagh, das sein Opfer während der
Marter noch verhöhnte, wird er schon früh und in reichem Maße
geteilt haben.

Wenn Heine später unter den „Evangelisten" der Passionsgeschichte von St. Helena wiederholt den durch seine Treue gegen
Napoleon und seine sonstigen Schicksale bekannten Grafen Cases anführt, so ist dabei natürlich in erster Linie an das Mémorial de
Sainte-Hélène zu denken, das dieser im Jahre 1823 herausgab und
welches der Dichter nachweisbar gelesen hat. Indes mag hier darauf
hingewiesen werden, daß Las Cases schon geraume Zeit vorher als der
typische Geschichtschreiber von St. Helena galt, obwohl auch die übrigen
Leidensgefährten Napoleons, General Bertrand allenfalls ausgenommen,

mit der Feder sehr tätig waren. Die Gelegenheit, die redliche Menschen zu Dieben machen soll, hatte diesen Jüngern des Mars und Hippokrates die Feder in die Hand gegeben. Der bei weitem geschicktete unter ihnen aber war Las Cases. Zugleich derjenige, welcher es am besten verstand, die rein menschlichen Züge dieser Tragödie in das für seinen Helden günstigste Licht zu rücken. Der feingebildete und spitzfindige Advokat seines unglücklichen Herrn, der schon 1816 aus der Umgebung des Kaisers entfernt, von den britischen Behörden in rücksichtsloser Weise behandelt und lange im Kaplande zurückgehalten war, erschien um die Jahreswende von 1818 in Europa, wo er nach vielen Kreuz- und Querfahrten endlich in Frankfurt auf längere Zeit Ruhe fand. Diese benutzte er, um eine aufsehenerregende Tätigkeit zu entfalten und die verschiedensten Fürstlichkeiten, Minister und andere hochgestellte Personen im Interesse des Gefangenen mit Briefen jeglicher Art, Bitt- und Beschwerdeschriften zu bestürmen, die in die Öffentlichkeit kamen und mehr als alles andere geeignet waren, für Napoleon Stimmung zu machen.

Einige der wertvollsten Stücke aus dieser Literatur erschienen in deutscher Übersetzung in den von Brockhaus herausgegebenen „Zeitgenossen". Sie waren begleitet von einer nach Las Cases' Angaben angelegten, aber von einer deutschen Feder verfaßten Biographie des Grafen. Von demselben Verfasser, Karl Adam Murhard, dem Bruder des späteren Herausgebers der durch Posselt begründeten „Annalen", war auch das „Vorwort" zu beiden Schriften geflossen [74]). Gleichzeitig erschien das Ganze als Separatdruck unter dem Titel „Leben und Schicksale Emanuel August Dieudonné's Grafen von Las Casas (sic!), Begleiters Napoleons nach der Insel St. Helena" [75]).

Ganz neue Töne, Töne eines unverblümten und im Jahre des Aachener Kongresses unerhört klingenden Enthusiasmus für den ehemaligen Kaiser der Franzosen waren hier angeschlagen, denen gegenüber selbst die bisherigen Verteidigungen fast verblaßten. Napoleons Größe findet die unumwundenste Anerkennung: er heißt wieder der Mann, dessen kräftiger Arm die schönen und großen Wahrheiten der Revolution „vom anarchischen Chaos gereinigt"; Austerlitz, Jena, Friedland, Tilsit sind die alten „Wunder".

Doch empfängt die strahlendste Gloriole auch hier wieder der nach unblutigem Siege von Elba heimkehrende Triumphator des 20. März 1815.

Zugleich ist Murhards Schrift noch aus einem andern Gesichtspunkte betrachtet von Bedeutung zumal für die spätere Dichtung,

auch die Dichtung Heines. Zeigt sie doch an einem klassischen Muster,
wie eine eigentliche napoleonische Legende, deren Kranz sich um das
Haupt des Dulders von St. Helena schlingt, im Werden begriffen ist
und in manchen Zügen schon völlig ausgeprägt dasteht. So ist der
Verfasser der Las Cases-Biographie felsenfest davon überzeugt, daß
sich Napoleon ohne Zwang den Engländern überliefert, von diesen
aber heimtückisch hintergangen worden sei. „Der Griffel der Geschichte wird einst aufzeichnen und zu würdigen wissen," sagt er
pathetisch, „Napoleons bei dieser Gelegenheit bewiesene Hochherzigkeit
und der englischen Minister Redlichkeit; vielleicht wird die Geschichte
auch des Ruhmes gedenken, welchen diese Minister durch ihr Benehmen England raubten, sowie des unsterblichen Triumphs, welcher
der Gesetzgebung dieses Landes dadurch entzogen worden [76]." Napoleons Benehmen auf dem „Bellerophon" und „Northumberland",
die klassische Ruhe, die er besessen haben soll und die er doch in
Wirklichkeit so wenig besaß und bei seiner physischen Konstitution
auch gar nicht besitzen konnte [77]), sie werden ebenso lobpreisend erwähnt,
wie Sir Hudson Lowes Benehmen — der Vergleich mit Tamerlan,
der den Bajazet in einem eisernen Käfig herumführen läßt, spricht
deutlich genug! — in wahrhaft dantesken Farben gemalt ist.

Nicht lange nach dem Erscheinen des letztgenannten Werkes tritt
in der St. Helenaliteratur ein neuer Schriftsteller auf, gleich Las Cases
einer der „Evangelisten" dieser Passionsgeschichte, der aber die Schauer-
mären der früheren Berichterstatter noch überbot. Es ist das der
berühmt gewordene Irländer O'Meara, eine Zeitlang Napoleons
Leibarzt auf der Insel und gleich Las Cases durch Hudson Lowe
von dieser vertrieben. Sein damaliges Auftreten und seine erste
Schrift gegen den Gouverneur, die Lord Byron eine prächtige Zeile
entlockte und Heines späteren Freund Lindner zu einem Artikel in
der von ihm geleiteten „Tribüne" inspirierte, war indes nur ein Vorspiel zu der Herausgabe des berühmten Buches Napoleon in exile,
von dem weiter unten die Rede sein wird. Wie weitverbreitet schon
damals jene Ansichten über Napoleons nichtswürdige Behandlung
waren, denen später der deutsche Dichter so hinreißenden Ausdruck
verleihen sollte, mag eine Stelle aus der „Mainzer Zeitung" illustrieren, deren Redakteur, der wackere Lehne, den Autor der „Reisebilder" antizipiert zu haben scheint, wenn er angesichts dieses Jammers
schrieb: „Die Behandlung Napoleons auf St. Helena, zu welcher
England keineswegs berechtigt ist, wird ein ewiges Schandmal in
seiner Geschichte bleiben, wenn er derselben erliegt" [78]).

Auch andere Stimmen melden sich. Denn obwohl, solange der Unglückliche noch lebte, bei der grenzenlosen Furcht der Potentaten jedes Zeichen der Teilnahme für ihn Verdacht und Mißtrauen erweckte, so ließ sich das Mitgefühl doch nicht völlig mundtot machen. Natürlich trat es im zensurfreien Gespräche lauter hervor als in der Presse, die an die größte Vorsicht gebunden war. Von den Waffengefährten des Kaisers, unter denen viele sich sogar mit Plänen zu seiner Befreiung trugen, wollen wir dabei gänzlich schweigen. „Ist es nicht mit Händen zu greifen," schrieb 1817 Stägemann an Varnhagen [79]), „daß Napoleon, der im Jahre 1815 Frankreich mit 1200 Mann eroberte und die Bourbonen vom Throne stieß, jetzt nur 12 Mann gebrauchen würde, wenn er wieder erschiene?" Ähnlich äußerte sich um dieselbe Zeit Gneisenau [80]), und Chateaubriand sagte in seiner pittoresken Sprache, daß „Napoleons Hut und grauer Rock auf der Spitze eines Stockes an der Küste bei Brest genügen würden, um ganz Europa zu den Waffen greifen zu lassen" [81]).

Daß in England, wo infolge der größeren politischen Freiheit auch die Presse für ihn eintreten durfte, von der Opposition ganz offen seine Sache vertreten wurde, ist hinreichend bekannt. Der Herzog von Sussex, Lord Holland und andere Parlamentsmitglieder waren öffentlich zu Gunsten des Gefangenen aufgetreten. Die Gattin des letzteren, Lady Clavering, Lady Blessington, Byrons Freund Hobhouse, kurz, der ganze Kreis, der sich um den Dichter-Lord scharte, gehörte zu Napoleons Verteidigern und, soweit das möglich war, auch zu seinen hilfreichen Freunden. Varnhagen, damals preußischer Ministerresident am Karlsruher Hofe, berichtet von gleichen Stimmungen unter den vornehmen Engländern, die in Baden zur Kur waren, auch daß die Deutschen diese Gesinnung vielfach teilten [82]). Die Fürstin Waldburg-Truchseß, eine geborene Hohenzollern und Gemahlin des preußischen Gesandten in Turin, erklärte den Tag von Belle-Alliance für einen „Trauertag" und sprach von Napoleon als dem „teuer geliebten Kaiser" [83]). Vannucci erzählt in seinem prächtigen Buche über den italienischen Dichter Niccolini, daß eine Dame, Hortensia Allart, alles aufgeboten habe, um als Erzieherin der Bertrandschen Kinder nach St. Helena und auf diese Weise in des Kaisers Nähe zu kommen [84]).

Schon regt sich auch die Teilnahme in der Brust der Dichter. Der geistvolle Romanschriftsteller Beyle (Stendhal), liest in Mailand, wo er mit Lord Byron zusammentrifft, in einer Nacht voller Begeisterung Byrons „Korsaren". Trotzdem kann er es am folgenden

Tage nicht über sich gewinnen, dem in Mailand anwesenden Autor ein freundliches Gesicht zu zeigen, weil dieser — Mitglied des englischen Parlaments war, das den Kaiser Napoleon dem „Henker von St. Helena hingeworfen habe[85]." Und gewiß, Byron hatte das am wenigsten verdient. In Schweden gedenkt Tegnér der Geschicke des Helden in einem Gedichte, das er für das Neujahr von 1816 schreibt[86]), in Frankreich, wo es fast verboten war, von dem Kaiser zu sprechen, drängt sich seine Gestalt in einen der stimmungsvollsten Gesänge Delavignes[87]); schon liest man seinen Namen zwischen den Zeilen jedes Bérangerschen Liedes; in Italien antwortet das schöne Sonett eines Unbekannten: Mira Ocean! quel prigionier son io[88]) auf die garstigen Schmähgedichte der Gegner, die wie Arndt und Southey ihren Haß auch jetzt noch nicht gesättigt hatten.

Immerhin waren das nur vereinzelte Stimmen. Die Lage änderte sich, als wie ein Posaunenstoß die Kunde von dem Tode des weiland Weltherrschers über den Ozean scholl.

Am Abend des 5. Mai 1821, als die Uhr in dem ärmlichen Farmhause von Longwood elf Minuten vor 6 zeigte, war der große Heerführer auf seinem Feldbett von Austerlitz gestorben, ganz einfach an einem Magenkrebs, wie die Engländer sagten und wie Heine ihnen nachhöhnte, langsam hingemordet unter dem glühenden Himmel Afrikas, wie seine Anhänger behaupteten; selbst die Sage von einer Vergiftung, die damals auftauchte, fand Verbreitung und wurde von vielen geglaubt. Anfang Juli war die Nachricht nach Europa gekommen. Ihre Wirkung war trotz aller gegenteiligen Versicherungen offiziöser Blätter eine erschütternde. Häßliche Angriffe wagten in der durch die Majestät des Todes geheiligten Stunde eigentlich nur wenige. Ein großer Teil unserer heimischen Presse verhielt sich allerdings zurückhaltend; die blutleere Dürre des deutschen Journalismus und der Rotstift des Zensors zeigten sich auch am Grabe des Gewaltigen. Nur süddeutsche Blätter, in edler Weise wieder die „Mainzer Zeitung" des geistvollen Lehne, wagten der Größe des Mannes gerecht zu werden; das Cottasche Weltblatt schrieb dem Helden ein kurzes, etwas kühles, aber nicht unschönes Epitaph; wärmere Worte fand auch diesmal der „Europäische Aufseher" für seinen langjährigen Klienten. Die Berliner Blätter, deren Haltung wegen der damaligen Anwesenheit Heines in der preußischen Residenz für uns von besonderem Interesse ist, begnügten sich meist mit der Wiedergabe englischer Zeitungsberichte, von denen mehrere, wie die der liberalen „Times" und des „Morning Chronicle", neben gerechter

Anerkennung der großartigen Persönlichkeit dem Bedauern darüber
Ausdruck geben, daß Napoleon die Hoffnungen der Freiheitsfreunde
unerfüllt gelassen habe[80]).

Während die offizielle Welt der Höfe und Diplomaten bei dem
Tode des Mannes, vor dem sie sich im Staube gewunden, eine bis
zur Affektation gehende Gleichgültigkeit zur Schau trug, regte sich
in der Volksseele tiefes Mitleid mit dem Wundermenschen, der wie
ein leuchtendes Meteor durch die Zeit gegangen, dann im Weltmeere
verlöscht war. Wie sehr in Frankreich nicht allein der Soldat, sondern auch der Bürger und Bauer ihn liebte, das zeigte die Unzahl
von Flugschriften, von Romanzen und Elegieen, Couplets und Liedern,
mit denen der einfache Mann das Grab auf St. Helena schmückte.
Ein reicher Blumenflor, der aus Frankreichs Boden hervor wuchs.
Auch in Italien, auch in Deutschland sprossen solche Blumen; in einem
Dörfchen am Mainufer wird für den Kaiser von einem frommen
Priester ein Totenopfer dargebracht; in einem Leipziger Blatte legt
ein Unbekannter ein Veilchen auf Napoleons Grab; die Volksphantasie, deren zweites Gesicht schon vor 1812 die gespenstischen
Reiter über die westfälischen Heiden hatte jagen sehen, versetzt nun-
mehr — ein köstlicher Zug — den großen Frankenkaiser als Tisch-
genossen neben den Liebling der deutschen Sage in den Kyffhäuser.

Hat sich auch die Muse der hohen Kunst an des Helden Grab
gesetzt? Ja und nein. Eine klassische Urne von alabasterner Reinheit wußte allein Manzonis wunderbare Objektivität zu schaffen.
Nur zögernd hat Lamartine dem toten Feinde die Hand zur Versöhnung geboten. Das tat auch Puschkin, der patriotische Russe, und
selbst August von Stägemann. Unter den Franzosen findet Béranger
wieder einen seiner hinreißendsten Accente, während Lebrun in einem
vielstrophigen lyrischen Gedichte über den Schönheiten einzelner
Passagen ein wenig den Faden zu verlieren scheint. Andere läßt der
Kampf zwischen Bewunderung und Abneigung noch nicht zu jener
Harmonie gelangen, die ein reines Kunstwerk zu schaffen vermag.
Bei Delavigne liegen mit der persönlichen Verehrung und dem herz-
lichen Bedauern des Menschen die Gefühle einer freiheitsliebenden
Seele im Streite, eine allgemeinere Erscheinung, die als solche auch für
Heine notiert zu werden verdient; in dem jungen Herzen des be-
gabten Victor Hugo trägt für diesmal noch das Legitimitätsdogma
über die Anerkennung der Heldengröße einen Pyrrhussieg davon.

Und das konnte ja auch kaum anders sein. Noch zu frisch war
der Stoff für das Heldengedicht, und wenn einer ihn dennoch zu

formen verfuchte, wie Henri Hubert Lorquet, der patriotifche Fran-
zofe auf der weltabgelegenen Infel Mauritius, fo konnte es nur
halb gelingen. Die Erfahrung, daß die wirklich großen Dichter
feltener von den Tagesereigniffen der unmittelbaren Gegenwart zu
wahrhaft bedeutenden Schöpfungen angeregt werden, zeigte fich auch
hier. Während mancher Poet vom zweiten und dritten Range fein
Stimmchen erhob — in Sachfen Mahlmann, im Elfaß Lamey, Bifchof
Weffenberg in Konftanz, auch einige Italiener — findet fich Shelley
mit wenigen, freilich charakteriftifchen Strophen ab; fogar ein Dichter,
der fo ftarken Anteil an der Gegenwart zu nehmen pflegte wie Lord
Byron, bekennt, gerade diefem Ereigniffe gegenüber nicht in der
nötigen „Stimmung" zu fein, und fordert den befreundeten Thomas
Moore auf, ftatt feiner Napoleons Tod zu befingen. Auch der hat
es unterlaffen, Byron felber aber hat zwei Jahre fpäter feine Gedanken über das Ende des großen Mannes — es ift wieder fehr
bezeichnend — in die Strophen einer blendenden Satire verflochten,
welche die Erbärmlichkeit des Zeitalters Georgs IV. einer fchonungs-
lofen Kritik unterzog. Selbft der Schwan des Nordens, Efaias Tegnér,
hat damals gefchwiegen und es einem weniger bedeutenden Landsmann überlaffen, um die Palme des Totenliedes mit Fremden zu
ringen. Auch der alte Napoleonverehrer Goethe ließ fich die dank-
barfte Situation aus deffen Leben entgehen; er hat keine St. Helena-
lieder gedichtet und nur in ein paar ärgerlichen Epigrammen des
Verbannten Erwähnung getan. Bei des Kaifers Tode zeigt fich das
„Zeitablehnungsgenie". Und doch nicht ganz. Zwar unterließ der
Sängergreis, eine eigenhändige Infchrift auf den namenlofen Grab-
ftein zu fetzen, doch hat auch er feinen Kranz nicht vergeffen, da er
Manzonis herrliche Verfe in feine geliebte deutfche Sprache übertrug.
Ja, es ift merkwürdig, wie der Tod feines großen Zeitgenoffen, des
einzigen, der unter allen Lebenden fein Pair gewefen, dem Menfchen
Goethe die Zunge löft. Immer häufiger wird nach 1821 die Erwähnung Napoleons in den Gefprächen des Weifen von Weimar,
jene goldenen Worte, in denen der alte Herr bei der Unterhaltung
mit feinem Eckermann und andern Vertrauten von dem „Dämonifchen"
in dem gewaltigen Korfen redet, deffen unvergleichliche Laufbahn,
deffen Gewalt über Menfchen und Verhältniffe und deffen ftaunens-
werte Willensftärke er, weit erhaben über die enge Schranke des
nationalen Vorurteils, rückhaltlos anerkennt.

Außer Goethe hat auch Heine gefchwiegen, der freilich noch ein
junger Student war, aber doch in den „Grenadieren" fchon bewiefen

hatte, daß seine Seele Feuer genug und seine Zunge hinreichende Ge-
lenkigkeit besaß, um den ersten Mann der Welt würdig zu preisen.

Auch seine Stunde war noch nicht gekommen. Indessen darf,
obschon Belege dafür fehlen, wohl als ausgemacht gelten, daß auch
Heine, in dessen kühnen Prosadichtungen Tod und Grab Napoleons
später eine so bedeutsame Rolle spielen werden, von dem Ereignis
nicht unberührt blieb, wenn auch vielleicht gerade in Berlin, seinem
damaligen Wohnort, am wenigsten daraus gemacht wurde. Aber bei
Varnhagens, wo Heine verkehrte, wird es nicht unbesprochen geblieben
sein, wie denn auch der Hausherr Varnhagen selbst in seinen Aufzeichnungen öfter davon redet und tadelnde Bemerkungen über diejenigen laut werden läßt, welche bei dem Eintreffen der erschütternden
Kunde Gleichgültigkeit zeigten. So wird denn Heine auch das eine
und das andere der Gedichte gelesen haben, die nach Napoleons
Tode erschienen, ganz gewiß die dramatische Scene, die Chamisso
nach Manzonis Ode entwarf, und die St. Helenagedichte seines
späteren Freundes Immermann.

Aus diesem Grunde und auch zur Feststellung der allgemeinen
Stimmlage darf ich nicht unterlassen, auf gewisse gemeinsame Züge
der poetischen Napoleonnekrologe hinzuweisen, die bei den Dichtern
dieses Literaturzweiges, natürlich individuell verschieden ausgestaltet
und verarbeitet, aber anderseits doch typisch immer wieder begegnen.
So stellt sich bei vielen im Anblick des einsamen Grabes auf der
düstern Felseninsel, das die Reste des Erderschütterers birgt, der Affekt
des Grausens ein: er erzeugt eine Gespensterromantik, die in Hugos
ausschweifender Phantasie den „finstern Kapitän" zum Lenker der
Wetter und Stürme macht und Immermann und Zedlitz zu nächtlichen Besuchen des Hünengrabes auffordert. Noch spät, um 1840,
klingt diese nordisch balladenmäßige Poesie aus, von der die Heine
eigentlich nichts weiß, in dessen Visionen vielmehr der Imperator mit
dem strahlenden Auge seine taghelle Schönheit und seine klassischen
Formen nie verliert. Zweifellos steht jenes Grausen in einer ursäch-
lichen Beziehung zu dem Fatalistischen seiner Sendung, die Platen
mit einem „Besen der Zeit", Zedlitz mit einem luftreinigenden Gewitter vergleicht. Am wirkungsvollsten hat Grillparzer diesen letzteren Gedanken gestaltet, der auch der Heineschen Auffassung nicht
ganz fernliegt, wiewohl dieser in späteren Schriften zeitweilig zu der
Byronschen und Delavigneschen Ansicht hinüberneigt, daß der Korse
seinen weltgeschichtlichen Beruf als Bringer der Völkerfreiheit eigentlich verfehlt und durch diesen Abfall seinen Sturz herbeigeführt habe.

Unter die gemeinsamen Züge, die schon die Gleichheit des Stoffes
mit sich bringen mochte, — hier und da ist auch direkte oder indirekte
Entlehnung nicht ausgeschlossen — gehört ferner der vielfach auftretende Vergleich des sterbenden Napoleon mit einem versinkenden
Gestirn, den wieder der fatalistische Glaube des Helden an einen
Stern, seinen Stern, besonders nahe legte. Manchen Dichtern ist auch
die sonderbare Rolle aufgefallen, welche die Inseln in dem Leben
des Eroberers spielen; andere glauben, in St. Helena einen Wall-
fahrtsort für die Völker der Zukunft zu sehen, eine Vorstellung, die
gerade Heine liebevoll pflegen und verwerten wird. Noch andere
Gedanken erweckte das einsame Grab auf den Felsenhöhen von
Longwood. Der schmale Umfang seiner letzten Ruhestätte, die schmucklose Steinplatte, die den Mann barg, dem die Welt zu klein gewesen,
forderten zu naheliegenden Bildern und Betrachtungen auf. Man
malte sich die Grabeslandschaft weiter aus; Heines Einbildungskraft
wird die Scenerie beleben und zu dem Helden selber in Beziehung
setzen.

Allgemein ist aber der bittere Unmut über die brutale Rücksichtslosigkeit der Engländer: ein hörbarer Nachhall dessen, was die
Leidensgefährten des Gefangenen in die Welt hinaus geschrieben
hatten. Auch in der gleichzeitigen Presse spiegelt er sich lebhaft
wieder. Nur die Gestalt des ausführenden Werkzeugs, Hudson
Lowes, tritt damals noch mehr zurück. Erst durch die später erscheinenden Hauptwerke von Las Cases und O'Meara ist sie so unliebsam in den Vordergrund gerückt worden.

Doch hat sich schon damals ein Vorrat bestimmter Vorstellungen,
poetisch brauchbarer Bilder, um die Gestalt des Verblichenen angehäuft,
die etwas Stereotypes haben und später wie feststehende Theaterrequisiten bei jeder neuen dichterischen Vorführung seiner Person als
unentbehrlich empfunden werden, daher unverändert oder doch nur
mit etwas mehr oder weniger Zutaten immer wieder zur Verwendung kommen.

Dahin gehören vor allem die nunmehr zu einem Dogma ver-
dichtete Sage von dem Bruch einer „Gastfreundschaft" durch die Engländer, der, wie Heine formulieren wird, „schrecklichen Gastfreundschaft des Bellerophon". Ihr zur Seite tritt eine Art neuer Prome-
theussage, nur mit dem Unterschiede, daß der antike Geier durch das
britische Wappentier jenen ominösen Leoparden, ersetzt wird, der — ein
bis zur Ermüdung wiederkehrendes Bild — den verwundeten Adler
tückisch mordet. Nahe lag auch die Vorstellung, den Gefangenen mit

verschränkten Armen am Ufer des Meeres stehen zu lassen, wo
er allerlei politische und menschliche Reflexionen anstellt, die der
Dichter nach Gutdünken ausgestalten mochte. Noch ein anderes Bild:
Sein Grab, sein Sarg, oder auch er selbst erscheint auf der Höhe
des Felsens von Longwood als ein Leuchtturm für die Schiffer oder
als ein weithin sichtbares Denkmal, das allen Seefahrern, West-
ländern wie Orientalen, bekannt oder doch ohne weiteres verständlich
ist. Man braucht nur an die Scene am Bord des Ostindienfahrers
in den „Englischen Fragmenten" zu denken, um zu wissen, daß sich
Heine auch diese Vorstellung zunutze gemacht hat.

„Seine ungeheure Geschichte wird ein Mythos", sagt derselbe
Dichter an einer andern Stelle. Das heißt den Nagel auf den Kopf
treffen. Legendarische, geradezu mythologische Elemente verbinden
sich mit einer Gestalt, die der jüngsten Vergangenheit angehört.

Auch bei anderen Lieblingsgestalten der poetischen Geschichte, Karl
dem Großen, Barbarossa, selbst bei dem in der verzweifelten Nüchtern-
heit des Zeitalters der Aufklärung lebenden Friedrich II., vornehmlich aber bei Wallenstein, ist Ähnliches geschehen, und die Gegenwart
bietet Ansätze zur Schöpfung einer Kaiser-Wilhelm-Sage. Aber bei
keinem andern Heros hat sich dieser Prozeß so schnell und so gründlich vollzogen wie bei Napoleon. Die Gründe dafür liegen ebenso-
wohl im poetischen Objekt: in der unvergleichlichen Laufbahn des
Mannes, dem Glanz und der Fremdartigkeit der Erscheinung, der
ebenso beispiellosen Tragik seines Sturzes und dem märchenhaften
Versinken seines Sternes in den Fluten des Westmeers, wie in der
subjektiven Beschaffenheit der diesen Mythos ersinnenden Zeit. In
letzterer Hinsicht ist die Mitwirkung der Romantik, namentlich der
deutschen Romantik, nicht zu unterschätzen. Sie versuchte, den klassisch
plastischen Cäsar zu einer malerischen Figur umzuschaffen, ein Verfahren, dem Heine allerdings nicht in der Weise huldigte wie andere
Romantiker.

Zwar bringt auch er, wie wir sehen werden, die Gestalt des
Helden in eine ganz eigentümliche Luftstimmung; aber statt in die
Mondscheinlandschaften eines Immermann, Zedlitz, Raffet wird er
seinen Napoleon in eine Welt des Traumes versetzen, eines am Tage
geträumten Traumes, der so beschaffen ist, daß die Grenzlinien
zwischen ihm und der Wirklichkeit verschwinden und nicht mehr
genau festgestellt werden kann, wo der Traum aufhört und das
Leben anfängt oder umgekehrt. So können Heine und Laube mit
dem Zweifel an der Objektivität der gehabten Vision spielen; wenig-

ftens legen beide das Bekenntnis ab, daß fie nicht beftimmt wüßten,
ob fie den durch die Welt reitenden Cäfar mit ihren leiblichen Augen
gefehen haben oder nicht. Sehr gefchickt hat Brandes jenes Der-
fahren mit der Kunft Rembrandts verglichen [90]).

Müffen immerhin diefe beiden Arten der Beleuchtung, Mond-
fchein und Tagestraum, auf eine gemeinfame romantifche Quelle
zurückgeführt werden, fo find die fpezififch legendarifchen Züge, die
mit der Zeit immer wahrnehmbarer in dem Kaiferbilde hervortraten,
großenteils aus der „ungefchichtlichen Überlieferung" erwachfen, aus
der Tradition, den Erzählungen, die von Mund zu Mund flogen [91]).
Es fteckten darin allerlei Erinnerungsbilder aus Berichten begeifterter
Anhänger, Veteranen und anderer Perfonen, die dem Lebenden einft
mehr oder weniger nahe getreten waren, Anekdoten aus feiner Umgebung, wie fie das Leben aller hochgeftellten Perfönlichkeiten um-
flattern, vielfach fogar Refte offizieller und offiziöfer Schönfärbereien
aus der Kaiferzeit.

Dadurch bekam befonders die künftlerifche Geftalt des Kaifers
eine höchft eigentümliche Färbung, einen fentimentalen Zug, der fich
in diefer Stärke in das Bild keines feiner großen Vorgänger gemifcht
hat. Bis in das fünfte Jahrzehnt und noch darüber hinaus hat fich
diefe Auffaffung in der Volksvorftellung erhalten; es leben heutzutage noch Menfchen, in deren Seele dies Bild in der Jugend fich
prägte. Seinem äußeren Typus nach ift es der einfache Mann im
grauen Oberrock — die famofe redingote grife der Franzofen —
im Charakter ein überaus menfchenfreundlicher Held mit einer Bieder-
mannsfeele, der feine Schlachten eigentlich nur nebenher gewinnt,
weil böfe Menfchen ihm wider feinen Willen das Schwert in die
Hand drücken, und der, wie fo oft im Leben der Gute, den Schlechten
unterliegt.

Eine Geftalt von diefer Befchaffenheit ift alles andere als eine
„realiftifche" Figur, dagegen eignet fie fich um fo beffer zur melo-
dramatifchen Behandlung, und fo ift es nur natürlich, daß gerade
diefer Typus in den rührfeligen Volksftücken, Vaudevilles, und Lieder-
fpielen der Julizeit bevorzugt wird. Von Heines Auffaffung weicht
das Bild erheblich ab; ein Satiriker mußte diefe „Religion" auf die
Dauer langweilig finden, und er hat fich über die künftlerifche Seite
ihres Kultus gelegentlich recht luftig gemacht. Doch ganz fern hat
auch er ihr nicht geftanden; denn auch er hatte ja feine fehr fentimentalen Stunden, diefer unbarmherzige Spötter. „Jeder Ironiker,"

sagt sehr fein Legras, „ist bekanntlich im Grunde sentimental, Heine vielleicht noch mehr als irgend ein anderer [92].“

Ich werde auf den eben erwähnten Punkt bei der Besprechung der dichterischen Persönlichkeit unseres Autors noch zurückzukommen haben und möchte hier noch auf einen mehr äußeren Umstand aufmerksam machen. Wie manche Stellen seiner Werke zeigen, sind auch die Darstellungen Napoleons in der bildenden Kunst auf Heine nicht ohne Einfluß geblieben. Und auch diese, die bildende Kunst, war zur Zeit der Katastrophe von St. Helena unter das Zeichen der Sentimentalität getreten.

Statt der schimmernden Paraden, aus denen die Siegesfanfaren von Jena und Friedland klangen, statt der glänzenden Krönungsversammlung in Notre-Dame, die Davids steifer Pinsel auf die Leinwand geschrieben, malt man traurige Scenen aus der Zeit des Untergangs der großen Armee. Charlet, selbst ein Soldatenkind, Sohn eines Dragoners der republikanischen Heere, hat schon 1817 mit dem „Grenadier von Waterloo“ dieses Genre eröffnet. Später hat Steuben jenes finstere Bild des Abends von Waterloo gemalt, wo Napoleon, der sich, als er alles verloren sieht, noch einmal in den Kampf stürzen will, von den Generalen zurückgehalten wird. Schon früher hatte er des Kaisers Tod gemalt, ein Vorwurf, der in den zwanziger und dreißiger Jahren sehr häufig die Künstler beschäftigte. Steubens Darstellungsweise, die auch von Kunsthistorikern geradezu als „melodramatische Manier“ bezeichnet worden ist [93]), entspricht genau dem sentimentalen Bilde, das manche, namentlich Volksdichter, von Napoleon entwarfen, ähnlich so, wie Raffet unsern Zedlitz ins Gebiet der bildenden Kunst übersetzte. Daneben wurde ein anderer Typus populär: die Darstellungen von Napoleons Ruhestätte, besonders Gérards „Grab von St. Helena“, das herrliche Bild mit den Trauerweiden, dessen kostbarer Rahmen von den idealen Gestalten des Ruhmes, der Geschichte, des Sieges und der Dichtkunst gehalten wird [94]). Diese Weiden, deren Zweige melancholisch in die Talschlucht von Hut's Gate hinunterhängen, haben sich tief in die Seele der Dichter eingegraben. Bei Hugo, Gaudy kehren sie wieder, besonders aber bei unserem Heine.

Übrigens hat sich diese ganze legendarisch-romantisch-sentimentale Auffassung, die eine aus Erz gegossene Heldenfigur mit weinerlich weichen Tinten übergießt, erst im Laufe der zwanziger Jahre nach und nach herausgebildet. Wie sie ihrerseits eine starke literarische Verwertung finden sollte, so war sie selbst erst wieder zu einem guten Teile der Niederschlag einer ungemein reichhaltigen Literatur, die n a ch des Kaisers Tode das Licht der Öffentlichkeit erblickte und sich gleich bei ihrem Erscheinen gewaltig Bahn brach. Wir werden diese von Varnhagen spezifisch so genannte „bonapartische Literatur" in den Kreis unserer Betrachtung ziehen müssen, zumal bei mehreren ihrer Erzeugnisse ein direkter Einfluß auf Heine unumstößlich feststeht.

Auch sie knüpft an die letzte Phase aus dem Leben des soeben zur Ruhe eingegangenen Helden an. Die St. Helenatragödie war mit dem Abende des 5. Mai und der Einsargung des Kaisers noch nicht ausgespielt. Erst recht laut erhoben die Gefährten seiner Verbannung ihre Stimme, seitdem sie nach Europa zurückgekehrt und des be= engenden Zwanges von seiten der englischen Regierung ledig sind.

Die schmerzenreiche Geschichte der Gefangenschaft des Kaisers wird nun recht eigentlich zur „Passion"; man bemächtigt sich auch des biblischen Wortes, eine Tatsache, die manche Wendung Heines aus dem Zeitgeschmack erklärt und den von ihm gewählten Bildern und Ausdrücken eigentlich den Charakter der Blasphemie benimmt, die ihm mit den Zeitverhältnissen weniger vertraute Beurteiler so oft zum Vorwurf gemacht haben [95]).

Die erste der hier zu erwähnenden Schriften, O'Mearas „Stimme von St. Helena" [96]), erschien 1822 und wurde trotz einer leidenschaft= lichen Verurteilung im englischen Quarterly Review [97]) auch von Gegnern als ein auf jeden Fall sehr „merkwürdiges" Buch er= kannt [98]). Der Irländer O'Meara war, wie wir hörten, schon vor des Kaisers Tode in dessen Sache als Schriftsteller aufgetreten und infolgedessen seiner Stellung als britischer Sanitätsoffizier enthoben worden [99]). Es ist wahr, der Doktor O'Meara gehörte zu den un= zuverlässigsten Berichterstattern von St. Helena. Während er alle nach damaliger Anschauung für Napoleon irgendwie günstigen Um= stände, eigene Rechtfertigungsversuche des Kaisers und dazu eine Menge liebenswürdiger und menschlich ansprechender Züge aus seinem Leben und seiner Gefangenschaft, kritiklos oder vielmehr mit recht wohlbewußter Absicht in sein Buch aufnahm, verleitete ihn persön= liche Abneigung und Rachsucht gegen den Gouverneur Hudson Lowe, diesen jämmerlichen und nichtswürdigen Menschen noch über die Ge= bühr schwarz zu malen und vollends zum leibhaftigen Satan zu stempeln. So hat gerade O'Mearas Buch dahin gewirkt, aus den öden Felsblöcken der vulkanischen Insel für die Volksphantasie jenen „Kalvarienberg" zu erbauen, dem man vor allem in populären Darstellungen des napoleonischen Lebens bis gegen die Neuzeit hin

immer wieder begegnet, und nicht ohne Grund steht in Heines Werken
das Buch des Irländers unter den „Evangelien" der Leidensgeschichte
von Longwood verzeichnet.

Für die gläubige Aufnahme, die O'Mearas Behauptungen
fanden, war das Schicksal des Verfassers, seine Entlassung aus englischen Diensten, entschieden günstig. „An der subjektiven Wahr-
haftigkeit der Stimme von St. Helena kann man nicht zweifeln,"
heißt es in einer sonst mit dem Lobe sparsamen Rezension des Buches
in der „Jenaischen Allgemeinen Literatur-Zeitung" [100]), „sobald man
.'... weiß, daß der Mann, der sie erschallen läßt, eben darum viel
gelitten hat, daß er danach gehandelt, um so sprechen zu können."

Auch der Stil O'Mearas, der, wiewohl ohne eigentlich literarische
Schulung, doch einer natürlichen Beredsamkeit nicht ermangelte, war
einnehmend, und Stellen wie die, daß Napoleon sich die Freiheit
oder den Henker gewünscht, daß er sich — bei den Geldknausereien
der englischen Regierung — an die Tafel der Offiziere des zu
seiner Bewachung stationierten Regiments habe setzen wollen, die
wohl einem alten Soldaten wie ihm ein Gericht nicht verweigern
würden, waren, in geschickter Form vorgetragen, ihrer Wirkung von
vornherein sicher.

Die persönliche Teilnahme machte auch die ohnehin schon zum
Glauben geneigten Gemüter noch zugänglicher für die Angaben des
Gefangenen über sein politisches Leben und Streben. Mochten ihnen
des Kaisers Handlungen auch vielfach widersprechen, so wollte man
doch annehmen, daß seine Absichten besser gewesen als jene oder daß
der große Mann sich schlimmsten Falls im Zustande der Selbst-
täuschung befunden habe. „Napoleon," heißt es in der angeführten
Rezension, „hielt sich für den Boten Gottes oder den Sohn des Schicksals, der dazu bestimmt sei, die Menschenwelt in die gehörige Ordnung zu bringen; und daher hielt er alles, was er entwarf, für
heilsam, was er wollte, für Recht, alle, die sich seinem Willen wider-
setzten, für Rebellen, die er niedersäbeln ließ, solange er noch Macht
hatte, ·die er durch Verachtung töten wollte, als ihm die Macht
fehlte." Und das Brockhaussche „Literarische Conversations-Blatt"
sagt in einer Besprechung des O'Mearaschen Buches [101]), zwar wäre
die Zeit noch nicht da, „wo sich alle Urteilsfähigen in einer klaren
Ansicht des außerordentlichen Mannes vereinigen", doch habe „seit
sieben Jahren sich vieles ereignet, was großen Zweifel gegen das zu
Anfange dieses Zeitraumes uns angesonnene Glaubensbekenntnis erregen mußte, daß er der ärgste Feind der Freiheit Europas sei".

Wurde O'Mearas Werk in Deutschland, in der Bearbeitung
von Friedrich Schott, ein standard work der Leihbibliotheken —
ich selbst besitze ein unglaublich zerlesenes Exemplar dieser Herkunft
— so war bald in jeder Hütte, wo ein Veteran des Kaisers hauste,
aber auch, wie Varnhagen bezeugt, in den vornehmen Salons
der — Berliner Gesellschaft das Mémorial de Sainte-Hélène[102]),
das berühmte Journal des Grafen Las Cases, in das dieser Tag für
Tag eingetragen, was der Kaiser Napoleon im Laufe eines Jahres
auf St. Helena getan und gelassen, gedacht und gesprochen hatte.

Der Verfasser, dessen Silhouette oben gezeichnet wurde, war für
die Aufgabe, die er sich gestellt, vorzüglich geeignet. Sein Buch war
weit weniger eine objektive Wiedergabe spontaner Äußerungen
Napoleons als das erst unlängst veröffentlichte Tagebuch des Generals
Gourgaud. Der apologetische Charakter, den des Grafen übrige
Schriften in starker Prägung zeigen, hat auch dem Mémorial de
Sainte-Hélène den Stempel aufgedrückt. Die Gesichtspunkte, nach
denen diese unter Napoleons eigenen Augen angelegte und nicht
ohne Advokatenkniffe geführte Verteidigung geleitet wird, sind im
wesentlichen dieselben wie bei O'Meara; nur steht die politische
Rechtfertigung des Kaisers noch mehr im Vordergrunde als bei
jenem.

Unter den obwaltenden Verhältnissen mußte auch dieser Same
auf einen überaus günstigen Boden fallen. Wer, wie ein Kritiker
des „Literarischen Conversations-Blattes"[103]) an der Echtheit der
freisinnigen Entwürfe Napoleons zweifelte, dieser „lieblichen politischen Idyllen", die nach Beendigung des Feldzugs gegen die russischen
Barbaren Europa in einen großen Schäfergarten verwandeln sollten,
der fand zum mindesten einen „unwiderstehlichen Reiz" in dem Tat-
sächlichen der Las Casesschen Berichte, zumal in den Schilderungen
des intimen Lebens des einstigen Weltherrschers.

Auch der „Jenaischen Literatur-Zeitung" ist der über die Maßen
edle und wohlwollende Napoleon verdächtig, aber die Gesinnung
seines Biographen über allen Zweifel erhaben[104]). Andere erkennen
zwar in ihm den unbedingten Lobredner[105]); ja, Varnhagen findet
in seinem Werke etwas Charlatanisches, und dessen Verfasser bekommt
gelegentlich sogar Kosenamen zu hören wie „eitler Geck" und „dummer
Lakai, den seine Livree und der Titel seines Herrn glücklich und
schwindlig macht"[106]). Aber die optimistische Auffassung in der Beurteilung des Werkes ist stark überwiegend, und auch solche, die
sich von O'Mearas rücksichtsloser Form abgestoßen fühlten, fanden

bei dem feineren Las Cases ihre Rechnung. Ganz bezaubert von
dem gewandten Franzosen ist ein Kritiker der „Allgemeinen Zeitung",
der in der schon damals literarisch bedeutenden Beilage [107]) die Ansicht ausspricht, man lerne in diesem Buche den Mann, der Europa
einst durch seine Siege beherrschte, so genau kennen, daß „nun alle
vorgefaßte Meinung und jede Täuschung schwindet". Man könne
gewissermaßen sagen, daß er nach seinem Tode neue Siege erfochten
habe.

Auch die andern zur St. Helenaliteratur gehörigen Werke, die
um jene Zeit erschienen, begegneten einem hohen Interesse. Sie alle
waren geeignet, für den Helden aufs neue Stimmung zu machen.
So die Derniers moments de Napoléon, Memoiren seines letzten
Arztes, des Korsen Antommarchi [108]), den der Kranke selbst wenig
geschätzt, der aber, gleichfalls mit einer reichen Phantasie ausgestattet,
es vortrefflich verstand, sich und seinen Patienten in eine besondere
Beleuchtung zu setzen, ein unwahres Zwielicht, das aber die Leser
gefangen nahm. Lord Rosebery bezeichnet in seinem bekannten
Werke den Antommarchi als den unglaubwürdigsten von allen Zeugen
des großen Dramas, und man braucht nur an Scenen wie die zu
denken, in welcher der Doktor den kranken Napoleon von seinen
künftigen Unterhaltungen im Elysium mit Friedrich II. und den
großen Männern des Altertums schwärmen läßt, um die Richtigkeit
dieser Behauptung einzusehen. Und doch haben gerade solche völlig
erfundenen oder mit einem starken Aufwand an poetischer Freiheit
umgedichteten Scenen wieder mit ungeheurem Zauber auf die Volksseele gewirkt, und in einer ernsten Kritik aus damaliger Zeit [109]) sind
die Worte zu lesen: „Besonders dient die Schilderung seiner letzten
Augenblicke dazu, ihn kennen zu lernen, und wahrlich die Befangenheit und der Haß, welche sich so lange dabei gefielen, Napoleon als
ein hartes, fühlloses, jeder weicheren menschlichen Empfindung ab-
gestorbenes Wesen darzustellen, werden verstummen müssen vor diesen
Zeugnissen, die eine gerechte Nachwelt nicht vergessen wird, in die
Wage zu legen." Auch der Pisaner Professor Antommarchi wurde
einer der „Evangelisten" von St. Helena.

Und selbst einen seiner Regierung pflichttreu ergebenen englischen
Seeoffizier kann man in gewissem Sinne diesen beizählen. Es ist
Maitland, der Verfasser des Narrative of the surrender of Buonaparte [110]). Maitland war der Kommandant des Bellerophon, an
dessen Bord sich der bei Waterloo Geschlagene den Engländern
ergab. Das Benehmen des Kapitäns bei diesem Akte war nicht

einwandfrei gewesen, mußte wenigstens den Verdacht erwecken, als
habe er dem Kaiser in Bezug auf seine Aufnahme in England mehr
versprochen als er halten konnte. Schon zur Zeit des Ereignisses
waren gegen Maitlands Gesinnung und Handeln Bedenken geäußert
worden, und das Bedürfnis einer Rechtfertigung lag für diesen nahe.
Ob sie ihm völlig gelungen, wurde mehrfach bezweifelt [111]), in anderer
Hinsicht aber war Maitlands Buch den Zeitgenossen sympathisch:
der „sturmkalte Seemann", wie ihn Heine später genannt hat, gab
der Wahrheit die Ehre, wenn er englischen Entstellungen gegenüber
bekannte, daß Napoleons Benehmen in jenem denkwürdigen Augenblicke, der seine politische Laufbahn für immer abschloß, groß und
würdig und sein Umgang bezaubernd gewesen sei.

Richten sich die bisher besprochenen Werke vorzugsweise mitleid-
erweckend an die persönliche Teilnahme des Lesers für den tragischen
Ausgang des großen Lebens, so war in dem Jahrzehnt zwischen dem
Abend von Waterloo und dem Erscheinen der letztgenannten St. Helenaschriften eine ungeheure Menge von Büchern über Napoleon und
seine Taten auf den Markt gebracht, die sich vorwiegend an andere
Interessen des lesenden und studierenden Publikums wendeten.
Nicht die im Grunde doch etwas weinerliche Tragödie von Longwood, sondern das Heldenstück der Kaiserzeit behandeln sie, namentlich
die letzten Aufzüge, die elementare Katastrophe von 1812, die Peri-
petieen von 1813, den großen Aktschluß von Fontainebleau, den
wirkungsvollen Epilog von 1815. Die Veteranen des kaiserlichen
Heeres, welche die rücksichtslose Verfolgung der bourbonischen Regierung um Brot und Ehre, Rang und Heimat brachte, denen sie
nach tatenreichem Leben eine unfreiwillige Muße aufzwang, ihnen
hat sie glücklicherweise auch die Feder in die Hand gedrückt, um die
Ruhmestaten ihres Kaisers, vor allem eine Menge intimerer Züge
aus dessen Leben im Kabinett und im Feldlager, auf die Nachwelt
zu bringen. Eine wahre Unzahl von Memoiren, militärischen und
strategischen Schriften quoll aus dem Boden, und schon vor Napoleons
Tode war sie zu einer stattlichen Reihe von Bänden angewachsen.
Auch Deutsche beteiligten sich daran, teils alte Rheinbündler, die mit
den ehemaligen Kriegskameraden in gleichem Fahrwasser schwammen
oder, wie die württembergischen Generale von Kausler und von
Theobald, deren Schriften in unsere Sprache übertrugen, teils Männer
wie Plotho, Rühle von Lilienstern, Müffling, der bayerische Freiherr
von Völderndorff und viele andere, die vom gegnerischen Standpunkte wider französische Darstellungen polemisierten, allzu laute

Rodomontaden kaiserlicher Haudegen zurückwiesen und so noch einmal in der Schreibstube mit den alten Gegnern von Leipzig und Ligny die Klinge kreuzten. Aber auch ihre Arbeit hat den Ruhm des Mannes, der im Mittelpunkte dieser auf- und abwogenden Federkämpfe stand, nicht unerheblich gefördert, mindestens beigetragen, das Interesse für ihn ununterbrochen wachzuhalten und noch zu steigern.

Für uns erhebt sich hier wieder die Frage, wie viele dieser Schriften unserem Heine bekannt geworden sein mögen. Sie gehört zu denen, die ich nicht so ohne weiteres mit einem peremptorischen „ja" oder „nein" beantworten möchte. Auf der einen Seite dürfte er manche jener Memoiren gelesen, durchblättert oder in Auszügen kennen gelernt haben, die in seinen Werken nicht citiert werden und deren Spuren schwer nachweisbar sind. Auf ein großes Interesse an dieser Literatur deutet vor allem die Stelle in den „Englischen Fragmenten", wo der Dichter im Gegensatz zu den Engländern die Franzosen lobt, weil sie die Geschichte ihrer Taten schreiben: „Jene Hände, die so lange das Schwert geführt, werden wieder ein Schrecken ihrer Feinde, indem sie zur Feder greifen; die ganze Nation ist gleichsam beschäftigt mit der Herausgabe ihrer Memoiren" [112]).

Anderseits mag Heine vieles eben nur flüchtig angesehen, vielleicht nur aus Besprechungen gekannt haben, er, der ein eifriger Leser periodischer Blätter war und sich gelegentlich auf die Lektüre der „Hallischen Literatur-Zeitung" und ähnlicher Institute im Scherz etwas zugute tut. So wird beispielsweise die vorzügliche Geschichte des spanischen Feldzuges von dem als Militär und Kammerredner gleich ausgezeichneten General Foy nur ein einziges Mal erwähnt [113]). Es geschieht, um den Vorzug der auf Ehrgefühl basierten Mannszucht in den kaiserlichen Heeren vor der rohen Prügeldisziplin der Engländer zu betonen.

Hier ist wenigstens ein Anhalt gegeben. Wer will aber sagen, was Heine sonst noch alles aus der unabsehbaren Reihe dieser Memoirenwerke gekannt hat? Ob die Schriften des vom Schicksal unaufhörlich umhergetriebenen Obersten Daudoncourt [114]), dem das Elend der Verbannung die Feder „vergiftet" hatte, ob die wegen ihrer einseitigen Verherrlichung der kaiserlichen Politik von den deutschen Kritikern vielfach verurteilten Fainschen Manuskripte [115]), ob den von Menzel so sehr gerühmten Chambure [116]) oder Fleury de Chaboulons Memoiren [117]) über Napoleons Leben im Jahre 1815? Am sichersten, glaube ich, wird eine Bekanntschaft unseres Dichters mit den allgemein ge-

lobten und beliebten Schriften des schon früher erwähnten Generals
Pelet anzunehmen sein, zumal Bruchstücke aus diesen in den bei
Cotta erscheinenden „Politischen Annalen" zu einer Zeit veröffentlicht
wurden, als Heine diesem Organ schon nahe stand[118]).

Und nun darf nicht unerwähnt bleiben, daß unter den Autoren
Napoleon selbst auftritt, dessen auf St. Helena diktierte Erinnerungen
Gourgaud und Montholon nach den auf der Insel angefertigten
Niederschriften in den Jahren 1822—23 zu Paris herausgaben[119]).
In welchem Sinne der junge Heine sie auffaßt, läßt sich wieder ge-
genau angeben: nicht mit dem Auge des Kritikers, sondern mit dem
des gläubigen Bewunderers, des Künstlers, des Poeten hat er sie
betrachtet. Denn er selbst sagt an einer Stelle seiner Werke, — es
ist wieder in den „Englischen Fragmenten" — daß der „große Kaiser
die Muße seiner Gefangenschaft dazu anwandte, sein Leben zu dik-
tieren, uns die geheimsten Ratschlüsse seiner göttlichen Seele zu offenbaren und den Felsen von St. Helena in einen Lehrstuhl der Geschichte
zu verwandeln, von dessen Höhe die Zeitgenossen gerichtet und die
spätesten Enkel belehrt werden"[120]).

Aber mehr als alle die bisher besprochenen Aufzeichnungen, als
Napoleons eigene Memoiren, hat das Ségursche Werk über den russischen Feldzug die Gemüter in ihren Tiefen erschüttert[121]). Alle Zeit-
umstände waren dem Erscheinen des wunderbaren Buches günstig.
Die von erhabener Schönheit umstrahlte Katastrophe, der Untergang
eines seit Xerxes' Zeiten nie mehr gesehenen Heeres, nicht durch
den Kampf mit einem im Vergleich zu ihm und seinem Führer fast
kläglichen Gegner, sondern im tosenden Wirbelsturm der Elemente,
das umfängt noch heute mit herzbestrickendem Zauber den Leser.
Wieviel mehr damals, wo der Welt noch feierlicher, romantischer zu
Mute war als in dieser blassen Werktagszeit des zwanzigsten Jahrhunderts! Dazu kam die „Aktualität" des Werkes. Es gab eine
Menge Leute, wie Hauffs General Willi, der in Stuttgart auf der
Straße umherwandelnde Freiherr v. Hügel[122]), welche die packenden
Einzelheiten des Buches, die Scenen an der Beresina und Neys nächtlichen Zug über die schwankenden Eisschollen des Dnjepr mitgemacht
hatten. In Bayern war fast kein Dorf, das nicht einige seiner Kinder
betrauerte, die in Rußlands Schnee begraben lagen[123]). Und nun
erscheint dies namenlose Elend und diese hehre Größe den noch Mitlebenden in einem Gemälde, das die früheren Bilder der Daudoncourt, Labaume, Röder, Chambray und wie sie heißen, an Farben-
pracht, an Fülle der poetischen Anschauung weit hinter sich ließ!

Ein Sallust, sagte man, habe ihn gezeichnet, diesen Cäsar, der den
halbtoten zu gebieten wußte und immer noch die Seele der Tausende
war, die, sobald Gefahr nahte, die von Frost verklammten Hände
um die eisigen Gewehrläufe klammerten, „den Kaiser zu schützen".
Mehr als ein Sallust war es wohl ein Homer, und es ist nicht unbedingt als Tadel zu nehmen, wenn ein Pariser Korrespondent der
„Allgemeinen Zeitung", einer der wenigen, die Ségurs Leistung damals ungünstig beurteilten [124]), das Buch schlechtweg einen „Roman"
genannt hat. Ja, es war ein Roman, ein Heldenroman, eine Epopöe,
das französische Nationalepos, in ganz anderem Sinne wie die lang-
weilige Henriade des seligen Herrn von Voltaire, ein „Ozean, eine
Odyssee und Ilias, eine Ossiansche Elegie, ein Volkslied," wie es
Heine getrost nennen konnte [125]). Nach einem zwingenden Gesetze der
Geister mußte es die Seele des jungen Poeten ergreifen, der sich um
die ersten Versuche, das Leben des Kaisers „objektiv" darzustellen, die
in Frankreich Arnault [126]) und Thibaudeau [127]), in Deutschland Buchholz [128]) und Schlosser [129]) anstellten, anscheinend so wenig gekümmert
hat und dafür um so lieber die Evangelien der Las Cases und
O'Meara aufschlug und Ségurs „betäubenden" Roman immer wieder
zur Hand nahm.

War er doch, was bei der Beurteilung seines Verhältnisses zu dem
Franzosenkaiser nie vergessen werden darf, ein Dichter, der von dem
poetischen Napoleon fast noch mehr angezogen werden mußte als von
dem politischen. Auch bei seiner späteren Verurteilung des Walter
Scottschen Werkes über den Kaiser, von der wir passender an einer
andern Stelle sprechen werden, hat er sich ja weit mehr von künstlerischen als historischen Gesichtspunkten leiten lassen.

Wie tief die Historie von der großen Armee auf poetisch ver-
anlangte Gemüter wirkte, zeigt Wilhelm Hauffs fast gleichzeitige
Novelle, „Das Bild des Kaisers", in der man den Nachhall der
Ségurschen „Dichtung" und den Donner der letzten Geschütze um
Wilna und Kowno hört. Später hat als „deutscher Ségur" Ludwig
Rellstab in seinem Roman „1812" ein umfassendes Gemälde des
russischen Feldzuges geliefert. Die Erwähnung Hauffs, der übrigens
auch in einer ansprechenden Weise den ägyptischen Heereszug in seine
orientalischen Märchen zu verflechten wußte [130]), gibt mir Anlaß zu
einer anderen Betrachtung, die auf Heine unmittelbar hinleitet. Bei
dem ungemein regen Interesse für Leben und Taten Napoleons, das
wir beobachten konnten, liegt die Frage nahe, ob und warum man

sich nicht schon zu jener Zeit daran versucht hat, neben den Reliefs und Schattenrissen kleinerer Dichtungen ein Vollbild aus dem Granitblocke zu meißeln, den der korsische Gigant wie absichtlich zu diesem Zwecke hingewälzt hatte. Ein dramatisches — das verbot schon die politische Lage. Allermindestens mußte die Firma geändert werden. Und selbst wenn das geschah, welchen Sturm hatte 1817 Arnaults „Germanicus" in Paris erregt! Auch später gebrauchten die Dichter dieselbe Vorsicht. Ende 1821 schuf Talma die Rolle des „Sulla" in de Jouys gleichnamigem Stücke, Talma, der den verkappten Napoleon so oft in den Tagen des Empire gespielt hatte, und auch jetzt erkannte man den Cäsar des neunzehnten Jahrhunderts unter der klassischen Toga! Bald darauf hat der jüngere Arnault (Emile Lucien) eine Apologie des Märtyrers von St. Helena auf die Bühne gebracht, aber er hatte in seinem „Regulus" den Umweg über Rom und Karthago nehmen müssen. Einen noch weiteren Weg hatte der italienische Dichter Niccolini eingeschlagen, der in dem — 1819 zu London gedruckten — „Nabucco" aus dem Euphrattal und der Urzeit des babylonischen Reiches seine Theaterrequisiten erborgte, um Napoleon darstellen zu können. Besonders nahe mußte der Charakter dieses Helden den Dichtern der in engerem Sinne so genannten Schicksalstragödie liegen. Schon 1808 hatte ihn Zacharias Werner als „Attila" in den Umrissen gezeichnet[181]); 1817 tat das, nur mit umgekehrter Tendenz, Adolf Müllner. Aber auch er verlegte, im „König Yngurd", Helden und Handlung in die sagenhafte Vorzeit[182]). Auch Grillparzer gesteht in der „Selbstbiographie"[183]), daß ihm bei der Schöpfung seines „König Ottokar" die Züge Napoleons vorgeschwebt hätten. Und als es Holtei in Berlin einmal wagte, den Kaiser selbst — freilich in harmlosester Weise als stumme Person — auf die Bühne zu bringen, da zog die Polizei ein höchst bedenkliches Gesicht, und das Stück wurde nach wenigen Aufführungen verboten[184]).

Aber das alles waren ja farblose Silhouetten, ohne Inkarnat, die womöglich gelehrter Deutung bedurften, um überhaupt verstanden zu werden. Erst nach der Julirevolution malt der kraftgeniale Grabbe den letzten Kampf des riesigen Soldaten in großartigen Fresken auf die weltbedeutenden Bretter; er schreibt seinen „Napoleon oder die hundert Tage", ein Stück, dessen Aufführung sich freilich unter damaligen Verhältnissen schon aus technischen Gründen verboten haben würde.

Aber hätte nicht, was im Drama, wenigstens dem Bühnendrama, unmöglich war, in epischer Form geschehen können?

Ja, wenn den Epigonen der Restaurationszeit nur nicht die Kraft gemangelt hätte! An und für sich konnte, mußte ja die historische Novellistik nach Scottschem Vorbilde, die sich in den zwanziger Jahren in Deutschland so üppig entfaltet, auf die poetische Ausnutzung der Kaiserzeit geradezu hindrängen. Und soweit es sich nur um diese, um die Milieuschilderung, handelt, ist das auch reichlich geschehen. Von Karoline Fouqué schon 1814, von andern noch viel früher. Auch in den zwanziger Jahren wimmelt es von Romanen und No- vellen aus der Revolutions= und Kaiserzeit, in denen Napoleon er- wähnt, auch wohl hier und da einmal redend eingeführt wird. Man braucht nur die beliebten Taschenbücher zu durchblättern, das „Ver- gißmeinnicht", die „Urania" und wie sie heißen mögen, an deren süßlich schlüpfrigen Geschichtchen mit den vollbusigen Titelkupfern sich unsere guten Großmütter in der Jugendzeit ergötzten. Wem fiele nicht Claurens „Mädchen aus der Fliedermühle" ein? Von den E. T. A. Hoffmannschen Spukgeschichten spielt mehr als eine in den Kampagnen von 1813/15. Versteht sich, daß sie vom patriotisch preußischen Standpunkte geschrieben sind. Auch in die wie die Stern- haufen zahllosen Novellen der Blumenhagen, Tromlitz, Laun, Broni- kowski, Weichselbaumer, in die „Kriegs= ,und Reisefahrten" des abenteuernden Literaten Christian August Fischer spielt der Korse mit seinen Heereszügen hinein. Ein Büchlein dieser Art ist z. B. „Die schweizerische Amazone"[135]), eine Schilderung des wechselreichen Lebens einer Offiziersfrau, die in Begleitung ihres Gatten alle Feldzüge des Kaisers von den Pyramiden bis Waterloo mitmacht. Steffens' „Vier Norweger"[136]) kämpfen dagegen wie ihr Verfasser auf seiten der Verbündeten gegen den „Feind der Menschheit". Auch Fouqués „Réfugié" (1824) ficht zur Zeit der deutschen Erhebung unter denen, deren Landsmann er geworden, gegen den Franzosenkaiser. Ja, man kann, wenn man will, hierher auch jene halb auf Wirklichkeit be- ruhenden, halb romanhaften Lebensbeschreibungen napoleonischer Krieger zählen, die unter dem Namen „Der junge Feldjäger", „Des jungen Feldjägers Kriegskamerad" und „Des jungen Feldjägers Landsmann" erschienen und dem alten Goethe so viel Vergnügen bereiteten, daß er sich vom Throne der Majestät herabließ, diese harmlosen Kinder der historischen Muse mit wohlwollenden Ein- leitungen zu versehen[137]). Aber auch das waren doch höchstens Momentaufnahmen, den Erinnerungsbildern vergleichbar, die so viele

im Herzen trugen, welche den gewaltigen Mann das eine und das
andere.Mal auf einer Revue oder an einer Straßenecke gesehen, wenn
es hoch kam, wie jener weimarische Feldjäger von ihm der Ehre
einer kurzen Ansprache gewürdigt worden waren. Ein wirklicher
Napoleon mit Fleisch und Blut war das nicht. Auch für das Fehlen
seines Bildes in der erzählenden Literatur mögen Unvermögen und
Censurfieber zu gleichen Teilen verantwortlich zu machen sein. Als
es endlich im Jahre des Julikampfes Karl Spindler gewagt hat,
dem von der Reaktion Verfehmten eine Hauptrolle in einer seiner
Erzählungen zuzuweisen, da machte auch er, gleich jenen Dramatikern,
den Versuch in so versteckter Weise,. daß ein Rezensent der „Jenaischen Literatur-Zeitung" seinen ganzen Scharfsinn aufbieten mußte,
um in dem mystischen „Eroberer" [188]) den wirklichen Napoleon zu
entdecken. Kurze Zeit darauf hat dann freilich derselbe Spindler
im „Invaliden" schon ein bedeutenderes, mit stark menschlichen Zügen
ausgestattetes Bild von dem Kaiser entworfen, worin ihm Ferdinand
Stolle und andere später gefolgt sind. Doch liegt das außerhalb des
Rahmens dieser Betrachtung.

Greifen wir jetzt ein wenig zurück, um zusammenzufassen. Infolge seines tragischen Endes und so und so vieler anderer Umstände,
unter denen die Politik der Reaktionszeit in erster Reihe steht, ist
eine starke Umkehr der öffentlichen Meinung zu Napoleons Gunsten
eingetreten. Selbst in den Kreisen seiner Gegner ist ein teilnehmendes
Interesse erwacht und von Jahr zu Jahr gewachsen. Ein gewisser
Platonismus dieser Begeisterung ist freilich unverkennbar. Gilt sie
doch nicht mehr dem Lebenden, sondern einer Person, die angefangen
hat, der Geschichte anzugehören. Man konnte wie der Hauptmann
in Immermanns „Münchhausen" gut patriotisch sein, „stockpreußisch"
oder „schwarz-gelb bis auf die Knochen" [189]), und die in der Luft
liegende Stimmung für den Mann von Austerlitz und Jena doch
teilen. Selbst Heine hat gelegentlich sagen können, das Liebste an
Napoleon sei ihm, daß er tot wäre, denn lebte er noch, so müsse er
ihn bekämpfen helfen.

Genau genommen, handelte es sich überhaupt nicht mehr ausschließlich um den wirklichen, sondern schon um einen poetischen Napoleon, dessen Linien im Voraufgehenden andeutungsweise festgestellt
wurden.

Daß sich nun die Restaurationszeit — auch in künstlerischem
Sinne — gerade diesen Helden erkor, ist ja leicht zu begreifen.
Die ganze Lauheit und Flauheit der trüb traurigen Jahre, über die

man alle Zeitgenossen, Grillparzer und Immermann, Hauff, Hoffmann (Ernst Theodor Amadeus so gut wie den jungen Heinrich von Fallersleben), Börne, Grabbe, Gutzkow, Marggraff und wie sie heißen, je nach ihrem Naturell mehr elegisch klagen oder lustig spotten hört, diese unsägliche Flachheit und Öde mußte nach dem psychologischen Gesetze des Widerspruchs zum Genie- und Heroenkultus drängen, der denn auch geradezu ein Merkzeichen jenes Epigonenzeitalters geworden ist. So wurde Schiller gefeiert, noch mehr Goethe, am meisten aber der Mann, der, wie Legouvé schrieb, während eines Zeitraums von fünfzehn Jahren die Geschichte Frankreichs zu einem epischen Gedicht umgeformt [140]), nach Heines Ausdruck „jeden Tag ein gutes Epos improvisiert“ [141]) oder, wie man vielleicht auch sagen könnte, alle paar Monate ein neues Ausstattungsstück großen Stils gegeben hatte, bald in Mailand, bald in Kairo, in Wien, Berlin, Madrid, Moskau oder auf seinem Centraltheater zu Paris. Jetzt verzehrte man in Berlin die Süßigkeiten der Taschenbücher, stritt über die Oper und trank dazu ästhetischen Thee; dann wird man den Gesang der Henriette Sontag und ein paar Jahre später die Beine der Taglioni bewundern; in Wien herrscht Totenstille, und nur in Metternichs Kabinett rasselt die Feder übers Papier, um eine seiner geistesarmen Diplomatenphrasen zu schmieden; in Paris schleichen kaiserliche Marschälle, z. B. Soult, die man einst in anderem Feuer gesehen, die geweihte Kerze in der Hand, hinter dem Sanktissimum der Prozession; in Madrid wird gelegentlich ein Liberaler gefoltert, in Neapel dann und wann ein Carbonaro gepeitscht. Das ist die „Bewegung“ der Zeit. Vollends über Deutschland lagerte ein unheimlicher Quietismus.

Nach alledem ist es kein Wunder, daß in den besseren Köpfen eine Reaktion wider die Reaktion — neben der politischen auch eine poetische — zu arbeiten begann und des „großen Kaisers“ Büste sich als Zauberbild vor einem Geschlecht erhob, dessen ältere Mitglieder das Original hatten zertrümmern helfen. Aber der Dichter, der Napoleon an die Schulter reichte, war nicht da, ganz gewiß nicht, seitdem Goethe alt geworden und Byron in der Dorfkirche von Hucknall begraben lag. Ein Vollbild, wenigstens ein solches, das einen dauernden Platz im Museum der Literaturgeschichte beanspruchen darf, wird also vor der Hand ungemalt bleiben.

Aber vielleicht wird ein geistreicher Mann kommen, ein pikanter und origineller Skizzenzeichner, ein künstlerischer Photograph, der mit Blitzlicht arbeitet, je nach Stimmung und Eingebung seinen Helden bald in dieser, bald in jener Stellung porträtiert, oft ganz launische Capriccios hinzaubert, aber doch so verfährt, daß seine Kreide- und Kohleskizzen bei allen Abweichungen im einzelnen immer „Napoleons" sind und daß auch die schwächste derselben die bonapartische Familienähnlichkeit nicht ganz verleugnet.

Dieser Mann wandelte schon lange unter den Lebenden. Der Titel meines Buches macht es überflüssig, ihn nochmals zu nennen, zumal sein Name sich schon verschiedentlich zwischen diese Blätter gedrängt hat.

2. Kapitel.

Wie ist Heinrich Heine der typische Napoleon-dichter Deutschlands geworden?

Die voraufgehende allgemeinere Milieuschilderung allein gibt noch keine genügende Antwort auf die Frage, wie es gekommen ist, daß gerade ein Düsseldorfer Jude, der Abkömmling eines, wie man sagt, unkriegerischen Volkes, die Flagge des Soldatenkaisers hißte und sich von dessen Schatten während seiner ganzen Lebenstätigkeit begleiten ließ, so daß dieser Umgang dem sonst so wechselvollen Bilde der Heineschen Schriftstellerei einen seiner charakteristischen Züge verleiht.

Unser Dichter hat selbst eine Art Antwort auf jene Frage erteilt, da, wo er in den „Memoiren" von seiner Geburtsstunde sagt: „Ort und Zeit sind auch wichtige Momente: ich bin geboren zu Ende des skeptischen achtzehnten Jahrhunderts und in einer Stadt, wo zur Zeit meiner Kindheit nicht bloß die Franzosen, sondern auch der französische Geist herrschte."

Gerade alt genug, um Napoleon in seiner vollen Kaiserglorie zu sehen, aber doch zu jung, um sich wie reifere Zeitgenossen, namentlich solche, die noch die Revolution erlebt hatten, die Unmittelbarkeit seiner Eindrücke durch das zersetzende Scheidewasser der Kritik zer-stören zu lassen, kam Heine in die Welt wie ein verspäteter Zuschauer in den dritten oder vierten Akt eines Heldendramas. Er bewundert dessen prächtige Dekorationen, erstaunt über die Höhe der Situation, wird von dem Akteur und der Handlung geblendet, ist aber vor der Hand nicht in der Lage, empfindet auch gar kein Bedürfnis, sich über das Werk selbst, über den vielleicht in mancher Hinsicht fehlerhaften Aufbau Rechenschaft zu geben.

Zudem wird er durch das Schicksal in ein spezifisch napoleonisches Milieu geworfen, das die Elemente des bisher geschilderten allgemeinen sozusagen in verdichteter Form und noch manche andere dazu enthielt. Die Erinnerungsbilder der frühesten Kinderjahre, die stärksten und nachhaltigsten für das spätere Leben, sind unzertrennlich mit dem Bilde des Imperators verknüpft. Da ist der Vater Samson Heine, ein schöner, vornehmer Mann, der alles Militärische, mit Einschluß der unvermeidlichen Pferde und Uniformen, leidenschaftlich anbetet, ein glühender Verehrer des Kaisers. Samson Heine war eine degenerative Natur[142]), und das Bild, das der Dichter in den „Memoiren" von ihm entwirft, ist offenbar stark geschmeichelt. Aber dieser Umstand zeigt eben die große Liebe des Sohnes zu dem schwärmerisch verehrten Vater, dessen Meinungen wenigstens in gewisser Zeit und in gewissen Dingen für den Knaben Norm gewesen sein werden[143]). Und Mutter Betty oder Peira oder Peierche van Geldern? Sie soll eine gute deutsche Patriotin gewesen sein, und man hat sogar Beweise dafür. Aber der deutsche Patriotismus zur Zeit nach dem Lunéviller Frieden war im Vergleich zu dem, was man heute darunter versteht, recht weitherzig und der Geist der klugen Peira, im Gegensatz zu der weichen und schwachen Natur ihres Gatten, mit willensstarker Festigkeit auf die praktischen Seiten des Lebens gerichtet. Auch diese verwiesen auf den gewaltigen Mann, der am Morgen des Jahrhunderts mit einer beispiellosen Sicherheit die Geschicke der Völker lenkte. Es steht fest, daß Frau Petra, obendrein noch eine Jugendfreundin der Marschallin Soult, für ihren Sohn Harry einen hohen Posten im diplomatischen oder militärischen Dienste des Weltherrschers erträumte.

Auch der Unterricht auf dem Lyceum in Düsseldorf lieferte der in der Seele des frühreifen und für alles Große empfänglichen Knaben schon vorhandenen Begeisterung für den Helden neue Zufuhr. Namentlich muß einer seiner Lehrer ein eifriger Bewunderer des Kaisers gewesen sein, wie aus einer Stelle im X. Kapitel der „Reise von München nach Genua"[144]) hervorgeht. Es war gerade die erste Kunde von der Leipziger Schlacht nach Düsseldorf gedrungen, als der alte Lehrer das horazische:

> O navis referent in mare te novi
> Fluctus?

seinen Schülern erklärte. Die Betrachtungen, die er daran knüpfte, — u. a. der Vergleich der Verbündeten mit den Thebanern, die endlich auch einmal über die unbesiegbaren Spartaner eine Schlacht

bei Leuktra hatten gewinnen können und dann damit wie die Knaben
prahlten, die sich vor Freude nicht zu halten wissen, wenn sie einmal
ihren Schulmeister ausgeprügelt haben — sie lassen darauf schließen,
daß der alte Mann zu jener Klasse feuriger Napoleonenthusiasten
gehörte, deren letzte Mitglieder noch lange nach 1870 in den Rheinlanden zu finden waren.

So wird man es, obwohl vielleicht nicht wörtlich, so doch dem Geiste
nach als mit der Wahrheit übereinstimmend ansehen dürfen, wenn
Heine bei dem bekannten Abenteuer mit einem andern seiner Lehrer,
dem Abbé Daunoi, der ihn ein Stück der Messiade in französische
Alexandriner übertragen lassen wollte, mit komischem Pathos ausruft:
„Ich hätte für Frankreich sterben können, aber französische Verse
machen — nimmermehr!" [145]).

Im allgemeinen tut man ja freilich gut daran, den Anekdoten, die Mit- und Nachwelt, namentlich die sogenannten Jugend-
freunde, den Kindertagen eines später berühmt gewordenen Mannes
anzuheften pflegen, keinen allzu hohen Wert beizumessen. So mag
auch jene andere Geschichte zweifelhaften Ursprungs sein, die an einer
Stelle steht, wo man kaum etwas von Heine zu hören erwartet.
In dem umfangreichen Werke der Marquise de Blocqueville über
ihren Vater, den Marschall Davout, findet sich eine den deutschen
Biographen des Dichters anscheinend unbekannt gebliebene Äußerung
von Samson Heine über die Liebenswürdigkeit dieses Marschalls, der
sich auf dem Durchmarsch durch Düsseldorf (1814), von der Anmut
des jungen Harry angezogen, mit diesem leutselig auf der Straße
unterhalten haben soll [146]). Wenn die Nachricht auf Wahrheit beruht,
würde auch dieses an sich unbedeutende Ereignis gewiß beigetragen
haben, die schon bestehende Vorliebe des Vaters und des Sohnes für
die Franzosen und ihren Kaiser zu erhöhen.

Wichtiger ist, daß diese in der Angehörigkeit beider zum Judentum eine starke Wurzel hatte. Eine Sache von tiefgreifender Bedeutung, bei der wir einige Zeit zu verweilen haben werden. Ich
rede natürlich einstweilen nur von Heines Jugend und von Gefühlen,
die der Dichter ererbt, nicht von Überzeugungen, welche er späterer
schmerzlicher Lebenserfahrung zu verdanken hatte.

Heines Vater sah und mußte mit der damaligen Judenschaft in
den Franzosen und ihrem Kaiser die Befreier von jahrhundertelangem
Joche sehen. Die traurige Lage und entwürdigende Behandlung der
Juden in der vorrevolutionären Zeit ist allzu bekannt, um hier nochmals beleuchtet zu werden. Einige Milderungen hatte in Frankreich

schon Ludwig XVI. verfügt; in Österreich war unter dem josephinischen Regiment ein kurzer Freiheitssommer über Judäa hereingebrochen, in Preußen, wo selbst der Fürst, der jeden nach seiner Façon selig werden lassen wollte, sich den Bekennern des mosaischen Glaubens recht abgeneigt zeigte, war die berühmte Schutzschrift von Dohm [147] wenigstens den Aufgeklärten eine Art Kanon für ihr Verhalten gegen= über dem Judentum geworden. Aber von einer völligen Emanzipation des geknechteten Volkes waren alle Staaten des ancien régime gleich weit entfernt, bis aus Mirabeaus Munde die Donnerstimme des Weltgerichts gegen dynastische, prinzliche und ständische Frevel erklang und vor ihrem Posaunenschall die Tore der finstern Ghettos aufsprangen.

Es war also schon die Revolution gewesen, nicht eigentlich erst Napoleon, der den Juden die Freiheit · gab. Aber auch in dieser Hinsicht heimste der Korse, der große Exekutor der Revolution, deren Früchte ein.) Wie man ihn wegen der Durchführung des Prinzips der Gleichheit verehrte und lobte, wegen der Konskription, des scharfen Prohibitivsystems und der Gründung des Rheinbundes ebenso ungemessen tadelte und haßte, lauter Dinge, die er für seine Person gar nicht erfunden, sondern von früheren französischen Regierungen, Konvent und Direktorium, manche sogar vom absoluten Königtum Ludwigs XIV. ererbt und übernommen hatte, so ward er auch als Befreier der Juden gepriesen, (obwohl verschiedene seiner späteren Maßnahmen eher gegen das Judentum gerichtet als zu dessen Gunsten getroffen waren.

Auch den in den deutschen Rheinlanden wohnenden Israeliten, wenigstens den linksrheinischen, war schon durch die Revolution das langersehnte Geschenk der Freiheit in den Schoß geschüttet worden. Die in das Land gekommenen Franzosen hatten vor allem den Leib= zoll abgeschafft, diese erniedrigendste aller Abgaben) die, wie der charaktertüchtige schwäbische Politiker Friedrich Pahl damals sagte, lediglich zum Beweise dafür angeordnet zu sein schien, „daß man die Juden nicht als Personen, sondern als eine Art von Ware betrachte, wie zum Beispiel ein Paar Stiere" [148].

Während im Innern Deutschlands wesentlich noch alles beim Alten blieb und beispielsweise in Berlin gerade in dem ersten De= zennium des neuen Jahrhunderts auch aus schriftstellerischen Kreisen — es mag genügen, die Namen eines Grattenauer und Buchholz zu nennen — viele feindselige Stimmen gegen das Judentum laut wurden, hatte Napoleons auf das rechte Rheinufer hinübergreifende

Macht in dem zuerst seinem Schwager Murat übergebenen, dann von dem Kaiser selbst in Verwaltung genommenen Großherzogtum Berg die Befreiung der Juden vom alten Joche vollzogen. Die Hauptstadt dieses napoleonischen Eintagsstaates aber war Düsseldorf, Heines Geburtsort, den der Dichter so sehr liebte und an den er auch in späteren Jahren nicht denken konnte, ohne das Gefühl zu haben, er müsse „gleich nach Hause gehen". Für die Düsseldorfer Juden war mithin Napoleon, der auch in dem Großherzogtum 1808 die Leibeigenschaft aufhob, 1809 die Beseitigung sämtlicher Lehen verfügte und drei Jahre später die fortgeschrittene französische Justizverfassung einführte, der Erlöser aus drückender Knechtschaft.

Auch die übrige Bevölkerung Düsseldorfs hatte manchen Grund, mit dem neuen Regiment zufrieden zu sein. Der kaiserliche Schwager Murat war ein wohlwollender Regent gewesen, der sich namentlich durch Hebung von Handel und Verkehr, dem auch die engere Verbindung mit Frankreich zugute kam, mancherlei Verdienste um das Ländchen erworben hatte, wenn auch die drückenden Zollschranken und die Aushebung, die zahlreiche Söhne des rheinischen Landes zu einem martervollen Tode unter den heißen Himmel Spaniens rief, große Unzufriedenheit erzeugten.

Überhaupt lernten die Rheinländer nach dem Wirrwarr der Kleinstaaterei und dem faulen Schlendrian der geistlichen und weltlichen Duodezfürstentümer unter der kaiserlichen Herrschaft zum erstenmal den Segen einer modernen, von weiten Gesichtspunkten geleiteten Administration kennen. Wie die napoleonischen Präfekten, Lezay=Marnesia in Koblenz, Jean Bon St. André im Departement des Donnersberges, zu den ausgezeichnetsten Verwaltungsbeamten gehörten, die diese Landschaften je regiert haben, so auch Beugnot, der nach Murats Abgang von dem Kaiser bestellte Kommissar des Großherzogtums Berg. Mit Recht kann der französische Professor Ducros in seinem schönen Buche über Heine auf das Wirken dieser Franzosen im fremden Lande stolz sein [149]). Auch Heine hat dem Fleiß und Charakter des Grafen Beugnot an zwei Stellen seiner Werke ein Denkmal gesetzt, als junger Mann in den „Briefen aus Berlin", dann viel später, zu einer Zeit, wo er über manches weit kälter und nüchterner dachte, in der „Lutetia" [150]).

Immerhin waren das Momente, die, wenn sie auch eine vorwiegend günstige Meinung für den Imperator im Heineschen Hause hervorrufen mußten, damals mehr auf die älteren Hausgenossen gewirkt haben mögen als auf den Knaben Harry. Natürlich konnte

ein mittelbarer Einfluß auf diesen nicht ausbleiben, wenn er aus
dem Munde des geliebten Vaters, der den Kaiser auch nach dessen
Sturze zurückwünschte, den großen Mann in einem Tone preisen hörte,
als sei der von dem lange Jahrhunderte unterdrückten Volke der
Juden erwartete Messias erschienen. Wir besitzen freilich keine
direkten Zeugnisse, um uns die Gespräche in der Bolkerstraße zu
Düsseldorf, wo Heines Geburtshaus stand, im einzelnen zu vergegen-
wärtigen. Zum Vergleich a contrario könnten Stimmungen des
Immermannschen Hauses in Magdeburg dienen. Der Vater Kriegs-
rat, ein strammer Altpreuße, „fritzisch gesinnt", hielt die Preußen für
infallibel und verachtete den Korsen, dessen Partei nur eine sonderbare alte Tante hochhielt, deren Aktien freilich nach Jena wunder-
schnell stiegen. Auch der Sohn wurde natürlich ein Napoleonhasser,
der bald vor Begierde brannte, seine Büchse gegen den Usurpator zu
laden [151]).

Umgekehrt Heine, der nach dem Gesagten von vornherein mit
ganz anderen Sympathieen ins Leben trat. Und doch genügt das
alles noch immer nicht, um die grenzenlose Begeisterung zu erklären,
die den jungen Schriftsteller für den vergötterten, den geradezu ver-
göttlichten Helden beseelte, eine Begeisterung, die dann später nach
manchen Schwankungen auch den kranken Dichter in der Matratzengruft noch einmal mit Macht ergreift, so daß er wie einer der sterbenden Helden des Schlachtfeldes mit einem Vive l'Empereur! auf
den Lippen aus der Welt scheidet.

Von schwerwiegender Bedeutung ist der Umstand, daß der Knabe
Harry, nachdem er eben die eigentlichen Kinderschuhe ausgetreten
hatte, den Kaiser von Angesicht zu Angesicht gesehen hat: „Nie
schwindet dieses Bild aus meinem Gedächtnisse. Ich sehe ihn immer
noch hoch zu Roß, mit den ewigen Augen in dem marmornen Im-
peratorgesichte, schicksalruhig hinabblickend auf die vorbeidefilierende
Garden — er schickte sie damals nach Rußland, und die alten
Grenadiere schauten zu ihm hinauf, so schauerlich ergeben, so mit-
wissend ernst, so todesstolz —

Te Caesar, morituri salutant [152])!"

Alles in diesen Worten bis auf das falsch wiedergegebene lateini-
sche Citat atmet einen wahren Sturm der Begeisterung. Und diese
war um so echter, als sie von der Flutwelle der allgemeinen Volksstimmung getragen wurde.

Napoleons Reisen durch die Rheinlande — er hat deren zwei
gemacht, die eine 1804, die andere, während deren ihn Heine sah,

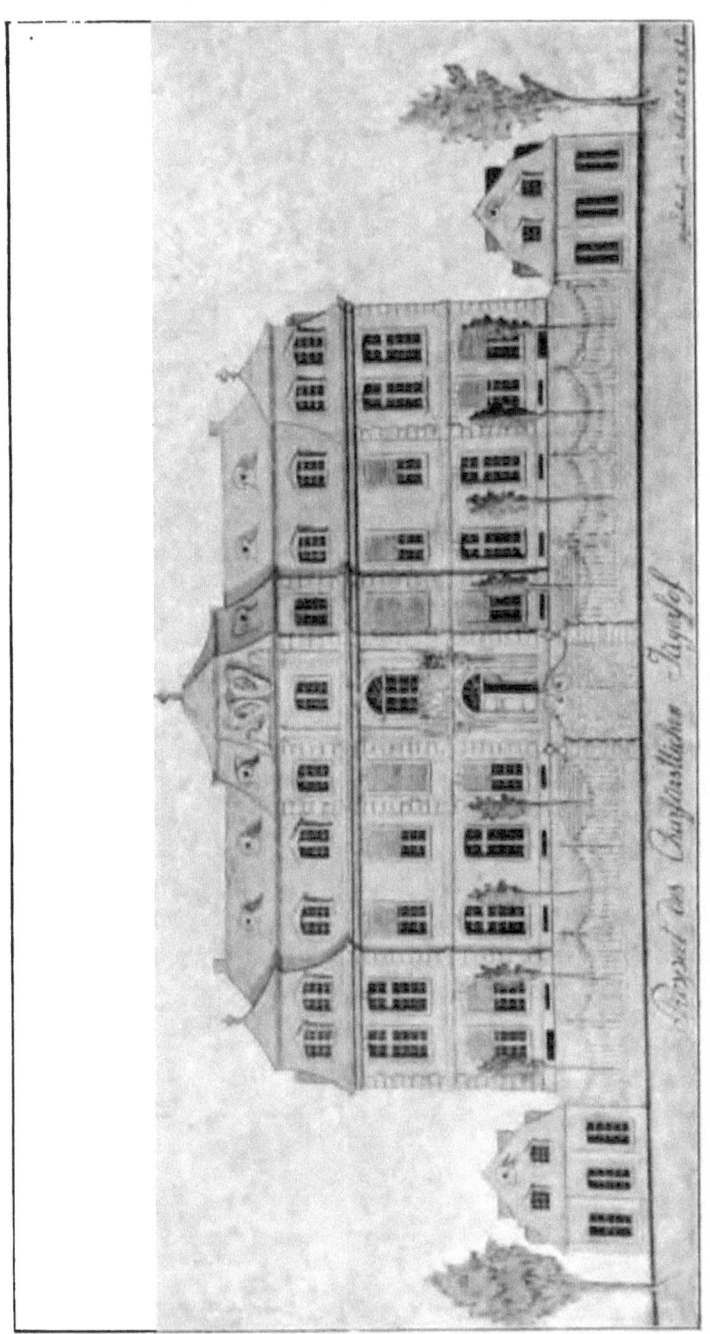

Der alte Jägerhof zu Düsseldorf.

Napoleons Absteigequartier im Jahre 1811.

im Jahre 1811 [158]) — waren nicht lediglich Prunk= und Huldigungs=
reisen, wie sie Fürsten wohl machen, um sich anstaunen und bewun=
dern zu lassen. Dafür allein hätte der unermüdlich tätige Mann
keine Zeit gehabt. Er ließ die Arbeit auch auf der Reise nicht
ruhen, und diese selbst wurde für ihn zu gewinnbringender Tätigkeit.
Überall sah er nach dem Rechten, half Übelständen ab und setzte durch
seine Sachkenntnis die Menschen in Staunen. Schon auf der ersten
großen Rundfahrt, die den neuen Kaiser über Aachen, Köln, Bonn,
Koblenz, Bingen nach Mainz führte, hatte er eine Menge Verbesserungen
angeordnet, die ihm die Sympathieen der Bevölkerung erwarben.
In Aachen hatte er ungetreue oder allzu harte Beamte abgesetzt,
Köln zum Freihafen erklärt und der Stadt aus alten Klöstern ein
Geschenk für Kranken= und Waisenhäuser gemacht, den durch Über=
schwemmung geschädigten Aarbewohnern hatte er mit Geldunter=
stützungen geholfen, den Insassen des aufgehobenen Frauenklosters
auf der lieblichen Insel Nonnenwerth die lebenslängliche Nutznießung
ihrer Gebäude zugesichert, der Stadt Koblenz das Bureau des Rhein=
schiffahrtsoktroi, und mehrere der Domäne gehörige Besitzungen
bewilligt [154]). Auch Mainz erhielt wesentliche Vergünstigungen, und
mit Recht konnten dortige Blätter über die Kaiserfahrt schreiben:
„Sie war keine Lust= oder eitle Prachtreise, sie hatte nicht einen be=
sondern Zweck allein; sie stand mit tausend verschiedenen Angelegen=
heiten in Verbindung, die nur das Genie eines großen Fürsten auf
einmal zu umfassen imstande war" [155]).

Diese rastlose und für die bereisten Landschaften segensreiche
Tätigkeit wiederholte sich auf der zweiten Rundfahrt, die der Kaiser
aus Holland in die Rheinlande unternahm und die ihn in einem
kleineren Bogen über Düsseldorf, Köln, Bonn und Lüttich nach Frank=
reich zurückführte [156]). Napoleons Anwesenheit war auch für des
Dichters geliebte Heimat eine segensreiche. Der Kaiser hatte die
schöne Stadt zum Sitz eines Bischofs und eines Kapitels ausersehen,
was ihre Bedeutung in der katholischen Bevölkerung der Umgegend
wesentlich gehoben haben würde; überdies beabsichtigte er, aus ihr
eine Universitätsstadt zu machen, so warm auch die letzten Professoren
des benachbarten Duisburg für eine Neubildung ihrer in den letzten
Zügen liegenden Hochschule eintraten. Auch für eine Ausstellung der
Erzeugnisse des bergischen Gewerbfleißes hatte der Kaiser ein gnädiges
Auge, wenngleich die daran geknüpften Hoffnungen der Industriellen
auf den Wegfall oder die Erleichterung der Zollschranken im wesent=
lichen nicht in Erfüllung gingen. Eine für Düsseldorf besonders kost=

bare Frucht aber erwuchs der Stadt aus der Anwesenheit des mächtigen Herrschers durch das Verschönerungsdekret vom 17. Dezember 1811,
das die alten Festungswälle der bergischen Hauptstadt in herrliche,
baumbeschattete Spaziergänge umwandelte [157]).

So wurde von den Düsseldorfern mehr noch der Schöpfer von
Friedenswerken als der Heros gefeiert. Nicht als Kriegsgott sei
Napoleon an die Ufer der Düssel gekommen, sondern als mildherr-
schender Jupiter, sagte der „Westfälische Moniteur" geschmackvoll.
Auch in einer unmittelbar nach jenen Festtagen gedichteten Elegie,
die sich in demselben Kreise mythologischer Vorstellungen bewegt wie
der Moniteur des biedern Westfalenlandes, heißt es, nach einem
Preise der Taten des österreichischen Feldzugs:

> Darum irreſt du, nur in der Schlachten keckem Getümmel,
> Nur in des Kampfes Gewühl, fühle der Held seine Kraft:
> Auch auf Fluren des Friedens ergrünet der krönende Lorbeer,
> Herrlicher ziert er die Stirn, wenn von der Palme umstrahlt,
> Liebliche Botin des Friedens, er unverwelklich erblühend,
> Gleich wie das magische Reis, heilige Kräfte bewahrt [158]).

Doch mag das nicht allgemeine Auffassung gewesen sein. Wie
sich jeder das Bild seines Gottes und seiner Geliebten nach eigenem
Geschmack zurechtmacht, so stand es auch jedem frei, sich seinen
Napoleon im Herzensschrein zu malen, wie er wollte. Den Knaben
Harry blendete die Imperatorengestalt, die ein paar Jahre früher
auch auf Heines späteren Freund August Lewald in Königsberg einen
so tiefen Eindruck gemacht hatte. Ich glaube, hier an dem Aus-
gangspunkte des eigentlich poetischen Interesses unseres jungen Dichters für seinen Helden angelangt zu sein. Hier fand die generatio
aequivoca statt, hier ist die erste Zelle entstanden. Wie schon im
gewöhnlichen, im Geschäfts- und Gesellschaftsleben persönliche Begegnung höher bewertet zu werden pflegt als jahrelanger Brief-
verkehr, so mußte auf die Phantasie des Poeten der „imperiale
Märchentraum", wie er ihn später genannt hat, um so berauschender
wirken, als er einst selber „mit hochbegnadigten eignen Augen" den
Oberon des kurzlebigen Feenreichs an sich hatte vorüberschreiten
sehen.

Die ungeheure Macht der Persönlichkeit des Übermenschen ist
bekannt genug, um hier nur mit wenigen Worten angedeutet zu
werden. Schon den jungen Helden von Lodi hatte die Mitwelt mit
fassungslosem Staunen betrachtet. Ich habe schon an anderem Orte
berichtet, wie 1797 bei seiner Reise aus Italien nach Rastatt selbst

die Söhne und Töchter der freien Schweizerberge, die der großen
Schwesterrepublik mit sehr geteilten Gefühlen gegenüberstanden, vor
die niederen Türen ihrer Schindelhäuser eilten, um den unter Glocken-
klang durch die Dörfer ziehenden Besieger Österreichs zu begrüßen [159]).

Es wird schwerer wiegen, wenn man hört, daß er zu Rastatt
selbst in nicht geringerem Grade den alten Perücken der winkelzügi-
gen Diplomatie des achtzehnten Jahrhunderts imponierte [160]). In
Paris angekommen, erregte er einen so rauschenden Beifallssturm
unter dem Volke, daß die Direktoren von Furcht und Zittern befallen
wurden und bei seinem Auszug ins Ägypterland die Mär entstehen
konnte, die Regierung habe den gefährlichen Mann dorthin abgeschoben, um ihn mit guter Manier aus ihrer Nähe loszuwerden.
Auch die eiserne Frau v. Staël gibt das Außerordentliche der Erscheinung zu [161]). Nicht einmal die lethargischen Moslin im Divan
zu Kairo vermögen sich eines tiefen Eindrucks zu erwehren, und
noch heute soll im Wüstenzelt der Beduine den Märchenerzählungen
von dem jungen Frankensultan lauschen. Seine Rückkehr aus dem
Pharaonenland aber ward ein Triumph, dem sich aus der ganzen
neueren Geschichte nur der Empfang desselben Mannes nach dem
Verlassen der Insel Elba an die Seite stellen läßt.

Auch die Spitzen der europäischen Bildung ließen sich von ihm
bezaubern. Nach dem Staatsstreich eilen Männer mit klangvollen
Namen, Humboldt, Vincke, Campe, Reichardt, nach der damaligen
Welthauptstadt Paris, um das Mirakel mit eigenen Augen zu
schauen [162]). „Als ich nach Paris kam, war ich äußerst begierig, den
gefeierten Helden des Jahrhunderts zu sehen," sagt ein Kotzebue.
Leute von hoher Bildung, Seume, der Berliner Julius v. Voß, der
Hamburger Domherr Meyer, der schweizerische Dichter Ulrich Hegner,
lassen sich stundenlang unter dem Pöbel auf dem Carrouselplatz umher-
stoßen, um einen gleichgültigen Blick von dem seine Garden inspizieren-
den General zu erhaschen [163]). Sorgfältig aber trug der Knabe
Schopenhauer, der mit seiner Mutter nach Paris gekommen war, in
sein Tagebuch ein, wann und wie oft er im Theater oder auf dem
Schloßplatze den Konsul gesehen hatte [164]).

Zur Kaiserzeit ist das noch gewachsen. Wie das hinreißend
Liebenswürdige seines Wesens, sobald es dem Löwen zu lächeln beliebte, Männer von der höchsten Gesittung und Lebensstellung zu
fesseln wußte, hat man an dem russischen Alexander, an Goethe, vor
allem an Johannes von Müller gesehen, der mit seiner ganzen Vergangenheit brach, um wie der Jüngling im Evangelium dem Meister

5*

zu folgen. Die Soldaten, die er am Ohrläppchen gezupft, ließen sich für ihn totschlagen. Aber auch, wer ihn nur um die Ecke hatte reiten sehen, glaubte, etwas Merkwürdiges erlebt zu haben, woran er ein Leben lang zu zehren hätte und was ihn wiederum seinen Mitmenschen interessant machte. „Leben nicht Menschen manchmal von einem einzigen Faktum"? sagt Gutzkow [165]). „Diese haben einmal Napoleon I. gesehen, jene haben auf einem Stuhle gesessen, der zu Luthers Hausrat gehörte." Während der Entrevue zu Erfurt lernt Spohr, damals schon ein gefeierter Komponist, mit verzweifelter An- strengung 'in wenigen Stunden das Horn blasen, um vom Orchester aus Napoleon im Theater sehen zu können. Noch als neunzigjährige Greisin hob Ulrike von Levetzow im Gespräch mit einem französischen Besucher, der sie über ihre Beziehungen zu Goethe ausfragte, hervor, daß sie in ihrer Jugend auch Napoleon begegnet sei. Dasselbe tat im Jahre 1892 der Jenaer Orientalist Gustav Stickel [166]) in einer Begrüßungsrede an den Fürsten Bismarck.

Mit noch ganz andern Augen mußte ein mit glühender Ein- bildungskraft begabter Dichterknabe den Mann sehen, dessen Ruhm er so oft aus geliebtem Munde hatte preisen hören und der sich in seiner Gegenwart das Unglaubliche herausnahm: mit souveräner Verachtung aller herzoglich jülich-kleve-bergischen und kurfürstlich-pfälzischen Polizei- vorschriften mitten durch die Allee zu reiten! Übrigens ist Heine hierbei nicht einmal aus seinem Milieu herausgetreten. Denn neben den Veteranen sind vor allem die alten lycéens, die Schüler der ehemaligen kaiserlichen Gymnasien, in den Rheinlanden bis an den späten Lebensabend die Prediger des napoleonischen Ruhmes gewesen. Noch vor fünfzehn, zwanzig Jahren konnte man hin und wieder fossile Exemplare dieser Gattung beim Moselwein hinter den Stamm- tischen sehen [167]).

Wenn bei geistig weniger bedeutenden Personen die Begegnung mit dem Helden des Jahrhunderts das Hauptereignis, bei unzähligen einfachen Menschenkindern überhaupt das Ereignis ihres Lebens war, so ist auch für Heine die Scene in der Allee des Hofgartens zu Düssel- dorf, zwischen deren Baumreihen er den Kaiser hatte einherreiten sehen, eines der am tiefsten eingeprägten Erinnerungsbilder gewesen, das wie die Scharfrichtertochter Josepha in seiner Dichtung, freilich mehr der in Prosa als der in Reimen geschriebenen, oftmals wieder- kehrt, allerdings in vielfachen Variationen, wie sie die unaufhörlichen Stimmungswechsel in diesem klassischen Vertreter des Impressionismus hervorriefen.

In den nächstfolgenden Jahren wird nun freilich mit dem Sturze des Helden das Kaiserbild in der Seele des Knaben für eine Weile zurückgedrängt. Ja, es ist eine aktenmäßig beglaubigte Tatsache, daß der junge Heine eine Zeitlang im Fahrwasser der Leute geschwommen ist, die von dem „korsikanischen Taugenichts" so ganz und gar nichts wissen wollten, der „Altdeutschen", derselben Leute, denen der etwas ältere Heine mutwillig wie keiner die Schellenkappe über die Ohren zog. In einem Alter, wo namentlich bei biegsamen und weniger selbständigen Naturen das Milieu alles, der Mensch selber sehr wenig ist, war das kein Wunder. Wollte er doch auch 1815 gegen Napoleon ins Feld ziehen! Sämtliche Knaben seiner Schulklasse wollten dasselbe. Man hat das mit allen möglichen Gründen zu erklären versucht, z. B. mit dem Bestreben der rheinischen Bevölkerung, sich durch Entfaltung eines deutschen Patriotismus der neuen Regierung willfährig zu erzeigen. Ich sehe darin wenig mehr als Modesache, etwa wie heute jeder dritte Gymnasialabiturient Marineoffizier werden will. Daß Heine im Jahre der Schlacht bei Waterloo ein patriotisches Gedicht „Deutschland" [168]) in der spezifischen Tonart des Jahnschen Teutonentums verfertigte, gehört meines Erachtens in dasselbe Kapitel. Freilich ist an manchen Stellen der Ausdruck recht stark, und die Verse:

> Kam aus fernem Frankenlande
> Einst die Hölle schlau, gewandt,
> Brachte Schmach und schnöde Schande
> In dem frommen, deutschen Land

lassen sich allenfalls auf Napoleon selbst beziehen. Aber was beweist das, ich will nicht einmal sagen, bei einem Impressionisten, sondern bei einem sechzehn- oder vielleicht achtzehnjährigen Menschen? Höchstens, daß dieser sich auch einmal, noch dazu ziemlich ungeschickt, in dem fast mit der Sicherheit mathematischer Formeln feststehenden Schematismus der patriotisch altdeutschen Poeterei versucht hat!

Eine etwas andere Färbung hat ein zweites, wahrscheinlich 1819 in Bonn entstandenes Gedicht:

> Sohn der Torheit! träume immer [169]),

das gleichfalls als Beleg für eine deutschtümelnde Richtung des jungen Heine angesehen zu werden pflegt. Auch dieses Gedicht trägt noch, wenn auch in geringerem Grade als das zuerst genannte, den formelhaften Charakter jenes Teutonismus, aber in dem fortgeschritteneren

Stadium der Ernüchterung, die schon wenige Jahre nach der Leipziger
Schlacht unter dessen Anhängern eine recht allgemeine geworden war:

> Narren hör' ich jene schelten,
> Die dem Feind in wilder Schlacht
> Kühn die Brust entgegenstellten,
> Opfernd selbst sich dargebracht.
>
> O der Schande! Jene darben,
> Die das Vaterland befreit;
> Ihrer Wunden heil'ge Narben,
> Deckt ein grobes Bettlerkleid!

Das entsprach leider der Wirklichkeit, und noch weit schlimmere
Vorwürfe hat der österreichische Patriot Grillparzer den Regenten der
Reaktionszeit in den bitteren Fragen entgegengeschleudert:

> Denn seit du fort, fließt nun nicht mehr das Blut,
> In dem vor dir schon alle Felder rannen?
> Ward Lohn den gegen dich vereinten Mannen?
> Ist heilig das von dir bedrohte Gut?
> Die Tyrannei entfernt mit dem Tyrannen?
> Ist auf der freien Erde, seit du fort,
> Nun wieder frei: Gedanke, Meinung, Wort 170)?

Wenn solche Erwägungen einen schon gereifteren Mann wie
Grillparzer mit Napoleons Andenken versöhnten, wenn der kernfeste
Immermann dessen Schatten mit den Worten anredet:

> Es sei ein Unglück, sagen sie, daß du
> Gefallen seist, sie wünschen dich zurück 171),

so scheint mir der Stimmungswandel Heines in diesem Punkte keiner
weiteren Erklärung zu bedürfen. Gewiß, nebeneinander gehalten,
nehmen sich die Tatsachen seltsam aus, daß Heine, der noch vor nicht
allzu langer Zeit für den „homerisch göttlichen herrlichen Blücher"
geschwärmt hat 172), im Jahre 1819 dem Unglück der großen Armee
das hohe Lied der „Grenadiere" singen, dann wieder ein paar
Monate später auf dem Kreuzberg bei Bonn das Oktoberfeuer zur
Erinnerung an die Leipziger Schlacht anzünden helfen und sich von
einer ähnlichen patriotischen Fete auf dem Drachenfels einen Schnupfen
mit nach Hause bringen konnte. Aber wenn man sich in dieser Beziehung schon bei dem älter gewordenen Stimmungsmenschen Heine
über nichts wundern darf, so gewiß noch weniger, als er in einem Alter
stand, wo auch der „Normalmensch" je nach den momentanen Ein-
flüssen des Verkehrs und der Umgebung seine Ansichten und Gefühle

im Laufe von wenigen Monaten oft wesentlich ändert. Die Vorliebe des Dichterjünglings für die Helden der Befreiungskriege ging übrigens nicht über seine burschenschaftliche Zeit hinaus, und den altdeutschen Rock, der ihn so ganz und gar nicht kleidete, hat er recht bald bei. Seite geworfen.

Er tat es, noch ehe das niemals salonfähige Kleidungsstück unmodern wurde, und er hatte Grund genug dazu.

Denn dieselbe Partei, deren Mitgliedern „Franzose" und „Hallunke" identische Begriffe waren [173]) und die über den Wutausbrüchen gegen gallische „Unzucht" und dem Pochen auf die eigene Sittenstrenge die gesunde fröhliche Sinnlichkeit des Germanentums zu vergessen schienen, verbanden mit dem leidenschaftlichen Haß gegen die „Welschen" eine ebenso lebhafte Abneigung gegen die Juden. Warum? ist leicht zu sagen. (Weil sie unterschiedslos in den Juden Freunde des verhaßten Frankenvolkes sahen, wie das eine Flugschrift jener Zeit, von der sich noch ein Exemplar in die Räume der Mainzer Stadtbibliothek gerettet hat, deutlich ausspricht [174]).) Daß viele Israeliten — der Kreis der edlen Rahel z. B. — mit großer Opferwilligkeit ihre Person und Habe in den Dienst der vaterländischen Sache gestellt hatten, wurde dabei übersehen. Wir wissen anderseits, daß die westdeutschen Juden auch wahrlich keinen Grund hatten, ihren französischen Befreiern gram zu sein; auch ist ja nicht zu leugnen, daß sie, wie Börne irgendwo hübsch auseinandergesetzt hat, als Kaufleute die einzigen gewesen waren, denen aus den schweren Kriegszeiten mancher Vorteil erwuchs, während andere nur verloren. (Zu diesem Klassenhaß kam dann die alte Abneigung gegen die Rasse; denn den blauäugigen und blondhaarigen Kindern Teutonias war wie den heutigen Schwärmern für ein „reines Deutschtum" der „Hebräer" physisch widerlich, oder man redete sich das gegenseitig so lange vor, bis es geglaubt wurde.

So lag der Zündstoff zu neuen Judenverfolgungen bereit, und wenn diese auch nicht mehr wie zu den Zeiten des düsteren Mittelalters mit Folter und Scheiterhaufen ins Werk gesetzt wurden, so sollte es doch an Mißhandlungen nicht fehlen, und die wüsten Hepphepprufe in Heidelberg und Würzburg und eine häßliche Judenliteratur gaben Zeugnis davon, daß die Tage der „Aufklärung" vorüber und die Zeit der Romantik mit „altdeutschen" Grillen und Vorstellungen nicht ausschließlich in der Theorie spielte. Universitätsprofessoren wie Fries und Rühs, von denen der erstere ein achtbarer, wenn auch nicht immer ganz klarer philosophischer Denker der Jaco-

bischen Richtung war, schrieben vom Standpunkte des bornierten altdeutschen Demokratismus gegen die Juden [175]), während ein Börne
bündig bewies, daß die beiden von den Reaktionsregierungen in der
schnödesten Weise um ihre Freiheit betrogenen Klassen der Demokraten
und Jsraeliten viel richtiger hätten zusammenhalten sollen. Vollends
Rühs, der in Heines Schriften öfter hineinspielt und von diesem stets
mit Jronie behandelt wird [176]), war einer jener vielschreibenden
Kathedergelehrten, deren Bücher leider schon zu Lebzeiten ihrer Verfasser großenteils Makulatur werden und die in der bitteren Erkenntnis dieses gewiß bedauerlichen Schicksals gern die Gelegenheit
ergreifen, auch in der Politik ein bischen mitzuspielen, um von sich
reden zu machen.

Ließen sich Männer wie die Genannten immerhin noch von
idealen Gesichtspunkten leiten, so waren in den „freien" Reichs-
städten Hamburg und Frankfurt Philistertum und kaufmännischer
Konkurrenzneid geschäftig, um den Juden, deren Ghettos der gewaltige Fußtritt der Revolution gesprengt hatte, das ihnen von den
Franzosen eingeräumte Bürgerrecht wieder zu rauben.) Jn beiden
Städten aber hat sich Heine aufgehalten, um die Kaufmannschaft zu
erlernen, und wenn sein hochstrebender junger Geist in diesen für
die äußere und innere Entwickelung des Mannes so wichtigen Jahren
das „Schacherjudentum" von der niedrigsten bis zur höchsten Stufe
verachten lernte, so kann doch kein Zweifel darüber bestehen, daß
das Heppheppgeschrei der judenfeindlichen Städte in dem reizbaren
Jünglinge Gefühle erregte, die, mochten sie vor der Hand auch mehr
latent bleiben, doch zu gelegener Zeit hervorbrechen mußten, Gefühle
der Erbitterung gegen die Dränger, neue Sympathieen für deren
Züchtiger.

Und das um so mehr, als die Hamburger Judenfeindschaft gar,
wie er glaubte, ihm sein Liebstes, seine Poeterei, störte, so daß er
es nicht einmal für rätlich hielt, die ersten Märzveilchen, die im
Frühlingsgarten seiner Dichterseele gewachsen waren, unter eigenem
Namen in die Öffentlichkeit zu bringen, sondern sich gedrehter und
gedrechselter Pseudonyme bedienen zu müssen glaubte. Der jedem
Heineleser bekannte Brief an seinen Freund Christian Sethe [177]), den
ich wohl nicht hierher zu setzen brauche, gibt neben anderen Zeugnissen
über diese Leiden Auskunft.

Und nach Hamburg kam dann noch einmal Düsseldorf, die alte
geliebte Heimat, die mit dem neuen Regimente anfangs nicht übermäßig zufrieden war. Es ist sehr beachtenswert, daß schon in Heines

Berliner Briefen der Name Justus-Gruner in unliebsamer Weise genannt wird [178]). Der hatte im November 1813 die Verwaltung des
Großherzogtums Berg übernommen und diese später mit dem General-
gouvernement des Mittelrheins vertauscht. Gruner, dessen Verdienste
um die deutsche Sache hier keineswegs bestritten oder heruntergesetzt
werden sollen, war eine Polizeimeisternatur, ein rücksichtsloser Charakter, der, wie ihm Varnhagen auf den Kopf zusagt, französische
Späher heimlich hatte ermorden lassen [179]) und später selbst als
preußischer Gesandter in der Schweiz ein widerwärtiges Spionage-
system im Interesse der Regierung Ludwigs XVIII. gegen die verfolgten Bonapartisten ins Werk setzte [180]). Auch in den Rheinlanden
war er keineswegs beliebt, und Klagen über seine Rücksichtslosigkeit,
deren Berechtigung hier nicht näher untersucht werden kann, fanden
schon 1816 ihren Weg in die Öffentlichkeit [181]).

Der kleine Hieb gegen Gruner wird von unserem Dichter bei
einer spöttischen Besprechuug des Fonkprozesses geführt. Auch diese
ist für Heines Auffassung in den noch verhältnismäßig patriotischen
„Briefen aus Berlin" von Wichtigkeit. Der Kölner Kaufmann Fonk
war einer nächtlichen Mordtat unter sehr eigentümlichen Umständen
angeklagt, wurde von den rheinischen Geschworenen verurteilt, vom
Könige Friedrich Wilhelm III. aber begnadigt. Die unheimliche Geschichte erregte ein um so größeres Aufsehen, als sie von den preußischen Gegnern des napoleonischen Gesetzbuches gegen die rheinischen
Schwurgerichte ausgebeutet wurde. Aber der Code Napoléon, mit
dem im Arme die Phantasie des Dichters den großen Gesetzgeber die
Reihe der Jahrhunderte hinabwandern läßt, galt den Rheinländern
als das Palladium der Freiheit, und diesem Gefühle hat Heine an
derselben Stelle der Berliner Briefe einen etwas überschwenglichen
Ausdruck gegeben: „Möge am Rhein noch lange blühen jene echte
Freiheitsliebe, die nicht auf Franzosenhaß und Nationalegoismus
basiert ist, jene echte Kraft und Jugendlichkeit, die nicht aus der
Branntweinsflasche quillt, und jene echte Christusreligion, die nichts
gemein hat mit verketzernder Glaubensbrunst oder frömmlender Pro-
selytenmacherei" [182]).

Und während er diese Geschichte und gewiß noch manche andere
unliebsame Äußerungen über das steifleinene und rechthaberische Wesen
des neuen Beamtentums in seinem Elternhause vernimmt, schleichen
durch die Straßen jene Trümmer des alten Kaiserreichs, dessen Glanz
einst den Knaben geblendet, und von seinen Lippen strömen die herrlichen Strophen der Grenadierballade, während sich in dem jugendlichen

Poetenkopfe die erſten Farben zu ſeinem neben der Harzreiſe ſchönſten Proſagedichte miſchen, dem „Buch Le Grand".

Dann wirft ihn der Bonner Aufenthalt in das von den alt-deutſchen Ideen erfüllte Treiben der Burſchenſchaft, das er im Äußern mitmacht und dem er auch innerlich nicht ſo ganz fern geblieben ſein kann. Altdeutſch war alles in Bonn um Heine, von Auguſt Wilhelm Schlegels Wohnung in der engen Sandkaule, wo der Geiſt der Nibe-lungen waltete und der junge Heine von dem Meiſter in die Geheimniſſe der Rhythmik eingeführt wurde, bis zu dem freundlichen Landhauſe an der Koblenzer Straße, in deſſen Räumen der deutſcheſte der Germanen, Vater Arndt, ſeine Schüler gern zum abendlichen Plauderſtündchen um ſich verſammelte. Deutſche Sprache bei Schlegel, deutſche Urgeſchichte bei Radloff, Tacitus' Germania bei Arndt, germaniſches Staatsrecht bei Hüllmann, das waren die Vorleſungen, die der junge Mann belegte. Es war mit einem Wort ein Milieu, wie es nicht teutoniſcher gedacht werden kann, eine Luft, in der einer Bruſt, die der Ruhm des latei-niſchen Cäſar höher ſchlagen ließ, der Atem vergehen mußte.

Und doch erſchien es ſo freundlich, ſo poeſieumflutet, dieſes alte Reckenweſen in der ſchönen Rheinſtadt, die noch nicht wie heutzutage eine Penſionopolis geworden war und in der noch keine Schlöte dampften. Weſentlich dumpfer war die Luftſchicht, die über Göttingen lagerte, wohin Heine im Herbſt 1820 überſiedelte und wo er bald hin-reichend Gelegenheit fand, ſich über die Kehrſeite germaniſchen Recken-tums zu ärgern, den grenzenloſen Hochmut des hannöverſchen Jung-Adels, deſſen Väter ſich nach dem Abzug der Franzoſen wieder auf den bequemen Faulenzerſtuhl geſetzt hatten, um ſich die einträglichen Ämter des Landes auf dem Präſentierteller verabreichen zu laſſen. Außer den hoffnungsvollen Sprößlingen dieſer edlen Junker, über die in der Leineſtadt ſelbſt das intereſſante Wort umging, daß ſie mathematiſche Lehrſätze ohne Beweis „auf Ehrenwort" glaubten, außer ihnen und ein paar grundgelehrten Vertretern der Rechts-wiſſenſchaft lernte der stud. iur. Heine in Göttingen noch zweierlei kennen:

Erſtens den Profeſſor Friedrich Saalfeld, einen jener muſter-haften Vertreter der Geſchichtswiſſenſchaft, deren unſterbliche Werke aus den Schimpfwörtern zuſammengeſchneidert waren, mit denen ſie den toten „Korſen" zu bewerfen liebten, zu deſſen Lebzeiten viele dieſer Biedermänner — vor eben demſelben Korſen — im Staube der Anbetung gekrochen waren. Wer das famoſe Buch des Göttinger Gelehrten, die „Geſchichte Napoleon Buonapartes" [188]), und noch dazu deſſen witzhaſchende Flugſchrift „Hundert und etliche Fanfaronaden des Corſikaniſchen Abentheurers Napoleon Buona-Parte"[184]) durch-blättert hat, der wird es leicht als buchſtäbliche Wahrheit nehmen, daß bei den Katheberblüten dieſes geiſtreichen Dertreters der Georgia Auguſta die Füße des Studenten Heine zu „trommeln" begannen und ſich am liebſten „noch fußtrittbeutlicher" ausgeſprochen hätten[185]).

Und von den Reſten der Deutſchtümelei, die ihm etwa von Bonn und ſeiner Kreuzbergwallfahrt her anhaften mochten, wird Heine durch die andere Erfahrung befreit worden ſein, die er in Göttingen machen mußte, ſeine Ausſtoßung aus der Burſchenſchaft. Sie iſt allem Anſchein nach nicht ohne ſeine Schuld erfolgt; aber wenn manche Burſchenſchafter ſtrenger Obſervanz — wovon ich mich leider ſelbſt habe überzeugen können — bis auf den heutigen Tag mit gefliſſent-licher Derachtung von Heine zu ſprechen pflegen, ſo kann das doch nur komiſch wirken. Wer ſolche Sachen von einem andern Stand-punkt aus beurteilt, als die Jugend zwiſchen achtzehn und einund-zwanzig Jahren, der wird meines Erachtens kaum darüber im Zweifel ſein, wen jener Akt jugendlichen Juſtizverfahrens härter traf, den großen Dichter, welcher der Weltliteratur angehört, oder die Göttinger Burſchenſchaft, die an dem ominöſen Tage ihr be-rühmteſtes Mitglied verlor.

Aber wichtiger als die Studienzeit in Göttingen war für die Entwickelung der politiſchen Ideen Heines und der damit zuſammen-hängenden Gedanken über den Kaiſer Napoleon ſein Aufenthalt in Berlin. Wohl mag das auf den erſten Blick befremden. Seit mehr als einem Jahrzehnt galt Berlin als der Brennpunkt des Franzoſen-und Napoleonhaſſes sans phrase. Dor 1806 war es anders ge-weſen, und ich habe ſchon auf den erſten Seiten dieſes Buches, auch ſchon in früheren Studien[186]) darauf hingedeutet, daß der Konſul und Kaiſer vor jenem Kriege und ſelbſt noch nach der Schlacht bei Jena vielfache Sympathieen in Preußen und deſſen Hauptſtadt beſaß.

Die Zeit von 1807—1815 hatte gründlich damit aufgeräumt, und es wäre zwecklos zu erörtern, daß und warum gerade Berlin bis in die Neuzeit ſo ziemlich die antinapoleoniſchſte Stadt in Deutſch-land geweſen iſt. Eine Umkehr von dem gewaltigen Haſſe der Jahre 1813—1815 hat ſich denn hier auch langſamer und in weit geringerem Umfange vollzogen als anderswo. Immerhin laſſen ſich manche Spuren einer ſolchen in den zwanziger Jahren nachweiſen. Sie tauchen vorzugsweiſe in militäriſchen Kreiſen auf, in denen die Bewunderung für den Meiſter im Waffenhandwerk mit den politi-

ſchen und perſönlichen Antipathieen in demſelben Kampfe lag, den
man fünfzig Jahre ſpäter bei Yorck von Wartenburg, dem Nachkommen des berühmten Generals, beobachten kann[187]). Daß einſt
in einer Geſellſchaft beim Grafen Pückler, in der auch Blüchers
Adjutant Graf Noſtitz zugegen war, auf den Peiniger Hudſon Lowe
tüchtig geſchimpft wurde[188]), iſt noch das Geringſte. Als umgekehrt
bei dem Eintreffen der Todesnachricht von einigen Offizieren affek-
tierte Gleichgültigkeit zur Schau getragen wird, entrüſtet ſich Varnhagen und nennt das ein Zeichen, daß ihr Grimm wegen Jena in
ihrem eigenen Bewußtſein durch Belle-Alliance noch nicht zufrieden-
geſtellt ſei[189]). Ein Jahr darauf ſpricht ein Dr. v. Henning „für
Napoleon und von ſeinem Leben und Regieren mit leidenſchaftlicher
Apologie; er erhob ihn in den Himmel". „Dieſe Stimmung", ſetzt
Varnhagen hinzu, „ſcheint jetzt in Deutſchland ziemlich oft vorzu-
kommen"[190]). Selbſt am Berliner Hofe ſoll man ſich 1823 über
das „Heldentum" des Herzogs von Angoulême, des Führers auf dem
militäriſchen Spaziergange nach Madrid, luſtig gemacht haben und
„über die endloſen Ehrenbezeigungen, die ihm die Schmeichelei bei
ſeiner Rückkehr darbringt, in einer Stadt, wo Napoleons Rückkehr
von ganz andern Siegesunternehmungen noch im Andenken lebt"[191])!
Noch eine paar Jahre ſpäter, und preußiſche Offiziere, unter denen
die jüngeren „großenteils leidenſchaftliche Verehrer des franzöſchen
Kaiſers ſind"[192]), wollen bei einer Verſtimmung gegen Rußland ſich
zu einem Feſtmahl vereinigen, um das Andenken der Teilnahme
der Preußen an Napoleons Feldzug von Anno 12 feierlich zu begehen[193]). Es iſt Varnhagen, der in ſeinen „Blättern aus der preußiſchen Geſchichte" alle dieſe intereſſanten Einzelheiten auskramt, die
er mit ſeinem bewundernswerten Spürſinn für Berliner Stadtneuig-
keiten aufgegriffen und ſeinen Notizbüchern anvertraut hatte.

Wir müſſen bei dieſem Manne und ſeiner Gattin einen Augenblick verweilen, da beide auf Heines literariſchen Entwickelungsgang
und gewiß auch auf die Bildung ſeiner Anſichten über Napoleon
einen nicht unweſentlichen Einfluß ausgeübt haben, wenn auch der
letztere bei der Dürftigkeit der vorhandenen Zeugniſſe mehr erraten
werden muß als bewieſen werden kann.

Varnhagen, der, wie ein ſtarker Bruchteil der Gebildeten in
Deutſchland, in ſeiner Jugend den franzöſiſch-republikaniſchen Ideen
zugewandt geweſen, war ſpäter — „par acclamation, durch Wahl-
verwandtſchaft", wie er es ſelbſt einmal genannt hat — ein leidenſchaftlicher Preuße geworden. Nach den Kriegen ward er, wozu

persönliche Enttäuschungen im Staatsdienste mitwirkten, ein politischer Frondeur von mehr und mehr radikaler Färbung.

Auch seine Stellung Napoleon gegenüber und seine Schätzung und Bewertung des napoleonischen Charakters war nicht unerheblichen Schwankungen unterworfen. Nach vorübergehender Schwärmerei für den republikanischen Helden in der Frühzeit nimmt auch er um den achtzehnten Brumaire eine feindselige Stellung gegen den „Mörder der jungen Freiheit" ein [194]) und wird dann später durch die wachsende Not Deutschlands und die eigene in das Lager der entschlossenen Gegner des Franzosenkaisers getrieben, den er jedoch nicht aufhört, „in seinen großen Eigenschaften zu würdigen" [195]). Erwecken diese in Intervallen immer wieder etwas von der alten Bewunderung [196]), so zeigt sich Varnhagen bei dem Ausbruch des Befreiungskrieges als einer der unermüdlichsten Streiter mit der Feder, der schon im Sommer 1813 nur in dem völligen Sturze des Gefürchteten die Möglichkeit eines dauernden Friedenszustandes für Europa erblickt [197]).) Man braucht ja nur die von ihm herausgegebene „Geschichte der hamburgischen Begebenheiten" oder die „Geschichte der Kriegszüge des Generals Tettenborn" zu lesen oder an Varnhagens Mitarbeit an der von diesem General herausgegebenen Feldlagerzeitung und das eine oder andere seiner patriotischen Gedichte zu denken, um über die Echtheit der kriegerischen Begeisterung dieses Mannes gegen den Korsen beruhigt zu sein.

Doch war anderseits Varnhagen ein geistig zu hochstehender und viel zu feingebildeter Mann, um in den Ton Jahns und seiner Genossen einstimmen zu können, und ein aus Villeneuve-le-Roi am 10. April 1814 an seine Rahel gerichteter Brief über Napoleons Abdankung [198]) zeigt, daß er das nihil humani a me alienum puto auch zu einer Zeit nicht aus dem Auge verlor, als minder Edeldenkende in Spott und Hohn über die gefallene Größe sich nicht sättigen konnten.

Dasselbe Humanitätsgefühl bewog unsern Varnhagen nach Napoleons Sturze, von dem Imperator besser zu reden als die unversöhnlichen Gegner. Es veranlaßt ihn auch zu einem freundlichen Verhalten gegenüber den in Frankreich so schonungslos verfolgten Bonapartisten. So erscheint Napoleons Bild in den aus dieser Zeit stammenden Aufzeichnungen Varnhagens in milderem Lichte als in den früheren, wiewohl dieser in Lob und Tadel besonnen abwog und z. B. dem begeisterten Bonapartisten Friedrich Ludwig Lindner gegenüber den maßvollen Beurteiler zeigte [199]). Wenn daher Georg

Brandes an einer Stelle feines ungemein geiftreichen, aber in Einzelheiten bekanntlich nicht immer ganz zuverläffigen Literaturgeschichts-
werkes [200]) behauptet, Varnhagen habe für Napoleon dieselbe Bewunderung gehegt wie Heine, fo kann ich ihm hierin ebenfowenig
beipflichten wie anderfeits Rudolf von Gottfchall, der das gerade
Gegenteil behauptet [201]), und möchte Varnhagens Anfichten über feinen
großen Zeitgenoffen lieber in dem Urteil zufammenfaffen, das er felbft
in der Kritik des Scottfchen Werkes über den franzöfifchen Kaifer [202])
dahin ausgefprochen hat: „Napoleon hat feine Tugenden und feine
Fehler, beide gehören zu feinem Wefen und vereinigen fich in ihm
zu einer Gefamtkraft, von welcher mehr angezogen oder mehr abge-
ftoßen zu werden, jedem eigentümlichen Gefühl anheimgeftellt bleibt.“

Es wird fich zeigen, daß Rahels Gatte, wie er die überfchäu-
mende Begeifterung des befreundeten Lindner zu dämmen fuchte,
auch Heines Napoleonkultus gelegentlich den Hemmfchuh anlegen zu
müffen glaubte. Und auch darin war Varnhagen nicht kurzfichtig,
daß er den verklärenden Einfluß der fpäteren Zeit auf die Geftaltung
des Kaiferbildes wohl erkannte: „Die Erinnerung an ihn“, heißt es
an einer Stelle der „Denkwürdigkeiten“ [203]), „und fein im Geifte der
Nachlebenden neu erfchaffenes Bild haben mehr Begeifterung für ihn
erweckt, als feine Gegenwart es vermocht.“

Anderfeits wird man zu der Annahme berechtigt fein, daß in
der anregenden Gefellfchaft des Varnhagenfchen Haufes, wo der junge
Heine ein gern gefehener Gaft war, der Name des großen Kaifers
vielfach und nicht immer unfreundlich genannt wurde und daß, wenn
man einfeitige Anfichten des Dichters der „Grenadiere“ zu korrigieren
beftrebt war, anderfeits der Hausherr Varnhagen fein bedächtiges
Urteil auch in die Wagfchale geworfen haben mag, falls dabei über-
eifrige Patrioten dem Nationalhaß in allzu excentrifcher Weife Ausdruck gaben.

Beides darf auch von der „geiftreichften Frau des Univerfums“
angenommen werden, deren Anwefenheit dem Salon im Haufe Franzöfifche Straße 20 die Weihe verlieh und ihm, wie Rahels früherer
Hofburg in der Jägerftraße, unter den Brennpunkten der geiftigen
Bildung jener Zeit einen der erften Plätze verfchaffte.

(Rahel Varnhagen hatte bekanntlich zu den warmherzigften Pa-
triotinnen der Kriegszeit von 1813—15 gehört.) Die Briefwechfel
der fchreib- und redeluftigen Frau find voll von Ergüffen einer
glühenden Vaterlandsliebe, die um fo höher bewertet werden muß,
als die Schreiberin trotz der glänzenden gefellfchaftlichen Stellung, die

sie sich mit den Waffen ihres Geistes erobert hatte, das schmerzliche
Gefühl, als Jüdin geboren zu sein, niemals völlig überwand. Aber
so sehr diese große Seele für die deutsche Sache lebte, so wenig fühlte
sie von dem wilden Franzosenhaß in sich, in dem sich die Schreier
gefielen. Davon hätte sie, wenn nicht die Zartheit ihrer mehr als
empfindsamen Natur, so doch schon allein das Gefühl der Dankbarkeit
abgehalten, die sie wie jeder wahrhaft gebildete Deutsche der französischen Kultur zollte.

Auch in ihren Äußerungen über Bonaparte zeigt Rahel eine
auffallende Mäßigung, die sich nicht einmal während der Kriegsjahre
verleugnet. (Sie hält ihn für ein verderbliches Genie, das sie fürchtet,
aber niemals ließ sie sich's einfallen, das Genie selber zu leugnen,
wie das nur die verblendete Leidenschaft tun konnte. „Ich bin noch
nicht sicher, trieb man ihn, kann er uns treiben!" Das Wort, das
ihr zweimal, zuerst nach der Schlacht bei Leipzig und dann wieder
im Jahre 1814, entschlüpft [204]), klingt vernünftiger als die Prahlereien
derer, die des Löwen Fell verkaufen wollten, bevor der Löwe selber
gefangen war.

Dieser Respekt vor der Größe des Mannes hat sie nie verlassen.
Auch 1815 nicht, wo sie, wie das übrigens noch andere taten, von
einer Einmischung in die französischen Sachen unter Hinweis auf den
unglücklichen Verlauf der Invasion von 1792 abrät [205]), das rohe
Schimpfen auf den Zurückgekehrten für einen „Greuel" erklärt [206])
und selbst nach Waterloo noch voller Besorgnis schreibt [207]): „Wo ist
er: was wird er nun beginnen, wen anfallen?" Über den Gefangenen
von St. Helena hat sie später als von einem „großen Manne" gesprochen [208]).

Das war die Hausherrin in der Französischen Straße 20 zu Berlin,
Heines „Patronin". Bedauerlicherweise haben sich Äußerungen ihres
klugen Mundes über die Stellung des jungen Freundes zu Napoleon
aus dessen Berliner Zeit nicht erhalten, mir wenigstens ist keine
bekannt geworden. Wer noch einmal einem der Gespräche lauschen
könnte, die in Rahels Salon über den Kaiser geführt worden sind!
Einen Rückschluß läßt indes jene Briefstelle zu [209]), nach der Heine bei
seiner später zu besprechenden Scottkritik von Frau Rahel eine mütter-
liche Warnung vor der „Einflüsterung bonapartistischer Freunde"
empfangen hat. Heine nimmt das Mahnwort freundlich auf und ver-
spricht sogar, „sich zu bessern". Trotzdem macht er sich an derselben
Stelle über die von ihm so hoch verehrte Patronin ein wenig lustig,
die ihn gleichzeitig — wieder unter Hinweis auf den Helden — vor

„den Freuden der Sozietät" gewarnt hat. In der Tat war gerade
dieses Monitum bei ihrem Schützling bei weitem mehr am Platze als
einem Napoleon gegenüber. Wie dem auch sei, die Stellungnahme
Rahels während des Berliner Verkehrs glaube ich dahin bestimmen
zu dürfen, daß, wenn auch vielleicht ihre Teilnahme an dem persönlichen Geschick des großen Feindes hier und da um einige Nuancen
wärmer sich äußerte 'als die des kühleren Varnhagen, doch auch sie
auf die Bewunderung des jungen Schwärmers für Napoleon, soweit
sie sich schon damals hervorgewagt haben mag, eher abmildernd und
korrigierend gewirkt habe.

Aber es wird mit Verständnis und Interesse für Napoleons
Wirken geschehen sein, die überhaupt in dem Varnhagenschen Kreise
nicht gefehlt haben. Bestand er doch aus Personen, die nicht nur,
was damals allgemein, von Erinnerungen an den Cäsar erfüllt waren,
sondern großenteils auch aus Leuten, die sich literarisch mit ihm beschäftigt hatten uud noch andauernd mit ihm beschäftigten.

Da war der alte Chamisso, der zu des Kaisers Lebzeiten nicht
zu dessen Freunden zählte, aber, von der Unaufrichtigkeit und Flachheit der Reaktion angewidert, mit in die Reihe derer trat, die dem
toten Helden einen Kranz auf den Sarg legten. Es mag mit Varnhagens Ansichten übereingestimmt haben, wenn er in seiner schon
erwähnten Dichtung auf den Tod Napoleons [210]) die Europa
sagen läßt:

> O hättest Freiheit du geschafft nach deiner Macht,
> Noch ständen aufrecht deine Bilder, unentweiht
> Von Händen, die zu heben unvermögend sind
> Das dir entsunkne, dein gewicht'ges Herrscherschwert.

Denn auch Varnhagen hatte sich in den bereits erwähnten Gesprächen mit Lindner gerade darüber gestritten, ob und inwieweit
Napoleon durch seine Siege und Herrschaft der Freiheit gedient habe [211]).
Streit und Zweifel, die sich unter den Liberalen vielfach erhoben,
die auch in Heines Seele später auf- und abwogten und so wechsel-
volle Bilder zurückgelassen haben.

Wie weit man im Varnhagenschen Kreise von blindem Hasse
gegen den „Usurpator" entfernt war, zeigt auch das Beispiel eines
anderen Mannes aus diesem Zirkel und gerade eines, der sich für
den Studenten Heine sehr warm interessierte, Fouqués, der, gleich
Chamisso an des Kaisers Grab trat und neben Goethe die klassische
Ode Manzonis auf Napoleons Tod übersetzte [212]). Zwanzig Jahre

fpäter hat er, ein Erzfeudaler, in feinem letzten Roman fogar alte Jugendfchwärmereien für den republikanifchen Helden wiederaufleben laffen [213]).

Als befonders charakteriftifch aber erfcheint mir die Tatfache, daß ein Vertreter des ftandfefteften Preußentums, Friedrich Auguft von Stägemann, der fchon 1807 gegen den „Typhon" Bonaparte in leidenfchaftlichen Oden gewettert, dann zu den begeiftertften Tyrtäen der Befreiungskriege gehört hatte, 1821 feine von edlem Gefühl eingegebene und von fchöner Mäßigung zeugende Dichtung „Bonapartens Tod" [214]):

Kein Mal erhebt fich. — Keines? wie Sittige
Von Adlern raufcht es. Fahnen von Aufterlitz,
Marengo, Jena, unverweslich,
Senken fich über den Hügel Longwoods

gerade Varnhagen widmete. Mit Stägemann ftand Heine trotz abweichender politifcher Anfichten gut; er fagt es felbft ausdrücklich in einem 1830 an Varnhagen gefchriebenen Briefe [215]). Auch fpäter hat er von dem preußifchen Dichter mit Achtung gefprochen, wenn er auch deffen Stellung, z. B. in der Polenfrage, nicht billigte [216]).

Wie Stägemann hatte auch Rahels Bruder, Ludwig Robert, der mit Heine eng befreundete Gemahl der fchönen Schwäbin Friederike, zu den entfchiedenen Gegnern des „Korfen" gehört. Er war der Verfaffer eines patriotifchen Dramas, das während der Anwefenheit feiner Schwefter in Prag, nach dem Leipziger Siege, unter großem Jubel in der Moldauftadt gefpielt wurde. Auch hatte er begeifterte Freiheitsgefänge verfaßt, die 1816 als „Kämpfe der Zeit" erfchienen und ihm, der eigentlich kein Dichter war, durch die Gunft der Umftände einen wiewohl fchnell verfliegenden Namen verfchafften.) Wenn von irgend einem, fo wird daher gewiß von Robert ein hemmender Einfluß auf die Bonapartebegeifterung unferes Dichters zu erwarten fein, zumal diefer dem jungen Manne durch die Intimität der Beziehungen immerhin näher ftand als die gefeierteren Größen. Und doch wird man auch hier zur Vorficht im Urteil genötigt. Denn obwohl fich Robert fpäter über den Napoleonenthufiasmus des „Buches Le Grand" aufhält und diefes felber in einer den Tonfall der kühnen Profadichtung gefchickt nachahmenden Rhapfodie verfpottet, fo hat doch auch er den Stimmungswandel der zwanziger Jahre einigermaßen mitgemacht. Im Jahre 1829 veröffentlicht Friederikens Gatte im Stuttgarter „Morgenblatt" [217]) einen in freien

Rhythmen geschriebenen „Napoleon", mit dem bezeichnenden Wahlspruch aus Lamartine:

> Gerichtet hat ihn Gott, sein Sarg ist zu, geschwiegen!
> Sein Frevel, sein Verdienst sich in der Wage wiegen:
> Was ist der Mensch, daß dran mit schwacher Hand er reißt?

Diesem Motto entsprechend werden Lob und Tadel des gewaltigen Mannes in einer Strophe und Antistrophe bedächtig gegeneinander abgewogen, während die Epode im Sinne Manzonis und Chamissos das abschließende Urteil der Zukunft anheimstellt:

> Wir fochten mit im großen Kampf der Zeit,
> Im alten Riesenstreit,
> Den kommende Jahrhunderte nur schlichten.
> Vorurteilsfrei —
> Wir sind Partei —
> Vermögen wir den Streiter nicht zu richten.
> Wir wissen weder was, noch wie Er war;
> In Zukunft erst wird klar,
> Ob er hier schaffen sollt', ob nur vernichten.

Nimmt man nun allenfalls noch Willibald Alexis hinzu, der auch gegen Napoleon unter der Fahne gestanden und später die Stimmungen seiner brandenburgischen Landsleute in der Zeit von 1806—13 meisterlich geschildert hat, so wären damit wohl die Mitglieder des Varnhagenschen Kreises beisammen, von denen sich nach meinem Gefühl, annehmen ließe, daß sie nach der einen oder der andern Seite heines Urteil über den Imperator beeinflußt haben könnten. Denn der alte Schleiermacher dürfte sich wohl kaum herbeigelassen haben, seine Ansichten über den Landesfeind, gegen den er einst begeistert gepredigt, vor dem jungen Studenten auszukramen. Dagegen ist es vielleicht nicht so kurz von der Hand zu weisen, daß Heine in der Entwicklung seiner Gedanken über Bonaparte von Hegel beeinflußt sein könnte, etwa in der Weise, wie der Napoleonkultus der Gegenwart von dem Übermenschentum und der „Herrenmoral" Friedrich Nietzsches wenigstens nicht ganz unabhängig ist. Ich meine damit nur das Hegelsche System im allgemeinen, dessen Anhänger er in Berlin wurde, um es lange Zeit hindurch zu bleiben. „Niemals", sagt sehr hübsch Frau Rahels Biograph Otto Berdrow [218]), „niemals war die Selbstherrlichkeit des denkenden Geistes überzeugender proklamiert worden als hier; kein zweites System sprach gleich diesem der Persönlichkeit das ewige Recht zu, sich frei und tapfer der Welt gegenüber zu behaupten". Projiziert man in diesem Satze den denkenden auf den handelnden Menschen — mit dem Hegelschen

Schema kann man ja überhaupt beweisen, was man will — so ergibt sich eine wundervolle Apologie Bonapartes, selbst seiner will-
kürlichsten Handlungen. Auch war es wohl nicht von ungefähr, daß
der Philosoph ein so großer Bewunderer des in den Räumen der
Wirklichkeit schaffenden Helden war, den er, wie wir hörten, die
„Weltseele" genannt hat. Napoleons Sturz, das „Schauspiel, ein
enormes Genie sich selbst zerstören zu sehen," erklärte er für „das
τραγικώτατον, das es gibt" ²¹⁹), und der Anblick des Schlachtfeldes
von Waterloo hat ihn fast ebenso tief ergriffen wie Lord Byron ²²⁰).
Doch dies beiläufig.

Neben dem Varnhagenschen Salon verkehrte aber unser Dichter
auch im Kreise der Frau von Hohenhausen, einer fruchtbaren Schriftstellerin und Beherrscherin jener ästhetischen Thees, die Wilhelm Hauff
und Ludwig Robert mit feinem Humor verspottet haben ²²¹). Auch
in diese Atmosphäre des dampfenden Samowar mag bisweilen ein
scharfer Windhauch von den Eisfeldern des russischen Feldzugs gestrichen sein. War doch die Dame des Hauses selbst die Tochter
eines jener Veteranen, deren Bilder dem Dichter der „Grenadiere",
des „Le Grand" und der „Nordsee" so oft vor die Seele traten. Es
war das der westfälische General von Ochs, der 1813 bei Halber-
stadt von den Verbündeten geschlagen wurde. Zudem war Frau
von Hohenhausen Byronübersetzerin und wird in dieser Eigenschaft in
Heines Werken öfter erwähnt ²²²). Auch war sie es, die zuerst auf
die Verwandtschaft zwischen dem großen Briten und dem jungen
deutschen Poeten hinwies ²²³). Dieser selbst veröffentlichte in seiner
ersten Gedichtsammlung Fragmente eigener Übersetzungen aus den
Werken des englischen Dichters, auf dessen Verhältnis zu Heine ich
noch näher eingehen werde. Für jetzt nur so viel, daß der „Childe
Harold", aus dem auch Heine ein Stück deutsch bearbeitet hatte, der
„Childe Harold" mit seiner bald tadelnden, bald bewundernden Beurteilung Bonapartes gewiß öfter im Salon der Frau von Hohenhausen
das Gesprächsthema gebildet hat, wobei Napoleons Name mehr als
einmal eine Rolle gespielt haben mag ²²⁴).

Im Kreise der Hohenhausen verkehrte auch die merkwürdige
Helmina v. Chézy, die Tochter der Frau v. Klencke und Enkelin der
Karschin, über deren vielfache Beziehungen zu Napoleon ich an
anderem Orte gehandelt habe ²²⁵). Zur Orientierung mag dienen,
daß Helmina, die am Morgen des Jahrhunderts in Paris lebte, den
ersten Konsul abgöttisch verehrt und in ihrem schwärmerischen Blond-
kopf lange den Gedanken herumgetragen hatte, frei nach Tasso eine

„Napoleonide" zu dichten. Später änderte sie, wie so viele, ihre Ansichten und unterfing sich sogar, den Kaiser mit ihrer harmlosen Feder anzugreifen. Aber Helmina ist zu dem Idol ihrer Jugend zurückgekehrt, hat den Manen des großen Korsen die Sünden der Zwischenzeit feierlich abgebeten und spricht in ihren am Rande des Grabes und in der Nacht der Blindheit diktierten Erinnerungen von dem Helden mit einer ebenso überschwenglichen wie aufrichtigen Bewunderung.

Dem Kreise der Hohenhausen gehörte endlich noch Freiherr von Maltitz an — Freiherr Gotthilf August, wie zum Unterschiede von seinen literarischen Namensvettern hinzugefügt werden muß — eine köstliche Figur, „halb Petroleum, halb Pomade", ein furchtbarer Schwadroneur und zugleich der gutherzigste Kerl von der Welt, auch im Politischen wunderbar zwiespältig, ein wütender Liberaler, der aber das auf Glas gemalte Wappen derer von Maltitz, von dem er sich nicht trennen konnte, an einer recht merkwürdigen Stelle seines Zimmers aufbewahrte [226]). 1813 ein tapferer Freiwilliger, ist auch er später in den Zauberbann der napoleonischen Legende geraten, und der Held seines bekanntesten Schauspiels [227]), der Pole Zolki, hat unter den Fahnen des „größten Feldherrn" gefochten.

Aber noch in einem andern Hause hat Heine in Berlin Einkehr gehalten, wo es freier herging und literarische Thesen und Antithesen ungenierter auf den Kopf gestellt wurden, als in der Französischen Straße und im Salon der Elisabeth von Hohenhausen. In der berühmten Weinstube von Lutter und Wegener schlug Christian Dietrich Grabbe seine närrischen Purzelbäume — der alte Löwe dieses Zirkels, E. T. A. Hoffmann, der ja auch napoleonische Erinnerungen mit sich herumtrug und gern verwertete, kam wohl kaum noch dorthin [228]) — aber der tolle Christian Dietrich aus Detmold stand damals im Zenith seiner genialen Wildheit.

Nun ist Grabbe der deutsche Dichter der Julizeit gewesen, der neben Heine und Gaudy Napoleons Persönlichkeit am wirkungsvollsten gestaltete. Wie sehr der Geist des Helden im Gehirn dieses unglücklichen Menschen gespukt hat, ersieht man erst, wenn man den von ihm in Düsseldorf mit Immermann geführten Briefwechsel ließt. Bald übt Grabbe Kritik an Holteis „altem Feldherrn", in dem, wie wir wissen, Napoleon als stumme Figur auftrat, bald erinnert er an des Kaisers Todestag oder datiert seine Briefe nach dessen Schlachttagen [229]). Es ist nicht beweisbar, aber wiederum als recht wahrscheinlich anzunehmen, daß Grabbe in den höllischen Ca-

priccios, die er zum besten gab, wenn er in wahnsinniger Weinlaune
auf den Tisch kletterte, auch den Kaiser Napoleon in seiner kraft-
genialischen Weise gelegentlich apostrophierte. Heine spielte dabei
mehr den Zuschauer, aber er, der Grabbes Ingenium so hoch einschätzte [280]), hat hier ganz gewiß von den Blitzlichtern des titanischen
Gesellen manches aufgefangen und erwidert, und von den blendenden Aperçus des „Buches Le Grand" wie von den Donnerworten
der „Hundert Tage" mag bei mehr als einem der gute Rheinwein
von Lutter und Wegener Gevatter gestanden haben.

Somit war nach meinem Dafürhalten das Milieu in der preußischen Residenzstadt gar nicht so ungeeignet, das Interesse für die
Person des Kaisers Napoleon in dem jungen Manne rege zu halten,
wenn sich auch aus dessen Berliner Umgangskreise manche Stimmen
gegen seine spätere Vergötterung des Franzosenkaisers, wäre er schon
jetzt damit an den Tag getreten, erhoben haben würden, wie denn
auch, gerade aus diesen Kreisen, 1827 solche laut wurden. Andere
Umstände aber waren es, die unsern Dichter auf eine panegyrische
Behandlung des Kriegsfürsten noch entschiedener hindrängten.

In Berlin hat sich Heine, alles in allem genommen, nicht ganz
schlecht befunden, und auch mit dem Preußentum, dessen leiden-
schaftlicher Gegner er später wurde, hat sich der Rheinländer vorübergehend befreunden, mindestens abfinden können. Das zeigt sein
Erstlingsversuch auf feuilletonistischem Gebiete, die Berliner Briefe,
auch wenn man bereitwillig alles abzieht, was auf Rechnung von
Jugend, Milieu und Stimmungsvirtuosität gesetzt werden darf. Und
doch, der scharfe Gegensatz, der bald zwischen dem Staate Friedrichs
des Großen und dem rheinischen Dichter entstanden ist, auch er hat
in dem Berliner Aufenthalt mit seine Wurzel. Und dieser Gegensatz
darf hier um so weniger übergangen werden, als er zu der Neigung
des Dichters für Napoleon, wenigstens zu seiner Neigung, sich über
diesen in lauten Lobpreisungen zu ergehen, in geradem Verhältnisse
steht. Der Preußenhaß ist ein Barometer für Heines Kaisertiraden,
je grimmiger jener bei dem Dichter hervorbricht, desto länger und
wirkungsvoller werden diese ausfallen.

Woher nun dieser starke Widerwille gegen das Preußentum?
Zu einem guten Teile lag er in der beweglichen Natur des Dichters
begründet, der, worauf Richard M. Meyer treffend hingewiesen, für
das Denken, das er in lauter einzelne Einfälle zerlegte, eine „atomi-
stische" Erklärung bei der Hand hatte [281]), und in seinem Impressionismus alles andere war, als was man einen „preußischen Charakter"

/zu nennen pflegt. Seine Impressionabilität, sein, wie der Byrons, ungemein starker Individualismus, wie hätten sie sich mit einer Staatsraison befreunden können, deren philosophischer Ausdruck Kants kategorischer Imperativ war! Dazu kam ja die Erziehung in den französierten Rheinlanden, deren Einfluß wiederholt hervorgehoben worden ist. Endlich müssen wir, um die antipreußischen Gefühle des Dichters vollständig zu erklären, wieder bei dem Großvater anfangen, der bekanntlich „ein kleiner Jude war und einen langen Bart hatte."

Schon oben wurde bemerkt [282]), daß auch Preußen den Juden keineswegs freundlich gegenüberstand. Wohl hatte das Edikt vom 11. März 1812 den Israeliten im wesentlichen die Befreiung gegeben; „eine Tat der Befreiung" hat es auch Ludwig Geiger mit Recht genannt [283]). Aber auch hier war die Reaktion nicht ausgeblieben. Vergebens hatte sich Hardenberg, der gleich Metternich für die Emanzipation der Juden auf dem Wiener Kongreß eingetreten war, auch weiterhin in deren Interesse bemüht. Friedrich Wilhelms III. Engherzigkeit war in diesem Punkt unüberwindlich.

Der König, der innerhalb der eigenen Landeskirche Andersdenkenden eine ihnen widerwärtige Agende aufdrängte und mit all seiner persönlichen Frömmigkeit bei der Durchführung dieser unliebsamen Maßregel selbst vor der Anwendung härtester Gewalt nicht zurückschreckte, er konnte sich zu der Höhe des Gedankens nicht erheben, die Nachkommen des Volkes, aus dessen Schoße das Christentum hervorgegangen war, in ihrer Eigenart anzuerkennen, erst recht nicht zu der Hochherzigkeit, sie von den noch immer auf ihnen lastenden Fesseln zu befreien. Vielleicht irre ich; aber nach meinem Empfinden war es für Preußens Ruhm schmachvoll, daß die Erteilung des Civilversorgungsscheines an jüdische Kämpfer von 1813 verweigert wurde, selbst solche, die das eiserne Kreuz mit ihrem Blute bezahlt hatten! Nach Hardenbergs ruhmlosem Ende nahm die rückläufige Bewegung einen schnelleren Gang. Unter dem Reaktionsministerium Voß-Buch wurde den Juden der Zutritt zu den akademischen und Schulämtern wieder abgeschnitten, eine Maßregel, die auch für Eduard Gans' und Heines Leben ihre Folgen haben sollte. Der Schöpfer der Agende sah natürlich auch die „Bekehrung" der Israeliten zur christlichen Religion sehr gern, und ein Verein zur Verbreitung des Christentums unter den Juden, der unter den Auspizien des Oberkonsistorialrats Neander, selbst eines Konvertiten, einige hundert Hebräer mit dem Taufwasser besprengte, erfreute sich der besonderen Gunst des Monarchen.

Dieses Treiben mußte Heine widerwärtig berühren; hat er doch in der Berliner Zeit zu den Mitgliedern des bekannten „Kulturvereins" gehört, der einen Zunz, Gans und den edeln Moses Moser um sein Banner scharte und, bei einer gewissen Unklarheit über Ziel und Mittel, auf jeden Fall eine Versöhnung des Judentums mit den Anschauungen der modernen Bildung, aber unter Festhalten am Judentum selber, erstrebte. Den „stummen Eid", nicht zur christlichen Gemeinde überzutreten, hat auch er geleistet, und wie Eduard Gans hat er ihn bald darauf gebrochen. Der berühmte Hegelianer tat es, um den Idealen, dem, was ihm Ideal war, nachleben zu können, und auch bei Heine sind wohl edlere Motive, der berechtigte Wunsch nach einer entsprechenden Lebensstellung und die Befreiung aus der drückenden Abhängigkeit von seiner reichen Familie, nicht wegzuleugnen. Trotz seines Übertritts hing er fest, nicht an dem Glauben der Israeliten, aber an den Erinnerungen der Jugend, die ihn an Juda banden wie sie seinen Helden und Gesinnungsgenossen in der Skepsis, Bonaparte an den sinnberauschenden Kultus der katholischen Kirche fesselten, zu einer Zeit, als er deren Dogmatismus längst entwachsen war[234]). Der Übertritt zum Christentum, zu dem der Doctor iuris durch die Verhältnisse in Preußen, den Mangel an Aussicht auf eine Anstellung im dortigen Staatsdienst für Juden veranlaßt, wo nicht gezwungen wurde, ist dem Menschen Heine schwerer geworden, als seine Gegner zugeben möchten. Lebenslänglich blieb der Stachel in des Spötters Herzen stecken. Deutlicher noch als die gelegentlichen Ausfälle gegen den frommen Eiferer Neander redet eine Briefstelle, in der er sich dem vertrauten Freunde Moses Moser gegenüber „sehr klein" nennt, und jene andere, wo es heißt: „Wenn die Gesetze das Stehlen silberner Löffel erlaubt hätten, so würde ich mich nicht getauft haben[235]). Seinem Tagebuch vertraute er die Verse an:

> Und du bist zu Kreuz gekrochen,
> Zu dem Kreuz, das du verachtest,
> Das du noch vor wenig Wochen
> In den Staub zu treten dachtest[236])!

Auch hat Heine gerade in dieser Zeit dem „tragischen Judenschmerz", der ihn wie Börne und Michael Beer durchs Leben begleitete, beredten Ausdruck gegeben. Etwas früher hatte er die von „kochendem Ingrimm" über die Mißhandlungen seiner Stammesgenossen diktierten Strophen „An Edom"[237]) niedergeschrieben, schon in dem 1821 beendigten „Almansor" unter spanischmaurischen

Masken seinen Widerwillen gegen das neue Renegatentum ausgesprochen:

> Geh nicht nach Alys Schloß! Pestörtern gleich
> Flieh jenes Haus, wo neuer Glaube keimt ²³⁸).

Und jetzt, wo er sich selber zu der halb aufgezwungenen Wanderung nach Alys Schlosse anschickte, dichtete er am „Rabbi von
Bacharach", der allerdings nach des Verfassers eigenem Geständnis
im weiteren Verlaufe der Handlung grobe Ketzereien auch gegen das
Judentum zu Tage gefördert haben würde. Doch zeigt das erhaltene
Fragment, wie tief die unglückliche Lage der mittelalterlichen Juden,
das „düstre Martyrerlied", den Dichter erfüllte und erschütterte, und
die farbenprächtige Schilderung des jüdischen Festes erscheint wie ein
Abschiedsgruß an das Haus der Väter, das Heine verlassen wollte.

Spöttereien, die sich dieser gelegentlich und sogar recht oft auf
den Schachergeist besonders seiner Hamburger Stammesgenossen erlaubte, beweisen nichts gegen die hier entwickelten Ansichten. Denn
es ist — gar nicht einmal von Heines besonderem Naturell zu reden —
eine keineswegs seltene Erscheinung, die man in Berlin und Frankfurt alle Tage beobachten kann, daß sich die der semitischen Rasse
eigentümliche Gabe scharfen Witzes bei gebildeten und geistreichen
Israeliten nicht selten, ja sogar mit einer gewissen Vorliebe, mittels
einer dem Germanen weniger geläufigen Selbstironie gegen Sonder-
barkeiten und Schwächen der eigenen Glaubens- und Stammesgenossen
richtet.

Einen tieferen Einblick dagegen in Heines Gefühlsleben auf
diesem Gebiete, einen tieferen vielleicht als alle angeführten Zeugnisse
eröffnet seine Ballade „Donna Clara" ²³⁹). Die stolze Tochter eines
spanischen Alkalden liebt einen unbekannten jungen Ritter und erkennt, nachdem sie sich ihm hingegeben, mit sprachlosem Schrecken
in dem Geliebten den Sohn des Großrabbiners der Synagoge von
Saragossa. Eine furchtbare Tragik liegt in dem Gedichte, dessen
weitere Fortsetzung den aus diesem Bunde hervorgegangenen Sprossen
als späteren Dominikaner zeigen sollte, der die Glaubensgenossen
seines unbekannten Vaters foltern läßt. Und nun eine Pointe, die
man nicht erwartet: der Verfasser behauptet in einem Briefe an
M. Moser ²⁴⁰), daß der Garten des spanischen Richters — der Berliner Tiergarten, eine Baronin so und so die Alkaldentochter, er selber
aber der Ritter sei.

Was folgt daraus? Neben dem humanen Mitgefühl, das Heine
für seine gequälten Stammesbrüder der Vorzeit empfand, war es

wiederum die gedrückte soziale Stellung des modernen Juden, unter der er selbst zu leiden hatte, die ihn auf das tiefste empörte, aber auch dazu trieb, das Opfer zu bringen, das ein Mensch nicht bringen soll, und einer, der an keine der positiven Religionen glauben kann, erst recht nicht.

Und· als es nun zur Gewißheit wurde, daß dieses Opfer ganz umsonst gewesen und der Dr. iuris Heine, der das Schimpfwort „Jude" nach wie vor in jeder neidischen Kritik lesen mußte, trotz seines Taufzettels keinerlei Aussicht auf eine seinem Können ent= sprechende Lebensstellung haben würde, da flammte in dem leicht erregbaren Jünglinge der Haß gegen das unduldsame Preußen Friedrich Wilhelms III. mächtig empor.

„Mit dieser zunehmenden Erkenntnis", sagt Robert Proelß [241]), „wuchs die Verbitterung seiner Seele, der Groll gegen sich selbst und die Welt, insbesondere gegen das Deutsch= und das Preußentum." Der letzte Teil dieses Satzes ist entschieden richtig, und lediglich auf diesen kommt es hier für uns an.

Aber in demselben Maße stieg in ihm auch die Schwärmerei für den Mann, der Preußens Stolz so tief gedemütigt, zugleich die Ver= ehrung für den, der das vielleicht beste Erbteil der französischen Re= volution, absolute Toleranz in religiösen Dingen, über den Rhein mitgebracht hatte. Warum war er nicht mehr da, der große Par= venü, der kein Adelsdiplom und kein Taufwasser für die Talente verlangte? „Daß ich Christ ward", sagt mit humoristischer Wendung unser Autor noch in späteren Jahren, „ist die Schuld jener Sachsen, die bei Leipzig plötzlich umsattelten, oder Napoleons, der doch nicht nötig hatte, nach Rußland zu gehn, oder seines Lehrers, der ihm zu Brienne Unterricht in der Geographie gab und ihm nicht gesagt hat, daß es zu Moskau im Winter sehr kalt ist" [242]).

So führt von Heines Preußenhaß eine sichtbare Brücke zu der Behandlung Napoleons im „Buch Le Grand". Der Feind seiner Feinde hätte des Dichters Freund werden müssen, auch wenn nicht andere Motive für jene Freundschaft schon in Menge vorhanden ge= wesen wären. Erst durch diese grimmige Stimmung des jungen Poeten aber haben manche Stellen im „Le Grand" ihre besondere Färbung, haben gewisse Thesen und Pointen ihre eigentümliche Schärfe erhalten.

Doch die letzten Gründe des Heineschen Napoleonkultus lagen noch tiefer, waren noch inniger mit den Fäden verknüpft, aus denen die Seele des Dichters gewoben war.

Um mit dem politischen Standpunkte Heines zu beginnen, so war dieser, wenn man so will, ein Liberaler, wenigstens deckte sich sein politisches Programm — wenn er eins gehabt hat — im wesentlichen mit den Bestrebungen der damaligen liberalen Partei. Wenn er eins gehabt hat! Denn, ich glaube, jeder vernünftige Mensch wird begreifen, wie unendlich mißlich es ist, einen Heine oder Lord Byron nach der Parteischablone zu behandeln. Vorkämpfer neuer Ideen, nach ihrer Überzeugung eines neuen Weltreichs, und das in einer Epoche, die auch ihrerseits in eminentem Sinne den Charakter einer Übergangszeit trägt, wo die einen gewaltig fortstürmen, die andern mit gleicher Leidenschaft das Rad der Geschichte festhalten möchten, haben sie vor allem eine starke Neigung zur Negation — mit Bezug auf Heine hat schon einmal Alfred Meißner sehr hübsch auf diesen Punkt hingewiesen — [243]), zur Negation, die ebensosehr zu ihrem Wesen und Beruf gehört, wie das Opponieren zu dem einer parlamentarischen Minderheit. Auch diese seine oppositionelle Stellung gegen das Bestehende, die Zustände der Reaktionszeit, führte unsern Heine, wenn man gleichzeitig gewisse Charaktereigenschaften des Dichters mit in Rechnung zieht, auf Napoleon.

Eigentlich mußte ja für ihn wie für Byron die französische Revolution das Ideal sein, die Revolution, welche die Freiheitsgedanken, wenn auch vielleicht nicht gefunden, so doch auszusprechen und zu verwirklichen gewagt hatte. Und er hat sie und ihre Helden, Lafayette und die „Titanenversammlung" des Nationalkonvents, auch wirklich aufrichtig verehrt. Selbst von Robespierre, in dem er einen Auskehrer alten Sauerteiges und dazu einen rücksichtslosen Idealisten sah, hat er oft mit unverhohlener Bewunderung gesprochen. Aber ein Republikaner wurde Heine darum eben doch nicht; der herben Tugend eines Brutus und Verrina, die Börne mit blutigen Worten predigte und der Advokat von Arras in noch blutigere Taten umgesetzt hatte, fühlte er sich nicht gewachsen, er, der ein Gourmand war und den hohläugigen Gesellen mit den Cassius-gesichtern nicht ohne Grund zutraute, daß sie ihn, wenn sie nur die Macht dazu hätten, mit einem Stück Hanf um den Hals an den ersten besten Laternenpfahl aufknüpfen würden.

Da war ihm Napoleon sympathischer, der ja viele und gerade viele der besten Errungenschaften der Revolution aufrecht erhalten, zugleich aber an Stelle des finsteren doktrinären Wesens und der bis zum Fanatismus getriebenen Gleichmacherei des Konvents, die, wenn sie der Politiker Heine billigen mochte, auf jeden Fall den

Künstler in ihm abstießen, eine Art von „Saint-Simonismus" gesetzt hatte, eine Herrschaft des Talentes, welche auf einer mehr
materiellen Lebensauffassung basiert, wenigstens mit einer solchen
verknüpft war. Dieser „Materialismus" behagte der Sinnlichkeit
des Menschen Heine nicht übel, und ihr Glanz zog den Poeten lebhaft an. Hierüber konnte dieser das autokratische Regiment des
Kaisers zeitweilig vergessen, oder es war ihm wenigstens kein Hin-
derungsgrund, dem imponierenden Herrscher und unvergleichlichen
Feldherrn seine Huldigungen darzubringen.

Dabei ist wiederum der platonische Charakter des posthumen
Napoleonkultus nicht zu vergessen. Die harten Maßregeln der ver-
schwundenen Herrschaft, der Preßzwang, die Aushebungen, die
Menschenopfer, drückten die Nachkommen nicht mehr, die nur die
glänzenden Seiten des ehemaligen Regiments sahen und sehen wollten
und diese mit der Misere des Lebens unter den vielen kleinen Despoten,
die auf den einen großen gefolgt waren, verglichen. Die Disso-
nanz, die sich hierbei für die Beurteilung jener ergab, wurde zu einer
Harmonie im Liede auf den gewaltigen Herrscher der Vergangenheit.
Trat das nun aber schon in der Betrachtungsweise nüchterner Alltags-
menschen hervor, um wieviel mehr, sobald die Heldengestalt vor dem
Auge eines Dichters erschien! Der Künstler ist nun einmal Aristokrat,
und das war — als Künstler betrachtet — auch der Düsseldorfer
Jude, der Abkömmling des geknechteten Volkes, der sich schon in
früher Jugend durch jenen Kuß, den er einstmals der verfehmten
Scharfrichtertochter Josepha auf die roten Lippen drückte, zum Kampf
gegen die „Landsknechte des Mittelalters" geweiht hatte. Sobald
bei Heine der Politiker hinter dem Künstler verschwindet, verschwindet
auch der Liberale oder gar Radikale hinter dem Aristokraten. Dieses
Gemisch einander widersprechender Anschauungen, das unkünstlerischen
Naturen ein ewiges Geheimnis bleiben wird, scheint mir von Georg
Brandes nicht übel formuliert zu sein ³⁴⁴), dem ich darum für einen
Augenblick das Wort gebe:

„Heine", sagt Brandes, „war zu gleicher Zeit ein großer Freiheits-
anbeter und ein ausgeprägter Aristokrat. Er hatte die ganze
Freiheitsliebe einer nach Freiheit dürstenden Natur, er schmachtete
nach Freiheit, er entbehrte und liebte sie von ganzer Seele, aber er
besaß auch die Vorliebe der großen Natur für menschliche Größe und
das rein nervöse Grauen der feinen Natur vor allem Mittelmäßigkeits-
regiment. . . . . Sein Blut war aristokratisch, er wollte das Genie
als Führer und Herrscher anerkannt sehen. Er klatscht Beifall, wenn

er in seinem historischen Rückwärtsschauen oder Zukunftstraum einen
erbärmlichen König oder Kaiser guillotiniert werden sieht. Aber er
will Cäsar geben, was Cäsars ist. Apodote ta kaisaros kaisari
ist sicher das Wort Jesu im neuen Testament, das am tiefsten in
sein Gemüt gedrungen ist. — Er fürchtet einen Freiheitszustand nicht,
gegen den alles, was man bisher von Freiheit auf der Erde gesehen
hat, Kinderspiel wäre, aber er hält es für unmöglich, daß die Durch-
schnittsideale der Philisterbildung Freiheit in ihrem Schoß tragen.
Er verabscheut die Mittelmäßigkeit, auch die liberale, auch die
republikanische, als den Feind der großen Persönlichkeit und der
großen Freiheit."

An diese Stelle mag auch Louis P. Betz gedacht haben, als er
in seiner trefflichen Studie „Heine in Frankreich" [245]) die Worte schrieb:
„Wie bei den Romantikern [246]), war es bei Heine nicht politische
Überzeugung, auch nicht persönliche aristokratische Neigung, die ihn
für den genialen Korsen schwärmen ließen, sondern der Hang zum
Außergewöhnlichen, der Widerwille, den er gegen alle Mittelmäßigkeit, gegen die rohe Masse, gegen jedes farb- und schmucklose Dasein
empfand. Flauberts legendäre Parole haine du bourgeois bedeutet
im Grunde nichts anderes; auch bei ihm muß dies Wort vom
künstlerischen Standpunkte, nicht etwa vom sozialpolitischen gedeutet
werden."

Kommt das nicht im Grunde auf dasselbe hinaus wie die Worte
von Brandes? Ist eben dieser vornehme Widerwille gegen den Pöbel
der „Diel-zu-Dielen" nicht aristokratisch? Gewiß sind nur Ausnahme-
naturen einer solchen Empfindungsweise fähig, aber immerhin ist sie
doch nicht so ganz selten, wenn auch äußerst selten mit dem Genie
eines Heine gepaart.

Wer längere Zeit die Welt beobachtet hat, wird wissen, daß sie
sich sogar verhältnismäßig häufig bei politischen Freidenkern von
bedeutender geistiger Veranlagung und einer gewissen Erziehung findet.
Wie diese haßte Heine vor allem — haine du bourgeois — den
von der eigenen Respektabilität überzeugten Bildungsphilister, auch
das in seiner Zeit entstehende Industrieprozentum; wie Napoleon
den gemeinen Mann unter seinen Soldaten, so liebte hinwiederum
auch er, wenigstens mit einer Art an Liebe grenzenden Mitleids, das
Volk, die Kleinen, die Armen. Jeder echte Humorist tut das, nehmen
wir Sterne, Jean Paul, Dickens, Reuter, Wilhelm Raabe. Aber
das Volk durfte nicht nach Branntwein riechen, nicht wie der Schneider
Weitling an dem Bein scheuern, das die Kette der Gefangenschaft

wund gerieben hatte. Dann schauderte Heine, und er wandte sich
ab. Nicht der Mensch — er ist sein ganzes Leben lang auch gegen
diese armen Leute wohltätig gewesen — aber der Dichter. Dieser
Aristokratismus im Bunde mit der größeren Weite und Höhe seiner
Welt- und Lebensauffassung stellt den Poeten in scharfen Gegensatz
zu Leuten wie Jakob Deneben und zu allem, was sich um Börne
gruppierte, einen Gegensatz, der um so tiefer und unüberbrückbarer
war, als er im letzten Grunde auf wechselseitigem Nichtverstehenkönnen
beruhte; wenigstens wurde Heine von jenen andern nie verstanden.
Umgekehrt aber gibt er einen neuen Schlüssel zu des Dichters Vorliebe für Napoleon: das war auch ein Unglücklicher, auch ein Gefangener, aber ein Held, dessen Ketten und Käfig man bedauern
konnte, ohne bei ihrem Anblick physischen Ekel zu empfinden;
denn die kleine Misere der Gefangenschaft verschwand hinter dem
Glorienschein, der den Imperator umstrahlte. Das war keine Existenz aus der Sperlingsgasse des Lebens, sondern selbst im schwülen
Kerker von St. Helena noch ein gefangener Löwe und einer, der
nicht wie ein gemeines Raubtier brüllte, sondern noch zum Henker
Hudson Lowe mit dem Pathos Corneillescher Feldherrn und Könige
sprach. Von Börne und seinen Geistesverwandten führt, wie gesagt,
der Vergleich weit fort; aber vielleicht ist es erlaubt, den Napoleonverehrer Heine mit der aristokratischen Persönlichkeit Byrons zusammenzustellen.

Heine hat sich, wie ich schon früher erwähnte, in der zuletzt besprochenen Zeit mit seinem englischen Kollegen besonders viel
beschäftigt, und er hat sich — gelegentliche Scherz- und Witzworte
sind auch in dieser Sache keine Gegenzeugen — dem großen Briten
gegenüber als ein Geistes- und Schicksalsverwandter gefühlt. Durch
beider Seele ging der „große Weltriß", und beide waren sie, wie
einst ihr Bruder in Spott und Skepsis, Voltaire, Apostel der Zukunft und unerschrockene Kämpfer gegen die politische, religiöse und
gesellschaftliche Heuchelei und Beschränktheit ihrer Zeit. Die Wichtigkeit, die Lord Byron für Heine hatte, zeigt die häufige Erwähnung seines Namens in den Schriften des deutschen Humoristen,
gerade in den Schriften der jüngeren Jahre. Als Student erwartet
er mit Ungeduld die Memoiren des englischen Dichters, und er freut
sich, daß dieser im „Childe Harold" über den servilen Poeten der
heiligen Allianz, den gekrönten Laureaten der Mittelmäßigkeit —
Ehren-Southeh war sein Name — die „vergiftete Geißel schwingt" 247).
In der „Harzreise" unterhält er sich in dem launigen Gespräche mit

den beiden Damen auf dem Brocken über Byrons „Gottlofigkeit" [248]);
auch in den Bädern von Lucca hört man deſſen Namen von dem
köſtlichen Marcheſe Gumpelino nennen [249]). Immer geſchieht es ſo,
daß der deutſche Kollege von der Dichterzunft, unbemerkt vom Hörer,
die Philiſter aushöhnt, die ſich über die Blasphemieen und die Welt-
zerriſſenheit des gottvergeſſenen Briten ſchier entſetzen.

Aber auch in ernſteren Stunden kommt ihm dieſer in die Gedanken, und wenn auch der noch „lebensfreudige" Zwanziger von
der tiefen Traurigkeit des etwas älteren und in ſeinem Denken ſchon
viel weiter fortgeſchrittenen Mannes öfters unangenehm berührt
wird [250]), ſo iſt es doch keine konventionelle, ſondern eine aus dem
Herzen kommende Teilnahme, die der rheiniſche Dichter bei Byrons
Tode an den Tag legen wird.

Als die „ſiebenundreißig Trauerſchüſſe" von Miſſolunghi her
über die Adria donnerten, erſchütternde Kunde bringend, wie drei
Jahre vorher der Todesbote von St. Helena gebracht, da lieh Heine,
der damals wieder in dem Philiſterneſt Göttingen ſteckte, ſeinem
Schmerz und zugleich ſeinem Verwandtſchaftsgefühl mit dem Abkömmling des Wikingerſtammes der Burun die ſicher ernſt gemeinten
Worte: „Der Todesfall Byrons hat mich... ſehr bewegt. Es war
der einzige Menſch, mit dem ich mich verwandt fühlte, und wir mögen
uns wohl in manchen Dingen geglichen haben. . . . Ich las ihn ſelten
ſeit einigen Jahren; man geht lieber um mit Menſchen, deren Charakter von dem unſrigen verſchieden iſt. Ich bin aber mit Byron immer
behaglich umgegangen, wie mit einem völlig gleichen Spießkame-
raden" [251]).

In dieſer Stimmung dichtet er die ſchönen, feierlichen Strophen:

> Eine ſtarke, ſchwarze Barke
> Segelt trauervoll dahin u. ſ. w. [252]).

Die voraufgegangene intenſivere Beſchäftigung mit dem engliſchen
Rivalen, von der die Berliner Briefe berichten, muß nun Heine auch mit
Byrons Anſichten über Napoleon bekannt gemacht haben, wenigſtens,
ſoweit ſie ſich in den Dichtungen, namentlich den früheren Dichtungen
des titanenhaften Engländers abſpiegeln. Sie decken ſich nicht völlig
mit dem, was Byron den verſchwiegeneren Seiten ſeiner Briefe und
Tagebücher anvertraute, in denen die rein perſönliche Sympathie,
die der Adler des Geiſtes für den Adler des Schlachtfeldes trotz allem,
was beide trennte, empfand und empfinden mußte, gelegentlich ſtärker

durchbricht, schroffer den Prinzipien zuwider sich äußert als in den
für die Öffentlichkeit bestimmten Werken.

Bei oberflächlicher Betrachtung bietet die Heinesche Auffassung
Napoleons mit der Byronschen frappante Ähnlichkeiten. Beide Dichter
sind, will man sie durchaus in eine politische Partei einschachteln,
„Liberale"; von Byron hörten wir und von Heine werden wir es
noch hören, daß sie den uns schon geläufigen Anschauungen des Liberalismus gemäß, in der Schlacht bei Waterloo keinen Sieg der „Freiheit"
sahen und sehen konnten.

O blut'ges, höchst nutzloses Waterloo [253]),

sagte der Engländer, und weit stärker noch wird sich der deutsche
Dichter über den letzten Schlachttag der napoleonischen Geschichte
äußern.

Den Haß gegen Napoleons Feinde, der schon an und für sich
eine Sympathie für jenen nahelegt, haben beide aufrichtig geteilt,
Blücher, Wellington, Castlereagh, die Feldherrn und den Tory-Minister
aus der Blütezeit der heiligen Allianz, haben sie mit gleicher Abneigung in ihren Werken behandelt. Auch die Feindschaft gegen
Österreich und der Unwille darüber, daß der self-made man Napoleon Bonaparte in das alte Patrizierhaus der Habsburger hinein-
geheiratet, ist beiden Dichtern gemeinsam.

Einer seiner französischen Kritiker — ich weiß nicht mehr, ob Legras
oder Barbey d'Aurevilly — hat einmal Heine geradezu einen révolté
genannt, einen Empörer gegen die bestehenden, nach seiner Ansicht
nicht zu recht bestehenden Verhältnisse der Gesellschaft. Das war
noch mehr Lord Byron. Nun mußte es beiden Freude machen, eine
Art grimmiger Freude, den Mann zu feiern, der es wie kein anderer
nicht allein versucht, sondern auch fertig gebracht hatte, diese Verhältnisse einmal recht gründlich auf den Kopf zu stellen, der nur
„zu pfeifen brauchte", um Roms Prälaten und das heilige deutsche
Reich zum Tanzen zu bringen, der „in allen Hauptstädten der Welt
die Wache geprügelt", im europäischen Konzerthause „überall die
Fenster eingeworfen", „die Laternen zerschlagen" und die Monarchen
„wie Portiers behandelt hatte". Solche Stellen Heines sind echt
Byronsch, und es ließe sich ohne große Mühe eine Anzahl Parallel-
stellen aus den Werken des englischen Dichters herbeiholen, die
mutatis mutandis dem Sinne nach ungefähr dasselbe sagen.

Und wenn solche, vielleicht noch mehr aus dem gemeinsamen
Haß gegen Napoleons Feinde als aus Vorliebe für jenen entsprungene

Äußerungen als konstante Größen in beider Schriften auftreten, so sind die Dichter auch darin einander ähnlich, daß ihr Verhältnis zu dem in so eigenartigen Dithyramben Gefeierten nicht immer dasselbe bleibt, vielmehr ein ganz verschiedenes Aussehen gewinnt, je nachdem in der zeitweiligen Stimmung der beiden Autoren mehr der mit Cäsars Autokratie unzufriedene Freiheitsmensch oder der persönliche Bewunderer die Oberhand gewinnt.

Hier aber öffnet sich neben der Übereinstimmung die tiefe Kluft eines scharfen Kontrastes. Weit mehr wird bei Heine, vollends in dem ersten Abschnitt seiner schriftstellerischen Laufbahn, die persönliche Sympathie über den liberalen Standpunkt und die Forderungen triumphieren, die dieser hätte stellen sollen, freilich Forderungen, denen, wie wir wissen, auch andere Liberale damaliger Zeiten in ihrem Denken und Handeln keineswegs nachkamen. Seine weichere, biegsamere, freilich auch liebenswürdigere Natur zeigt sich hier gegenüber der größeren, mannhafteren Lord Byrons, und Heine hat darum ganz recht, wenn er an einer Stelle in der „Nordsee" von sich sagt, daß er „kein Nachbeter oder Nachfrevler Byrons" sei[254]). Heines Bewunderung für den Helden, die so oft seinen sonstigen Ansichten widerspricht, hat im Gegensatz zu jenem etwas Weibliches; ein in dieser Hinsicht ausgesprochenes Tadelswort von Brandes scheint mir nur im Ausdruck etwas zu strenge zu sein[255]).

Für eine so bereitwillige Hingabe der Neigung war Lord Byron nicht zu haben, der rückgratstarke Ichmensch, der glühende Revolutions- und Freiheitsschwärmer, der den Krieg als das größte Übel der Menschheit verabscheute und ihn nur anerkennt, wenn er, wie von Washington oder Leonidas, um das kostbare Gut der Freiheit selber geführt wird. Wie sein Sardanapal es verschmäht, den Ruhm des Schlachtfeldes um das Blut von Tausenden zu erwerben, wie den Dichter des „Don Juan" die rohe Menschenschlächterei der Türkenkriege mit Ekel erfüllt, so kann er auch Napoleon, den „Zwingherrn" der ersten Gesänge des „Childe Harold", in seiner politischen und militärischen Tätigkeit als Hekatombenopferer und Universalmonarchen eigentlich nur verurteilen. Selbst an den Stellen der Byronschen Dichtungen, wo das rein persönliche Mitgefühl mit dem Unglück des gewaltigen Mannes am lebhaftesten sich äußert — in den angeblich aus dem Französischen übersetzten Oden des Jahres 1815, an der berühmten Waterloostelle des „Childe Harold" (III, 17 ff.), in den Schilderungen des „bronzenen Zeitalters" — selbst da widersetzt sich der Gedanke an den Mörder der Freiheit, der „nur" ein König geworden, dem Ausbruch reiner Sympathie:

> Ach, daß auch er den Rubikon betrat,
> Den Rubikon erwachter Menschenrechte,
> Genoß des Königspöbels und der Knechte [256])!

Zeigt Byron in diesem Punkt eine nähere Verwandtschaft mit Börne als mit Heine, so hat sein Verhältnis zu dem Korsen noch eine andere Seite, die ihn von diesem letzteren ganz und gar unterscheidet. Ich habe schon in meiner Schrift „Napoleons Tod" eine längere Ausführung hierüber gegeben [257]) und glaube daher, mich hier kurz fassen zu dürfen. Byron, selbst ein himmelanstürmender Titan wie Bonaparte, ein Ichmensch großen Kalibers, empfindet so etwas wie Neid gegen den welterschütternden Korsen.

> Ruh' aber für ein starkes Herz ist Hölle,
> Das war dein Fluch [258]).

Dieses Entschuldigungswort für Napoleons Taten im „Childe Harold" findet auch auf dessen Dichter seine Anwendung. Und nicht allein auf dem rein geistigen Gebiete. Am 23. November 1813, mitten unter den auf- und abwogenden Kämpfen um die napoleonische Herrschaft, schreibt Byron in sein Tagebuch: „Ich werde niemals etwas oder vielmehr immer nichts sein. Das Beste, was ich erhoffen kann, ist, daß einer sagen wird: er könnte vielleicht, wenn er wollte" [259]).

Da haben wir's. Daß er nur schreiben, nicht handeln konnte, das war der Kummer des Titanen Byron, der ihn neben seiner Freiheitsbegeisterung in die Reihen der italienischen Verschwörer und der griechischen Unabhängigkeitskämpfer getrieben hat. Er neidete dem „Übermenschen" Bonaparte seine Erfolge, er, der bei seinem ganzen Naturell in dessen Lage am Ende gar nicht einmal wesentlich verschieden von jenem gehandelt haben würde. Wie ganz anders Heine! „Was will Frau von Varnhagen von mir?" schreibt er 1828 an deren Gatten [260]). „Ich bin kein Napoleon. Ich denke nicht einmal daran, Pankow zu erobern, viel weniger die Welt. Meine ganze Eroberungssucht beschränkt sich vielleicht auf zehn bis elf Herzen." Das ist so unbyronsch wie möglich.

Indem nun aber Byron von dem Helden in dessen Kampfe gegen die verachteten Vertreter der Legitimität das Allerhöchste erwartet, maßt er sich auch das Recht an, ihn in einem Tone kritisieren zu dürfen, etwa wie ein Theaterkritiker einen völlig hors

ligne stehenden Schauspieler beurteilt. Wo Napoleon diesem Maximum der Anforderungen nicht ganz entspricht, wie z. B. bei seiner
Abdankung, da wagt Byron, ihn in einer Weise zu tadeln, die an
Deutlichkeit und Schärfe nichts zu wünschen übrig läßt, aber doch so,
daß dem aufmerksamen Leser nicht entgeht, wie der Urquell dieses
Tadels aus der Tiefe der Bewunderung hervorspringt. Wer sich die
Mühe nehmen will, die berühmte „Ode an Napoleon Buonaparte"
mit Stanze 36 ff. des III. Gesangs im „Childe Harold" zu vergleichen,
wird sich von der Richtigkeit meiner Beobachtung leicht überzeugen
können. Auch dieser Auffassung des genialen Briten steht bei Heine
nichts recht Verwandtes gegenüber.

So wird, wie oft und mit wie viel Recht auch sonst die Dichter
zusammengestellt, Byronscher und Heinescher Weltschmerz miteinander
verglichen werden, in unserer Sache doch Vorsicht geboten sein. Zumal da Heine zur Zeit seiner intensivsten Beschäftigung mit dem Engländer in einer Periode der unbedingten oder fast unbedingten Bewunderung seines Helden steht und die — Byron sehr geläufige —
Vorstellung des „liberticiden" Imperators bei dem deutschen Poeten
erst später auftritt. In solchen späteren Äußerungen mögen Nachwirkungen der Lektüre Byrons vorliegen, die sich zur früheren Zeit
eigentlich nur in der Behandlung der Gegner Napoleons durch den
deutschen Dichter — in dieser allerdings unzweifelhaft — verraten.

Will man das Verhältnis Heines und Byrons zu dem in beider
Werken so viel besprochenen Helden durch ein Bild versinnlichen, das
zugleich noch Goethe einbegreift, so ließe sich etwa folgender Vergleich
aufstellen: Auf einsam eisiger Höhe wandelte Bonaparte seinen
Sternenpfad, und auf diesem Wege begegnete ihm Goethe, und die
Riesen neigten voreinander ihre Häupter und schüttelten sich die Hände:
sie erkannten sich als gleichwertig und gleich einsam. Ihnen gegenüber steht auf ragender Klippe Lord Byron. Er kann nicht zu jenen
hinüber, denn der Felsgrat, der beide Stellen des Gebirges miteinander verbindet, ist zu schmal, und selbst der kühne Gemsjäger des
Gedankens Lord Byron vermag ihn nicht zu übersteigen. So steht
er abseits, in bewunderndem Grollen. Da kommt auf halber Berg-
höhe der geistreiche Jude geschritten. Der pilgert auch nicht mit der
Menge im staubigen Tal, auf die er vornehm hinabschaut; den Helden
Bonaparte auf seinem Sternenpfad kann er ebensowenig erreichen
wie Byron. Aber er will es auch gar nicht; ihn berauscht der Anblick wie ein Märchentraum, er glaubt, ewige Augen, wie von Göttern, aus der Ferne herüberstrahlen zu sehen. Und wenn es ihn ja

einmal ärgern follte, daß er nicht gleich dem Alpenüberwinder auf
dem glißernden Firnenfeld wandern darf, nun, fo wird er fich über
den Gargantua da oben ein bischen mokieren, wie er fich über alle
Welt zu mokieren pflegt, und wenn er fo hoch hinaufreichen könnte,
würde es ihm nicht darauf ankommen, ihn felbft hin und wieder
an feinem Mantel zu zupfen. Denn er ift ein arger Spötter, diefer
geiftreiche Jude, nie um einen Witz oder Einfall verlegen und ein
„Kerl", der nie einen folchen „für fich behalten kann". Impreffionift
wie Lord Byron, ja, weit mehr noch als diefer, erreicht er nicht die
Weite der Weltanfchauung des Briten — l'œuvre de Byron, fagt
Montégut[261]), offre une façade autrement considérable que
celle de Heine — ift dafür aber auch umgänglicher und liebenswürdiger als der „mürrifche herzkranke Engländer". Das zeigt fich
auch in feinem Umgang mit Bonaparte.

Es ift öfter von dem Impreffionismus Heines die Rede gewefen.
Die Tatfache darf wohl als bekannt vorausgefetzt werden. Ich erkläre mich bereit, mit Richard M. Meyer feine Äußerungen, auch
die über Napoleon, als lediglich „fubjektive Momentsbekenntniffe"
aufzufaffen[262]). Heine felbft hat, wie wir hörten, gelegentlich eine
Art atomiftifcher Theorie über das Denken aufgeftellt, nach welcher
diefes in dem bloßen Aneinanderreihen von Einfällen beftehen foll.
Freilich felbft nur ein Einfall, diefe „Theorie", und nicht allzu wörtlich zu nehmen. Auch einem andern Heinekritiker, deffen Anfchau-
ungen über den Dichter ich im übrigen nicht zu den meinigen machen
kann, will ich foweit entgegenkommen, daß ich zugebe, diefem fub-
jektivften der Impreffionsmenfchen fei es mit dem, was er fagt, nicht
immer „tieffter Ernft" gewefen[263]). Welcher Neuraftheniker, welcher
Hyfteriker wäre denn immer au pied de la lettre zu nehmen?
Man könnte das ganze Franzofenvolk als Gegenbeifpiel fetzen. Ein
Neuraftheniker und Hyfteriker aber war unfer Heine von Jugend
an; fchon der jung verftorbene Emile Hennequin hat gerade hieraus
das Wechfelnde in feinen Schriften erklärt, und neuerdings hat Max
Kaufmann in der wertvollen Studie über „Heines Charakter" die
Frage in einer dem Standpunkt der modernen Wiffenfchaft ent-
fprechenden Weife behandelt[264]). Ein Neuraftheniker, eine moderne
„Weltftadtfeele" komplizieretefter Konftruktion, ftark erblich belaftet,
namentlich von väterlicher Seite her, das alles ift unfer Dichter gewefen. Die unaufhörlichen Stimmungswechfel des neuraftheniffchen
Impreffioniften aber erzeugen Widerfprüche der grellften Art, und wer
mit Unfähigkeit, diefe Geheimniffe des Nervenlebens zu begreifen

ober gar mit Voreingenommenheit an den Impreſſionsmenſchen heran-
tritt, der wird mit ſeinem Urteil bald fertig ſein, aber dieſes ſelbſt
wird des wiſſenſchaftlichen Wertes entbehren. Die ältere Heinekritik,
die mit dieſer Erkenntnis noch nicht rechnen konnte, weil ihr die Erkenntnis ſelber teilweiſe fehlte, darf die Entſchuldigung mangelnden
Wiſſens für ſich in Anſpruch nehmen; die heutige würde es nicht
mehr können.

Für uns iſt dieſer Punkt von einiger Wichtigkeit, zumal für
die ſpäteren Kapitel der Betrachtung. Denn er wird uns, was ich
vorausgreifend hier bemerke, den letzten Schlüſſel in die Hand geben,
der das Geheimnis mancher Widerſprüche in den Auslaſſungen
weniger des Dichters als des Publiziſten Heine eröffnet.

Es liegt mir fern, die ganze Handlungsweiſe eines Mannes,
wie man es jetzt ſo gern tut, mit Impreſſionabilität und Nerven-
ſchwäche zu entſchuldigen. Heines Äußerungen über Napoleon ſind
wohl zu erklären, aber, wieviel man auch daran deuten und deuteln
mag, nicht ſämtlich zu rechtfertigen. Weder das Inkonſequente und
Widerſpruchsvolle derſelben noch die über das Maß des Erlaubten
hinausgehenden Ausfälle wider manche von Napoleons Gegnern.

Auch der Neuraſtheniker, auch der Impreſſioniſt können und
müſſen erzogen werden. Eine gewiſſe Konſequenz der Erziehung aber
hat in Heines Leben gefehlt. Schon Jules Legras hat in der Einleitung zu ſeinem ſchönen Buche über den Dichter ſo etwas angedeutet.
Von früh auf trat dieſer in eine Welt der Kontraſte, Kontraſte zwiſchen der Heimat und der fremdländiſchen Okkupation, Kontraſte
zwiſchen der jüdiſchen Familie und der Erziehung in einem jeſuitiſch
angehauchten Gymnaſium, Kontraſte zwiſchen Neigung und Be-
ſtimmung: der geborene Lyriker wird zu einer Stellung im Staats-
dienſt auserſehen, dann ſoll er zum Kaufmann gepreßt werden, und
als er endlich auf die Univerſität kommt, wird ihm die Trocken-
fütterung des Corpus iuris vorgeſetzt. Dieſe Kontraſte ziehen ſich
auch weiter durch ſein Leben. Man braucht nur an das Verhältnis
des hochbegabten armen Verwandten zu dem Hauſe der Hamburger
Millionärsfamilie zu denken. Überall Widerſprüche auf Widerſprüche!

So wurde er ſelber ein wandelnder Widerſpruch. Und hierbei
iſt noch eins zu beachten. Der Hyſteriker, der Impreſſioniſt, zeigt
beſonders die Eigentümlichkeit, daß er infolge ſeiner Überempfindlich-
keit leicht in ſentimentale Stimmungen gerät, dieſe dann im nächſten
Augenblicke ſelbſt verſpottet, ein Stimmungswechſel, den man auch bei
nervöſen Nationen, neben des Dichters Stammesgenoſſen in charakteriſti-

scher Prägung wieder bei den Franzosen beobachten kann. Während nun aber der einfachere und minder gebildete Impressionist seine ewig wechselnden Einfälle naiv produziert und äußert, wird der höher veranlagte und gebildete, wird erst recht der Künstler eigentlicher Stimmungsvirtuose, der seine Stimmungen präpariert[265]), sich sozusagen in eine gewisse Stimmungsatmosphäre hineinzuphantasieren versteht. Auch das gilt namentlich wieder von dem späteren Heine, gilt für unsern Fall besonders von der „Lutetia".

Und nun ist hinwiederum auch nicht alles aus dem Impressionismus zu erklären. Es waren „subjektive Momentsbekenntnisse", was der Dichter über Napoleon produzierte, nun wohl; aber warum trat in diesen Momenten eben Napoleon als Herrscher im Reiche seiner Gedanken vor die Seele des Poeten, während andere andere Helden hatten, z. B. der „Porzellanmaler" Varnhagen sich vom alten Blücher zu einem dicken Buche begeistern ließ? Und warum zeigen Heines Äußerungen über seinen großen Zeitgenossen in bestimmten Perioden trotz der Widersprüche im einzelnen doch immerhin vorwiegend ähnliche Stimmungsbilder, die einen Familientypus tragen, während sie von den zu einer andern Zeit produzierten nicht unwesentlich abweichen? Weshalb ist Heine von den Anempfindeleien seiner schnell verfliegenden „altdeutschen" Periode so bald zurückgekommen, und warum ist sein „Deutschland" eine nur den Literaturgelehrten bekannte poetische Reliquie, ein ungehobelter, unbehülflicher Schrein neben den Meisterstücken der „Grenadiere" und des „Buches Le Grand"?

Doch wozu alle diese „weshalb?" und „warum?". Es leuchtet ein, daß neben den im Subjekt liegenden auch objektive Faktoren von schwerwiegender Bedeutung vorhanden gewesen sind, welche des Dichters Stimmungen in dieser Stärke auf diesen Mann gelenkt haben. Als passionierter Milieuzeichner habe ich in ihrer Darlegung des Guten vielleicht eher zu viel als zu wenig getan. Embarras de richesse, den ich nicht sonderlich bedauere.

Dagegen würde ich es beklagen, wenn der Leser nach allem, was hier bisher gesagt wurde, nicht die Einsicht gewonnen hätte, daß und warum wir an der Schwelle eines Zeitabschnitts in Heines Leben angelangt sind, der die dem folgenden Kapitel gesetzte Aufschrift rechtfertigt.

3. Kapitel.

Die Periode der unbedingten Bewunderung.

Es wird nun leicht erfichtlich fein, aus welchen Gründen die im erften Kapitel entworfene Milieufchilderung bis gegen die Mitte der zwanziger Jahre hin fortgeführt wurde und daß dies in erfter Linie gefchah, weil fie auf folche Weife in den kühnen Profahymnus des „Buches Le Grand" bequem verläuft.

Bekanntlich hatte aber fchon früher, fchon in den 1819 ge= dichteten „Grenadieren" der damals noch nicht zwanzigjährige Heine einen der Höhepunkte feiner Napoleondichtung erreicht. Ja, der Napoleondichtung überhaupt. Denn, wie man Shakefpeares „Romeo und Julie" als das Hohelied der Liebe bezeichnet, fo darf man die Grenadierromanze getroft das Hohelied der Kaiferzeit nennen, die manchen guten Kopf feither poetifch begeiftert, doch aber, alles in allem, eigentlich nur wenigen Kunftwerken erften Ranges zum Leben verholfen hat. Nicht unverdientermaßen ift diefe Krone der epifchen Dichtung Heines auch des Dichters populärfte Romanze und neben Zedlitz' „Nächtlicher Heerfchau" das volkstümlichfte Gedicht geworden, das je zu Napoleons Ehren in deutfcher Zunge gefchrieben wurde.

Die Angabe, daß die Verfe 1819, als fich Heine nach dem Frankfurter und Hamburger Fiasko in Düffeldorf für die Univerfität vorbereitete, entftanden find, darf wohl als maßgebend betrachtet werden [266]), wenngleich die außerordentlich fpäte Rückkehr der ge= fangenen Franzofen einigen Zweifel dagegen zuläßt.

Ift es doch fchon merkwürdig genug, daß ein kaum zwanzig= jähriger Jüngling einen außer ihm liegenden zeitgefchichtlichen Stoff, der mit den füßen Qualen feiner Liebeslyrik nichts zu fchaffen hatte, in diefer knappen, concifen Form und mit folcher künftlerifchen Voll= endung zu behandeln wußte!

Er selbst erzählt über die Veranlassung zu dem Gedicht im „Buch
Le Grand“ [267]): „Während ich, auf der alten Bank des Hofgartens
sitzend, in die Vergangenheit zurückträumte, hörte ich hinter mir verworrene Menschenstimmen, welche das Schicksal der armen Franzosen
beklagten, die, im russischen Kriege als Gefangene nach Sibirien ge-
schleppt, dort mehre lange Jahre, obgleich schon Frieden war, zurückgehalten worden und jetzt erst heimkehrten. Als ich aufsah, erblickte ich wirklich diese Waisenkinder des Ruhmes; durch die Risse
ihrer zerlumpten Uniformen lauschte das nackte Elend, in ihren verwitterten Gesichtern lagen tiefe, klagende Augen, und obgleich ver-
stümmelt, ermattet und meistens hinkend, blieben sie doch noch immer
in einer Art militärischen Schrittes . . . .“

Aus dieser oder einer ähnlichen einfachen Begebenheit wurde die
Krone der Heineschen Romanzendichtung geschmiedet.

An den Anfang von Bürgers „wildem Jäger“ erinnert die in
ihrer Kürze musterhafte Exposition:

> Nach Frankreich zogen zwei Grenadier',
> Die waren in Rußland gefangen.

Sie müssen auf ihrem traurigen Rückmarsch durch Deutschland,
sie kommen „ins deutsche Quartier“, wie der Dichter in militärischer
Sprache meldet. Hier hören sie von dem Untergange der großen
Armee, von der Gefangenschaft ihres Kaisers. Sie, die seit dreißig
Jahren keine Träne kannten, sie weinen. Klaglos sind diese Tapfern
in ihren zerlumpten Uniformen Hunderte von Meilen gewandert, jetzt
beginnt plötzlich dem einen die alte Wunde zu brennen. Auch sein
Kamerad fühlt den tiefen Schmerz. Wie köstlich malt der Dichter
die ungeheuchelte, aller Phrase bare Resignation des Kriegers in dem
soldatisch kurzen „das Lied ist aus“ — doch der brave Mann muß
nach Hause denken, wo Weib und Kind, vielleicht hungernd und
frierend, seiner Rückkehr harren.

Nun aber setzt der Dichter mit einem kräftigen Forte ein, indem
er die Heimatlosigkeit des im Kriege ergrauten Triariers, dem der
Kaiser sein Ideal, sein Gott, sein alles gewesen, in großartiger Weise
zum Ausdruck bringt:

> Was schert mich Weib, was schert mich Kind!
> Ich trage weit beß'res Verlangen;
> Laß sie betteln gehn, wenn sie hungrig sind, —
> Mein Kaiser, mein Kaiser gefangen!

In diesem schmerzlichen Rufe:

„Mein Kaiser, mein Kaiser gefangen!"

hat sich die Seele des alten Soldaten vom Leben eigentlich losgerissen. Er will nichts mehr, nur sterben, begraben sein. Das „Ehrenkreuz am roten Band", das ihm der Kaiser vielleicht selber angeheftet wie jenem tapfern Hauptmann Coignet, der in der schlichten Prosa seiner Erinnerungen [268]) ein so ergreifendes Lied von der Soldatentreue gesungen hat, das einzige Gut dieser Tapfern, das sie sich nur durch den Tod von der Brust reißen ließen, das soll ihm der Kamerad aufs Herz legen, die Flinte ihm in die Hand geben und den Degen umgürten. Denn der alte Krieger hofft, daß sein großer Feldherr einst wiederkehren und über sein Grab dahinreiten werde.

Den in Frankreich unter Volk und Soldaten weitverbreiteten Glauben an eine nochmalige Rückkehr des Gefangenen von St. Helena, den auch Béranger mehrfach dichterisch verwertet, hat Heine zu einer kühnen Vision benutzt, durch welche das seinem Stoff nach aus der unmittelbaren Wirklichkeit geschöpfte Gedicht in eine Welt des Traumes hinüberschwebt [269]).

Aber diese Traumwelt — ich habe schon an einer früheren Stelle darauf hingedeutet [270]) — ist das Reich der „italienischen Gespenster", die bei Tage umgehen, nicht das schauerliche Geisterreich des Nordens, an dessen zerrissenem Wolkenhimmel Wodans wildes Heer nächtlicher Weile mit flatternden Mänteln vorüberflutet. Daher zeigt das Gedicht auch in seinem visionären Teile jenen mehr plastischen Charakter der Romanze, in dem Sinne, wie ich diesen im Gegensatze zur Ballade vor Jahren festgestellt habe [271]). Daß diese Manier für die Darstellung einer eminent klassischen Gestalt wie der eines Napoleon passender war als das offianische Nebelwesen der Immermann und Zedlitz, glaube ich nicht wiederholen zu brauchen [272]).

Der plastisch ruhige Charakter unserer Romanze hängt auch mit der wunderbaren Objektivität des Gedichtes zusammen. Aus dem Munde der Soldaten hat Heine den Ruhm des Kaisers erklingen lassen, ohne eigene Zutat. „Indem er sich in die fremde Seele versetzte," sagt Richard M. Meyer [273]), „verdrängte er jedes Bedenken, jede Störung, die sonst sein Empfinden hätte kreuzen können, und aus der Macht dieser einheitlichen Stimmung erwuchs der großartig schlichte Ausdruck."

Die „Grenadiere" sind eine völlig originale Schöpfung. Denn es ist ein starkes Versehen von Karl Doretzsch [274]), wenn dieser be-

hauptet, Heines berühmte Romanze verhalte sich „zu den Deux
grenadiers Bérangers nicht anders als sein Loreleilied zur „Lorlei"
Arnim-Brentanos." Bérangers schöner Dialog ist zuerst in der Gedichtsammlung von 1828 erschienen, höchstwahrscheinlich also auch
erst um diese Zeit gedichtet und, wenn wirklich etwas eher geschrieben,
so doch wohl schwerlich früher an die Öffentlichkeit gelangt. Auf
keinen Fall kann er 1819 dem angehenden Studenten in Düsseldorf
bekannt gewesen sein. Allerdings mag der Irrtum insofern nahe-
liegen, als beide Gedichte in Stoff und Behandlung eine auffallende
Verwandtschaft zeigen. Zunächst haben beide Poeten den Kunstgriff
gemein, Napoleons Größe nicht in eigener Person auszusprechen,
sondern sie in dem Spiegelbilde zu zeigen, das sie in den Seelen
einfacher Menschen zurückließ. Bei Béranger war das typisch. Im
„Fünften Mai", in den „Erinnerungen des Volkes", im „Alten
Korporal", im „Bretonischen Matrosen", überall. Dieses Kunstmittels,
das auch sonst in der Napoleonpoesie vielfach verwendet wurde,
konnten sich mit Erfolg nur Dichter bedienen, die für volkstümliches
Empfinden ein taktvolles Verständnis besaßen. Gewiß ein schöner
Ruhmestitel für einen Zwanzigjährigen, daß man ihn so neben
Béranger stellen darf. Und er hat den gefeierten Chansonnier über-
troffen.

Ein Vergleich der Gedichte wird das leicht ergeben. Bekanntlich sind Bérangers Grenadiere nicht aus der Gefangenschaft heim-
gekehrt, sondern sie stehen im April 1814 auf Posten vor dem
Schlosse von Fontainebleau, in dessen Räumen ihr Kaiser den verhängnisvollen Schritt getan, die Abdankungsurkunde unterzeichnet
hat. Sie sind entschlossen, ihm nach Elba zu folgen: dieselbe Soldatentreue wie bei Heine.

Aber unsere Dichter haben nicht bloß Typen des für ihren Feldherrn begeisterten Kriegertums geschaffen, sie haben auch indivi-
dualisiert. Mit feiner Berechnung. Beide Grenadiere lieben ihren
Kaiser schwärmerisch, abgöttisch, aber doch nicht in ganz gleichem
Grade. Bei Béranger sagt der erste:

> Schon zwanzig Jahr im Dienste ferne,
> Sehn' ich mich jetzt der Heimat zu.

Darauf antwortet der andere:

> Bedeckt mit Narben hätt' ich gerne
> Von langer Arbeit einmal Ruh.

Doch wird der Wein im Kruge minder,
Ein Schelm, wer das Gefäß zerbricht.
Lebt wohl, o Heimat, Weib und Kinder!
Ein Grenadier verläßt den Kaiser nicht!

Der Gegensatz zwischen den beiden Soldaten ist von dem Franzosen sehr zart angedeutet, und nur ein geübteres Ohr wird die Nuance gleich heraushören. Heine hat diesen Gegensatz verschärft, hat vor allem an Stelle des sentimental-wehmütigen:

Lebt wohl, o Heimat, Weib und Kinder [275]!

die soldatisch brutalen Worte:

Was schert mich Weib, was schert mich Kind!

mit dem furchtbaren Reimvers:

Laß sie betteln gehn, wenn sie hungrig sind.

Der wirkungsvolle Realismus dieser Worte wird erhöht durch den knappen Ausdruck des Volksliedes, an das er unmittelbar anknüpft, wie denn wohl feststeht, daß ihm bei seiner fünften Strophe die schottische Edwardballade als Muster gedient hat [276].

Ganz eigenartig aber ist bei Heine die Vision, die sein Gedicht aus der Sphäre nüchterner Wirklichkeit, in der die Chanson Bérangers mit all ihrer rührenden Schönheit doch bleibt, ins Reich des Idealen erhebt. Auch der gewaltige Ausklang — den Schumanns Schluß-Fortissimo prächtig interpretiert — ist etwas ganz anderes als der etwas schwächliche Kehrreim des Franzosen:

Ein Grenadier verläßt den Kaiser nicht [277]!

Der deutsche Studiosus hatte den Meister der französischen Napoleondichtung im Preislied für den Kaiser geschlagen. Über die wunderbare Kraft und ergreifende Wirkung dieser einzigen Dichtung wollen wir keine Eulen nach Athen tragen. Am wenigsten in einem Buche, in dem so mancherlei Neues zu sagen ist, daß für Wiederholungen nur wenig Platz übrig bleibt.

Selbst die gehässigste Heinekritik konnte den Glanz dieser Perle nicht trüben. Die ersten Tondichter unseres Landes — Schumann, Wagner, Bernhard Klein, wer zählt die Namen? — haben sie in Gold gefaßt, Michiels, Beltjens und der leider jung verstorbene feine Lyriker Léon Valade übersetzten das Gedicht in die Ursprache der Kaisergrenadiere. Besonders unter den Franzosen — könnte man es ihnen verdenken? — hat Heines Romanze begeisterte Lobredner gefunden. Ob wir bei Saint-René Taillandier oder bei Montégut,

bei Louis Ducros oder bei Legras anklopfen: überall wird uns dieselbe Antwort. Wie unzertrennlich sich bei unseren Nachbarn die Vorstellung von einem deutschen Napoleonenthusiasten mit den Heineschen
„Grenadieren" verknüpft, davon hat mich persönlich ein Brief Jules
Clareties unterrichtet, der auf eine hingeworfene Bemerkung, daß
es in den Rheinlanden noch immer Verehrer des Kaisers gebe, antwortete: „Heines Grenadiere sind also noch nicht gestorben?" (Les
Deux Grenadiers de Heine ne sont donc pas morts?)

Und als ob sie keinen Rivalen neben sich duldete, steht die herrliche Schöpfung auch in Heines Dichten allein, umgeben von einem
Kranze der süßesten und der schmerzlichsten Lieder, Sonette, Hymnen
und Balladen, deren keine wieder von diesen Sängerlippen zum Lobe
des gefeierten Helden erklingen wird.

Auf Jahre hinaus blieb sie überhaupt die einzige Kundgebung
des Dichters für den Franzosenkaiser. Denn ein paar hübsche Verse,
die 1893 ans Tageslicht gezogen wurden und die eine unkritische
Pietät für Heine in Anspruch nahm, sind erweislich nicht in dessen
Dichtergarten gewachsen. Über diese als literarisches Kuriosum immerhin nicht ganz uninteressante Begebenheit mögen ein paar Worte
hier am Platze sein. In dem genannten Jahr erschien im Düsseldorfer „Täglichen Anzeiger"[278]) ein Aufsatz von einem Herrn Philipp
Braun, der einen angeblichen Heine-Autographen behandelte. Ein
alter Abdruck des — auch diesem Werke beigegebenen — Petersen-
schen Bildes[279]), das Napoleons Einzug in Düsseldorf darstellt, ist
mit den vier Zeilen versehen:

> Vorbei sind seine Zeiten,
> Sein Riesentraum ist hin;
> Es giebt nur noch ein Streiten
> Um seinen Geist und Sinn.

Obwohl der Verfasser des Artikels selbst bekannte, daß die
Handschrift nicht „auf den ersten Blick" als die des Dichters zu erkennen sei, so glaubte er doch an einen Heine-Autograph und knüpfte
hieran die unter solchen Umständen natürliche Schlußfolgerung, daß
der Dichter der „Grenadiere" auch der Verfasser jener Zeilen sei.
Das ist nun aber keineswegs der Fall; die Verse stammen aus einem
Gedichte, zu dem sich ein in weiteren Kreisen wenig bekannter rheini-
scher Poet, Wilhelm Smets[280]), in den dreißiger Jahren durch die
Wiederherstellung von Napoleons Standbild auf der Vendomesäule[281])
begeistern ließ und das in dem 1842 von Eduard Brinckmeier heraus-

gegebenen „Napoleons-Album" abgedruckt ist. Der einzige Unterschied ist der, daß Smets, dem Charakter seiner Dichtung entsprechend,
den Kaiser in der ersten Person:

<blockquote>Vorbei sind meine Zeiten u. s. w.</blockquote>

reden läßt; im übrigen stimmt die Stelle mit den unter dem Bilde
befindlichen Worten überein. Schade, aber diese Verse hat Heinrich
Heine nicht geschrieben.

Überhaupt hat er, wie gesagt, bezüglich seiner Gedanken über
den Franzosenkaiser lange Zeit tiefes Schweigen beobachtet, wobei
neben der schnell vorübergeflogenen Sympathie für das altdeutsche
Wesen später auch, wie ich vermute, die Rücksicht auf seine Berliner Verhältnisse bei dem noch sehr jungen Manne mitgewirkt
haben mag. In der ersten Ausgabe seiner Gedichte kommt der
Name Napoleons, dessen Ruhm nur der Mund der „Grenadiere"
kündet, nirgends vor; auch in den „Briefen aus Berlin" spielt er
so gut wie keine Rolle. Nur einmal wird, an der schon angezogenen
Stelle, die Gesetzbuchschöpfung des Kaisers lobend erwähnt, dann
auch gesagt, daß der Musiker Boucher eine auffallende Ähnlichkeit
mit Napoleon habe, endlich, bei Erwähnung des Agendenstreites,
ein Bild aus einer berühmten Proklamation des Kaisers von 1815
in scherzhafter Weise verwendet [282]). Das ist alles.

Dafür genug der loyalsten Lobsprüche auf das preußische Königs-
haus, den König selber und seine Kinder, vor allem die lieb-
reizende Prinzessin Alexandrine, die während Heines Berliner Studienzeit, im Mai 1822, das Fest ihrer Vermählung feierte.

Selbst die Berliner Gardeoffiziere kommen im Munde des jungen
Radikalen gar nicht so übel weg. Und doch — latet anguis in
herba. Trotz alles patriotischen Empfindens oder Empfindelns verrät hin und wieder ein Zucken um die Mundwinkel des jugendlichen
Spötters, daß sich unter der manchmal sogar ziemlich stark auf-
getragenen Schminke noch andere Gesinnungen verbergen; Stiche-
leien auf das Deutschtum, auf altdeutsche Jünglinge und die „faden,
schalen, flachen, poesielosen Verse" der Befreiungskriegssänger [283])
lassen den französenfreundlichen Rheinländer dann und wann durch-
blicken.

Aber der Napoleonfreund bleibt zurückhaltend. In dem kleinen
Aufsatz über Polen findet nur die Anekdote Platz, daß der Kaiser
sich ein Stückchen aus der uralten Gnesener Domtür habe schneiden

laſſen und „dieſe durch ſolche hohe Aufmerkſamkeit noch mehr an Wert gewonnen habe"²⁸⁴). In der 1824 geſchriebenen „Harzreiſe", dieſer reinſten und anmutigſten ſeiner Proſadichtungen, geſchieht des großen Mannes, deſſen Namen der Dichter im Herzen trug, auch nicht mit einer Silbe Erwähnung. Man darf zugeben, daß der Stoff nicht ſonderlich dazu einlud. Dennoch iſt es auffallend, daß aus den Nebeln, die über den Tannenforſten des ſchönen Gebirges lagerten, niemals das Bild des Kaiſers emporſteigt, daß keine der blauen Glockenblumen am Bergeshang ein Lied von ihm läutete, keiner der zackigen Felſen auf der Netzhaut des jungen Dichterauges ſich als Napoleonshut ſpiegelte.

Nur zwei Jahre nach dem erſten Entwurf jener wald= und jugendfriſchen Schöpfung ſchreibt derſelbe Heine die „Grenadiere" in Proſa, das „Buch Le Grand". Woher der Kaiſerjubel nach der Stummheit der „Harzreiſe"? (Zwei Umſtände haben dabei ſicher mit= gewirkt, ſofern ſie nicht geradezu entſcheidend waren: die Lektüre einer ſtattlichen Anzahl der unlängſt erſchienenen Memoiren zur na= poleoniſchen Geſchichte und eine ſtarke Steigerung der uns bekannten Verſtimmung des Dichters gegen die Verhältniſſe in Deutſchland und Preußen, die mit ſeinen vergeblichen Verſuchen, in einer Staats= carriere feſten Fuß zu faſſen, zuſammenhängen. Mit ihrem Scheitern aber fiel für Heine der Grund weg, der Äußerung ſeines Mißmuts noch länger einen Zaum anzulegen, und ſo pries er den Mann, der ihm damals par excellence als der „Mann des Volkes", als der Vertreter der Gleichheit und Freiheit erſchien und deſſen Schlach= ten — auch die Schlachten der ſpäteren Kaiſerzeit — für ihn „Frei= heitskämpfe" waren²⁸⁵), Kämpfe der Aufklärung gegen Finſternis, Rückſchritt und „Dummheit", ſo daß er des ſterbenden Tambours Trommel zerſticht, damit ſie keinem Feinde der Freiheit zu einem „ſervilen Zapfenſtreich" mehr dienen kann. Dieſe Auffaſſung, die ja auf einem teilweiſen Mißverſtehen beruhte, wird nach meinen früheren Darlegungen wohl zu begreifen ſein, zumal wenn ich die geringe Fähigkeit und noch geringere Neigung der Jugend, politiſche Unter= ſchiede zu machen, hier nochmals ins Feld führe.

So erhebt ſich der „Le Grand" wie ein Denkmal, das der Dich= ter auf der Gipfelhöhe ſeines Napoleonkults errichtet, einer Höhe, die ziemlich unvermittelt aus dem Flachland der Berlin=Hamburg= Lüneburger Zeiten aufſteigt, ſpäter allmählich abfällt und nur noch einmal nach Jahren von dem müden Pilger am Abend eines kranken Lebens wieder erklommen wird.

Freilich enthält das Buch auch ganz andere Elemente; der gelehrte Heinekenner Ernst Elster hat zu beweisen versucht, daß das Werk als eine Huldigung für des Dichters hübsche Muhme Therese, die zweite Tochter Salomon Heines, aufzufassen sei, zugleich als eine Art Rechtfertigungsschrift, in welcher der in der eigenen Familie vielfach angegriffene Verfasser über seinen Bildungsgang und seine Kenntnisse in humoristischer Form Aufschluß erteilt. Mag sein. Es mag auch ein anderer Beurteiler recht haben, der das Buch aus Theresens Händen nimmt, um es Friederike Robert zuzuweisen [286]). Für uns im Grunde gleichgültig. Jedenfalls eröffnet es eine malerische Aussicht in die Jugend unseres Poeten, und ich glaube meinerseits nicht irre zu gehen, wenn ich die „Nordsee" (dritte Abteilung) als ein Präludium zu diesem Teile des „Le Grand", der das Bild Napoleons umschließt, bezeichne.

Den Charakter eines Vorworts tragen die dortigen Bemerkungen über den Kaiser auch in dem besonderen Sinne, daß sie die Quellenangaben für Heines Bonapartestudien und sogar eine Art Kritik dieser Quellen enthalten. Alles natürlich in dem kecken Stile des Humoristen, voll der subjektivsten Urteile und mit den verwegenen Schnörkeln bunter Arabesken verziert.

Da ist zunächst der Maitland, der oben von mir kurz besprochen wurde. „Aus diesem Buche ergibt sich sonnenklar, daß der Kaiser, in romantischem Vertrauen auf britische Großmut, und um der Welt endlich Ruhe zu schaffen, zu den Engländern ging, mehr als Gast denn als Gefangener" [287]). Das ergab sich nun wohl nicht ganz so „sonnenklar" aus dem Buche des Kapitäns, wenn auch die Zeitgenossen überwiegend jener Auffassung zuneigten und sogar die wissenschaftliche Kritik gerade bei dieser Gelegenheit mit den Engländern streng ins Gericht gegangen war. Wenn der Dichter ironisch hinzusetzt, daß an Napoleons Statt ein Wellington ganz anders gehandelt haben würde, so wird er recht haben, und der steifleinene englische Lord, der kaum einen Funken von dem Genie des Korsen, aber bessere Nerven als jener besaß, hat selbst an einer Stelle seiner Despatches die Bemerkung gemacht, daß sein großer Gegner auch sonst zu sehr als Impressionsmensch gehandelt habe. Auch den tragischen Charakter dieses letzten Aktes in der napoleonischen Geschichte, den in neuerer Zeit Richard Voß in einer höchst unglücklichen Weise als Bühnendrama zu gestalten versuchte [288]), hat Heine in wenigen Worten knapp und klar beleuchtet.

Wenn er dem Maitland, „dem sturmkalten, englischen Seemann", im ganzen gerecht wird, so hat er auch den Las Cases, den „enthusiastischen Kammerherrn", der in jeder Zeile zu den Füßen des Kaisers liegt, richtig begriffen, was ihn freilich nicht abhalten wird, diese subjektivste der Quellen gar manchmal gutgläubig nachzuschreiben. Vollends tritt die Blindheit seiner Begeisterung hervor, wo er den O'Meara und Antommarchi kritisiert. Von dem irischen Doktor heißt es, daß er „freimütig, schmucklos, tatbeständlich, fast im Lapidarstil" geschrieben habe, epitheta ornantia, von denen mindestens das dritte, dieses aber auf alle Fälle, gestrichen werden muß. Und wenn Heine hinzusetzt: „Diese Jury hat den Kaiser gerichtet und verurteilt: ewig zu leben, ewig bewundert, ewig bedauert"²⁸⁹), so kann ich nach meiner Auffassung Napoleons zwar den Richterspruch nicht angreifen, was aber die Jury anlangt, so würden doch diese Geschworenen wohl ausnahmslos wegen Befangenheit abgelehnt werden müssen.

Unser Dichter hat nun aber auch den Ségur gelesen²⁹⁰), und er faßt den „Historiker", wie er ihn nur fassen konnte und wie dieser wirklich begriffen werden muß, mit dem Auge des Poeten: „Ein Heldengedicht" nennt er dessen Werk, „das durch den Zauberspruch „Freiheit und Gleichheit" (wieder die Freiheit und Gleichheit!) aus dem Boden Frankreichs emporgeschossen" ist; großartiger und schmerzlicher als das Lied von Ilion, besingt es dasselbe tragische Verderben wie das Lied der Nibelungen und hat mit diesem noch die furchtbare Feuersbrunst gemein. Der Dichter verliebt sich in seinen Gedanken; er vergleicht Ségurs Geschichte weiter mit der Edda, dem Rolandslied, dem indischen Mahabharata, kurz, den großen Epen aller Völker und Zungen und erlaubt sich besonders zwischen den einzelnen Helden des französischen Heeres und der homerischen Iliade Vergleiche anzustellen, die im einzelnen nicht immer ganz zutreffend sein mögen, doch ausnahmslos poetisch ansprechen.

Wie eine Sturmwarnung von der umbrandeten Nordseeküste aber erklingt das prophetische Wort, das unser Poet dem vielbändigen Werke Walter Scotts entgegenrief²⁹¹), welches der schottische Barde damals über Altenglands großen Partner in „hungriger Geschwindigkeit" zusammenschrieb: „Alle Verehrer Scotts müssen für ihn zittern; denn ein solches Buch kann leicht der russische Feldzug seines Ruhmes werden." Daneben ist freilich auch die andere Prophezeiung Heines eingetroffen: „Das Buch wird gelesen werden vom Aufgang bis zum Niedergang, und wir Deutschen werden es übersetzen."

Heines Beziehungen zu dem Werke des schottischen Dichters werden uns noch weiter beschäftigen. Auch Goethe hat sich mit Eckermann darüber unterhalten, und es ist interessant zu beobachten, wie sich diese beiden Geister, der Alte von Weimar und der junge Düsseldorfer Kollege von der Juristenfakultät und der Dichterzunft, die sonst einander mehrfach abstießen, bei der Lektüre der Dichter und Historiker der Kaisergeschichte zusammenfinden.

Wenn der Greis Goethe nicht nur die begeisterten Napoleonlieder der Manzoni, Hugo und Béranger liest, sondern daneben auch in Scotts Darstellung und den Bourrienneschen Memoiren [292]) die Kehrseite der napoleonischen Geschichte sorgfältig betrachtet, so hat doch auch der jüngere Heine nicht ganz allein die parteiische Jury von St. Helena zu Rate gezogen. Auch bei Frau von Staël hat er wenigstens angefragt und aus ihren Werken freilich nur herausgelesen, daß sie in ihrer einseitigen Herbheit „doch nichts anders sagt, als daß der Kaiser kein Mensch war wie die andern und daß sein Geist mit keinem vorhandenen Maßstab gemessen werden kann" [293]).

Nein, kein Mensch wie die andern, sondern nach Heine — ein Gott! Bei dem Vergleich der französischen mit den homerischen Helden (an der Ségurstelle) hat der Dichter erklärt, daß er ihn nur wegen seiner äußeren Herrscherstellung mit Agamemnon vergleiche, im übrigen trage der Held den „Olymp des Gedichtes" in seinem Haupte. Aber er hat sich noch unzweideutiger ausgesprochen:

„Wir sehen, wie das verschüttete Götterbild langsam ausgegraben wird, und mit jeder Schaufel Erdschlamm, die man von ihm abnimmt, wächst unser freudiges Erstaunen über das Ebenmaß und die Pracht der edlen Formen, die da hervortreten, und die Geistesblitze der Feinde, die das große Bild zerschmettern wollen, dienen nur dazu, es desto glanzvoller zu beleuchten" [294]).

Ein Götterbild! Ich habe mir einen andern Platz für die Besprechung des Vorwurfs ausersehen, der gegen Heine wegen dieser und einer Reihe ähnlicher Ausdrücke erhoben worden ist, deren Tatsächlichkeit nicht bestritten werden kann.

Auf jeden Fall darf man ihm nachrühmen, daß er nicht bei der leeren Göttlichkeitsphrase stehen geblieben ist, sich vielmehr bemüht hat, über das Wesen dieses „Gottes" Rechenschaft abzulegen. Es geschieht an der merkwürdigen Stelle, wo er Napoleon den Geist der Synthese zuschreibt, den in mehr oder minder hohem Grade jeder

Der Dichter des Le Grand.

Jugendbild Heines aus dem Jahre 1827.

Nach einer Radierung von Ludwig Grimm.

Künstler befitzt [295]), im letzten und höchften aber der Weltfchöpfer, als perfönliches Wefen gedacht, befitzen muß:

„Ein folcher Geift ift es, worauf Kant hindeutet, wenn er fagt: daß wir uns einen Derftand denken können, der, weil er nicht wie der unfrige diskurfiv, fondern intuitiv ift, vom fynthetifch Allgemeinen, der Anfchauung eines Ganzen als eines folchen, zum Befonderen geht, das ift, von dem Ganzen zu den Teilen. Ja, was wir durch langfames analytifches Nachdenken und lange Schlußfolgen erkennen, das hatte jener Geift im felben Momente angefchaut und tief begriffen. Daher fein Talent, die Zeit, die Gegenwart zu verftehen, ihren Geift zu kajolieren, ihn nie zu beleidigen und immer zu benutzen" [296]). Hieraus erklärt fich nun der Dichter die Größe des napoleonifchen Wirkens: er handelte „beftändig naturgemäß, einfach, groß, nie krampfhaft barfch, immer ruhig milde. Daher intriguierte er nie im einzelnen, und feine Schläge gefchahen immer durch feine Kunft, die Maffen zu begreifen und zu lenken." Wenn das nicht Heine gefchrieben hätte, hätte es wohl Goethe fchreiben können. Und wirklich hat diefer Ähnliches gefagt. Die auffallendfte Parallelftelle fcheint mir folgende zu fein: „Da war Napoleon ein Kerl! Immer erleuchtet, immer klar und entfchieden und zu jeder Stunde mit der hinreichenden Energie begabt, um das, was er als vorteilhaft und notwendig erkannt hatte, fogleich ins Werk zu fetzen. Sein Leben war das Schreiten eines Halbgottes von Schlacht zu Schlacht und von Sieg zu Sieg. Von ihm könnte man fehr wohl fagen, daß er fich in dem Zuftande einer fortwährenden Erleuchtung befunden, weshalb auch fein Gefchick ein fo glänzendes war, wie es die Welt vor ihm nicht fah und vielleicht auch nach ihm nicht fehen wird" [297]).

So herrfcht fchrankenlofe Bewunderung des Helden in dem Büchlein, das des Dichters Weilen in den Dünen des meerumbrauften Eilands Norderney verewigt. Eine verwandte Luftftimmung lagert auch über dem Buche, das er einer der beiden holden Frauen zu eigen gab, über deren Namen heute die Gelehrten ftreiten und in das er mit prächtigem Humor, der ein wiederholtes Lefen zum ftets erhöhten Genuffe macht, einen Teil feiner Lebensgefchichte verflochten hat.

Wohl felten hat ein deutfcher Profeffor eine größere Torheit geredet als Treitfchke, da er fich einfallen ließ, diefes demantfchimmernde Capriccio das „häßliche Buch Le Grand" zu titulieren [298]). In der Wirrnis der Heinefchen Liebesfchmerzen mit Gangesphantafieen, ironifchen Selbftmordgedanken und verzauberten Nachtigallen eröffnet fich

wie in Dornröschens Hag eine lachende Landschaft: des Dichters
Jugend [299]), im Hintergrunde Alt-Düsseldorf mit seinem wüsten Schlosse,
unter dessen verwitterten Fenstern die Originale des Zopfzeitalters,
der lange Schneider Kilian, der krumme Gumpertz und der kleine
Baron, vorüberspazieren. Da verschwindet mit einem Male die klein-
staatliche Herrlichkeit von Berg und Pfalz; das kurfürstliche Wappen
wird abgenommen — dem Knaben Heine ist zu Mut, als wenn
man den lieben Mond selber vom Himmel herunternähme — und
am andern Tage hält das „freudige Volk des Ruhmes, das singend
und klingend die Welt durchzog", seinen Einmarsch in eine der alten
Burgen des verstorbenen deutschen Reiches. Der Knabe versteht noch
nichts von dem, was um ihn vorgeht. „Man will uns glücklich
machen, und deshalb ist heute keine Schule", so lautet seine kindliche
Erklärung der Proklamation des neuen Großherzogs Joachim Murat.

Aber die Schule ging wieder an, und sie war auch unter dem
neuen Regimente für Harry Heine nicht immer angenehm. Doch hat
dieser eine interessante Jugendfreundschaft geschlossen mit einem kleinen
französischen Tambour, der ihm die Kriegstaten des großen Kaisers
vortrommelt, den Zug über die Alpen, den schon früh von der Sage
verherrlichten Auftritt an der Brücke von Lodi, den Kaiser im grauen
Mantel bei Marengo, hoch zu Roß in der Schlacht unter den Pyramiden, bei Austerlitz, Jena, Eylau, Wagram.

Das getrommelte Epos verwandelt sich in ein Drama. Zeit:
1811, Sonnenhöhe des Empire, dessen Herrscher seine zweite Rhein-
reise angetreten hat und in dem Städtchen an der Düssel seinen Einzug
halten wird. Der Vorhang rollt auf. Vor des Jünglings Augen
wird es, wie einst zur Knabenzeit, wieder „sommergrün und goldig,
eine lange Lindenallee taucht blühend empor", und durch sie reitet
der Kaiser, der doch wissen mußte, daß mitten durch die Allee zu
reiten bei fünf Taler Strafe verboten war! Verrät dieser kleine
parodische Zug nur den Gegensatz zwischen dem die Welt auf den
Kopf stellenden, rücksichtslos genialen Manne und der kläglichen
Ohnmacht umwohnender Sedezfürsten und ihrer polizeifrommen Unter-
tanen, so hat der Dichter diesen Gegensatz in dem Sinne der in der
„Nordsee" gesprochenen Worte, „daß der Kaiser kein Mensch war wie
die andern", vertieft und erweitert. Selbst die feineren und feinsten
Striche der Schraffierung scheinen diesem Zwecke zu dienen. Napoleon
erscheint als ein völlig apartes Wesen, dem sich alles beugt, vor
dessen Wimperzucken alles sich ins Nichts verflüchtigt. Zwar hat er
nur eine scheinlose, grüne Uniform und das welthistorische Hütchen.

Er trägt ein kleines Hütchen,
Er trägt ein einfach Kleid,

während fein Gefolge, mit Gold und Geschmeide belaftet, auf schnau-
benden Rossen hinter ihm herreitet. Aber wo er vorbeikam, „beugten
sich die schauernden Bäume vorwärts, die Sonnenstrahlen zitterten
furchtsam neugierig durch das grüne Laub." Ähnlich ergeht es den
Menschen: denn „diese Lippen brauchten nur zu pfeifen, — et la
Prusse n'existait plus — diese Lippen brauchten nur zu pfeifen —
und die ganze Klerisei hatte ausgeklingelt — diese Lippen brauchten
nur zu pfeifen — und das ganze heilige römische Reich tanzte."

Aber es war nicht allein die Macht über reale Dinge, welche
der Dichter in dem Auge des Gewaltigen sah; dieses Auge „konnte
lesen im Herzen der Menschen, es sah rasch auf einmal alle Dinge
dieser Welt, während wir anderen sie nur nacheinander und nur ihre
gefärbten Schatten sehen." Das war wieder das intuitive Denken
Kants, das der Dichter der „Nordsee" seinem Helden nachgerühmt
hatte.

Trotz der Temperaturhöhe der Begeisterung sind es aber doch
nicht die Phrasen eines Schwärmers, was wir da hören, sondern Beobachtungen, die bis auf einen gewissen Grad sogar die exakteste
Forschung mit ihrem Stempel beglaubigt hat.

Die Schärfe der Beobachtung tritt vorzüglich in der Wiedergabe
der äußeren Erscheinung Napoleons zu Tage: Es ist eines der voll-
endetsten Bilder, das Augenzeugen gezeichnet haben, unverkennbar
getreu bis auf geringfügige Einzelheiten, das „weiße Rößlein", die
nachlässige Haltung des Reiters, die „sonnig-marmorne Hand" mit
dem bekannten feinen Schnitt, das klare Auge, über dessen Schönheit
die Zeitgenossen — vorurteilslose Zeitgenossen — einig waren, wenn
auch merkwürdigerweise über die Farbe bis auf den heutigen Tag
unter den Napoleonforschern hin- und hergestritten wird. Vor allem hat
Heine den antiken Charakter der Erscheinung voll gefaßt und wunderbar wiedergegeben: „Auch das Gesicht hatte jene Farbe, die wir bei
marmornen Griechen- und Römerköpfen finden, die Züge desselben
waren ebenfalls edel gemessen wie die der Antiken, und auf diesem
Gesichte stand geschrieben: Du sollst keine Götter haben außer mir."
Diese Plastik, die, wie schon früher bemerkt, seine Darstellung von
den Schilderungen eines Immermann oder Zedlitz haarscharf unterscheidet, ist um so merkwürdiger, als Heine, der es nun einmal nicht
lassen kann, in Traumbildern zu schwelgen, später auch dieser Begegnung den Charakter eines Traumes zu geben für gut fand:

„Manchmal überschleicht mich geheimer Zweifel, ob ich ihn wirklich selbst gesehen, ob wir wirklich seine Zeitgenossen waren, und es ist mir dann, als ob sein Bild, losgerissen aus dem kleinen Rahmen der Gegenwart, immer stolzer und herrischer zurückweiche in vergangenheitliche Dämmerung" [300]). Der Gedanke war übrigens naheliegend.

Denn wie eine feurige Rakete hell erstrahlend, aber rasch versinkend, zog das Meteor vorüber.

L'astre du jour abandonne les cieux,

sang Béranger. Der „Gott", auf dessen Gesichte geschrieben stand: „Du sollst keine Götter haben außer mir", war ein sterblicher Gott. „Der Kaiser ist tot", beginnt ein neues Kapitel des „Le Grand". „Auf einer öden Insel des Indischen (!) Meeres ist sein einsames Grab, und er, dem die Erde zu eng war, liegt ruhig unter dem kleinen Hügel, wo fünf Trauerweiden gramvoll ihre grünen Haare herabhängen lassen und ein frommes Bächlein wehmütig klagend vorbeirieselt. Es steht keine Inschrift auf seinem Leichensteine; aber Klio, mit dem gerechten Griffel, schrieb unsichtbare Worte darauf, die wie Geistertöne durch die Jahrtausende klingen werden [301]."

In der Findung der Gedanken mag Heine hier vielleicht etwas weniger originell erscheinen als in dem, was er uns bisher über den Kaiser gesagt hat. Die jämmerliche Kleinheit des verlassenen Grabes und die Trauerweiden gehören zu den Dingen, die sich längst einen Gemeinplatz in der Literatur erobert hatten [302]). Doch vermochte nicht jeder Poet sie zu einem so wirkungsvollen Ensemble zu verschmelzen, wie der Verfasser des „Le Grand".

Auch der Gedanke, daß der ungroßmütige Feind dem berühmten Soldaten die Grabschrift versagte und Klios Griffel unsichtbare Worte auf den leeren Stein schreiben werde, war nicht fernliegend und ist, vor und nach Heine, auch von andern ähnlich ausgesprochen worden [303]). Selbst die Prophezeiung, daß St. Helena das „heilige Grab" sein werde, „wohin die Völker des Orients und Occidents wallfahrten in buntbewimpelten Schiffen und ihr Herz stärken durch große Erinnerung an die Taten des weltlichen Heilands", war nicht mehr ganz neu, und Viktor Hugo hatte von der Geburts- und Sterbeinsel Napoleons gesungen:

Hier wird sein Name mächtig schallen,
Zu diesen düstern Inseln wallen
Einst staunend alle Völker hin.

Die blitzerschlagnen Felsentürme,
Die Klippen rings, die wilden Stürme
Sind nur Erinnerung an Ihn [304]).

Aber an eigentliche Entlehnung ist, von dieser letzten Stelle vielleicht abgesehen, nirgends zu denken [305]). Das mehreren Dichtern Gemeinsame gehört wieder zu dem Stapelgut von Ideen und Bildern, die wir schon bei Napoleons Tode um seine Gestalt aufgehäuft sahen und aus deren Schatze jeder nehmen mochte, was ihm beliebte. Ja, es ist kein Tadel, sondern eher ein Lob für den Poeten, wenn er sich recht viel daraus zu eigen machte. Zumal wenn er den wertvollen Rohstoff so reizvoll zu gestalten weiß wie Heine.

Auch den Fluch gegen England, den so viele vor und nach ihm ausgesprochen, keiner hat ihm klangvollere Worte verliehen als der Düsseldorfer Jude: „Britannia! dir gehört das Meer. Doch das Meer hat nicht Wasser genug, um von dir abzuwaschen die Schande, die der große Tote dir sterbend vermacht hat. Nicht dein windiger Sir Hudson, nein, du selbst warst der sizilianische Häscher, den die verschworenen Könige gedungen, um an dem Manne des Volks heimlich abzurächen, was das Volk einst öffentlich an einem der Ihrigen verübt hatte. — Und er war dein Gast und hatte sich gesetzt an deinen Herd — " [306]).

Schritt für Schritt kann man hier die Aufnahme von Vorstellungen verfolgen, die aus der St. Helenaliteratur stammen. Die Beschuldigung des gebrochenen Gastrechts, die uns schon in den ersten Schriften derselben begegnete und deren Berechtigung Heine sogar aus dem Buche des englischen Kapitäns Maitland heraus las, findet sich häufig im Mémorial und steht bei O'Meara auf jeder zweiten Seite zu lesen. Napoleon liebte es, ihr die Wendung zu geben, die er schon bei seiner Gefangennahme in dem Briefe an den Prinzregenten von England gebraucht hatte und die auch Heine in fast unveränderter Fassung nachgeschrieben hat. So sagt der kranke Kaiser am 19. April 1821 zu dem ihn besuchenden Doktor Arnott: „Ich wollte mich an dem Herde des britischen Volkes niedersetzen, ich verlangte eine gesetzliche Gastfreundschaft ...." [307]). Unter den häufigen und oft recht cholerischen Ausfällen des Gefangenen gegen den erbärmlichen Lowe, die dessen Feind O'Meara sorgfältig notiert hatte, findet sich auch geradezu der Ausdruck: Sbirre (Häscher). „Dieser Mensch", sagt Napoleon von Sir Hudson, „ist gut für einen capo di sbirri, aber nicht für einen Gouverneur" [308]). Und in jenem Gespräch mit Dr. Arnott vermacht der Todkranke „die Schande und Abscheulichkeit seines Todes der regierenden Familie von England" (je lègue l'opprobre et l'horreur de ma mort à la famille régnante d'Angleterre) [309]).

Diese Kontrolle des Dichters auf seine Quellen setzt außer Zweifel, wie wortgetreu, freilich auch wie kritiklos er ihnen gefolgt ist. Er ist eben wieder als Poet verfahren, indem er gerade solche Dinge in seine Darstellung aufnahm, die, objektiv betrachtet, auf der kaum findbaren Grenzlinie zwischen Wahrheit und Unwahrheit standen, von der Legende aber um so begieriger aufgegriffen wurden, als sie auf Gemüt und Einbildung in starker Weise einwirkten. Wenn man so will, gehört auch die Bezeichnung Napoleons als des „weltlichen Heilands" hierher, die, wie die Vergöttlichung des Kaisers auf der einen Seite geradezu einer Volksvorstellung entsprach, aber doch durch die Kühnheit, mit welcher der Dichter hier ein Mysterium der christlichen Religion berührte, und besonders durch die späteren Aus= malungen der „Passion" von Longwood so manchen Anstoß erregte.

Wenn Heine den Kaiser im allgemeinen einen Gott, einen Kol= legen der Götter oder ein Götterbild nannte, so wurde das auch von den in der Sache Andersdenkenden weniger unangenehm empfunden, und nur etwa der gute Pfizer, der zehn Jahre später wider den ihm weit überlegenen Gegner den ungeschickten „Schwabenstreich" seiner bekannten Rezension in der „Deutschen Vierteljahrsschrift" führte, mochte sich darüber entrüsten [310]). Heine konnte sich hier auf zahlreiche seiner Genossen vom deutschen und französischen Parnaß berufen, Béranger, Nerval, Goethe, später Ortlepp und viele andere, welche die zur Kaiserzeit im Ernst gewagte Gleichstellung des Herr= schers der Erde mit dem Weltenherrscher im Fabelreich der Poesie wieder aufleben ließen [311]).

Aber die „Blasphemie" mochte da schlimmer erscheinen, wo sie sich nicht an „Götter", die sich zur Not als heidnische Götzen inter= pretieren ließen, sondern ganz unverhüllt an den Christengott wendet. Ob es nun von Heine, unter den Verhältnissen, in denen er sich be= fand, gerade taktvoll war, in der von ihm beliebten Weise mit den Geheimnissen eines Kultus zu spielen, zu dem er unlängst erst über= getreten war, gewiß, darüber ließe sich streiten. War doch das, was man „Takt" nennt, ohnedies nicht seine allerstärkste Seite!

Übrigens lag der Christusvergleich aus einem doppelten Grunde nicht fern. Denkt man an die durch Napoleon tatsächlich voll= zogene Ausbreitung der auf eine Befreiung der Menschheit abzielen= den Revolutionsideen und zugleich an sein Ende auf der Felseninsel, den Kalvarienberg von St. Helena, wie ihn die Franzosen nennen, so darf der Vergleich, künstlerisch wenigstens — da aber auf alle Fälle — zu den erlaubten gezählt werden.

Und wirklich ist auch, besonders zu einer Zeit, die die poetische Hyperbel freigebiger verwendete als die Gegenwart, ein reichlicher Gebrauch davon gemacht worden. So wirft Varnhagen dem General Savary, Herzog von Rovigo, mit dem er in Berlin bei Mendelssohns zusammengetroffen, seinen einseitigen Bonapartismus vor und macht sich darüber lustig, daß er Napoleon als einen „hingeopferten Christus" der liberalen Ideen angesehen hätte[312]). Auch Alexandre Dumas erlaubt sich das kühne Bild[313]), und Gutzkow erzählt in einem Auf-satz über die Napoleoniden, daß Mutter Lätitia die „Maria des neun-zehnten Jahrhunderts" genannt worden sei[314]). Beim Tode der alten Heldenmutter konnte ein französischer Dichter schreiben[315]):

> Et on lui refusa cette faveur dernière
> D'accompagner son fils à son lointain Calvaire,
> Cette autre mère des douleurs!

So stand also Heine auch in dieser Hinsicht keineswegs allein, wenn er auch · in den ausgearbeiteten Einzelvergleichen, die er sich öfter erlaubt, über die andern nicht unwesentlich hinausgeht.

Im „Le Grand" geschieht das eigentlich noch nicht; hier schließt das St. Helenakapitel mit einer überraschenden Wendung, indem der Dichter, wie so oft in seiner zartesten Lyrik, plötzlich die Schellen-kappe aufsetzt, um von dem „schrecklichen Schicksal" zu erzählen, das die größten Widersacher des Kaisers getroffen: „Londonderry hat sich die Kehle abgeschnitten, Ludwig XVIII. ist auf seinem Throne verfault, und Professor Saalfeld ist noch immer Professor in Göttingen". Eine recht glückliche Eingebung des Humoristen, der durch einen Akt der poetischen Gerechtigkeit den Leser über das Ende des Kaisers trösten will, indem er nun auch von der Strafe erzählt, welche die nach seiner Auffassung schlimmsten unter den bösen Feinden seines „Hei-lands" betroffen: Londonderry (Castlereagh), den englischen Minister, der ihn zu Tode gequält, den kaltherzigen Bourbonen, der die Blume des kaiserlichen Heeres geknickt, den Marschall Ney hatte erschießen lassen, endlich den gelehrten Göttinger Banausen, für dessen literarische Ungezogenheiten der Dichter sich keine schlimmere Buße ausdenken kann, als daß er ·in dem Pedantennest an der Leine seine schale Weisheit den hannöverschen Junkern, Hunden und Studenten weiter dozieren muß. Nebenbei bemerkt, auch den Professor Saalfeld hat später ein im eigentlichen Sinne schreckliches Schicksal getroffen: er ist geisteskrank geworden.

Die Klage um den gefallenen Helden hat bekanntlich der Dichter nur zu einem Teile selbst ausgesprochen, zum andern hat er sie seinem Le Grand in den Mund oder vielmehr in die Trommel gelegt. An dieser getrommelten Weltgeschichte haben schon zur Zeit ihres Er- scheinens manche Kritiker, hat auch Heines Vetter Hermann Schiff Anstoß genommen [316]), eine Frage der Ästhetik, die uns hier nicht weiter groß interessiert.

Von höchster Bedeutung ist hingegen, daß Heine in dem Buche, das er wie einen erleuchtenden Blitz in die Stickluft der „seichten servilen Zeit" hineinschleuderte, Napoleon diese Stellung eingeräumt hat. Die ungeheure Wirkung der „Reisebilder", die Schmidt-Weißen- fels in seinem Büchlein über Heine mit so drastischem Humor schil- derte [317]), ist eines der bekanntesten und meistbesprochenen Ereignisse der Literaturgeschichte. Selbst von denen, die im gegnerischen Lager standen, wurden sie gierig verschlungen. Auch der zweite Band, der das „Buch Le Grand" enthielt, erregte beispielloses Aufsehen. Elster hat mit der Umsicht und Sorgfalt, die seine Arbeiten auszeichnet, eine Anzahl von Belegen dafür zusammengestellt, auf die ich mich hier beziehen darf [318]), und Heine selbst konnte sich auf der späteren Reise nach München davon überzeugen, daß er und sein Tambour Le Grand mit einem Schlage berühmte Leute geworden waren.

Dieses trotz seines geringen Umfangs welterschütternde Buch trägt nun aber zwei Titel, von denen bisher erst immer nur der eine ge- nannt wurde. Es heißt auch „Ideen". Eben jene Ideen der Frei- heit und Gleichheit sind das, von denen schon so oft die Rede ge- wesen. Und nun — der Kernpunkt der Sache — als den Träger dieser Ideen, seiner, des Dichters, Ideen hat Heine den Napoleon dargestellt, so klar und unzweideutig, daß man, um mit einem der gangbarsten Begriffe unserer literarischen Neuzeit zu operieren, seine Gestalt und sein Auftreten geradezu als Symbolismus bezeichnen kann [319]). Wer darüber noch irgendwie im Zweifel sein sollte, darf nur einen wenige Zeit später an Varnhagen gerichteten Brief zur Hand nehmen, worin Heine seinen Helden als den „Mann der Idee, den ideegewordenen Menschen" bezeichnet [320]). Dieser für seine da- malige Stellung zu Napoleon äußerst wichtige Umstand verdient un- vergessen zu bleiben, um so mehr, als die weitere Entwickelung der Ansichten des Dichters uns nötigen wird, noch öfter darauf zurück- zukommen.

Es konnte nicht ausbleiben, daß die Kühnheit, mit der ein kaum dem Jünglingsalter Entwachsener der nach einem Idol verlangenden Welt dieses, noch dazu in der denkbar originellsten Beleuchtung des Humoristen, vorzustellen wagte, neben der jubelnden Zustimmung der Gleichgesinnten auch den Widerspruch der Andersdenkenden herausfordern mußte.

Selbst Heinrich Laube, damals und noch zu späteren Zeiten in vielen Dingen ein Gesinnungsgenosse unseres Dichters, der dem kleinen schwarzen Tambour Le Grand das schwache Schattenbild seines Elsässer Kavalleristen Gardy nachzuzeichnen wagte, gesteht: „Heine gegen Ende der zwanziger Jahre mit seinem Preise Napoleons in den Reisebildern und Gedichten hat mich höchlich damit überrascht" [321]). Das Befremden über die Worte wird schwinden, wenn man bedenkt, daß sie wie die folgenden Äußerungen aus Norddeutschland stammen, wo der Dichter des „Le Grand" recht eigentlich bahnbrechend wirkte und das Feuer seines Enthusiasmus eine starke Eisrinde zu schmelzen hatte, ehe eine freundlichere Auffassung des noch immer gehaßten Gegners Platz greifen konnte.

So war es auch in Hamburg. Heines Vetter Hermann Schiff, der, wie wir hörten, gegen das literarische Getrommel im „Le Grand" sein Bedenken hatte, fand nicht nur in ästhetischer Beziehung an dem wunderbaren Buche allerlei auszusetzen. „Dein großer Kaiser ist über alle Maßen bewundernswert," sagte er zu dem Dichter, „aber nicht jeder kann ihn lieben und verehren — zumal der Hamburger nicht, dem Davouts Schreckensregiment zu gut in der Erinnerung lebt" [322]). Ebensowenig war der Berliner Ludwig Robert mit dem excentrischen Napoleonkultus des Freundes zufrieden, wenn es mir auch nicht recht glaubhaft erscheinen will, daß die Verherrlichung des Franzosenkaisers in dem zweiten Band der „Reisebilder" der Grund für die spätere Erkaltung des Verhältnisses zwischen beiden Männern gewesen sein soll [323]). Jedenfalls hat sich Robert in der kecken Plauderei, die er über Heines Buch schrieb und in der er dessen Stil humoristisch nachahmte [324]), über diesen Kultus in einer für den Helden wie für seinen Dichter gleich wenig schmeichelhaften Weise ausgesprochen. „Sie haben . . . . keine Idee von Politik," heißt es darin, „sonst würde ich Sie aufmerksam machen auf den überschwenglichen Hymnus, den mein Heine seinem Napoleon singt. Hier wird das Kleinste groß, die Selbstliebe Demut, die Demut Anbetung und die Anbetung Religion, die ihren Beweis nur in sich selbst hat." Der Kritiker führt dazu eine Stelle aus Novalis an, die für seine Anschauung zu bezeichnend ist, um nicht hierhergesetzt zu werden: „Das Ideal der Sittlichkeit hat keinen gefährlicheren Nebenbuhler als das Ideal der höchsten Stärke, des kräftigsten Lebens. Es ist das Maximum des Barbaren und hat leider in diesen Zeiten der verwilderten Kultur, gerade unter den größten Schwächlingen, sehr viele Anhänger erhalten. Der Mensch wird durch dieses Ideal zum Tiergeiste, eine Vermischung, deren brutaler Witz eben eine brutale Anziehungskraft für Schwächlinge hat."

Auch die gut preußische Hallesche „Allgemeine Literatur-Zeitung" macht bei mancher sonstigen Anerkennung dem Verfasser des „Le Grand" gerade die übermäßige Lobpreisung des französischen Kaisers zum Vorwurf: „So werden auch die meisten Deutschen, für die doch der Verfasser schreibt, nicht in sein unmäßiges Lob Napoleons und in seine Elegie über das Schicksal desselben einstimmen können: Denn wenn dieser Komet auch um seiner Größe willen bewundert werden muß, so wird sich doch das erquickende Gefühl des freieren Aufatmens bei seinem Verschwinden nicht verleugnen" [325]). Umgekehrt hatten einem Kritiker der „Leipziger Literatur-Zeitung" neben den Urteilen über Goethe gerade die Abschnitte über die Kaisergeschichte in der Nordsee und im „Le Grand" gefallen: „Besonders sind . . . . die kühnen Gedanken über Napoleon und die vier Hauptschriftsteller über ihn: Maitland, O'Meara, Las Cases und Antommarchi, die Ansichten über Ségur und W. Scott, die Schilderung von Düsseldorf und dem kleinen Tambour Le Grand, der auf seiner Trommel dem Dichter die Geschichte lehrte, fast eben so viele Sprühteufel, als sich Gedanken darin finden. Ein Meisterstück ist das Bild, wie der Kaiser in Düsseldorf erscheint und . . . . die Totenklage über den gefallenen Helden" [326]).

Heine selbst hatte bekanntlich den Erfolg seines Buches, dem er eingestandenermaßen mit Herzklopfen entgegensah, in Deutschland nicht abgewartet, sondern war am Tage des Erscheinens nach Britannien abgesegelt, nach jener Britannia, die er soeben als die Mörderin Napoleons verwünscht hatte und deren politisches Leben ihn gleichwohl mächtig anzog.

Nach seiner Rückkehr hat er sich aufs neue Hoffnung gemacht, in Deutschland, speziell in Preußen, eine Staatsstellung zu erlangen [327]. Ich erwähne die bekannte Tatsache, da die Abneigung des reizbaren Mannes gegen Deutschland, das politische Deutschland, dadurch abermals eine Steigerung erfuhr, die uns hier nichts anginge, hätte sie nicht dem Dichter jene schrillen Accente gegen die Feinde des Kaisers eingegeben, die uns noch begegnen werden und die schon im

„Le Grand" deutlich vorklingen. Nebenbei gesagt, man kann die Naivetät des Mannes bewundern, der nach derartigen von der andern Seite durch keine persönliche Kränkung veranlaßten Invektiven noch auf eine Anstellung in einem Staatswesen hoffen konnte, das er so schonungslos angegriffen. Man müßte denn mit ihm daran glauben, daß die preußische Regierung sich doch am Ende hätte bereit finden lassen können, diese gefährliche Feder für den eigenen Dienst zu gewinnen. Auch der aufrichtigste Freund des Dichters wird begreifen, daß sich dieser Gedanke nicht verwirklichen konnte, ganz abgesehen davon, daß der Stellensuchende für die von ihm erstrebte Verwendung eine klassische Unbrauchbarkeit mitbrachte.

Ein neuer Abschnitt in Heines Leben beginnt mit seiner Übersiedlung nach München, jenem München, das Treitschke nicht ganz mit Unrecht als ein „Hauptnest" des deutschen Bonapartismus bezeichnet hat.

Daß man in Süddeutschland, ähnlich wie in den Rheinlanden, dem Andenken des Kaisers Napoleon wesentlich anders gegenüberstehen mußte als im Norden und vor allem in dem schroff feindlich gesinnten Preußen, ist selbstverständlich. In manchen Hofkreisen war man und konnte man denn doch nicht ganz ohne Empfindung für den Mann sein, der Königskronen und volle Souveränitäten geschenkt, in den Heeren lebte die Erinnerung an die Waffenbrüderschaft der Rheinbundzeit fort, das Volk wußte dem gestürzten Kaiser Dank für die Erlösung aus so manchen drückenden Fesseln, die während der Zeit der Verbindung mit Frankreich und nicht ohne den Einfluß der Revolution und des Empire gefallen waren. Das gilt besonders von Bayern und den Reformen unter Maximilian Joseph und dem Ministerium Montgelas. Da nun zugleich in den Jahren 1815—30 gerade in Süddeutschland der Liberalismus am kräftigsten sich entfaltete, jedenfalls am erfolgreichsten auftrat, und da hier die alten Bonapartisten und die Konstitutionellen noch durch ein zweites gemeinsames Band, den Widerwillen gegen die Großmächte, verbunden waren, so ist es kein Wunder, wenn jenseits der Maingrenze ein liberaler Bonapartismus in einer besonderen Legierung, durchsetzt nämlich mit dem Gedanken einer sogenannten deutschen Trias, eines Bundes der Südstaaten neben den Großmächten Österreich und Preußen, zu Tage trat.

Typische Gestalten aus den Kreisen süddeutscher Napoleonverehrer waren: in Hessen der als Militär namhafte Prinz Emil, in Württemberg der durch seine kavalleristischen Werke bekannt gewordene Generalmajor Graf von Bismark und der früher erwähnte Kriegs minister General von Hügel. In Bayern gehörte Graf Christoph von Aretin dazu, der 1809 durch sein im rheinbündlerischen Sinne geschriebenes Werk „Die Pläne Napoleons und seiner Gegner in Deutschland" den Zorn Arndts erregt hatte und der nach 1815 gegen diesen und Görres in der partikularistischen Zeitschrift „Allemannia" erbitterte Federkämpfe führte.

Aretin war damals schon tot; auch Eugène Beauharnais, der unter dem scheinlosen Titel eines Herzogs von Leuchtenberg in München gewohnt und, wie seine längere Zeit in Augsburg lebende Schwester Hortense, mancherlei Verbindungen unterhalten hatte, die von den österreichischen und preußischen Staatsmännern mit Argwohn betrachtet wurden, auch er war seit einigen Jahren zum großen Heere versammelt. Aber noch immer lebten Kaisererinnerungen und -sympathieen in der Stadt an der Isar, neben deren mittelalterlichen Häuserhaufen Max Josephs Nachfolger, der kunstschwärmende „Ludwig von Bayerland", soeben seine Renaissancepaläste pflanzte. Er selbst, ein fürs Deutschtum begeisterter Mann, war weitherzig genug, seinen einstigen Kameraden von der großen Armee, den unter des Imperators Fahnen in Rußland gefallenen dreißigtausend Bayern, ein Denkmal in den Mauern Münchens nicht zu weigern.

Der Bonapartefreund Heine aber kam vor die echte, rechte Schmiede, als er, mit Friedrich Ludwig Lindner zusammen, in die Redaktion der Cottaschen „Annalen" eintrat, der einst von dem Badenser Posselt begründeten „Europäischen Annalen", die verschiedentlich den Namen gewechselt, jetzt „Neue allgemeine politische Annalen" hießen und, namentlich seit 1821, wo Friedrich Murhard ihre Leitung übernommen hatte, eine ausgesprochen napoleonfreundliche Haltung zeigten.

So war auch der Aufsatz über Scott und Ségur — das Stück aus der „Nordsee", von dem wir oben sprachen — in der Zeitschrift abgedruckt worden [328]. Mit seinem Mitredakteur Lindner, zu dem Heine bis auf kleine Differenzen in einem guten kollegialischen Verhältnisse stand, leitete der Dichter des „Le Grand" und der „Grenadiere" die „Annalen" in einem gleich napoleonfreundlichen Sinne weiter. Ein Blick in die zwei von beiden gemeinsam herausgegebenen Bände (Nr. XXVI—XXVII) des Journals wird hierüber belehren.

Das Register zu der Zeitschrift weist unter den darin aufgenommenen Beiträgen eine Reihe der später in den „Englischen Fragmenten" vereinigten Arbeiten des Autors der „Reisebilder" auf, unter ihnen die eigentliche Kritik von Scotts Life of Napoleon

Buonaparte [829]), mit deren Citel wir uns einstweilen begnügen wollen, um sie später genauer durchzugehen.

Auch andere Verehrer des französischen Kaisers sind in dem Journal vertreten; noch der letzte Aufsatz, den der Redakteur Heine darin aufnahm, heißt „Napoleon und Don Miguel", und sein Verfasser gibt sich die ziemlich überflüssige Mühe, einen Vergleich zwischen diesen wirklich inkommensurabeln Größen abzuweisen.

Ein höheres Interesse verdient der Umstand, daß in dieser napoleonfreundlichen Zeitschrift auch Wolfgang Menzel auftritt, den später ein Witzwort Börnes zum „Franzosenfresser" par excellence getauft hat. In den zwanziger Jahren war er noch nicht so gierig auf dieses Gericht versessen, und auch sein wilder Judenhaß hat sich, beiläufig bemerkt, in dem Teutonischsten aller Burschenschafter erst später entwickelt [830]). Selbst auf den „eisernen Völkertyrannen", wie er ihn später genannt hat, war er damals noch gar nicht so schlecht zu sprechen, wie der Ton seines „Literaturblattes" beweist, in dem er erst seit der Mitte der dreißiger Jahre — von da an aber recht gründlich — alle irgendwie Napoleon günstigen Schriften herunterreißt [831]). Ein lehrreiches Beispiel seiner früheren Gesinnung bieten gerade die in den „Annalen" veröffentlichten „Politischen Grillen" [832]), welche Sätze enthalten, die, was die Stellung zu Napoleon anbelangt, ebenso gut Heine oder auch Goethe hätte schreiben können, der von Menzel so angefeindete und verlästerte Goethe. „Es war das Schönste von Napoleon," heißt es dort, „daß er nie stille stand, sondern immer senkrecht in die Höhe stieg. Er wollte nirgends bleiben, nichts behalten. Ihm war nichts zu gering, es zu gebrauchen, aber alles zu gering, es zu behalten, dabei zu verweilen." Und gleich darauf läßt sich der „Franzosenfresser" sogar zu dem Geständnisse verleiten: „Als Napoleon Europa überwand, war es Napoleon, den wir bewunderten; als ihn Europa überwand, war es wieder Napoleon, den wir bewunderten" [833]). Das und noch manches Ähnliche steht da zu lesen; man begreift, daß der Menzel von 1828 neben dem Heine von 1828, der ihn auch erst kürzlich in seinem Stuttgart besucht hatte, immerhin noch ganz gut leben konnte.

Hier und da kommt in einem der Annalenaufsätze auch einer jener radikaleren Geister zum Worte, die wie Börne mit dem General und Konsul Bonaparte gern gegangen waren, aber am Portal der Notre-Damekirche, wo der erste Mann der Republik zum Kaiser gekrönt wurde, ihrem Beifall Halt geboten hatten. So der Verfasser einer Abhandlung „Paraphrase einer Stelle des Tacitus", in der von

Napoleon mit Bedauern gesagt wird, daß er „den größten Ruhm, der größte Mensch des Jahrhunderts zu sein, um den, der größte Kaiser desselben zu werden, vertauschte"[334]). Das Wort ist beachtenswert, da wir ihm in etwas anderer Fassung bei Heine wieder begegnen werden.

„Die Tendenz sehen Sie wohl voraus", hatte dieser an den Freund Varnhagen geschrieben, als er ihm die Nachricht von der Übernahme der Redaktion der „Annalen" durch ihn und Lindner ankündigte[335]). Sie war in der Tat die des ausgeprägten liberalen oder demokratischen Bonapartismus süddeutscher Richtung.

In dieser Beziehung war Lindner ein passender Kollege. Wir sind dem merkwürdigen Kurländer — Lindner war 1772 in Mitau geboren —, der einen großen Teil seines nicht kurz bemessenen Lebens im politischen Parteikampfe verbrachte, schon mehrfach begegnet. Trotz seiner preußenfeindlichen Haltung war er ein Freund der von Heine so hochverehrten Rahel, die freilich gerade um diese Zeit den Dichter, wohl mit Hindeutung eben auf Lindner, vor der „Einflüsterung bonapartistischer Freunde" warnte[336]).

Glühenden Bonapartismus zeigte dieser wirklich bei allen Gelegenheiten. So in seinem berühmten „Manuskript aus Süddeutschland", dem 1820 erschienenen Programm des dortigen Partikularismus[337]). Ein unermüdlicher Freund und Gesinnungsgenosse, der nach Varnhagens Ansicht Lindners Enthusiasmus erst zur Siedehitze steigerte, war der Stuttgarter Professor F. K. Lebret (auch Le Bret geschrieben), Gelehrter, Journalist und Mitredakteur der „Allgemeinen Zeitung"[338]). Auch der Einfluß dieses merkwürdigen Mannes, der als Mensch einen vorzüglichen Charakter besaß, auf Heine ist unabweisbar. „Lebret", schrieb der Dichter am 27. Februar 1830 an Varnhagen[339]) „ist mein Glaubensgenosse in Buonaparte." Bei Napoleons Tode hatten Lindner und Lebret in ihrem Garten dem Kaiser ein Denkmal errichtet. Bald darauf veranstalten sie eine Ausgabe seiner Werke. Auch sonst übersetzten und edierten die Freunde mit zustimmenden Einleitungen und Anmerkungen allerlei Napoleonisches und Bonapartisches[340]). So hatte Lindner eine deutsche Bearbeitung eines zu seiner Zeit vielgenannten Buches des Publizisten J. Ch. Bailleul[341]) herausgegeben, das sich gegen das berühmte Werk der Frau von Staël über die französische Revolution richtete und eine Menge von halbwahren, schiefen und ganz unrichtigen Behauptungen der glänzenden Schriftstellerin erfolgreich widerlegte. Bei den engen Beziehungen beider Männer liegt die Vermutung nahe, daß Heine, vielleicht geradezu auf die Veranlassung seines Freundes, das Buch gelesen habe. Seine Abneigung gegen die geistsprühende, aber äußerst temperamentvolle und subjektive Dame, von der wir noch zu reden haben werden, hätte dadurch verstärkt werden können. Aber leider habe ich mich — wenigstens bei einem einmaligen Durchlesen des Bailleulschen Werkes — nicht davon überzeugen können, daß Heine eine nähere Kenntnis des Buches besessen hat, das auch mit keiner Silbe von ihm erwähnt wird. Nirgends ist die Spur einer Ein- wirkung Bailleulscher Gedanken bei dem Dichter erweisbar; auch ist der französische Publizist, der, nebenbei bemerkt, nicht zu des Kaisers Anhängern gehörte, mit persönlichen Bemerkungen über diesen ver- hältnismäßig sparsam gewesen, während er sein Augenmerk ganz vorzugsweise gegen die politischen Erörterungen der Staël richtet. Die Übersetzung des Bailleul durch Lindner fand übrigens den großen Beifall Varnhagens, der sonst, wie wir wissen, mit dem Kurländer keineswegs immer einverstanden war.

Beide, Varnhagen und Lindner, fanden sich nun mit Heine in der Verurteilung eines Werkes über den Kaiser zusammen, durch dessen Herausgabe einer der damals berühmtesten Schriftsteller seine mühsam erworbene Stellung beispiellos gefährdete. Es ist das schon manchmal erwähnte „Leben Napoleon Buonapartes“ von Sir Walter Scott, das 1827 erschien und sofort von verschiedenen Seiten ins Deutsche übertragen wurde [342]). Von jeher war Scott ein höchst ein- seitiger Gegner der französischen Revolution und Napoleons gewesen. 1815 hatte er den Sieg von Waterloo in diesem Sinne verherrlicht. So war allerdings zu fürchten, daß die nationale Beschränktheit des Engländers über den Dichter den Sieg davontragen werde. Dazu kam die bedenkliche Art der Abfassung des Buches, die mit fabrik- mäßiger Herstellung eine verzweifelte Ähnlichkeit hatte.

Durch den Zusammenbruch zweier großen Geschäftshäuser, deren Teilhaber er gewesen, war der berühmte Romanschriftsteller in eine ge- waltige Schuldenlast geraten. Er faßte den gewiß ehrenhaften, aber für seine Gesundheit wie für seinen Ruhm gleich verhängnisvollen Entschluß, die ungeheure Schuld — abzuschreiben, „und so entstand“, wie der unbarmherzige Spötter Heine sagt, „in hungriger Geschwindig- keit, in bankrotter Begeisterung das Leben Napoleons, ein Buch, das von den Bedürfnissen des neugierigen Publikums im allgemeinen und des englischen Ministeriums insbesondere gut bezahlt werden sollte“ [343]).

Kaum war das Werk erschienen, als von allen Seiten ein Sturm des Unwillens und der Entrüstung losbrach. Nicht nur unter den

Franzofen, von denen der federfertige General Gourgaud, der allerdings perfönlich angegriffen war, eine fcharfe Widerlegung vom Stapel
ließ [344]), während etwas fpäter auch Ludwig Bonaparte, der ehemalige
König von Holland, das Andenken feines Bruders gegen den großen
Romancier verteidigte [345]). Auch die deutfche Kritik, durch Maß-
haltung in internationalen Fragen ausgezeichnet, machte gegen den
fonft fo beliebten Dichter entfchieden Front. Nur wenige wagten es,
fchüchtern für ihn eine Lanze einzulegen. Als der Bibliothekar
Spiker in Berlin dies verfuchte, fand er nach Varnhagens Verficherung
gar keinen Anklang [346]), und auch eine Scott günftige Befprechung in
den vielfach von recht unreifen Federn bedienten Leipziger „Blättern
für literarifche Unterhaltung" [347]) fcheint unbeachtet geblieben zu fein,
wogegen die Organe der füddeutfchen Preffe wie die Habichte über
den unglücklichen Sir Walter herfielen, den fie unbarmherzig zer-
zauften. Aber auch ein Kritiker der „Jenaifchen Allgemeinen Lit-
teraturzeitung" der „in den Ton der Gehäffigkeit und Verwerfung"
nicht einftimmen will, weiß in einer fpaltenlangen Rezenfion an dem
Werke faft nichts als Fehler zu entdecken [348]).

Fehler der fchlimmften Art. Denn der treffliche Hiftorienmaler
Scott hatte bewiefen, daß ihm zum Gefchichtfchreiber im ernften
Sinne nicht mehr als alles fehle. „Mit kalter Ruhe" äußerten fich,
wie Heine fchreibt, die Berliner „Jahrbücher für wiffenfchaftliche
Kritik". Es war Varnhagen, der hier die Feder führte, und von
einer nicht unbeträchtlichen Höhe herab — es ift eine von Varnhagens
beften Kritiken — das Werk des fchottifchen Dichters betrachtete [349]).
Bei der vornehmen Sprache, in der fich der Berliner Geheimrat
äußerte, wirkte fein Urteil um fo vernichtender. Die völlige Unfähigkeit
Scotts, einen Charakter wie den Napoleons zu faffen und ihn auf
die breite Bafis einer allgemeinen Gefchichtsbetrachtung zu ftellen,
wurde von Varnhagen überzeugend dargetan. Hierzu, zu der allgemeineren Gefchichtsbetrachtung, fehlte dem Romanfchreiber der hiftorifche Blick, und auch zu einer Biographie im engeren Sinne, wenn
fie ein Bild Napoleons werden follte, mangelten ihm die unerläß-
lichen ftaatswiffenfchaftlichen fowie jede Art militärifcher Kenntniffe.
Auch rügte der Rezenfent die äußerft unkritifche Benutzung eines
kümmerlich zufammengelefenen Quellenmaterials, des Verfaffers Stock-
engländertum und eine matte, verworrene farb- und leblofe Dar-
ftellung, die den Dichter Scott völlig verleugne. Soweit Varnhagen.

Hatte diefen in feiner Befprechung die Geheimratsmiene nicht
verlaffen, fo greift Lindner, der das „Leben Napoleon Buonapartes"

in Menzels „Literaturblatt" [350]) besprach, zur Waffe schneidenden Hohnes. Scott hatte den freilich nahezu albernen Satz an die Spitze seines Buches gestellt: „Man wird finden, daß der Verfasser kein persönlicher Feind Napoleons ist." Dazu sagt Lindner: „Persönlicher Feind! Der Ausdruck ist lächerlich in Beziehung auf die Person des Sir Walter. Eine Fliege, die einen Elephanten stechen will, wird darum von keinem verständigen Menschen für einen Feind der Person des letztern angesehen werden." Nicht minder derb ist eine andere Stelle: „Napoleon gegen einen Walter Scott verteidigen, hieße den Shakespeare gegen einen Schikaneder oder Clauren in Schutz nehmen." Das war der „schwer verhaltene Feuereifer" Lindners, der auch in dieser Kritik seine der heineschen Anschauung nahe verwandte Lieblingsidee, in Napoleon das schöpferische Genie zu sehen, „das den durch die Revolution beabsichtigten Verbesserungen die Krone aufsetzte", deutlich aussprach und im übrigen den Gedanken, daß Scotts oder Napoleons — eigentlich aller beider — Ruhm in dem unseligen Buche zu dem äußern Zwecke der Befriedigung von Gläubigern in unverantwortlicher Weise eingeschlachtet werde, in anderen Worten, aber nicht minder deutlich zum Ausdruck bringt als Heine.

Da dessen Kritik (in den „Annalen") später erschien als die Lindners, so ist anzunehmen, daß er seinem Kollegen in dem allerdings naheliegenden Gedanken gefolgt ist. Übrigens hatte weder Lindner noch Varnhagen dem Eifer Heines genug getan; gegen den letzteren hat dieser selbst in neckendem Tone seine Unzufriedenheit über ihn als Kritiker des Scottschen „Napoleon" brieflich geäußert und dabei freilich zugleich seine eigene Rezension als „herzlich schlecht" bezeichnet [351]). Das war ihm schwerlich Ernst, wenn auch sein Aufsatz mehr eine Rhapsodie als eine Rezension zu nennen ist. Letzteres schon darum nicht, weil Heine auf den Inhalt des besprochenen Werkes nur wenig eingeht, wie er denn nach eigenem Geständnis überhaupt nur den neunten (Schluß-) Band desselben gelesen hat. Wer sich selbst mit Todesverachtung durch den ungeheuren Wälzer hindurchgearbeitet — unter den Lebenden dürften es nur wenige sein — wird das Vergehen des Dichters verzeihlich finden.

Wie gesagt, mehr eine Rhapsodie als eine Rezension und zwar eine Rhapsodie im Stil des „Buches Le Grand": „Der tote Kaiser ist im Grabe noch das Verderben der Briten, und durch ihn hat jetzt Britanniens größter Dichter seinen Lorbeer verloren!" Dieser Verlust ist, wie Heine sich poetisch ausdrückt, eine Strafe der Musen für den

Mißbrauch verliehener Geistesschätze. Denn die „Bergelfen des Parnasses" sind „wie alle edelsinnigen Weiber leidenschaftliche Napoleonistinnen." Don Bérangers, Delavignes, Hugos, Byrons Muse ließ sich das mit einigen Einschränkungen wohl sagen, am meisten freilich von der Muse Heines selber. Auch in seiner Rhapsodie wird die „Göttlichkeit" Napoleons hervorgehoben. Diesmal freilich mehr als bloß rhetorische Antithese gegenüber den „Lästerungen" Sir Walters, der die „ganze Arche Noä" geplündert zu haben schien, um den toten Kaiser durch „bestialische Vergleichungen" in den Augen seiner Leser herabzuwürdigen. Das war schlimmer als die „brandgemalten Teufel" Arndts und die höllischen Metaphern so vieler Freiheitssänger. Was im Jahre 1813 dem Ausbruch eines elementaren National- und Rassenhasses zugute gehalten werden konnte, war 1827 nur noch literarische Unart. Auch Lindner hatte sich über die „animalischen Vergleiche" — Heine nennt sie „Viehbilder" — geärgert; vorsichtiger hatte Varnhagen das über den Homer hinausgehende „Homerisieren" in der Metaphorik des schottischen Barden getadelt.

Übrigens hat Heine sich auch sonst an seine Vorgänger in der Scottkritik mehrfach angelehnt oder deren Standpunkt gegenüber Stellung genommen. Schon Varnhagen hatte besonders dem neunten Bande des englischen Werkes, der von der Gefangenschaft auf St. Helena handelt, seine Aufmerksamkeit zugewendet. Er fand, daß der Verfasser hier am besten gearbeitet hätte, einmal wegen der Kleinheit der Verhältnisse, die er — kein Kompliment für den „Historiker" Scott — besser habe übersehen können, dann auch wegen der Benutzung der Archive, die das englische Ministerium seinem Verteidiger gern gewährt hatte. Natürlich enthielten sie die einseitigen Berichte des Gouverneurs Sir Hudson Lowe. Daneben waren ein paar unvorsichtige Äußerungen des 1818 von St. Helena zurückgekehrten Generals Gourgaud verwertet worden, welche Heine in seinen Ansichten über den Charakter dieses Ehrenmannes irreführten. Die Hauptsache aber war für unsern Heine folgende: „die Exkulpation des englischen Ministeriums in betreff des Verbrechens von St. Helena", die auch Varnhagen als eine Sachwalterarbeit empfindet, erschien ihm ein Mißbrauch des Scottschen Talentes zu Advokatenkniffen; dies und die bei der Abfassung des Buches mitspielende Geldfrage hat ihn zu dem ungerechten Vergleiche veranlaßt, Sir Walter habe den Kaiser verkauft, wie einst seine schottischen Landsleute nach der Schlacht bei Naseby den unglücklichen Stuart Karl I. an die Engländer verkauft hätten.

Noch in einem anderen Punkte wird man dem deutschen Kritiker nicht so ganz recht geben können: wenn er nämlich an eine Be= einflussung der St. Helenaliteratur durch den Gefangenen selber nicht glauben will: „Auch macht Walter Scott den Kaiser zu dem größten Dichter, der jemals auf dieser Welt gelebt hat, indem er uns ganz ernsthaft insinuiert, daß alle jene denkwürdigen Schriften, die seine Leiden auf St. Helena berichten, sämtlich von ihm selbst diktiert worden." „Sämtlich diktiert" ist natürlich zu viel gesagt; aber manche der Bücher waren es doch — die „Kapbriefe" und die Campagne de 1815 [858]) z. B., für die der Herausgeber Gourgaud nur seinen Namen geliehen hatte — und auch bei der Mehrzahl der übrigen ist wenigstens die Inspiration nicht wegzuleugnen. Und was nun erst gar die dazu erforderliche poetische Schöpfungskraft anlangt, die hätte meines Erachtens der Dichter des „Le Grand" dem Dichter der Bulletins und Proklamationen schon zutrauen dürfen.

Wie immer in Vers und Prosa, versteht es auch diesmal unser Heine, kühn und originell abzuschließen. Die Gedanken waren viel= leicht nicht so neu — manches kam schon im „Le Grand" vor — wie die Form, die wieder überraschend wirkt. Sehr geschickt weiß der Dichter die Grausamkeit der Engländer gegen ihren großen Ge= fangenen ins Lächerliche und Verächtliche zu übersetzen, indem er die erbärmlichen Nichtswürdigkeiten des Sir Hudson Lowe und seiner „Myrmidonen" mit den kleinen Teufeleien der Männer von Liliput gegen den Riesen Gulliver vergleicht. Sein Hohn wird noch um eine Dosis bitterer, als er dem Walter Scott spottend nacherzählt, daß der Kaiser „ganz scharmant behandelt worden" und „endlich frisch und gesund und als ein guter Christ an einem Magenkrebse gestorben sei."

In schauerlicher Drastik wird dieser Tod mit dem eines Mannes verglichen, der, auf die Folter gespannt, ganz natürlich an einem Schlagflusse stirbt. So etwas kann passieren, aber wer glaubt's? „Die böse Welt wird sagen: die Folterknechte haben ihn hingerichtet." Man sieht hier wieder unmittelbar den Einfluß des O'Meara und Antommarchi, die behauptet hatten, der Kaiser sei im eigentlichen Sinne ein Opfer des Klimas geworden. Heines Witz hat zur Ver= breitung dieser Ansicht vielleich noch mehr beigetragen als die medi= zinische These der beiden Fakultätsgelehrten.

Der Groll, den unser Poet gegen den Biographen empfindet, den „Advocatum Diaboli", wie er ihn einmal nennt, der die „Heilig=

sprechung" des Kaisers nicht hindern werde, steigert sich zu offenbarem
Hasse, sobald Heine auf den Sieger von Waterloo, Lord Wellington,
zu reden kommt. Auch diesem ist in den „Englischen Fragmenten",
denen der Scottauffatz einverleibt wurde, ein besonderes Kapitel ge=
widmet[353]). Obwohl es nicht, wie der größte Teil jener Fragmente,
in den „Annalen" sein erstes Erscheinen gefeiert hat, wird es doch
zweckmäßig sein, es an dieser Stelle mitzubesprechen.

Es waren politische, persönliche und künstlerische Anthipathieen,
die in der Seele des Dichters zum Haß gegen Blücher und Wellington
zusammenflossen. Sah der Politiker Heine mit seinen Gesinnungs=
genossen in Waterloo das Grab der Freiheit, so mußte sich der Dichter
über die — künstlerisch betrachtet — unmotivierte Katastrophe eines
Heldendramas ärgern, die ihm, ebensowenig wie Byron[354]), einen
ästhetisch befriedigenden Abschluß zu gewähren schien. Hatten nicht
ein Mann der Defensive und ein unstrategischer Haudegen den Klassiker
der Kriegskunst am Abend einer dreiviertel gewonnenen Schlacht über
den Haufen gerannt?

Was ich da sage, hat schon mancher über diesen Schlachttag
gedacht, soviel Tinte auch von gelehrten und ungelehrten Federn
vergossen wurde, um Napoleons ungeheure „Fehler" in dem kurzen
Feldzug von 1815 zu beweisen. Noch ist das letzte Wort über
den merkwürdigen 18. Juni nicht gesprochen, aber, wie es auch
fallen mag, die Poeten durften mit dem Bau der Katastrophe un=
zufrieden sein. Sie hatten auch das Recht, sich an den Las Cases zu
wenden, der ihnen Gespräche aus Napoleons Munde mitteilt, in
denen der Schlachtendichter recht glaubwürdig zu machen weiß, wie
er sich die Sache in seinem Kopfe zurechtgedacht und wie eigentlich
nur durch die Fehler der Kulissenschieber das Stück, das ein Zug=
stück wie Jena hätte werden können, ins Wasser fiel[355]). Besonders
Wellington war in der Kritik seines Gegners hart mitgenommen,
während Napoleon an Blücher wenigstens den tapfern Draufgänger,
wenn auch nichts weiter, anerkannte[356]). Wie sehr Heine wieder
von dem „enthusiastischen Kammerherrn" beeinflußt war, zeigt auch
der schon früher erwähnte, von London aus an Varnhagen gerichtete
Brief, in dem der junge Mann dem gereiften Verfasser der Blücher=
biographie allerlei Elogen macht, aber doch gesteht, daß er dessen
Buch nicht „mit Liebe" lesen könne. „Ich ärgere mich, wenn ich
bedenke, daß der Mann der Idee, der ideegewordene Mensch, näm=
lich Napoleon, durch jene zwei Menschen vernichtet worden ist, wovon
der eine ein pharaospielender Husar und der andre ein von allem

Enthuſiasmus entblößter engliſcher Taugenichts war oder, beſſer geſagt, noch iſt."

Nun war der Verteidiger der Torres Vedras, der Sieger von
Toulouſe und Vittoria, zwar kein „Taugenichts", aber er war ganz
gewiß ein „von allem Enthuſiasmus entblößter" Engländer, der als
ſtarrer Tory und als Eckpfeiler der Reaktion den Liberalen zuwider
ſein mußte. Byron und Börne fanden ſich mit Heine in dieſem Gefühl zuſammen. Wer kennt nicht die Strophen des Don Juan, die
mit dem aus Béranger entlehnten Koſeworte einſetzen:

O Wellington! O Mylord Villainton! u. ſ. w. [357])

und die nicht minder ſcharf geſchliffenen Worte der Börneſchen Proſa,
in denen Wellington der „Vormund jeder unmündigen Legitimität"
und der „Knecht Ruprecht der unartigen und wilden Kinder unter
dem Volke" genannt wird [358])!

In Heine aber ſcheint es mir nicht ſo vorwiegend wie bei Byron,
geſchweige denn ſo ausſchließlich wie bei Börne der politiſche Haß
gegen den Konſervativen geweſen zu ſein, was ihm den Wellington ſo
unausſtehlich machte. Zwar war es auch ihm höchſt verdrießlich, daß
der ſteife Tory der Nachfolger Cannings im Miniſterium wurde, des
von dem Dichter als Freiheitsapoſtel angebeteten großen Canning;
auch nennt er ihn einmal den „Oberſchnurren" des Königs von
England und ſpäter, in den „Franzöſiſchen Zuſtänden", den „berühmten Scharfrichter, der ſchon in anderen Ländern die Freiheit hingerichtet" [359]), greift ihn auch ſonſt wegen ſeiner politiſchen Stellung
häufig genug an. Aber das Unverzeihlichſte an dem Manne ſind
Heine doch ſeine „täppiſchen Siege" [360]) oder beſſer im Singular: der
Sieg bei Waterloo. Auch Byron hat ſich über dieſe Glückstat ſeines
Landsmannes und erlauchten Standesgenoſſen ſpöttiſch genug geäußert:

Indes, obwohl als Menſch ſchon im Verblühn,
Sind Durchlaucht doch als Held noch ziemlich grün [361]),

heißt es im „Don Juan".

Das iſt aber noch nichts gegen Heine. „Der Mann hat das
Unglück, überall Glück zu haben, wo die größten Männer der Welt
Unglück hatten," ſagt er von ihm, „und das empört uns und macht
ihn verhaßt. Wir ſehen in ihm nur den Sieg der Dummheit über
das Genie — Arthur Wellington triumphiert, wo Napoleon Bonaparte untergeht!" [362]) Da dieſe Tatſache nicht aus der Welt geleugnet
und der Name Bonapartes ohne den ſeines Beſiegers nun einmal

nicht mehr genannt werden kann, so sucht die Parteilichkeit Heines das Zusammentreten beider Personen in der Geschichte lediglich auf Rechnung des Zufalls zu setzen, und er vergleicht — wieder aus der Passionsgeschichte das Bild entlehnend — den Wellington mit Pontius Pilatus, dessen Name „ebenso unvergeßlich geblieben wie der Name Jesu Christi" [363]).

Schwerlich kann es einem Manne von Heines Geist verborgen geblieben sein, daß der Vergleich ungewöhnlich stark hinkte. Es scheint, als ob er, ähnlich wie an der Stelle über Londonderry und Saalfeld im „Buch Le Grand" seinem Unmut über das Unabänderliche Luft machen muß — und wäre es durch Schimpfworte. Darum ist ihm der Sieger von Waterloo „das dumme Gespenst mit einer aschgrauen Seele in einem steifleinenen Körper, ein hölzernes Lächeln in dem frierenden Gesichte." Aber nicht allein darum.

Bei dem Gefühl von Zu- und Abneigung finden leicht Übertragungen aus dem Psychischen ins Physische und umgekehrt statt. An einem aus rein moralischen Gründen unangenehmen Individuum wird man leicht körperliche Mängel entdecken, und umgekehrt führen z. B. nervöse Anthipathieen gegen das Äußere und die Manieren eines Menschen sehr leicht auch zu seelischer Abneigung. Auch Byron ärgert sich über Wellingtons „hölzernen Blick" (wooden look), und Heine gefällt der Ausdruck so, daß er ihn nicht allein abschreibt — übrigens mit Angabe seiner Quelle —, sondern das übernommene Bild mit sichtlichem Behagen weiter ausmalt. So macht er in einem ebenfalls um diese Zeit (1828) über englische Zustände geschriebenen Aufsatz den Sieger von Waterloo zu einer grotesken Nußknackerfigur: „Wellington, dieser eckig geschnitzelte Hampelmann . . . . dieser hölzerne Völkervampir mit hölzernem Blick und ich möchte hinzusetzen, mit hölzernem Herzen" [364]).

Der letzte Zusatz spielt wieder auf das moralische Gebiet hinüber, und auch auf diesem entbehrt das Zerrbild nicht ganz der Wahrheit. Herzlosigkeit und Mangel an ritterlicher Gesinnung hatte Wellington durch sein Verhalten bei dem Prozeß gegen den unglücklichen Marschall Ney bewiesen, und selbst Treitschke, der doch sonst für Napoleons Gegner gern ein Löbchen bereit hält, hat diesen verzweifelt nüchternen Menschen als „trocken, bitter, griesgrämisch" charakterisiert, als einen Mann „mit einem steifen Dünkel, der auf der weiten Welt kein Interesse neben dem englischen gelten ließ" [365]). Auch Frau von Staël soll von ihm gesagt haben, daß er außer seinen Schlachten keine zwei Gedanken im Kopf gehabt hätte.

So dient der Arthur Wellington, den der Dichter aus einem stocksteifen Engländer zu einer Faftnachtspuppe degradiert hat, dem Humoriften geradezu als Kontraftbild, als Folie für Napoleon. Der ift wieder wie im „Buche Le Grand": „jeder Zoll ein Gott."

Das ift und bleibt auch in den „Englifchen Fragmenten" das Stichwort. Die Scottkritik und der Wellingtonauffatz zeigen in diefer Hinficht die engfte Blutsverwandtfchaft mit dem geiftreichen Capriccio. Die perfönliche Begegnung mit dem Weltherrfcher, der antike Schnitt des Geficts und des ganzen Menfchen finden fich auch hier. Und wieder tritt auch das Traumhaft=Vifionäre wie dort her= vor; die früher angeführte Stelle über des Dichters Zweifel an der Wirklichkeit feiner Begegnung mit dem Kaifer ftammt aus dem Wellingtonauffatze. Die beifpiellofe Popularität des napoleonifchen Namens aber hat der Dichter durch ein Gefchichtchen illuftriert[866]), das gewiß ebenfo zu den erfundenen gehört wie die gleichfalls mit napoleonifchen Erinnerungen und Anfpielungen durchflochtene Er= zählung von dem Zwerg und der Tänzerin am Londoner Strand in den „Florentinifchen Nächten", aber von großer innerer Wahrheit ift: Heine berichtet, daß er einft an Bord eines Oftindienfahrers ge= gangen fei, der mit Mohammedanern, Leuten vom roten Meere bis an die Grenzen Chinas, gefüllt war. Er und die Orientalen finden Gefallen aneinander, können fich aber gegenfeitig nicht verftändigen. Den freundlichen Gefellen feine Zuneigung zu bezeugen, fpricht der Dichter den Namen des Propheten aus. Als erfreuenden Gegengruß empfängt er aus dem Munde der fremden Leute den Namen: Bonaparte!

Scottkritik, Wellingtonauffatz, alles war wieder in eine Apotheofe des großen Gegners verlaufen, und die Zeitgenoffen, deren Wider= fpruch nach und nach verftummte, nahmen es weniger als bisher übel, wenn Heine fich zu deffen Preife die allerkühnften Dithyramben erlaubte. Ein Beweis dafür ift Menzels glänzende Kritik des vierten Bandes der „Reifebilder", der die neuen Ketzereien gefammelt enthielt. Wer bei der Nennung diefes Namens nur den Menzel der fpäteren Jahre vor Augen hat, wird fich wundern, die Worte zu lefen: „Ein Meifter= ftück gefchichtlicher und zugleich poetifcher Charakteriftik ift der Auf= fatz: Wellington . . . . diefe Charakteriftik eines Mannes ift zugleich die des ganzen Zeitalters, deffen Abgott er gewefen. Alles war falfch, unecht, die Begeifterung, der Sieg, der Frieden. Nichts Wahres in der ganzen Zeit feit Napoleons Sturz als die Lüge!"[867]) Un= angenehm wurde durch das dem Kriegsgott gefpendete Lob unter den literarischen Notabilitäten nur Ludwig Börne berührt, der im übrigen das Erscheinen gerade des (vierten) Bandes der „Reisebilder", der die „Englischen Fragmente" enthielt, so freudig begrüßte: „Das Buch hat mich gelabt wie das Murmeln einer Quelle in der Wüste, es hat mich entzückt wie eine Menschenstimme von oben, wie ein Lichtstrahl den lebendig Begrabenen entzückt." — „Was mich aber eine Welt weit von Heine trennt," heißt es etwas später, „ist seine Vergötterung Napoleons. Zwar verzeihe ich dem Dichter die Bewunderung für Napoleon, der selbst ein Gedicht; aber nie verzeihe ich dem Philosophen Liebe für ihn, den Wirklichen" [368]).

War es nun der Dichter oder der „Philosoph", den der Name des Welterschütterers begleitete, als unser Heine nach der Weise deutscher Kaiser und Sänger Anno 1828 über den Brenner gen Süden ins Land Italia zog, wo ihm die Lorbeerbüsche heiße Minne und auch jenen kühlen Ruhm entgegenrauschten, der, wie er neidisch verlangend gesagt hatte, noch „in den Marmorbrüchen von Carrara schlief?" Genug, er hat ihn begleitet. Zwischen die glutäugigen Mädchengesichter und die frommen Madonnenbilder in den weiten dunkeln Domen drängt sich immer von Zeit zu Zeit der „Mann mit dem dreieckigen Hütchen und dem grauen Schlachtmantel", der — wiederum wie ein Traum — auf dem Felde von Marengo durch die wallenden Morgennebel dahinjagt, geisterschnell, gleich einem Gedanken; während ein „schaurig süßes Allons enfants de la patrie" in der Ferne erschallt [369]).

In der Zeichnung also ist das Bild den früher von derselben Hand entworfenen ganz ähnlich, fast gleich, aber die Auffassung ist doch etwas anders geworden. Begleiten wir, um das zu verfolgen, unseren Poeten auf seiner „Reise von München nach Genua" durch die Wiesengründe der Alpentäler. Hier merkt man noch nichts; eine gewisse Teilnahme für die Erhebung des Tiroler Bergvolks im Jahre 1809 scheint fast mehr dem Dichter dieses Krieges, Heines Freunde Immermann [370]), als den Ereignissen selber zu gelten, und die Beurteilung der tapfern Schützen des Puster- und Passeyrtales ist nicht frei von ironischen Bemerkungen über deren religiöse und politische Beschränktheit. Der Mann des Fortschritts ist auch hier — und hier besonders — Napoleon, und der Dichter freut sich, sein Bild einträchtig neben dem des wackeren Hofer in der Innsbrucker Wirtsstube hängen zu sehen [371]).

Auch in der Stadt der Sforza erinnert der Dom an den kaiserlichen Helden, der den schönen Marmorbau gefördert, und beim Anblick des Mailänder Triumphbogens, der die Simplonstraße beschließen soll, kann unser Heine den wehmütigen Ausruf nicht unterdrücken, daß nun das Standbild des großen Baumeisters sein Werk nicht krönen wird, sondern statt des genialen Eidams der Schwiegervater, der geistlose Habsburger Franz, auf den Bogen zu stehen kommt, so wie seit einem Jahrzehnt der Bourbone Cäsars Bild im Schilde der Ehrenlegion verdrängt hatte.

Aber wenn es die Weißröcke nicht wollen, so wird der Düsseldorfer Jude dem Kaiser eine Inschrift auf seinen Bogen setzen, und er tut es in einem den Verhältnissen angemessenen Lapidarstil: „Der große Kaiser hat ein Standbild hinterlassen, das viel besser ist und dauerhafter als Marmor und das kein Österreicher unsern Blicken entziehen kann. Wenn wir anderen längst von der Sense der Zeit niedergemäht und wie Spreu des Feldes verweht sein werden, wird jenes Standbild noch unversehrt dastehen; neue Geschlechter werden aus der Erde hervorwachsen, werden schwindelnd an jenes Bild hinaufsehen und sich wieder in die Erde legen; — und die Zeit, unfähig, solch Bild zu zerstören, wird es in sagenhafte Nebel zu hüllen suchen, und seine ungeheure Geschichte wird endlich ein Mythos" [872]).

Wie stimmen hierzu die Kapitel von der Schlacht bei Marengo [873]), wo Heine den Leser bittet, „ihn nicht für einen unbedingten Bonapartisten zu halten", wo er betont, daß seine Huldigung nicht den Handlungen, sondern nur dem Genius des Mannes gelte, dem er vorwirft, am achtzehnten Brumaire die Freiheit verraten zu haben — noch dazu aus Vorliebe für den Aristokratismus? In der Handschrift steht die Stelle etwas anders [874]), doch kommt es dem Sinne nach wesentlich auf dasselbe hinaus.

Diese Stelle hat frühere Heineerklärer und -biographen veranlaßt, schon hier den Eintritt einer Wendung in den Ansichten des Poeten über seinen großen Zeitgenossen anzusetzen.

Eine Nuance ist freilich unverkennbar und aus den besonderen Umständen des Ortes und der Zeit dieses Reiseerlebnisses leicht zu erklären. Sollte die Tatsache, daß auch gute Freunde, Varnhagen und Rahel, Vetter Schiff und Ludwig Robert, einmal sogar, wie es scheint, selbst der Erzbonapartist Lindner [875]), an dem allzu hellen Fanfarenklang seiner napoleonischen Ruhmestrompete Anstoß genommen, den kecken, jungen Poeten zu einer Art „Erklärung", einer Einschränkung seiner dithyrambischen Loblieder veranlaßt haben? [876]) Möglich, möglich auch nicht. Denn es hat wohl noch eine besondere Bewandtnis mit der Marengostelle. Bisher hatte der junge Heine eigentlich nur von dem Napoleon seiner Jugend gesprochen, dessen Erscheinung der Dichter wie ein Kunstwerk bewundert, dessen tragisches Schicksal der Mensch bedauert, dessen politische Taten der Judenbefreiung und der Gesetzbuchschöpfung er mit ungeteilten Sympathieen gegenüberstand.

In Wirklichkeit handelte es sich nun ja bei diesen Werken des großen Mannes weit weniger um Freiheit, als vielmehr wieder um die soziale Gleichstellung der Menschen. Als den Werkmeister dieser letzteren hatte Heine Napoleon preisen wollen. Statt dessen hat er ihn als Freiheitshelden gelobt, eine unverkennbare Verwechselung, die uns nach früher Gesagtem freilich verständlich ist. Diese politische Unklarheit fängt der reifer Werdende an zu überwinden. Schon in den „Englischen Fragmenten“, in dem „Gespräch auf der Themse“ [377]), heißt es: „Daß dieses Streben nach Gleichheit das Hauptprinzip der Revolution war, dürfen wir um so mehr glauben, da die Franzosen sich bald glücklich und zufrieden fühlten unter der Herrschaft ihres großen Kaisers, der, ihre Unmündigkeit beachtend, all ihre Freiheit unter seiner stengen Kuratel hielt und ihnen nur die Freude einer völligen, ruhmvollen Gleichheit überließ“ [378]).)

/ Als der Dichter jene Worte schrieb, scheint er — in seiner Augenblicksstimmung — den Verlust dieser von seinem Abgott unterdrückten Freiheit nicht sonderlich tief empfunden zu haben. Man begreift das aus dem Zusammenhang, in welchem Heine den nicht unrichtigen Gedanken entwickelt, das Hauptprinzip der Revolution sei das Streben nach der bürgerlichen Gleichheit gewesen.) Wir wissen, daß auch der nach französischem Muster zugeschnittene deutsche Liberalismus von den beiden heiß begehrten Gütern das letztere als das noch erstrebenswertere ansah.

Es bedurfte einer andern Umgebung, um in dem Stimmungsmenschen Heine den Jammer um den Verlust verlorener Freiheit in seiner ganzen Stärke ausbrechen zu lassen und ihm gleichzeitig die Augen darüber zu öffnen, daß, was Byron lange wußte, auch sein Abgott Bonaparte dieses kostbare Gut, wo er es hätte bringen können, eigentlich nicht gebracht hatte.

Das geschieht, als ihm Napoleons Bild in Italien entgegentritt, nicht als der auf der Sonnenhöhe des Lebens stehende Kaiser, dessen Glanz die Augen blendet, sondern als dreißigjähriger Konsul und in einem Lande, wo der Dichter auf Schritt und Tritt, sogar unter dem leise zerbröckelnden Gestein der Arena von Verona, an die zu-

schlagende Roheit des österreichischen Korporalstocks erinnert wird.
Er nimmt Anteil an den tiefdurchfurchten Gesichtern des italienischen
Volkes, das die Weißröcke so brennend haßt. Wer hatte die Unglücklichen von diesem Joche für ein Jahrzehnt befreit? Jener Frankengeneral, der, die Würde eines römischen Konsuls erneuernd, auch wie
römische Konsuln zu schlagen und zu siegen verstand. So drängt sich
dem Besucher der — übrigens den Zeitgenossen ganz geläufige —
Gedanke auf, in dem Plan an der Bormida ein Schlachtfeld zu sehen,
„wo die Freiheit auf Blutrosen den üppigen Brauttanz getanzt hat".
Um so näher lag nun aber die weitere Erwägung, daß der Freiheits-
bräutigam, der erste Konsul, dieser seiner lieben Braut nachher die
Treue gebrochen, daß er, was der Dichter der „Nordsee" und des
„Le Grand" in dem Sturme seiner Jugendschwärmereien gänzlich
übersehen, „den größten Ruhm, der größte Mensch des Jahrhunderts
zu sein, um den, der größte Kaiser desselben zu werden, vertauscht
hatte". Und gerade hier waren solche Erwägungen am Platze, und
der deutsche Dichter begegnete sich mit den Empfindungen der Edelsten
des Landes, in dessen prächtige Täler er soeben von den Alpen hinab-
gestiegen war und dessen Geschick ihm so sehr zu Herzen ging. Gerade die italienische Poesie hat von Alfieris und Ugo Foscolos Tagen
unter schroffem Wechsel von Stimmungen und Ansichten bald dem
Befreier Italiens und dem Schöpfer republikanischer Staatsgebilde
zugejauchzt, bald den „Tyrannen" verwünscht, dann wieder, von der
Furchtbarkeit seines Loses ergriffen, dem größten Landsmann — als
solchen empfand ihn der Italiener — die Teilnahme nicht versagen
können. Sein Leben lang hat es Niccolini bedauert, daß Napoleon
den großen Moment versäumt, die Einheit Italiens nicht hergestellt
habe [379]). Aber er dichtet die prächtige Epistel an Marie Louise, den
Napoleone a Sant' Elena [380]). Santa Rosa verwünscht in seiner
Jugend den Despoten, um später ein Freund der Napoleoniden zu
werden [381]). Noch später wird Bazzoni eine Ode ersinnen, in der er
Napoleon vorhält, den Freistaat „ausgelöscht" zu haben. Sie führt
zu Heine zurück, wenn man hört, daß in ihr der Gestürzte bedauert,
nicht mit Desaix — neben Moreau einem der Idole der Republikaner — bei Marengo gefallen zu sein [382]). Wie so mancher dieser
Söhne des Südens, bleibt der deutsche Dichter auch da, wo er das
politische Verhalten seines Helden mißbilligt, persönlich diesem gewogen. Das zeigt der fast schmerzlich klingende Zusatz zu den
Tadelsworten: „Doch die Liebe liebt zuweilen alte Röcke, und so
liebe ich den Mantel von Marengo."

Wenn nun aber Ort und Zeit zu jenem Tadel geradezu herausforderten, so mag immerhin zu seiner Formulierung ein Umstand beigetragen haben, den ich nachtragend hier erwähne; doch ist der Platz nicht ohne Absicht gewählt worden. Kaum ein Jahr vor der italienischen Reise war Heine, auf der Fahrt nach München, mit dem Doktor Börne zusammengetroffen, „der gegen die Komödianten schrieb." Später nach seinem Zerwürfnis mit diesem Manne und nach Börnes Tode hat er in seinem bekannten Buche die Gespräche aufgezeichnet, die er mit dem grundehrlichen Doktrinär und politischen Fanatiker in Frankfurt geführt hat oder geführt haben will. Unter den strittigen Punkten, über die sich beide Männer schon damals nicht einigen konnten, treten da besonders der Radikalismus Börnes und dessen Widerwille gegen Napoleon hervor, der auch, wie wir wissen, das sonst günstige Urteil dieses Schriftstellers über die „Englischen Fragmente" einschränkte.

Zu etwas besserer Orientierung über den Standpunkt Börnes mögen einige Bemerkungen dienen, die natürlich auf irgendwelche Vollständigkeit keinen Anspruch erheben. Etwa anderthalb Jahrzehnte älter als Heine, hatte der Frankfurter Kaufmannssohn in seiner Jugend zu jenen namentlich in Südwestdeutschland so ungemein zahlreichen Verehrern des jungen Generals und Konsuls gehört, deren naiv gläubige Bewunderung, die in Vers und Prosa ihre Lobeshymnen stammelte, an anderem Orte von mir gezeichnet worden ist[383]). In der Schule treibt er statt der Heimatskunde lieber die Geographie Ägyptens, wo der Frankengeneral damals seine Triumphe feiert[384]). Noch später in Berlin „staunt er ihn mit dem Glauben eines Jünglings wie einen Gott an"[385]), ja, aus einer Stelle in der Besprechung eines Dumasschen Ausstattungsstückes, das Ludwig Börne 1831 in Paris aufführen sieht, könnte hervorgehen, daß die Sympathieen des witzigen Juden für den Kaiser sogar bis 1814 vorgehalten hätten[386]). Jedenfalls nicht länger. Denn in den folgenden Jahren schwimmt Börne in patriotischer Begeisterung und zieht in diesem Fahrwasser mit so kräftig aufgespannten Segeln dahin, daß sogar der gegen ihn erhobene Vorwurf einseitiger Deutschtümelei[387]) nicht völlig der Berechtigung entbehrt. Kommt er auf das Schicksal des Gefangenen von St. Helena zu reden, so zeigt sich wohl der Hauch eines flüchtigen Mitleids, der aber alsbald hinter der Erwägung verschwindet, daß es notwendig sei, den gefährlichen Ruhestörer mit eisernen Banden gefesselt zu halten[388]). Die Enttäuschung der Reaktionszeit kam auch bei Börne; sie konnte bei dem Frankfurter Juden, der seine unter

dem Rheinbundfürſten Dalberg innegehabte Stellung verlor und als
Zeitungsſchreiber unter dem Drucke einer von den engherzigſten An-
ſchauungen geleiteten Politik und Cenſur ganz beſonders zu leiden
hatte, nicht ausbleiben. Auch er, gerade er hat ſeinen Ärger darüber
nicht unterdrücken können, daß man ſtatt eines Tyrannen deren nunmehr hundert habe. Aber zur Schwärmerei für den einen hat ihn
das niemals zurückgeführt. Dazu war der Liberalismus des Mannes,
der auf dem Hambacher Feſte von Bürgern und Studenten als Hüter
der Freiheit gefeiert und faſt erdrückt wurde, viel zu radikal und
zu ſtarr, wie alles an Börne ſtarr war. Trotzdem hat freilich wieder
Heine recht, wenn er von jenem ſagt, daß er „unbewußt den größten
Reſpekt vor Napoleon in der Seele getragen habe“ [889]). Und nicht
nur „unbewußt in der Seele getragen“, er hat ihn auch oft genug
recht bewußt zum Ausdruck gebracht, und es ließe ſich leicht aus
Börnes Schriften ein Dutzend Belegſtellen dafür zuſammentragen.
Aber es blieb doch bei dem Reſpekt vor dem Können des gewaltigen
Mannes; herzliche Verehrung war es niemals. Selbſt einem Walter
Scott gegenüber, deſſen Buch alle Welt verurteilte, will Börne den
Advokaten Napoleons nicht ſpielen, und er ſchlägt Menzel die Bitte
um eine Beſprechung unter der bezeichnenden Motivierung ab, daß
er ſonſt dem großen Napoleon eine Schlacht liefern müſſe, dem großen
Napoleon, „deſſen kleiner, aber erbitterter Feind“ er ſei [890]).

Faſt wunderlich nimmt ſich hierneben in den „Aphorismen“ ein
Urteil über den General Bonaparte aus, das freilich die oben gemachte
Bemerkung über einen ſchroffen Meinungswechſel in Börnes Seele nur
beſtätigt: „Bonaparte war groß, edelmütig, hochherzig, er hatte für
Freiheit und Recht gekämpft; aber Napoleon war herrſchſüchtig,
eigenmächtig, ſchlecht und trugvoll“ [891]). Dieſe reinliche Scheidung
zwiſchen dem Manne vor und nach dem Staatsſtreich, die weder
Pſychologie noch Geſchichte zu beglaubigen vermögen, galt manchen
Liberalen als Dogma.

Für uns hat ſie eine beſondere Bedeutung. „Wie liebte ich
dieſen Mann bis zum achtzehnten Brumaire“, ſoll auch bei der
Frankfurter Unterredung Börne zu Heine geſagt haben [892]), und:
„Unbedingt liebe ich ihn nur bis zum achtzehnten Brumaire — da
verriet er die Freiheit“, heißt es an der Marengoſtelle [893]). Nun iſt
allerdings ſchon von Gutzkow [894]) Heines Glaubwürdigkeit hinſichtlich
der Einzelheiten ſeiner Mitteilungen über die von ihm mit Börne
geführten Geſpräche in Zweifel gezogen worden, und es iſt mehr als
wahrſcheinlich, daß er ſie für ſeine polemiſchen Zwecke zugeſtutzt,

sicher, daß er sie mindestens redaktionell überarbeitet, auch nach seiner beliebten Manier mit nur ihm angehörigen Einfällen durchflochten hat. Aber diese Konkordanz ist doch auffallend, und fast zur Gewißheit wird die Vermutung, daß hier Börnescher Einfluß bei Heine durchschimmert. Waren die beiden Männer in ihren Ansichten nicht immer einig gewesen — Börne nahm ja, wie uns bekannt, an Heines Napoleonkultus geradezu Anstoß [395]) —, so ist es doch nicht unwahrscheinlich, daß der charakterfeste Ernst des älteren Mannes auf den haltloseren Jüngling immerhin einige Wirkung geübt und das Diktum Börnes sich dem Impressionisten mit zwingender Gewalt aufdrängte.

Echt Börnisch ist auch die Wendung an der Marengostelle, daß Napoleon „aus geheimer Vorliebe für Aristokratismus" die Freiheit verraten habe, woran dann weiter die Bemerkung geknüpft wird, daß die durch England repräsentierte europäische Aristokratie einen „kolossalen" Fehler begangen hätte, als sie den Mann stürzte, der, wie Heine jetzt zu glauben scheint, eben jene Aristokratie mit neuem Blut aufgefrischt haben würde, während sie nunmehr an innerer Fäulnis zu Grunde gehe.

Das sind ja alles Betrachtungen, die von anderem Standpunkte an Napoleons Wirksamkeit zu knüpfen sicherlich erlaubt ist. Aber wo bleibt der Dichter der „Nordsee", der die nach Rußland ziehenden Soldaten des Imperators „die Söhne des Feuers und der Freiheit" nannte und dem die Kriegs- und Siegesmärsche des kleinen schwarzen Tambours Le Grand wie Freiheitslieder ins Ohr geklungen sind?

Auf der andern Seite muß betont werden, daß der Kaiser trotz dieser Ausstellung des Dichters Zuneigung nicht verloren hat. In der „Stadt Lucca", in der Napoleon gegen die Reflexionen über das Christentum und die christliche Religion naturgemäß zurücktritt, wird er doch einmal wieder mit dem göttlichen Märtyrer verglichen [396]).

„Aber die Liebe liebt zuweilen alte Röcke, und so liebe ich den Mantel von Marengo."

4. Kapitel.

Die Zeit des Zweifels.

Will man der Marengoſtelle in den „Reiſebildern" durchaus die Bedeutung eines Grenzſteines auf der langen Linie der Entwickelung Heineſcher Anſichtsäußerungen über Napoleon beimeſſen, ſo dürfte nach dem am Schluſſe des vorigen Kapitels Geſagten vielleicht an= zuraten ſein, dieſen Stein nicht allzu hoch zu ſetzen. Nur ein Sprung iſt für meine Augen in der Opferſchale ſichtbar, aus der die Wohl= gerüche zu des Helden Preiſe in die Lüfte ſteigen. Freilich, es war ein Sprung.

Eine breitere Spalte zwiſchen Einſt und Jetzt wird die Juli= revolution reißen. Die „große Woche", die den Vertreter des Dünkels und der Ahnen, den zehnten Karl von Frankreich, aus den Tuilerien jagte, freilich, um ſtatt eines borniert rückſchrittlichen, aber vornehmen Mannes den geizigen Geldmenſchen mit dem Birnenkopfe, Ludwig Philipp von Orleans zweifelhafter Majeſtät, auf den franzöſiſchen Thron zu erheben, dieſe große Woche hatte auch in Heines Herzen ihre Zauberwirkung getan. Auch er glaubte gleich ſo vielen ſeiner Geſinnungsgenoſſen bei dem Schrei des galliſchen Hahnes, als die „in Druckpapier eingewickelten Sonnenſtrahlen" bis nach Hamburg und Helgoland flogen, daß die Welt nach den Kuchen eines Feiertags röche, und etwas ſpäter, auf der Reiſe nach Paris, begegnete ihm eine Menge gotiſcher Dome, altdeutſcher wackliger Dome, welche ſchleunigſt die Flucht ergriffen, da der Morgenſchein der neuen Auf= klärung ſie in ihren mittelalterlichen Träumereien aufgeſchreckt hatte[307].

Auch für Heines Leben hatten die Julitage die Bedeutung eines Wendepunktes. Denn ſie gaben mindeſtens den letzten Anſtoß zu der

lange geplanten und oft überlegten Wanderung des Dichters nach
Paris, die nicht nur für die Entwickelung seines Denkens überhaupt,
sondern auch für sein Verhältnis zu Napoleon von großer Wichtigkeit
werden sollte. Die alte Fabel seiner Gegner von der freiwilligen
Auswanderung des Dichters, die auch Treitschke nachbetet [398]) und
die seit dieser historischen Sanktion jeder Alldeutsche gläubigen Herzens
verehrt, darf als erledigt angesehen werden. Ja, freiwillig, insofern
er nicht wie andere „Demagogen" durch die Gendarmen von einem
der buntscheckigen Grenzpfähle des deutschen Vaterlandes zum andern
„abgeschoben" wurde. Wenn aber moralischer Zwang auch ein Zwang
genannt werden darf, so war hier sogar mehrfache Nötigung vorhanden. Will man es auch, wie manches Heinesche Diktum, nicht
allzu wörtlich nehmen, jenes „besorgliche Winken einer großen Hand",
wovon ein Brief des Dichters an Freund Varnhagen zu erzählen
weiß, so gab es für ihn doch Gründe genug, das Land zu meiden,
in dem die Weisheit des grünen Tisches sich anschickte, durch Polizei-
verbote die Popularität seiner Werke zu steigern, an deren sinnlicher
Schönheit sich Gentz und die Fürstin Metternich im stillen ergötzten.
Auch mußte der Heinesche Scharfsinn erraten, daß die Rückwirkung
der Julitage in Deutschland nicht ausbleiben werde und daß eine
neue Demagogenhetze vor der Türe stand, vielleicht schlimmer als
jene erste vor 1820, mit der die Fürsten über die Selbstverleugnung
des deutschen Volkes in den Befreiungskriegen quittiert hatten. Wer
also die eigensinnige Feder nicht aus der Hand legen mochte, aber
auch nach den Spandauer „Geflügelsuppen" kein Gelüst empfand
und nicht das Bedürfnis hatte, sich mit Heinrich Laube in den grünen
Berliner Gefangenenwagen zu setzen und von den Tzschoppe und Dam-
bach in dem halbdunklen Loch der Hausvogtei in Tod oder Wahnsinn
hinein inquirieren zu lassen, der suchte eben seine Person in Sicherheit
zu bringen und ging lieber auf den schönen sonnigen Boulevards
spazieren, wohin die „Teutonenstiefel" und die „russischen Juchten"
nicht nachkommen konnten.

Mit Napoleon haben diese Dinge unmittelbar nichts zu tun.
Und doch! Hatte ihm nicht das „Buch Le Grand" einen guten Teil
seiner Unbeliebtheit in den Kabinetten der deutschen Regierungen
eingetragen? Und noch inniger wohl steht ein anderer Grund der
Übersiedlung des Dichters nach Paris mit dessen Interesse für den
Kaiser in Beziehung. Heine fühlte den Beruf in sich, ein Vermittler
zwischen französischem und deutschem Geistesleben zu werden. Wenn
ihm diese vom Schicksal gewordene Sendung die „Marschroute" nach

der Centrale des Nachbarlandes vorschrieb, so mußte auch der Umstand dabei ins Gewicht fallen, daß jene Stadt der Schauplatz der Regierung des Mannes gewesen war, der seinerseits, obwohl in ganz anderer Weise, durch sein Auftreten Wechselwirkungen zwischen beiden Ländern hervorgerufen hatte. Und wenn die Marengostelle immerhin schon als einer der ersten Versuche Heines angesehen werden darf, sich über die Gründe seines Napoleonkultus mit sich selber kritisch auseinanderzusetzen, so konnte der Aufenthalt in Paris einer weiteren Klärung seiner Ansichten nur förderlich sein. Eine Klärung, die allerdings den „Kultus" als solchen beschränken wird.

Die folgenden Teile meiner Untersuchung werden von den früheren in einem Punkte ein klein wenig abweichen. In jenen war es meine Aufgabe, den Werdegang des Heineschen Geistes zu beleuchten, soweit er für die Entwickelung der Ansichten über Napoleon in Betracht kommt. Hierbei mußte ein besonderes Gewicht auf die Umgangskreise gelegt werden, in denen sich der junge Heine bewegte und die, auch in Fällen, wo es nicht unmittelbar nachzuweisen war, einen stärkenden oder auch abschwächenden Einfluß auf seinen Kaiserkult geübt haben oder geübt haben können. Solche Untersuchungen werden jetzt zwar noch fortgesetzt werden müssen, aber doch immerhin gegen früher etwas mehr in den Hintergrund treten dürfen. Denn erstens ist Heine ein mehr fertiger Mann, der zudem durch seine Übersiedelung nach der französischen Hauptstadt dem deutschen Geistesleben bis auf einen gewissen Grad entfremdet wird. Des Dichters Umgang in Paris, soweit er aus Deutschen bestand, hat auf die Entwickelung seiner Ansichten über Napoleon wohl schwerlich tief eingewirkt. Von den Demokraten, die gleich ihm in hellen Scharen nach der Stadt des Bastillensturms flüchteten und die zu ihrer weitaus größeren Hälfte dem radikalen Flügel angehörten, fühlte er sich viel zu sehr abgestoßen, als daß er sich von ihnen hätte Ansichten oktroyieren lassen.

Nur Börnes Einfluß blickt bei den Urteilen über Napoleon in den nächsten Jahren noch hier und da durch. Der Parallelismus gewisser Stellen ist meines Erachtens denn doch zu unverkennbar, um das leugnen zu können.

Aber eine interessante Frage erhebt sich hier, so naheliegend, so unmittelbar sich ergebend, daß man sich wundern wird, sie an diesem Orte zum erstenmal aufgerollt zu finden. Es ist die Frage, wie weit eine Beeinflussung Heines durch die Kollegen vom französischen Parnaß, mit denen er geistigen und persönlichen Verkehr

gepflogen, erweisbar ist. Eine direkte Antwort ist auch hier nicht
leicht zu geben. Man darf nicht vergessen, daß die allgemeine
politische Stimmlage der Dichter der Julizeit mit der Heines vielfach
verwandt war und sich aus diesem Grunde eine Menge anscheinender
und auch wirklich vorhandener Parallelismen wieder aus den Gemein-
gefühlen erklären läßt, die diese Franzosen mit unserem Heine
teilten. Sie alle waren von dem Gedanken erfüllt, daß die Schmach
von Waterloo, der manche von ihnen, wie Béranger und Delavigne,
Barthélemy und Méry, herzergreifende Strophen geweiht hatten,
durch die Julitage, wenn nicht ausgetilgt, so doch gutenteils aus dem
Schuldbuche Frankreichs gestrichen sei, eine Auffassung, die Heine
selber — dieser freilich erst viel später — sehr scharf formuliert
hat. So hat Barthélemy damals gesungen:

> Don unserm Ruhm, den man beschimpft, bespieen,
> Zerrissen wir das schmachbedeckte Bild,
> Wir rächten uns im Schloß der Tuilerien
> Für Waterloos verlor'nes Blutgefild [399]).

Und als später die französischen Truppen, nur mit spärlichen
Lorbeeren gekrönt, aus dem belgischen Feldzuge heimkehren, da freut
sich der Dichter darüber, daß sie wenigstens das Löwendenkmal auf
dem flandrischen Schlachtfelde zerstört haben, ohne zu bedenken, daß
das im Grunde keine rühmlichere Tat war als die von ihm so hart
verurteilte Schändung der Vendômesäule im Jahre 1814:

> Und euer Mut, der allzu früh erstickte,
> Läßt eine Spur zurück in Feindeslanden,
> Das freche Schandmal eure Hand zerstückte,
> Das fünfzehn Jahr' uns hielt in schnöden Banden [400]).

Allen diesen Dichtern ist der Gedanke geläufig, daß die Kämpfer
der drei Julitage würdige Nachkommen der alten Helden vom Anfang des Jahrhunderts seien, deren bleiche Nebelgestalten wie auf
Raffets Bildern ihnen in den Wolken voranzogen.

> Drei Tage und drei Nächte in dem Ofen
> Des Julifeuers glühte dieses Volk,
> Zerriß in Fetzen des Béarners Schärpe
> Mit Jenas blutig rost'gem Lanzenschaft,

sang Victor Hugo [401]), und in den kriegerischen Verwicklungen der
folgenden Jahre, bei der italienischen, belgischen, polnischen Frage,
wird Barthélemy nicht müde, die Gemüter der Franzosen durch immer-
während Hinweise auf die Taten der Vorzeit, d. h. der napoleonischen

Kriege, zu erhitzen. Und da erhebt sich auch, in seiner ganzen Größe, das Schattenbild des Imperators:

> Und hoch steigt auf erloschenem Vulkane
> Napoleons gigant'scher Schatten auf [402]).

Und noch einmal zeigt er sich in seinem ganzen Zauber. Die französischen Liberalen vermögen ihn nicht mehr zu bannen, und so versuchen sie es nun, Cäsars klassisches Bild geradezu mit dem Bilde des schönen Weibes zu vermählen, das auf Delacroix' Gemälde die Julikämpfer über Leichenhaufen zum Siege führt, der Freiheit. Das gelingt dem einen besser, dem anderen schlechter. Einst hatte Delavigne gesungen:

> Du würdest noch regieren, wenn du es selbst gewollt,
> Der Freiheit Sohn, nahmst du den Thron der Mutter,
> Gegen ihr Recht mit Eintagsmacht gewappnet .... [403]).

Jetzt macht Barthélemy zum Entzücken Heines, der ihn „einen der tapfersten Dichter Frankreichs" nennt [404]), den Vorschlag, das Gedenken der Julitage durch ein symbolisches Fest zu begehen, ähnlich jenem, bei dem der Doge von Venedig sich alljährlich mit der Adria vermählte — und er fordert zugleich einen „Sühnetag" für den gestürzten Napoleon, wie die Bourbonen den 21. Januar, den Tag der Hinrichtung des sechzehnten Ludwig, als solchen dekretiert hatten. Wie ernst es diesen Liberalen mit der „Freiheit" war, wäre der Kaiser wiedergekommen, mögen die Verse aus Barthélemys „Zwölf Revolutionstagen" beweisen:

> Nun sprecht uns noch von Attentat, Verbrechen ...
> Wir bleiben taub, das Auge ist geblendet,
> Auf hehren Gipfeln nur zu ihm gewendet,
> Zu ihm, deff' einz'ger Name ist Historie,
> Der uns in Strömen übergoß mit Glorie,
> Der Glorie, die uns stolz macht, fast vermessen,
> Und alles, selbst die Freiheit, läßt vergessen [405]).

Victor Hugo suchte sich anders abzufinden, wollte nebeneinander:

> Gefall'nem Cäsar bauen einen Tempel,
> Der Freiheit Früchte, ihre Blumen lieben [406]);

aber der Zwiespalt blieb. Er war ja unüberbrückbar, sobald man, wie diese Dichter doch taten, statt der Gleichheit die Freiheit — und war es auch nur die theoretische der Julikämpfer — in den Vordergrund rückte. Es ist derselbe Zwiespalt, der sich in Heines „Fran-

zöfiſchen Zuſtänden" ſpiegelt und bei der Eigenart des Schriftſtellers
zu dem höchſt intereſſanten Wechſel auf und ab ſchaukelnder Stimmungsbilder führte, den ein Börne, Pfizer, Gußkow ſo unrichtig beurteilten,
weil ſie durch eine gefärbte Brille ſahen, die ihnen die feinen Oscilla-
tionen des Heineſchen Geiſtes verbarg, deren Urſächlichkeit wenigſtens
verſchleierte.

Wie dem auch ſei, über allgemeine Bezüge zwiſchen dem deutſchen
Dichter und ſeinen franzöſiſchen Kollegen ſind wir einſtweilen nicht
hinausgekommen, doch mag dabei immerhin ſo viel herausſpringen:
die „Charakterloſigkeit", die für gröber organiſierte Augen darin
liegen mochte, daß Heine in den Journalartikeln, die er für die
Augsburger „Allgemeine Zeitung" lieferte und dann ſpäter zu dem
genannten Buche zuſammenſchloß, bald mehr für die Freiheit be-
geiſtert, bald von Napoleons Gloire berauſcht erſcheint, dieſe „Charakterloſigkeit" hat er mit den franzöſiſchen — und auch manchen
deutſchen — Schriftſtellern gemein. Auch mögen, nebenbei bemerkt,
Stellungswechſel des Dichters gegenüber dem Bürgerkönige ſchon
durch die Tatſache gerechtfertigt erſcheinen, daß dieſer ſelbſt ſeinen
Kurs mehrfach änderte, bald die Toga des Volksmannes, bald den
Königspurpur anzog, mit den Jahren aber immer ſtärkere autokratiſche Gelüſte zeigte und hierdurch gelegentlich ſelbſt zu Vergleichen
mit dem großen Autokraten der Vergangenheit herausforderte, komi-
ſchen Vergleichen, bei denen nach Lage der Sache zumeiſt der Zwerg,
nicht der Rieſe die Koſten zu zahlen hatte. Einen groben Syſtem-
wechſel, wie ihn unter den genannten franzöſiſchen Dichtern ein
Barthélemy vollzog, der nach den ärgſten Spöttereien über Ludwig
Philipps Regierung von der Seite Bérangers zu jener übertrat, hat
Heine ſich niemals — auch trotz der berufenen franzöſiſchen Staats-
penſion niemals — zu ſchulden kommen laſſen.

Wenn man nun aber bei dem Verhältnis unſeres Heine zu den
vorher Genannten über eine weitläufige Verwandtſchaft allgemeiner
Gefühle nicht hinauskommt, ſelbſt nicht bei Béranger, mit dem, wie
wir früher ſahen, der deutſche Dichter in der Manier der Darſtellung
ſeines Helden einen wichtigen Zug gemein hat, ſo ſcheint mir die
Sache bei Victor Hugo, dem Haupte der romantiſchen Schule, doch
etwas anders zu liegen.

Auch die franzöſiſche Romantik ſchwärmte für den Helden des
Jahrhunderts. Der Zeit etwas vorgreifend, erinnere ich daran, daß
ſpäter Muſſet, der ſonſt nicht zu den typiſchen Napoleonpoeten ge-

hört, in den Versen, die 1840 auf das Beckersche Rheinlied ant-
worteten:

Nous l'avons eu, votre Rhin allemand,

des „allmächtigen Cäsars" Schatten heraufbeschwor und daß sich,
noch zehn Jahre später, Heines Freund Théophile Gautier durch
die unwandelbare Treue der Kaiserveteranen zu dem prächtigen
Bilde seiner „Alten von der alten Garde"[407]) begeistern ließ.

In ganz anderer Weise aber war Victor Hugo für den Ruhm
Napoleons tätig, Victor Hugo, der „dieses Gottes Priester"[408]), dieser
Sonne eine klingende „Memnonsäule" werden wollte[409]). Ist er doch
der typische Bonapartesänger der französischen Romantik gewesen, wie
Heine der typische Napoleondichter in der deutschen war. Gleichen
sich beide Poeten schon in dem allgemeinen Charakter ihrer Stellung
zu Napoleon, so bietet ein näheres Eingehen auf Einzelheiten manche
Überraschung.

Die Väter, Samson Heine und der tapfere General Sigisbert Hugo,
sind begeisterte Anhänger des Kaisers, die Mütter waren mehr oder
weniger gegen ihn, bei Hugos Mutter, einer geborenen Vendeerin,
ging die Abneigung bis zur Feindschaft. In den Seelen der jungen
Dichter kommen die Gegenströmungen zur Wirkung; in beiden siegt,
bei dem Franzosen später und nach härterem Kampf als bei dem
Deutschen, der napoleonisch gesinnte Vater[410]). Beide Männer haben
als Kinder staunend unter der Menge gestanden, die den Cäsar vor-
überreiten sah; dem kaiserlichen Veteranen, der die Erinnerung an
die großen Tage auffrischt, begegnet Heine unter den Linden des
Düsseldorfer Hofgartens, Victor Hugo hat ihn bequemer zu Hause:
Vater und Oheim, die am lodernden Kaminfeuer von Talavera,
von Jena, von Eylau plaudern.

Noch um ein ganzes Stockwerk tiefer reichen die Beziehungen
in die Seelen unserer Dichter hinab. Beide sind für eine sehr freie
Weltanschauung geboren, im Politischen und im Religiösen, wenn
auch der Impressionismus beider starke Schwankungen auf der langen
Linie von der königstreuen Rechten bis zu sozialistischen und kommu-
nistischen Anflügen zuläßt, letzteres noch weit stärker bei Hugo als
bei Heine. Wie bei diesem und Lord Byron, so kämpft auch in
Hugos Herzen der Freiheitsdurst mit dem Napoleonkultus manch
heißen Kampf. Allerdings hat gerade zur Julizeit in dem französischen Dichter der letztere die Oberhand gewonnen, und erst
später, unter dem Eindruck der ihm über alles verhaßten Regierung

des kaiserlichen Neffen, widmet er dem „Mörder" dieser Freiheit die effektvollen Strophen der „Sühne".

Bei Heine war das eher umgekehrt, und es soll auch nicht geleugnet werden, daß seine künstlerische Auffassung Napoleons trotz einzelner Anklänge von der Hugos total verschieden war, wie das die Verschiedenheit des Genius der Dichter mit sich bringen mußte. Beide werden von dem Gigantischen ihres Helden überwältigt, aber das quantitativ Große der Erscheinung tritt in den bis zur Ausschweifung grandiosen Phantasiespielen Hugos ganz anders hervor, mit einem weit unheimlicheren Dämonismus, der doch auch wieder etwas Starres, Herzerkältendes hat, als bei dem zierlicheren Heine. Auch diesem wird Napoleons ungeheure Geschichte ein „Mythos"; aber diesen Mythos in breiter Ausmalung die Jahrtausende hinabwandern zu lassen, wie das Hugo in seiner schaurig schönen Phantasie „An den Triumphbogen" [411]) getan hat, fällt ihm nicht ein. Auch bewegen sich Heines Bilder im ganzen innerhalb der Grenzen des Möglichen, Glaubhaften; Hugo arbeitet mit Memnonsäulen, Pyramiden, die der Riese zum Piedestal seiner Füße nimmt, mit dem Wüstensande, in dessen schwankender Ebene sein kolossaler Fuß eine ewige Spur zurückläßt [412]).

Eine gewisse Verwandtschaft beider Schriftsteller könnte man nun aber noch in dem oft halsbrechenden Spiel mit Gegensätzen und Pointen sehen. Doch ist diese mehr scheinbar, und Hugos studierte und sorgfältig aufgebaute Antithesen haben mit Heines spontanen Einfällen, die viel mehr als jene den Stempel des Ungesuchten tragen, im Grunde nur wenig gemein. Das humoristische Element endlich, das bei dem Deutschen so stark zur Geltung kommt, fehlt Hugo ganz; dagegen teilt er mit jenem die Eigentümlichkeit, den Leser durch Äußerungen über Napoleon, kühne Arabesken, die an den verschiedensten Stellen seiner Werke angebracht werden, zu überraschen [413]), eine Erscheinung, die sich übrigens auch bei andern Dichtern, Byron, Goethe (in dessen Gesprächen), Gutzkow, Laube, findet und neben der einzelnen Dichterpersönlichkeit die Zeit und ihr Interesse für Napoleon kennzeichnet [414]).

Man würde sich nach alledem immerhin nicht leicht entschließen, eine Beeinflussung unseres Heine durch Victor Hugo anzunehmen, wenn nicht doch an einzelnen Stellen eine recht auffallende Konkordanz zu Tage träte. Daß Heine sich mit dem französischen Kollegen, den er wiederholt für den „größten Dichter Frankreichs" erklärt, um ihn freilich später ebenso gründlich herunterzuputzen [415]), daß er sich mit ihm an beſtimmten Tagen vor Napoleons Bilde zuſammenfindet, auch das wäre, nach allem, was wir über Gemeingefühle hörten, gewiß noch nicht ausſchlaggebend. Doch zeigt ſich daneben, wenigſtens in ein paar einzelnen Fällen, deren einer ſchon zur Beſprechung kam [416]), auch eine ſolche Ähnlichkeit der poetiſchen Motive, daß man mindeſtens zweifelhaft werden darf und einen Einfluß, vielleicht hier und da ſogar einen wechſelſeitigen, nicht unbedingt von der Hand weiſen möchte, obwohl wie bei Lord Byron große Vorſicht am Platze ſein wird. Sollte aber auch wirklich nichts an der Sache ſein und nur der Zufall ſein Spiel treiben, ſo dürfte doch vielleicht die Parallele, die ich mir zwiſchen den beiden Napoleondichtern zu ziehen erlaubte, einiges Intereſſe bieten. Wer ſie überflüſſig findet, wird verzeihen — falls er ſich dabei nicht langweilte.

Hält man nun noch in Heines übrigem Pariſer Verkehrskreiſe Umſchau, ſo wird man ähnliche Beobachtungen machen wie früher in dem Berliner, wobei jedoch der Unterſchied von Ort und Zeit niemals außer Rechnung geſetzt werden darf. Zunächſt fällt da wohl der Name Edgar Quinets ein, der im Jahre 1836 den Manen Bonapartes ein umfangreiches Werk gewidmet hat [417]). Aber ſchwerlich hat Quinets langatmiges Napoleonepos auf die leichter beſchwingte Muſe Heines einen tiefen Eindruck gemacht. Ja, wohl kaum wird es der weit mehr als dieſer Franzoſe mit galliſcher Grazie ausgeſtattete deutſche Dichter über ſich gewonnen haben, die ſehr ſtattlichen Heerſäulen der Quinetſchen Verſe zu durchmuſtern. Dagegen erſcheint umgekehrt an einigen Stellen eine Inſpiration Quinets durch Heine immerhin nicht ganz ausgeſchloſſen [418]), und vorſchwebende Erinnerungsbilder werden hier um ſo wahrſcheinlicher, als ſich der Autor des Napoléon ſchon vor der Abfaſſung ſeines Werkes mit Heines früheren Schriften beſchäftigt, auch ſchon kritiſch über dieſelben gearbeitet hatte [419]).

Noch weniger poſitive Reſultate hat mir das Studium anderer mit unſerem Heine befreundeter Geiſter ergeben. Und doch möchte ich das Milieu als ſolches nicht gerade unterſchätzen. Von den Schriftſtellern, mit denen er in den früheren und ſpäteren Jahren des Pariſer Aufenthalts verkehrte, hat eine größere Anzahl, ganz wie er ſelbſt, dem Typus des damals in Frankreich noch in zahlreichen Exemplaren verbreiteten napoleoniſchen Veteranentums ihre Aufmerkſamkeit zugewendet. Mehrere dieſer Dichter waren aus kaiſerlichen Offiziersfamilien hervorgegangen, außer Hugo: Alexandre Dumas, Nerval, George Sand. Dieſe letztere, die Heine beſonders hoch verehrte, hatte sogar die Kühnheit, in einem ihrer Romane, den jugendlichen Besieger Ägyptens vor einem jungen zweifelnden Mönche seine „Religion" der Willensstärke und der Kraftentfaltung entwickeln zu lassen [420].) Auch spielen alte kaiserliche Offiziere in den Werken der fruchtbaren Schriftstellerin gelegentlich eine Rolle, wenn auch nicht immer eine so beneidenswerte wie der Bernard Stamply in dem anmutigen Lustspiel ihres Freundes Sandeau, der Mademoiselle de la Seiglière.

Noch intimere Bilder dieser alten Haudegen aber lieferte der Antagonist der großen Romandichterin, Honoré, de Balzac, der zu Heines Freunden gehörte und wiederholt von ihm als solcher bezeichnet wird. Auch in der bänderreichen Serie seiner Werke wird des großen Kaisers Name unzählbar oft genannt. Ein Riese der Arbeit, durfte Balzac es wagen, das stolze Wort zu sprechen, daß er mit der Feder erobern werde, was jener mit dem Schwerte gewonnen. Auf Heine mögen im besondern die realistischen Schilderungen der Veteranen des großen Heeres von einigem Einfluß gewesen sein, die neben den Frauen des Empire bei Balzac typisch auftreten: außer verdienstvollen alten Generalen [421] auch durch Elend oder eigene Schuld heruntergekommene Individuen aus der Kaiserzeit, ein Offizier Bridau [422], ein Oberst Chabert [423], ein General Hulot, deren Erinnerungsbilder immerhin beigetragen haben könnten, um auch Heines Veteranen aus der idealen Sphäre der Grenadierromanze in die weit realistischer gehaltene Luftstimmung zu versetzen, in der wir sie später, in den Briefen „Über die französische Bühne" und den „Florentinischen Nächten", wiederfinden werden.

Dem Typus dieser tapfern Draufgänger, aber mehr in ihren guten Tagen, begegnet man auch in den Werken Prosper Mérimées [424], des Meisters der objektiven Erzählung, während der der Kaiserherrschaft abholde Romantiker Alfred de Vigny mit einem Anflug von Schwermut die Schattenseiten der Gloire beleuchtet [425].

Mit dieser ganzen literarischen Welt hat Heine in mehr oder minder freundschaftlichem persönlichen Verkehr gestanden. Dann kannte er auch den Lamartine, und eine gelegentliche Bemerkung in der „Lutetia" beweist, daß er auch dessen napoleonfeindliche Stellung kritisch gewürdigt hat. Aber auch zu Thiers hatte er in späteren Jahren Beziehungen, zu Thiers, dem gelehrten und zugleich stark voreingenommenen Geschichtschreiber der Revolutions- und Kaiserzeit, der als Minister etwas den Napoleon im kleinen zu spielen liebte und von Heine hierfür gelegentlich gehänselt wird. Ich glaube nicht fehlzugehen, wenn ich annehme, daß die Bekanntschaft mit dem Thiersschen Werke das Ihrige getan hat, um den Dichter gegen das Ende seines Lebens nach den mancherlei Schwankungen der Zwischenzeit in die Arme des Napoleonismus zurückzuführen, während in der unfreundlichen Behandlung, die sein Abgott in der „Lutetia" erfährt, vielleicht Mignetsche und wohl noch mehr Carnotsche Auffassungen zu Tage treten dürften. Wird doch der letztere — Hippolyte Carnot, der Sohn des berühmten Konventsmannes, — der gleichfalls zu Heines persönlichen Bekannten zählte, von diesem bei einem der stärksten Ausfälle gegen Kaisertum und Bonapartismus als Gewährsmann und Eideshelfer ausdrücklich angeführt!

Aus den letzten Lebensjahren Heinrich Heines möchte endlich noch der unglückliche Gérard de Nerval zu nennen sein, der treue Freund, der mit unermüdlicher Liebe des ihm seelenverwandten Dichters Verse ins Französische übertrug und dessen grauenhaftes Ende diesen tief erschütterte. Wie erwähnt, war Nerval der Sohn eines ehemaligen Offiziers. Schon im Alter von sechzehn und siebzehn Jahren hatte er des Kaisers Ruhm in zwei Gedichtsammlungen besungen [426]), die neben einzelnen unausbleiblichen Anklängen an die poetischen Napoleonnekrologe im ganzen eine bedeutende Selbständigkeit in der Auffassung und Behandlung zeigen. Wenn auch diese lyrischen Ergüsse aus den Jugendjahren hinter der Zeit des persönlichen Verkehrs der beiden Poeten weit zurückliegen, so haben diese doch wahrscheinlich von dem gemeinsamen Helden ihrer Dichtungen öfter gesprochen, und der Umgang mit Nerval mag der schließlichen Wendung in Heines Napoleonkultus immerhin etwas förderlich gewesen sein, um so mehr, als der französische Kollege einer der eifrigsten Besucher des Kranken in der Matratzengruft war, zu einer Zeit, als der erneute Kaiserjubel des zweiten Empire nur noch aus der Ferne an dessen Ohr schlug.

Gehören die zuletzt erwähnten Beziehungen und ihre Folgen vorwiegend einer späteren Zeit an, die zum teil erst im nächsten Kapitel zur Besprechung gelangen wird, so führt der Name Alexandre Dumas' in die Julizeit zurück. Für die Innigkeit des Verhältnisses zwischen dem literarischen Industrieritter und dem Dichter des „Buches der Lieder" wird die Tatsache sprechen, daß der Verfasser der „Drei Musketiere" und des „Grafen von Monte Christo", daß dieser einer halbamerikanischen Rasse angehörige Mensch am 20. Februar 1856, Heines Begräbnistage, an dessen Grabe heiße Tränen vergoß. Zu der Zeit, in der wir stehen, hatte er einen sechsaktigen Napoléon Bonaparte ou Trente ans de l'histoire de France verfaßt, dessen dreiundzwanzig Bilder das Odéontheater, die Bühne der Romantiker und das zweite Schauspielhaus Frankreichs, zur Aufführung brachte. Ludwig Börne, der am 12. Januar 1831 einer Aufführung beiwohnte, hat das Stück einer eingehenden Besprechung gewürdigt, die erraten läßt, wie auch ein Gegner des auf die Bretter gebrachten Helden von dieser Darstellung der jüngst verflossenen, von den Zuschauern selbst erlebten Vergangenheit gepackt werden konnte[427]).

Heine war damals noch nicht in Paris, und das mag der Grund sein, weshalb er Dumas' Werk, das er gewiß kennen gelernt, um dessen Existenz er wenigstens gewußt haben wird, mit keiner Silbe erwähnt. Auch hier würde es nicht erwähnt worden sein, wenn es nur eine Einzelerscheinung und nicht eins aus jener Unzahl von Stücken wäre, die in der Zeit von 1830—40 in Frankreichs Haupt- stadt auf die Bühne geschleudert wurden und in roher Ausführung Scenen aus Napoleons Laufbahn darstellten. Der Pariser Temps hat einmal vor nun zehn Jahren eine Zusammenstellung von Er- zeugnissen jener verschollenen Eintagspoesie gebracht[428]), und ein namhafter französischer Dichter, Edmond Rostand, hat sie (in L'Aiglon) vervollständigt[429]). Da blieb keine seiner Schlachten, von Lodi bis Waterloo, kein Ereignis seines Lebens, von der sagenhaften Geburt auf dem Löwenteppich bis zu der Sterbescene in dem Kämmerchen des Farmhauses von Longwood, dem Zuschauer erspart. Wer im Winter von 1893/94 in Paris war und einer Aufführung von Martin Lanas Napoléon, Sardous Madame Sans-Gêne oder der Militär- pantomime „1814" im Cirque d'hiver beigewohnt hat, weiß, wie mächtig diese literarische Industrie auf das Pariser Publikum ein- wirkt und wie dessen Begeisterung den kühleren Fremdling mit fortreißen kann. Auch für das Heinemilieu mag die Sache nicht ganz unwesentlich sein, obschon dieser, wie sich zeigen wird, im ganzen darüber ziemlich schweigsam ist.

Und nicht allein im verblassenden Spiegel der Kunst trat Napo- leons Wirken dem Dichter des „Le Grand" in Paris entgegen. Noch unmittelbar pulsierte es im Leben des Volkes, und der Mann im kleinen Hütchen begegnete dem Poeten beinahe so wirklich und leib- haftig wie einst in der Allee des Düsseldorfer Hofgartens. Fast an jeder Straßenecke humpelte ein Veteran des großen Heeres vorüber; in den Buchläden lag, auf Löschpapier gedruckt, der Las Cases und der französisch übersetzte O'Meara, in den Sälen des Louvre hingen die Prachtstücke aus der Kaiserzeit, über die sich Ludwig Börne ärgern mochte, und in den Butiken, die den künstlerischen Bedarf des kleinen Mannes befriedigten, war der Kaiser in schlechtem Stahlstich um wenige Heller zu haben.

„Sein Bild," bemerkt Heine, „sieht man überall in Kupferstich und Gips, in Metall und Holz und in allen Situationen"[430]). Von der neuen Regierung in Frankreich wurde das nicht ungern gesehen, im Gegenteil sogar begünstigt. „Die jüngere Linie der Bourbonen," sagt Prinz Jérôme Napoleon in einem bekannten Buche über seinen Oheim[431]), „wußte die Traditionen der Kaiserzeit auszunutzen." Das politisch und militärisch ohnmächtige Julikönigtum sonnte sich im Abglanz einer ruhmreichen Zeit, wenn es auch öfteren Versuchen, Napoleons Andenken gegen das neue System selbst auszuspielen, entgegenzutreten hatte[432]). Trefflich haben die Bankiers-Minister des Königs mit dem Birnenkopfe das Geschäft verstanden, aus verstaubten Kaiseradlern und zerschossenen Standarten gangbare Münze zu schlagen.

In einem Punkte freilich berührte sich dieser Kultus mit persönlichen Neigungen Ludwig Philipps. Die Baulust des Orleans, wenig schöpferisch wie der ganze Mann war, fand eine dankbare und dem Epigonen Anerkennung verheißende Tätigkeit in der Vollendung der von seinem größeren Vorgänger unfertig zurückgelassenen Monumentalwerke. Der Triumphbogen wurde vollendet, das Versailler Königsschloß, à toutes les gloires de la France gewidmet, mußte eine Sammlung von Historienbildern aufnehmen, in der die demokratischen Marschälle des Kaiserreichs neben den Perücken des ancien régime, die Sieger von Jena neben den Siegern von Fontenoy, eine gleiche Rangstellung einnahmen. Und wie man sie selber, diese alten Generäle und Offiziere des Kaiserreichs, und alles, was aus der großen Zeit am Leben und noch irgendwie dienstfähig war, auch die „Königsmörder" und die Proskribierten, wieder anstellte, so nahm auch der Erbauer der Vendômesäule, den der jämmerliche Haß eines kleindenkenden Feindes von seinem Piedestal herabgestoßen, den wohlverdienten Ehrenposten auf der Säule nach wenigen Jahren wieder ein, aber — charakteristisch genug — nicht wieder als römischer Imperator, sondern im Überrock und kleinen Hütchen, in der romantisch legendarischen Gestalt, in der ihn sich das Volk vorstellte und ihn liebte.

Il avait petit chapeau
Avec redingote grise[433]).

Und als man ihn selber holen wollte und die Kammer das damals ablehnte, sandte Victor Hugo die zornfunkelnden Strophen seiner (zweiten) „Ode an die Säule" hinaus, vor deren Flammensprühen die „dreihundert Advokaten" des Palais Bourbon sich zu Tode schämen mochten. Ahnungsvoll, wie ein Traum der Zukunft klangen die sonoren Verse:

> Dors, nous t'irons chercher! ce jour viendra peut-être!
> Car nous t'avons pour dieu sans t'avoir eu pour maître[434]!

Im Jahre 1840 geht der Traum in Erfüllung, Napoleons Leiche fährt die Wasser der Seine hinauf, an deren Ufern der Sterbende seine Ruhestätte gewünscht hatte.

In diese Welt war Heine eingetreten. Hätte sie ihm nicht wie ein Paradies erscheinen müssen, wäre er noch der Dichter des „Le Grand" gewesen? Und jetzt?) Wie die Herzen der meisten in den Julitagen nach Paris Geflüchteten, war auch das seine in diesem Augenblick in erster Linie nicht von napoleonischen Erinnerungen, sondern von den Freiheitsgedanken und Freiheitsberichten bewegt, die ihn an die Seine gelockt und den „Sohn der Revolution" wieder zu den gefeiten Waffen hatten greifen lassen, über die seine Mutter ihren „Zaubersegen" ausgesprochen. Trotz mancher Enttäuschungen erschien ihm die frei gewordene Stadt Paris als der Strauß, der „immer noch schön genug sei, um bräutlich zu prangen an dem Busen Europas."

Nun aber war gerade der Glaube, der fromme Glaube an den Freiheitshelden Bonaparte in Heines Herzen erschüttert worden. Wie wird es da möglich sein, den alten Kaiserenthusiasmus mit Gefühlen zu vereinigen, die einem Barrikadenkämpfer der großen Juliwoche ziemen? Freilich, die Franzosen machten es ihm vor, nicht allein die auf der Straße; auch die Kollegen vom französischen Parnaß sahen wir auf die verschiedenste Weise bemüht, Freiheits- und Napoleonbegeisterung mehr oder minder erfolgreich miteinander zu verschmelzen.

Die Antwort auf die Frage, wie Heine die nicht ganz leichte Aufgabe gelöst hat, geben die Berichte, die er in den Jahren 1831 und 1832 für die „Allgemeine Zeitung" geschrieben und später unter dem Titel „Französische Zustände" zu einem Buche vereinigt hat. Dieses Kind seiner schriftstellerischen Muse, von dem der eigene Vater nicht übermäßig viel hielt, gehört trotz seines ungeheuren Subjektivismus zu den merkwürdigsten Urkunden der Geschichte der

Stimmungen aus den erſten Jahren des Bürgerkönigtums. Wie matt
und farblos erſcheinen daneben die gleichzeitigen Berichte eines Gans
und Raumer! Auch Börne hat in jener Zeit „Briefe aus Paris"
geſchrieben, in denen er gegen den Verfaſſer der „Franzöſiſchen Zuſtände" den Vorwurf des Jeſuitismus erhebt, eines Jeſuitismus, den
der ſehr überzeugungstreue und ebenſo temperamentvolle Radikale
in der zur Schau getragenen Mäßigung Heines ſah und ſehen mußte.
Er iſt von Börnes Standpunkt wirklich nicht ſo ungerecht. Daß ihm „die
Form das Höchſte iſt," daß er „die Kunſt als ſeine Gottheit verehrt,"
kann gewiß auch von dem Journaliſten Heine nicht geleugnet werden,
der noch dazu bei der Abfaſſung ſeiner politiſchen Stimmungsbilder
von äußeren Rückſichten, hier der Veröffentlichung in dem vornehm
vorſichtigen Cottaſchen Blatte, geleitet oder doch von ſolchen wenigſtens
nicht frei war.

Dieſe verſchiedenen Umſtände haben im Verein mit dem Eigentümlichen ſeiner Schreibweiſe die Behandlung Napoleons in Heines
„Franzöſiſchen Zuſtänden" und in manchen ſeiner ſpäteren Schriften
zu Wege gebracht. Vergeſſen darf man auch nicht, daß in den
Werken der nun kommenden Zeit ein älter und reifer gewordener
Heine uns entgegentritt, der die Begeiſterungsfähigkeit der Jugend
überhaupt nicht mehr in dem früheren Maße beſitzt und das Scheidewaſſer der Bibelkritik auch in die zum Preiſe ſeines „Gottes" ge-
ſungenen Loblieder hineinzugießen für notwendig erachtet.

Unter Berückſichtigung der aufgezeigten Stimmungsfaktoren wird
es nicht ſchwer ſein, eine Doppelerſcheinung zu erklären, die in den
Schriften dieſer Periode hervortritt. Auf der einen Seite kann der
Spötter ſchwerer als bisher einen Witz unterdrücken, der ihm — auf
Koſten des bisher faſt ausnahmslos geprieſenen Helden — auf der
Zunge ſchwebt; anderſeits bricht die noch immer in der Tiefe ſeines
Herzens wohnende Begeiſterung, die rein perſönliche Begeiſterung,
auch da manchmal hervor, wo der nachdenklicher gewordene Politiker
an dem despotiſchen Charakter des Mannes oder an einzelnen ſeiner
Handlungen etwas zu tadeln findet.

Wie ſchwer es Heine manchmal wird, das perſönliche Gefühl
für den „eiſernen Mann", der „auf ſeinen Kanonenruhm fußt", mit
gleichzeitig ſeine Bruſt erfüllenden politiſchen Sympathieen zu vereinen, zeigt gleich im zweiten Artikel der „Franzöſiſchen Zuſtände"[485]
die merkwürdige Parallele zwiſchen Napoleon und Lafayette, dem
„Helden" der Julizeit, der zugleich als Veteran der großen Revolution
und des nordamerikaniſchen Unabhängigkeitskrieges allgemeine Ver-

ehrung genoß. Von allen Seiten betrachtet der Publizist Heine
die beiden Männer, ihr Äußeres, ihr Auftreten, ihren Charakter und
ihre Taten, und es kann nicht zweifelhaft sein, nach welcher Seite
in diesem Augenblick die politische, aber auch ebensowenig, nach
welcher die persönliche Vorliebe des Verfassers hinneigt. „Es wäre
lächerlich," sagt er, „wenn man das Standbild des Lafayette auf
die Vendômesäule setzen wollte, auf jene Säule, die aus den erbeuteten Kanonen so vieler Schlachten gegossen worden und deren
Anblick, wie Barbier singt, keine französische Mutter ertragen kann."
Ist das nicht eine merkwürdige Äußerung? Heine citiert Barbier,
den grimmigsten aller Napoleonfeinde, in dessen „Idol" sich wirklich
eine der angeführten ähnliche Stelle findet⁴³⁶) und der nicht müde
ward, in seinen gewandten Versen gegen den „glatthaarigen Korsen"
zu eifern! Und er scheint dem giftigen Republikaner beizustimmen,
wenn er fortfährt: „Lafayette gründete sich eine bessere Säule als
die des Vendômeplatzes und ein besseres Standbild als von Metall
oder Marmor. Wo gibt es Marmor so rein wie das Herz, wo gibt
es Metall so fest wie die Treue des alten Lafayette?" Er war „als
Jüngling weise wie ein Greis," ist „als Greis feurig wie ein Jüngling, ein Schützer des Volks gegen die List der Großen, ein Schützer
der Großen gegen die Wut des Volkes." Heine nennt ihn den „getreuen Eckart der Freiheit", der „auf seinem Schwerte gestützt und
warnend vor dem Eingange der Tuilerien, dem verführerischen Venus-
berge, steht", und — macht sich unmittelbar nachher darüber lustig, daß
das Volk den alten General als den Lafayette aux cheveux blancs
besingt, während doch das Haupt des ehrwürdigen Tribunen von
einer braunen Perücke bedeckt sei.

Diese Bemerkung könnte man lediglich als einen jener Scherze
nehmen, mit denen der witzige Humorist jede Darstellung durchsetzen
mußte, das Resultat seiner künstlerischen Betrachtungsweise, die das
behandelte Objekt in die verschiedenartigste Beleuchtung rückt und
daher auch am ernsten Gegenstande allerlei komische und lächerliche
Seiten entdeckt. So auch an Lafayette, dieser „Vorsehung zu Pferde",
diesem „Genius der Freiheit, der zugleich sorgt, daß beim Freiheits-
kampfe nichts gestohlen wird und jeder das liebe Seinige behält!"
Aber die Sache liegt doch noch tiefer. Der Spott, mit dem der brave
General trotz aller Liebkosungen wegen seiner Verdienste um die
Sache der Freiheit behandelt wird, ist zu unverkennbar: „Er ist der
Napoleon der petite bourgeoisie, jener braven, zahlungsfähigen
Leute, jener Gevatter Schneider und Handschuhmacher, die zwar des

Tages über zu sehr beschäftigt sind, um an Lafayette denken zu können, die ihn aber nachher, des Abends, mit verdoppeltem Enthusiasmus preisen, so daß man wohl behaupten kann, daß um elf Uhr, wenn die meisten Butiken geschlossen sind, der Ruhm des Lafayette seine höchste Blüte erreicht."

Da haben wir die Flaubertsche haine du bourgeois, die Verachtung des Butikenphilisters, die auch dessen Held mit zu kosten bekommt. Hiermit vergleiche man den Ton, in dem an derselben Stelle von dem Kaiser Napoleon geredet wird, den der Schriftsteller noch eben wegen seiner Ruhmsucht tadelte:

„Napoleon ist für die Franzosen ein Zauberwort, das sie elektrisiert und betäubt. Es schlafen tausend Kanonen in diesem Namen, ebenso wie in der Säule des Vendômeplatzes, und die Tuilerien werden zittern, wenn einmal diese Kanonen erwachen. Wie die Juden den Namen ihres Gottes nicht eitel aussprachen, so wird hier Napoleon selten bei seinem Namen genannt, und er heißt immer „der Mann, l'homme!"[437]. Allerdings betont Heine in demselben Atem, das Liebste an Napoleon sei ihm, daß er tot wäre; „denn lebte er noch, so müßte ich ihn ja bekämpfen helfen."

Eine Äußerung, der meines Erachtens von der Kritik zu viel Gewicht beigelegt worden ist[438]. Mir scheint sie nicht viel mehr zu sein als eine Phrase, ein gelegentliches Wort der Entschuldigung, an Gegner gerichtet, die ihm noch immer den exaltierten Ton des „Le Grand" und die begeisterte Apologie des Kaisers gegen Scott vorwarfen; vielleicht auch nur eine der öfteren Betonungen seines vielfach angezweifelten politischen Standpunkts, von dem aus er freilich einen lebenden oder wiederauferstandenen Napoleon trotz aller persönlichen Vorliebe hätte „bekämpfen müssen", während die ungefährliche platonische Begeisterung für den Toten selbst bei den Feinden des gewaltigen Mannes nur geringeren Anstoß erregen konnte.

Der künstlerische Aristokratismus des Dichters, seine vornehme Ablehnung des Vulgären — und steckte es in einem Königsmantel — tritt auch wieder an einer Stelle in den den „Französischen Zuständen" angehängten „Tagesberichten" hervor, wo Napoleon und Ludwig Philipp in Parallele gesetzt werden. Der friedfertige Orleans, der unserem Heine als Herrscher zwar keineswegs imponiert, als Mensch aber auch nicht ganz unsympathisch ist und dem dieser noch nach seinem Sturz eine Art öffentlicher Ehrenerklärung ausstellte, hat soeben eine Heerschau gehalten. Der republikanische Tumult vom 5. und 6. Juni 1832 ist niedergeschlagen, und der Bürgerkönig zeigt sich troß des verhängten Belagerungszustandes großmütig. Aber bei einer Heerschau ist er denn doch eine gar zu klägliche Figur, dieser „Cicero zu Pferde", „der Erhalter des Lebens und der Butiken", und als die wie immer gedankenlose Menge in ein „rasendes" Lebehoch ausbricht, kann sich Heine des Gedankens nicht erwehren, daß einst ein so ganz anderer, des Jubels würdigerer Held durch die nämlichen Straßen geritten sei: „Ein bitteres Gefühl ergriff mich, wenn ich dachte, daß das Volk, welches jetzt den armen händedrückenden Ludwig Philipp umjubelt, dieselben Franzosen sind, die so oft den Napoleon Bonaparte vorbeireiten sahen mit seinem marmornen Cäsargesicht und seinen unbewegten Augen und „unnahbaren" Händen"[489]).

Aber diese Franzosen hatten ja seinen Helden darum doch nicht vergessen, und wir sahen, wie gerade jetzt der Cäsarenkopf aus der Versenkung der Bourbonenzeit wieder emportauchte war. Den Dichter Heine, ihn, der ein so feines Verständnis für volkstümliches Fühlen und Denken besaß, ergriff besonders die Verehrung, die das eigentliche Volk, nicht der wohlhabende Handlungsphilister, der die Güte der Zeiten nach den Sechsern seiner Kasse beurteilt, sondern der Bewohner der Vorstädte und der arme Soldat für die Manen des Großen empfand. „Auf allen Boulevards und Carrefours," heißt es an der Lafayettestelle[440]), „stehen Redner, die ihn preisen, den Mann, Volkssänger, die seine Taten besingen. Als ich gestern abend beim Nachhausegehen in ein einsam dunkles Gäßchen geriet, stand dort ein Kind von höchstens drei Jahren vor einem Talglichtchen, das in die Erde gesteckt war, und lallte ein Lied zum Ruhme des großen Kaisers. Als ich ihm einen Sou auf das ausgebreitete Taschentuch hinwarf, rutschte etwas neben mir, welches ebenfalls um einen Sou bat. Es war ein alter Soldat, der ebenfalls von dem Ruhme des großen Kaisers ein Liedchen singen konnte, denn dieser Ruhm hatte ihm beide Beine gekostet. Der arme Krüppel bat mich nicht im Namen Gottes, sondern mit gläubigster Innigkeit flehte er: „Au nom de Napoléon, donnez-moi un sou." So dient dieser Name auch als das höchste Beschwörungswort des Volkes, Napoleon ist sein Gott, sein Kultus, seine Religion; und diese Religion wird am Ende langweilig wie jede andere."

Sollte nun wirklich diese Religion unserm Heine, wie er spöttelt, hin und wieder „langweilig" geworden sein, so könnte ihn wohl höchstens das Übermaß der Opferspenden ermüdet haben, ihn, der

allen Kulthandlungen abhold war. Doch hatte er auch jetzt noch
für den Kultus dieses Glaubens mehr übrig als für den aller
anderen Bekenntnisse zusammen.

Und auch diese Religion hatte ihren Jesusknaben, der für die
Sünden der Väter geopfert wurde, den Herzog von Reichstadt, der,
sein Leben lang ein Gefangener, in den freudlosen Schlössern Österreichs dahinsiechte und am 22. Juli 1832 zu Schönbrunn den Marter-
tod starb, freilich ohne der Welt das Heil gegeben zu haben.

In der Teilnahme für den Erben des napoleonischen Namens
traf Heine wieder mit einer breiteren literarischen Strömung zusammen,
zum Teil mit Männern, die ihm auch persönlich nicht fernstanden.
Diese rührende Figur des Quasigefangenen am österreichischen Hofe
hat von den zwanziger Jahren bis auf die Gegenwart viel poetisch
gestimmte Seelen bewegt, von Béranger und Hugo bis Coppée und
Rostand, von denen letzterer den selbst von seiner hohen Begabung
nicht auszugleichenden Fehlgriff tat, sie dramatisch zu behandeln.
Denn die Tatlosigkeit, auch die vom Schicksal aufgezwungene, wird
immer ein unglücklicher Gegenstand für eine dichterische Gattung bleiben,
deren Begriff das Handeln einschließt. Aber für einen Lyriker, für
einen Balladendichter war er ein dankbarer Vorwurf, dieser Jüngling, der den Namen Napoleon wie ein Bleigewicht durchs Leben
schleppte und vor dessen Blicken wie eine Fata Morgana unaufhörlich
die Ruhmesherrlichkeit des angebeteten Vaters erglänzte:

> Er rühret sich an und fraget:
> Wer bist du? Was ist dir die Welt?
> Ihm klingt's vor dem Ohr wie Trompeten
> Aus siegüberglänzetem Feld.

Auch als er hinsiechte war, dieses Opfer einer mitleidlosen
Politik, da erhob die Muse ihre Stimme; außer Immermann, dem
ich obige Verse entnehme [441]), auch Victor Hugo, der wieder in
wirkungsvoller Antithese die Geburt des unglücklichen Kaisersohnes
neben dessen Ausgang stellte [442]). Selbst ein schaler Witzbold wie
Saphir, der manchmal sentimentale Anwandlungen bekam, bringt ein
„Trauerkleeblatt" [443]) zusammen, während Platen etwas früher des
Königskindes unfruchtbare Wiege besungen hatte [444]).

So fanden sich, wie zehn Jahre vorher an der Bahre des Vaters,
auch am offenen Grabe des Sohnes Freund und Feind zusammen.
Neben den Liederdichtern erscheint stimmungsvolle Prosa. Eine
hinreißende Rhapsodie hat einer der ehrlichsten Demokraten, die ge-

lebt haben, Johann Jacoby, dem Sohne des selbstherrlichen Herrschers
gewidmet, neben Heines Abschnitt in den „Tagesberichten" wohl das
Schönste, was über diesen Tod gesagt worden ist: „Böse schicksals-
schwere Träume .... haben den Knaben aus dem schönen Erblande
verscheucht, ihm den Scepter und die Rosen auf den Wangen genommen. Über das Meer kamen Seufzer her und legten sich an
das kleine Herz. Und das kleine Herz brach! denn es war groß. —
Uns erzählen die Ammen Märchen. Ihm erzählte die Geschichte
eine Mär, die ernst und schauerlich in sein Jünglingsleben hineingriff.
Dazu schlug die Riesenharfe der Zeit elegische Rhythmen. Das Lied
sang von dem großen Titanen, von den neidischen Göttern und dem
hämischen, schuftigen Menschengesindel; es sang von dem Kaiser, von
St. Helena, von dem Vater ohne Sohn, von dem Sohne ohne Vater.
Und so wurde der Jüngling zu Tode gesungen und ruht jetzt wieder
auf der Wiege. Die Klagegeister durchweinter Tage und Nächte
schlummern auf seiner Stirne. Die alte Krone schmückt wieder sein
Haupt. Denn Roms Krone — das ist der Leichenkranz; der gebührt
der toten, vermoderten Stadt" .... [445]).

So hätte auch Heine geschrieben, wäre der junge Napoleon um
sechs Jahre früher gestorben. Heute klingen seine Worte etwas weniger
rhapsodisch; doch sind es nicht kahle Höflichkeitsphrasen, die er dem
Kaisersohne ins frische Grab nachsendet. Schon früher hatte er dessen
Geschicke mit Teilnahme verfolgt. Ein Orest erschien er ihm, ein Orest
nach Agamemnons Ermordung. Das vielsagende Bild findet sich in
der „Nordsee" [446]). Hat auch der Dichter der „Grenadiere" die Hoffnungen geteilt, die man an den Erben des großen Namens knüpfte,
zu dessen Gunsten Verschwörungen und Entführungsprojekte in Hülle
und Fülle geplant waren? von dessen Tür man einen französischen
Dichter hatte fortweisen müssen [447]) und der, wie Chateaubriand in
einer Broschüre spottete, zu den Schreckbildern gehörte, die den König
Ludwig Philipp in den Tuilerien nicht schlafen ließen? Auch Heine
glaubte zu wissen, daß „der Sohn des Mannes" nur hätte zu erscheinen brauchen, um dem ganzen Regiment des Justemilieu mit einem
Schlage den Garaus zu machen [448]). Und nun war der junge Prinz
mit einundzwanzig Jahren dem Lebensüberdruß und der Lungen-
schwindsucht erlegen. Der deutsche Dichter reiste eben durch die Normandie, als die Nachricht von seinem Tode eintraf. Laut ertönten
die Klagen des normannischen Volkes, als sich die Trauerkunde in
den uralten Städten und Weilern des meerumspülten Landes verbreitete.

„Ich fand überall, wohin ich kam", schreibt der Dichter am 20. August 1832 von Dieppe, „eine wunderbare Trauer unter den Leuten. Sie fühlten einen reinen Schmerz, der nicht in dem Eigen- nutze des Tages wurzelte, sondern in den liebsten Erinnerungen einer glorreichen Vergangenheit. Besonders unter den schönen Normanninnen war großes Klagen um den frühen Tod des jungen Heldensohnes. Ja, in allen Hütten hängt das Bild des Kaisers. Überall fand ich es mit Trauerblumen bekränzt, wie Heilandsbilder in der Karwoche. Viele Soldaten trugen Flor. Ein alter Stelzfuß reichte mir wehmütig die Hand mit den Worten: à présent tout est fini."

Wie stark der innere Anteil war, welchen Heine an diesem traurigen Finale des napoleonischen Heldendramas nahm, dafür spricht schon die Länge des mehrere Druckseiten umfassenden Berichtes [449]). Auch er sieht natürlich in dem Ausgang des jungen Phthisikers das Ende der Hoffnungen aller derer, die, wie er sich ausdrückt, „an eine kaiserliche Auferstehung des Fleisches glaubten." Er konnte freilich damals nicht wissen, daß, wie man wohl gesagt hat, neben der Hülle des toten Löwen der Fuchs gekauert lag, daß wenige Jahre später die Attentate von Straßburg und Boulogne, an denen sich einer der Getreuen von St. Helena beteiligen sollte [450]), die Mög- lichkeit jener fleischlichen Auferstehung beweisen und daß, bevor ein Vierteljahrhundert verflossen war, trotz des Schönbrunner Trauerspiels ein Enkel Carlo Bonapartes, des Advokaten von Ajaccio, in jenem „Zauberschlosse" der Tuilerien hausen würde, von dessen Torwacht inzwischen der Imperator Mors den allzeit getreuen Eckart mit der braunen Perücke, General Lafayette, abberufen haben würde. „Aber," fährt der deutsche Berichterstatter fort, „für die Bonapartisten, die an die Auferstehung des Geistes geglaubt, erblüht jetzt die beste Hoff- nung. Der Bonapartismus ist für diese nicht eine Überlieferung der Macht durch Zeugung und Erstgeburt; nein, ihr Bonapartismus ist jetzt gleichsam von aller tierischen Beimischung gereinigt, er ist ihnen die Idee einer Alleinherrschaft der höchsten Kraft, angewendet zum Besten des Volks, und wer diese Kraft hat und sie so anwendet, den nennen sie Napoleon II. Wie Cäsar der bloßen Herrscherwelt seinen Namen gab, so gibt Napoleon seinen Namen einem neuen Cäsartume, wozu nur derjenige berechtigt ist, der die höchste Fähig- keit und den besten Willen besitzt."

Ein geistreicher Gedanke, der wie so manches, was er über Frankreichs spätere Schicksale gesagt, dem Publizisten Heine Ehre macht. Man braucht bloß an General Boulanger oder an die zur

Zeit des Drehfusprozesses sichtbar werdenden Strömungen zu denken. Nur daß der Mann der „höchsten Fähigkeit" und des „besten Willens" damals in dem Lande unserer Nachbarn gefehlt hat, nur das hat eine Wiederaufrichtung des französischen Kaiserthrones verhindert. Auch heute halte ich eine solche keineswegs für ausgeschlossen.

Machen, wie gesagt, diese Betrachtungen über Frankreichs Zukunft dem Publizisten Heine alle Ehre, so blickt der Kultus des „göttlichen" Napoleon wieder durch, da, wo der Dichter mit schönem künstlerischen Empfinden von den beiden Kaiserbildern spricht, die er am häufigsten in den Bauernhäusern der Normandie angetroffen hat. Das eine war das bekannte Gemälde von Gros, das Napoleon bei dem Besuche der Pestkranken von Jaffa darstellt[451]), das andere zeigt den gefangenen Dulder, wie er zu St. Helena auf dem Sterbebette liegt[452]): „Auf dem einen Bilde gleicht Napoleon einem Heilande, von dessen Berührung die Pestkranken zu genesen scheinen; auf dem andern Bilde stirbt er gleichsam den Tod der Sühne."

Der Sühne! Hier hören wir wieder den Verteidiger freiheitlicher Grundsätze, der den achtzehnten Brumaire nicht vergessen konnte. „Der Kaiser büßte," heißt es nämlich weiter, „für den schlimmsten seiner Irrtümer, für die Treulosigkeit, die er gegen die Revolution, seine Mutter, begangen." Und hier glaube ich auch wieder den Mann zu hören, der mit Börne verkehrte und sich, mochten beider Wege später gar weit auseinandergehen, damals doch noch von dem Stammes- und Schicksalsgenossen beeinflussen ließ, dem nicht die Logik der Tatsachen, sondern die der Doktrin als Vorschrift diente. „Napoleon", hatte einst Börne geschrieben, „war der hohe Priester der Revolution, und als er so dumm war, die Göttin um ihre Anbetung zu bringen, brachte er sich um seine Priesterwürde, und seine Macht ging unter"[453]).

Eine Sühne für die gleiche Untat sieht unser Dichter auch in dem Umstande, daß die Feinde, wie er meint, die Verbündeten, das eherne Standbild des Kriegsfürsten 1814 von der Vendômesäule herabgestürzt hatten. Heine, der diese Roheit irrtümlich den Deutschen zuschreibt, unterläßt nicht, seinen Landsleuten über die schmähliche Mißhandlung eines Heldenbildes gründlich den Text zu lesen, beeilt sich dann aber hinzuzusetzen: „Jeder hat seine Sendung auf dieser Erde, unbewußt erfüllt er sie und hinterläßt ein Symbol dieser Erfüllung. So sollte Napoleon in allen Ländern den Sieg der Revolution erfechten; aber uneingedenk dieser Sendung, wollte er durch den Sieg sich selbst verherrlichen, und egoistisch erhaben stellte er sein eigenes Bild auf die erbeuteten Trophäen der Revolution, auf die zusammengegossenen Kanonen der Vendômesäule. Da hatten die Deutschen nun die Sendung, die Revolution zu rächen und den Imperator wieder herabzureißen von der usurpierten Höhe, von der Höhe der Vendômesäule"[454]).

Nichts ist bezeichnender als die Kühle, mit der unser Autor hier von der Vendômesäule spricht, die den Bonapartisten als das heiligste Symbol ihres Glaubens galt, dem sie, wie der Schalk an einer Stelle über die Choleraepidemie von 1832 einflicht, sogar eine geheime Gewalt über diesen tückischsten aller Feinde beigemessen haben sollen[455]). Seine Kühle, die Stimmungen in der späteren „Lutetia" sehr nahe kommt, ist um so auffallender zu einer Zeit, wo alle Welt den Helden wieder auf seiner Ruhmessäule sehen wollte und die Justemilieuregierung, als sie dem allgemeinen Verlangen nachgab, mit Lobsprüchen überschüttet wurde. Neben Victor Hugo, der damals seine zweite Ode „An die Säule" dichtete, war auch Barthélemy für den Herzenswunsch des französischen Volkes eingetreten:

> Und wenn der fünfte Mai erwacht im Morgengrauen,
> Sei auf dem Kapitäl aufs neu sein Bild zu schauen,
> Und weil an diesem Ort des Kaisers Pantheon,
> So nennt ihn fürder nur den „Platz Napoleon"[456]).

Und nach Herstellung des Denkmals sang in Deutschland Wessenberg:

> „Er ist's", ruft der Soldat, und in der Brust
> Schlägt stolz sein Herz, ja, unser ist er wieder;
> So sahn wir ihn, wann seiner Kraft bewußt,
> Er still und ernst aufs Schlachtfeld blickte nieder.
>
> „Er ist's", ruft auch der Bürger freudig aus,
> Der nie hat seines Kaisers Kranz entblättert;
> Die Schwindler nur erfüllt mit Schreck und Graus
> Sein Anblick, der sie einst in Staub zerschmettert[457]).

Anders Heine. Gewiß, auch er verlangt die Wiederaufrichtung der Statue, aber nur so nebenher und anscheinend ohne Begeisterung. Zudem hat er die Forderung in einer eigentümlichen Weise begründet, die für den Helden, der eine Genugtuung empfangen soll, nicht so sehr schmeichelhaft ist: „Auf diese eiserne Säule stellt den Napoleon, den eisernen Mann, hier wie im Leben fußend auf seinen Kanonenruhm und schauerlich isoliert emporragend in den Wolken, so daß jedem ehrgeizigen Soldaten, wenn er ihn dort oben, den Unerreichbaren, erblickt, das gedemütigte Herz geheilt wird von der eiteln Ruhmsucht und solchermaßen diese kolossale Metallsäule als ein Gewitterableiter des Heldentums den friedlichsten Nutzen stifte in Europa"[458]).

Warum hat er nicht jubelnden Herzens in den Chorus eingestimmt, der die Herstellung des Standbildes als eine Ehrung des Helden und doch wahrlich nicht als ein Mene Tekel verlangte? Die Antwort wird man sich wieder bei Ludwig Börne holen dürfen. Die Berührung mit diesem scheint hier offen auf der Hand zu liegen.

Wenn der spätere Bericht des Heineschen Buches über den Frankfurter Schriftsteller nicht trügt, so hat sich auch dieser über die Schändung der Vendômesäule ebenso mißbilligend ausgesprochen wie Heine selber, aber zugleich mit einer Pointe, die der Stelle in den „Französischen Zuständen" inhaltlich nahekommt, nur an Schärfe sie noch überbietet: „Ihr konntet dort seine Statue getrost stehen lassen; ihr brauchtet nur ein Plakat mit der Inschrift ‚18. Brumaire' daran zu befestigen, und die Vendômesäule wäre seine verdiente Schandsäule geworden!"[459]) Beide Schriftsteller betrachten also den brutalen Faustgriff von 1814 als eine „Sühne" für den Muttermord, den einst General Bonaparte an der Revolution begangen haben sollte. Auch dem traurigen Ende des jungen Reichstadt maß Heine den Charakter einer solchen bei, und wieder ist die Form, in der er sich hierüber ausspricht, für ihn und sein Verhältnis zu Börne äußerst charakteristisch: „Die Geschichte hatte längst gezeigt, wie die Vermählung zwischen dem Sohne der Revolution und der Tochter der Vergangenheit nimmermehr gedeihen konnte, — und jetzt sehen wir auch, wie die einzige Frucht solcher Ehe nicht lange zu leben vermochte und kläglich dahinstarb." Also Heine[460]). Fast in derselben Weise hatte sich anderthalb Jahre früher der Verfasser der „Briefe aus Paris" vernehmen lassen: „Gibt es etwas Herzempörenderes als diese Hochzeit zwischen dem Manne des Lebens und der Leiche der Vergangenheit?"[461]) Auch an anderen Stellen ihrer Werke haben sich beide Schriftsteller, gleich Lord Byron, in mißbilligendem Tone über die österreichische Heirat, die äußere Sanktion des Bruches zwischen dem Revolutionsgeneral und dem von ihm ausdrücklich anerkannten Prinzip der Volkssouveränität, ausgesprochen[462]).

Heine vor allem an einer interessanten Stelle in den mit den „Französischen Zuständen" fast gleichzeitig geschriebenen Berichten über die Pariser Gemäldeausstellung von 1831, wo er die seit der

Konsulatszeit so oft gezogene Parallele zwischen Napoleon und Cromwell abweist und von letzterem sagt: „Cromwell . . sank nie so tief, daß er sich von einem Priester zum Kaiser salben ließ und, ein abtrünniger Sohn der Revolution, die gekrönte Vetterschaft der Cäsaren erbuhlte⁴⁶³)." Er bezeichnet das mit Anspielung auf die Salbung der alten Könige als einen „Ölfleck" und behauptet, daß Bonaparte, der „ein Washington von Europa werden konnte und nur dessen Napoleon ward"⁴⁶⁴), in seinem kaiserlichen Purpurmantel nie wohl geworden sei: „Ihn verfolgte die Freiheit wie der Geist einer erschlagenen Mutter, er hörte überall ihre Stimme, sogar des Nachts, aus den Armen der anvermählten Legitimität schreckte sie ihn vom Lager."

Derartige Äußerungen beweisen nun zwar, daß Heine eine hin-länglich Reise und genügende Klarheit des politischen Denkens er-worben hatte, um einzusehen, daß er seinem Helden nicht durch dick und dünn werde folgen können. Das hätten Weitzel, Platen, Gutzkow, hätte selbst Börne schreiben können, der von Napoleon sagte, daß er „die Freiheit um ihre schönsten Jahre gebracht habe." Aber wenn diese und manche andere Liberale nach solcher Erkenntnis auch Neigung und Abneigung gegen den großen Imperator regelten, so vermochte Heine nicht so nüchtern folgerichtig zu verfahren. Hierin liegt der große Unterschied seines Fühlens gegenüber dem Empfinden jener. Die Napoleonbewunderung des alten Goethe stimmte mit den übrigen politischen und philosophischen Ansichten dieses festgefugten Geistes; bei Heine ist das eben anders. Er liebte seinen Kaiser, der närrische Poet, dieser „Kunz von der Rosen" unter den deutschen Dichtern, aber mit der Liebe, wie man ein Kind, einen Freund oder ein Mädchen lieben kann, mag man über ihr Treiben auch manchmal den Kopf schütteln. Daß bei den fortwährenden Erwähnungen des großen Mannes und den pointenreichen Beziehungen, zu denen sie Veranlassung gaben, auch die persönliche Eitelkeit des Dichters mit im Spiele war, wie diesem Treitschke vorwarf⁴⁶⁵), braucht man nicht ganz zu leugnen, ohne darum an der Echtheit des Gefühls selber zu zweifeln, das bisweilen wie Schaumwein flüchtig aufprickelt, ein andermal mit vulkanischer Kraft emporschießt, alle Schichten des politischen Räsonnements verwerfend, alles über den Haufen schleudernd, was die strenge Logik der Doktrin dagegen vorbringen mag.

Soeben hat er den Lafayette mit seiner braunen Perücke gelobt, der sich „eine bessere Säule als die des Vendômeplatzes und ein besseres Standbild als von Metall oder Marmor" gegründet habe.

Er ist auch der reinste Charakter der französischen Revolution, sehr schön, aber — in des andern Namen schlafen tausend Kanonen, „und die Tuilerien werden zittern, wenn einmal diese Kanonen erwachen" — und dann ade Justemilieu, Ludwig Philipp und Lafayette mit der braunen Perücke! Der Politiker Heine mag den Sturz des ehrbaren Bürgerkönigtums vielleicht gar nicht einmal gern sehen, der Dichter wird ihm keine Träne nachweinen. Und das Unglück wäre vielleicht schon geschehen, hätten nur die dummen Republikaner bei der Lamarqueschen Revolte statt Vive la République! „Es lebe der Kaiser!" gerufen. Dann würde „die Linie schwerlich auf sie geschossen haben, und die große Menge der Ouvriers wäre ihnen zu Hilfe gekommen" [466]. Denn Napoleon ist das „Zauberwort" für die Franzosen, und auch nach wie vor für unsern Dichter.

Dieser konnte ihm kein höheres Lob erteilen, als daß er ihn einen „Saint-Simonistischen Kaiser" nennt, der ganz nach den Prinzipien dieser Schule „nur die Herrschaft der Kapazitäten befördert und die physische und moralische Wohlfahrt der zahlreichern und ärmern Klassen erzielt habe" [467]. Ich bin nicht mit Heines Freund und Kritiker Saint-René Taillandier [468]) der Ansicht, daß es sich hier um einen Scherz handelt, halte vielmehr diese Bemerkung für völlig ernst gemeint. Heine schätzte die Saint-Simonisten hoch und hat deren Führer Enfantin sogar eines seiner Bücher gewidmet. Auch stimmt die Äußerung mit dem (künstlerischen) Aristokratismus unseres Dichters wieder völlig überein. Zugleich mit dem Gefühl der Zurücksetzung, das er als Jude empfand. Ich erinnere noch einmal an das schöne Wort des Konsul-Imperators, welches jedem Talente ohne Unterschied des Glaubens und der Abstammung die Bahn für offen erklärte. Wer so glücklich war, niemals durch Standesvorurteile, Koteriewesen und heimatlichen „Klüngel" um die besten Früchte seines Strebens gebracht zu werden, wird ja vielleicht unsern Dichter hier nicht ganz begreifen.

Auch der Haß gegen Preußen spielt wieder in die „Französischen Zustände" hinein und macht Heine so ungerecht, in der — etwas später geschriebenen — Vorrede zu dem Buche von dem „preußischen Esel" zu sprechen, der „dem sterbenden Löwen die letzten Fußtritte gegeben habe" [469]). Gewiß ist damit weniger ein Kompliment für den „Löwen" als ein Hieb gegen den „Esel" beabsichtigt; aber man darf nicht vergessen, daß der Dichter durch die Verbote seiner Schriften gereizt und zudem über die famosen Bundestagsbeschlüsse von 1832 entrüstet war, die den Lärmscenen des Hambacher Festes auf dem

Fuße folgten und die Freiheit in Deutschland auf den Gefrierpunkt setzten. Preußen aber hatte Metternich zu Gefallen das Odium auf sich geladen, die Vorlage zu diesen drakonischen Maßregeln am Bundestage einzureichen, wie es schon 1819 bei den Karlsbader Beschlüssen und der Einsetzung der Mainzer Centraluntersuchungskommission den Büttel Österreichs gespielt hatte.

So stand Heine in den ersten Jahren seines Pariser Aufenthalts, deren Spiegelbild die „Französischen Zustände" sind, dem Andenken Napoleons mit gemischten Gefühlen gegenüber, vielmehr, wenn das Bild nicht mißbraucht werden soll, mit disparaten Gefühlen, die der chemischen Affinität entbehren. Für die Stärke der zu Tage tretenden Schwankungen können noch zwei Belegstellen aus den Berichten über den Pariser Salon von 1831 sprechen. Unser Heine bringt es hier fertig, an der ersten Napoleon als den „großen Repräsentanten der Demokratie" zu rühmen, um in dem allerdings zwei Jahre später verfaßten Nachtrag den Fürsten Vorwürfe zu machen wegen der Torheit, „den Mann zu töten, der am gewaltigsten die Republikaner zu bändigen vermochte!"[470])

Diese an sich merkwürdigen Stellen gewinnen noch ein erhöhtes Interesse, wenn man sie mit früheren und späteren vergleicht. Einst hatte derselbe Mund — in der „Nordsee" — Napoleon gelobt, weil er „nie ganz revolutionär und nie ganz konterrevolutionär" gehandelt habe, und er hatte dieses Verfahren, das ihm „einfach", „groß" und „ruhig milde" erschien, aus seinem genialen Erfassen des Zeitgeistes und dieses wieder aus der synthetischen künstlerischen Natur des angebeteten Mannes abgeleitet[471]). Jetzt, in den Jahren von 1830—32, fällt die Ansicht des Dichters gewissermaßen auseinander, da er mit sich selber über seinen Helden uneins geworden ist. Es wird eine Zeit kommen, wo Heine das Handeln des Kaisers wieder mehr von einem einheitlichen Gesichtspunkte betrachtet; aber dieser wird von dem früher angenommenen weit entfernt sein: an einer Stelle der „Lutetia" erscheint ihm Napoleons politische Tätigkeit, dessen großartiger Versuch, „die Menschen und die Interessen des alten Regimes mit den neuen Menschen und neuen Interessen der Revolution zu versöhnen", als eine bloße „Transaktion", ein äußerliches Vermitteln von Personen und Vorteilen, das fruchtlos bleibt und sogar des Kaisers späteren Sturz herbeiführt[472]). Erst am Ende seines Lebens wird der Dichter, in den Geständnissen und im „Waterloofragment", auf den Standpunkt der „Nordsee" und des „Le Grand" voll und ganz zurückkehren.

Es war nicht jedermanns Sache, diese verschiedenartigen Gedankensplitter, die dem lesenden Publikum von einem Poeten in
einem politischen Potpourri vorgesetzt wurden, als Einheit zu denken.
Wer Heine in seiner Eigenart objektiv zu würdigen sucht, wird auch
anderseits mit den Kritikern der „Französischen Zustände" nicht allzu
scharf ins Gericht gehen dürfen. Da ist zunächst Börne. In dem
bekannten Brief, in dem er Heines Buch rezensiert[473]), wird zwar
Napoleons Name überhaupt nicht erwähnt, wie denn auch sonst in
den Besprechungen der späteren Werke des Dichters diese Seite seiner
Schriftstellerei von den Beurteilern mehr und mehr vernachlässigt
wird, was mich meinerseits der Verpflichtung überhebt, auf jene
Kritiken weiter einzugehen. Hier liegt die Sache aber etwas
anders. Denn wenn auch Börne, wie gesagt, Napoleons Namen
nicht ausdrücklich nennt, so hat doch gewiß die verschiedenfarbige
Darstellung dieses Helden in dem Heineschen Buche mit dazu beigetragen, sein Urteil über Werk und Verfasser, denen er Unbeständig-
keit in ihren Ansichten zum Vorwurf machte, zu bestimmen. Deutlicher hat sich über die für uns in Betracht kommende Sache Gustav
Pfizer ausgesprochen, der in dem erwähnten Aufsatz in der „Deutschen
Vierteljahrsschrift"[474]) die Behandlung Napoleons in den „Französischen Zuständen" mit den Jubelhymnen vergleicht, die der
Dichter des „Le Grand" gesungen, und dann fortfährt: „Eine Probe
von Heines Beständigkeit ist, daß er in einer spätern Schrift (eben
unserem Buche) ganz unbefangen gesteht, die Franzosen mittleren
Alters seien großenteils verdorben durch die Kaiserzeit, ,die alle
bürgerliche Einfalt und Freiheitsliebe ertötete.'" Eine solche Stelle
findet sich allerdings in den „Zuständen"[475]). Wenn aber Pfizer
hinzusetzt, daß Heine mit dem Eintreten der Revolution „seinen Helden
habe mehr und mehr fallen lassen", so mochte das dem guten Schwaben
wirklich so scheinen, dessen langsamer arbeitendes Gehirn dem Zick-
zack Heinescher Gedankensprünge ohnehin nur mühsam folgte. Aber
die Sache selbst war damit keineswegs getroffen.

Ungleich richtiger haben zwei Pariser Kritiker unseren Dichter
verstanden, Saint-René Taillandier und ein Ungenannter, der schon
weit früher als jener in einem Artikel der Europe littéraire[476]) die
„Französischen Zustände" beurteilt. Dieser letztere findet im Gegensatz zu Pfizer, daß Heine auch jetzt noch die „magische Kraft des
Namens Napoleon eher überschätzt habe". (Peut-être .... a-t-il
exagéré la force magique du mot Napoléon.) Auch Taillandier,
obwohl er zugibt, daß man in dem glänzenden Durcheinander seiner

Urteile (la brillante mêlée de ses appréciations) nicht genau sagen könne, „was er eigentlich liebe und was nicht", hat im Grunde doch die Stellung, die Napoleon quand même auch in diesem Werke des Dichters noch einnimmt, als eine höchst bedeutende, selbst dominierende empfunden: „Heines großes Jdol, der Kaiser, steht in der Mitte des Bildes, in medio mihi Caesar erit...." [477]).

Eine mehr gelegentliche Erwähnung Napoleons und der napoleonischen Herrschaft zeigen die beiden Werke, in denen es Heine versucht hat, den Franzosen einen Einblick in das geheimnisvolle Wesen und Weben des deutschen Geistes zu verschaffen, die „Romantische Schule" und der Aufsatz „Zur Geschichte der Religion und Philosophie in Deutschland". Auf den ersten Blick sollte man vielleicht meinen, daß sie, wenigstens das letztere, überhaupt wohl kaum etwas mit dem Cäsar zu schaffen haben könnten, der ein paar Jahre lang auf dem Throne eines benachbarten Landes saß. Bei der „Romantischen Schule" lag es schon näher; ja, die Rolle, welche die Romantiker im Kampfe gegen Napoleon gespielt haben, mochte zu einer Besprechung des Verhältnisses zwischen beiden herausfordern.

Heine hat sein Buch als eine Fortsetzung des Staëlschen Werks De l'Allemagne angekündigt. Das gibt ihm sogleich Gelegenheit zu einer Plänkelei gegen die berühmte Genferin, die das „ganze Feuerwerk ihrer Geistesraketen und brillanten Tollheiten" verbraucht habe, um den deutschen Jdealismus gegen die „materielle Herrlichkeit der Kaiserperiode" auszuspielen [478]). Das Wort von dem Materialismus des imperialen Frankreich hat Heine öfter wiederholt, in den „Florentinischen Nächten", in der „Lutetia", noch in den „Geständnissen" [479]), an dieser letztgenannten Stelle wieder im Zusammenhang mit der Staël und ihrem Buche. Der Ausdruck „Materialismus" ist, wie wir wissen, in seinem Munde kein Tadel, wenigstens kein Tadel schlechthin. Hat doch Heine gerade in dem Buche über die deutsche Philosophie bei seiner Einteilung der Denker in entsagungsfreudige, jenseitslüsterne Spiritualisten (Jdealisten) und lebensfrohe Sensualisten (Materialisten) sich selbst unter die letzteren gestellt. Das entsprach dem schönheitstrunkenen Geiste des Dichters, freilich auch seiner stark sinnlichen Richtung. Aus dem Volke der Schönheit, aus dem Blute der Cäsaren und der großen Renaissancemenschen, der Medicäer, der Visconti, der Borgia, war nun aber auch Napoleon entsprossen, „der große Klassiker, der so klassisch wie Alexander und Cäsar" [480]).

Das hat Heine ebenso gut gewußt wie Hippolyte Taine. Und

mit dieser Blutsverwandtschaft mochte nun auch anderseits des Impera=
tors Vorliebe für die Tragödien des augusteischen Zeitalters der
Franzosen, für Corneille und Racine, zusammenhängen. Zumal der
letztere, meint unser Dichter, sei die Amme gewesen, die den Soldaten
des großen Heeres und dessen Führern die Gefühle des Heroismus
eingeflößt habe. In Wahrheit hat wohl eher Corneille dieses Amt
verwaltet, doch ist das hier von minderer Bedeutung. „Die französi=
schen Helden," sagt Heine, „die bei den Pyramiden, bei Marengo,
bei Austerlitz, bei Moskau und bei Waterloo begraben liegen, sie
hatten alle einst Racines Verse gehört, und ihr Kaiser hatte sie ge=
hört aus dem Munde Talmas. Wer weiß, wieviel Zentner Ruhm
von der Vendômesäule eigentlich dem Racine gebührt"⁴⁸¹).

Diese Herrlichkeit der Kaiserperiode ist durch die Befreiungskriege
zerstört worden, und die Romantiker haben dazu mitgeholfen. „Die
Herren August Wilhelm und Friedrich Schlegel, die kleinen Roman=
tiker, die ebenso romantisch wie das Däumchen und der gestiefelte
Kater, erhoben sich als Sieger"⁴⁸²). Der Spott hat neben den mehr
politischen auch rein literarische Gründe, und es soll hier keineswegs
behauptet werden, daß Heine die Schlegel nur deshalb gehaßt habe,
weil diese Napoleon bekämpft und Proklamationen gegen ihn ge=
schrieben hatten. Anderseits hängt ja freilich seine Absage an die
romantische Schule zweifellos mit den bis zu närrischer Deutschtümelei
übertriebenen patriotischen Bestrebungen derselben zusammen. Da
zeigt sich wieder im Hintergrunde die Gestalt Cäsars. So ist es denn
auch kein Zufall, daß der beißende Hohn, mit dem Heine die grenzen=
lose Eitelkeit August Wilhelm Schlegels, seines früheren Lehrers und
Gönners, verfolgt, zu Bildern und Gleichnissen greift, die gerade
Napoleons Leben und Persönlichkeit entlehnt sind oder an diese an=
knüpfen. „A. W. Schlegel war mit Ausnahme des Napoleon der
erste große Mann, den ich damals gesehen", sagt er einmal bissig⁴⁸³),
und an einer anderen Stelle vergleicht er Schlegels Abneigung gegen
Molière mit der des Kaisers gegen den Tacitus⁴⁸⁴). Der ironische
Vergleich gipfelt in dem Gedanken, daß die beiden „großen" Männer
— der Kaiser und der Romantiker — einer schlechten Behandlung
von seiten der beiden Schriftsteller gewiß gewesen, wenn ihr Dasein
mit dem Leben jener zusammengefallen wäre. Auf das Molière=
Schlegel=Verhältnis angewendet, kann das nur heißen, daß der un=
sterbliche Komiker aus dem feinen Sonettendichter, Verskünstler und
Literaturkenner einen Vadius oder Trissotin gemacht haben würde.
Eine noch empfindlichere Züchtigung aber erfährt Schlegels Eitelkeit

durch den Vorwurf, daß er den Franzosen die Poesie abgesprochen habe — „zu einer Zeit, als Napoleon jeden Tag ein gutes Epos improvisierte, als Paris wimmelte von Helden, Königen und Göttern". Herr Schlegel habe von alledem nichts bemerkt, da er sich nur selber beständig im Spiegel geschaut, und da sei es „wohl erklärlich, daß er in Frankreich gar keine Poesie sah"[485]).

Die Propagandisten der Tat unter den Romantikern, das waren nun aber die Sänger der Befreiungskriege. Es leuchtet ein, daß der auch sonst in seinen Werken so oft hervortretende Gegensatz zwischen ihnen und Heine sich gerade in dieser Besprechung scharf abzeichnen mußte.

Schon aus früher Gesagtem ergibt sich, daß die Sänger und Rhetoren der Kriegsjahre, die Jahn, Arndt, Maßmann und wie sie heißen mögen, sich bei den Liberalen der jüngeren Jahrgänge keines besonders hohen Ansehens erfreuten. Bestenfalls hielt man sie mit ihren ultrateutonischen Schwärmereien für Narren, die sich selber ins Exil oder auf die Festung gebracht hätten, ohne der Sache der wahren Freiheit genützt zu haben. Ihr Mißtrauen und Haß gegen Frankreich, der während der längere Zeit hindurch drohenden Kriegs-gefahr von 1831 in Arndts Schrift über die Niederlande von neuem zu Worte kam, dann im Stuttgarter Literaturblatt sich breit machte und aus Börnes Lager die Gegenkundgebung „Menzel, der Fran-zosenfresser," hervorrief, schloß vollends die Möglichkeit eines gegen-seitigen Verstehens aus. Denn die liberalen Gegner, besonders die west- und süddeutschen, stellten ja nicht allein in dem Kosmopolitis-mus ihrer alle Völker umspannenden Freiheitsgedanken den Satz auf, daß es keine Nationen, sondern nur noch Parteien gäbe, sie verehrten auch neuerdings wieder, wie Anno 1789—1792, gerade in den Franzosen die Träger, Verbreiter und rüstigen Vorkämpfer des politischen und geistigen Fortschritts.

Zu allen diesen Gründen einer feindseligen Behandlung der Befreiungskriegsdichter aber trat für Heine — und das gibt seinen Darstellungen erst die eigentümliche Farbe — wiederum die persön-liche Vorliebe für Napoleon. Wie es ihm und Byron schier un-faßlich war, daß ein Wellington, ein Blücher den Kaiser bei Mont-Saint-Jean geschlagen, so war Heine der Gedanke unerträglich, daß ein Arndt und Jahn durch ihre kräftigen Lieder und ihre urwüchsige Prosa, ein Görres durch die zündenden Artikel seines rheinischen Götterboten die Stellung des gewaltigen Imperators in Deutschland untergraben haben sollten. Daher sein Bestreben, diese Männer, unter

benen doch auf jeden Fall recht achtbare Größen waren, zu Pyg-
mäen, zu Liliputanern herabzudrücken, die lediglich durch ihre Menge
den Riefen zu Fall gebracht, oder gar zu Efeln, welche dem fterben-
den Löwen einen letzten Fußtritt verfetzt hätten. Ja, daß er überhaupt durch die von diefen Tyrtäen begeisterten deutfchen Krieger
gefallen, will die Parteilichkeit unferes Dichters nicht zugeben, lieber
durch den ruffifchen Winter, lieber felbft durch die Hände der Bafch-
kiren, nur nicht durch diefe Deutfchen. „Als Gott, der Schnee und
die Kofaken die beften Kräfte des Napoleon zerftört hatten, erhielten
wir Deutfche den allerhöchften Befehl, uns vom fremden Joche zu
befreien, und wir loderten auf in männlichem Zorn ob der allzulang
ertragenen Knechtfchaft, und wir begeifterten uns durch die guten
Melodien und fchlechten Derfe der Körnerfchen Lieder, und wir er-
kämpften die Freiheit; denn wir tun alles, was uns von unferen
Fürften befohlen wird"[486]).

Man mag es bedauern, daß Deutfchlands großer Lyriker der
ehrlichen Begeifterung der Männer von 1813 eine Bedientengefinnung
unterfchob. Aber dann foll man doch auch nie vergeffen, daß Leute
vom Schlage eines Schmalz und von der Marwitz diefe Parole zuerft
ausgegeben hatten.

Am meiften berechtigt ift wohl der Widerwille des Poeten
gegen das „idealifche Flegeltum" des in den Kreifen unferer Turner
und Alldeutfchen denn doch überfchätzten Friedrich Ludwig Jahn,
einer groben, bäurifchen Natur von zweifelhaften Anlagen und einer
noch zweifelhafteren Bildung, gegen deffen Charakter und exzentri-
fches Treiben fchon damals und fpäter gewichtige Stimmen laut geworden find. Heine haßte ihn und mußte den Mann haffen, der in
allem fein Antipode war. Freilich waren das Arndt und Görres
kaum minder, trotzdem hat Heine nie von ihnen mit folcher Derachtung gefprochen wie von Jahn. Selbft von Maßmann nicht, den
er immer noch mehr als komifche Perfon behandelt. Aber Jahn ift
ein „Herbergvater"[487]), ein „grober Bettler"[488]), ein andermal wird
ihm perfönliche Feigheit vorgeworfen[489]), und noch in der „Lutetia"
heißt es: „Der ‚Vater Jahn' führte eine Miftgabel, womit er auf
den Korfen weit wütender zuftach als fo ein Chateaubriand mit
feinem leichten und funkelnden Galanteriedegen"[490]).

Ich glaube in der Annahme nicht fehlzugehen, daß der heftige
Grimm und die grenzenlofe Derachtung, die Heine gegen Jahn empfand und gefliffentlich zur Schau trug, in geradem Derhältniffe
zu der Art ftehen, in der fich diefer über den Kaifer Napoleon

und die Franzosen zu äußern pflegte. Zumal die bekannte Rüpel-
komödie auf dem Pariser Triumphbogen, wo Jahn die Besiegten in
rohester Weise verhöhnte, auch die auf dem Denkmal stehende Viktoria
mit Faustschlägen bearbeitete [491]), mag dem feinfühligen Dichter jenen
stark ausgeprägten Widerwillen gegen den ehrlichen, aber täppischen
Gesellen eingeflößt haben, dessen rechthaberisches Wesen, Renommisterei
und maßlose Grobheiten auch Eiselen und Immermann und später
Gustav Freytag und selbst Treitschke verurteilt haben.

Neben der wichtigen Stelle über die Befreiungskriege, um die
ich hier einiges Verwandte gruppierte, ist in den beiden Werken, die
von der Geschichte des deutschen Geisteslebens handeln, für unsere
Zwecke noch manches andere von Bedeutung. Das Interesse für den
gewaltigen Mann, der dem Dichter beim Schreiben beständig über
die Schulter sieht, zeigt sich in den immer wiederkehrenden Vergleichen, die Heine zwischen ihm und andern Objekten der inneren
und äußeren Wahrnehmung anstellt. Schon an früheren Stellen
dieses Buches habe ich von der Sitte gesprochen, Person und Leben
des berühmtesten Mannes der Zeit durch malerische Vergleiche und
metaphorische Wendungen zu illustrieren. Wir sahen, daß sie schon
am Morgen der Konsulatszeit, ja, schon in den Tagen der italischen
Kampagne weit verbreitet war. Heine hat das Wesen also schon
übernommen, aber, der Originalität seines Genius entsprechend, eigenartig weitergebildet. Ich werde mich über das Typische seiner
Manier noch im Schlußkapitel etwas weiter verbreiten und möchte
nur das hierher Gehörige kurz zusammenstellen.

In der Epoche der ungeteilten Begeisterung ist Napoleon der
Imperator, der Imperator mit sämtlichen Requisiten, die zur Theater-
garderobe eines solchen im Corneilleschen Heldendrama gehören. Er
ist — wir wissen es schon — der Kaiser, der große Kaiser, d e r
Kaiser. Mehr noch. Er ist auch ein Gott und mit allen Attributen
der Götter und der Gottheit ausgestattet; so besitzt er z. B. die un-
beweglichen Augen der indischen Götter, an deren Fehlen im Mahabharata die Königin Damajanti ihren Geliebten, den unter ihnen
sitzenden Nala erkennt [492]). Noch nicht genug. Er ist ein ganz anderer
Gott als jene verbrauchten Heidengötter, an die niemand mehr glaubt
und die Dichtern und Malern, Architekten und Gartenkünstlern seit
Jahrhunderten zu Dekorationszwecken haben dienen müssen. Wir
hörten, daß sich Heine nicht scheute, den frommen Christen Ärgernis
zu geben, indem er seinen Kaiser mit dem eingeborenen Sohn des
einen Gottes zu vergleichen wagte.

(In der folgenden Zeit, bis über die „Lutetia" hinaus, wird nun
aber dieser „Gott" wieder mehr vermenschlicht, ja, insofern profaniert,
als er zu allen möglichen und unmöglichen Vergleichen scherzhafter
wie ernsthafter Natur herhalten muß. Mit wem wird Napoleon da
nicht alles zusammengestellt! Mit Wellington [493]), mit Canning [494]),
mit Lafayette [495]), mit Ludwig Philipp [496]), mit noch so und soviel
großen und kleinen Menschen und einmal sogar — mit der Cholera [497])!

Gerade die „Romantische Schule" und der Aufsatz „Zur Geschichte
der Religion und Philosophie in Deutschland" sind eine Fundgrube
der originellsten und überraschendsten Vergleiche.)

Daß August Wilhelm v. Schlegel in allerlei komischen Posituren
auftreten muß, um in seiner winzigen Kleinheit durch die Zusammenstellung mit dem Riesen Napoleon förmlich zermalmt zu werden,
konnten wir beobachten. Ähnlich wird der französische Eklektiker
Cousin, gleichfalls einer von Heines unglücklichen Lieblingen, auf
die grausamste Art in dem Satze verhöhnt: „Wie man dem großen
Victor Cousin schon jetzt nachsagt, daß er fremde Talente zu exploi-
tieren und ihre Arbeiten als die seinigen zu publizieren gewußt: so
wird man einst auch von dem armen Napoleon behaupten, daß nicht
er selber, sondern Gott weiß wer? vielleicht gar Herr Sébastiani,
die Schlachten von Marengo, Austerlitz und Jena gewonnen habe" [498]).

Neben solchen ausgeführten Vergleichen zeigt sich, etwa seit dem
Jahre 1830, bei Heine der Brauch, den Namen Napoleon metaphorisch
zu verwenden, ein Brauch, der überhaupt um jene Zeit in der Literatur immer mehr um sich greift. Napoleon ist schlechthin d e r Held,
sein Name par excellence der Ausdruck des Großen, und Heine
empfindet es als einen Widersinn, eine contradictio in adiecto,
wenn der Herzog von Reichstadt oder Herr Thiers ein „kleiner
Napoleon" genannt wird. Diese Stellen finden sich, die erste in den
„Französischen Zuständen" [499]), die andere in der „Lutetia" [500]). (Der
„Geschichte der Religion und Philosophie in Deutschland" aber gehört
der originelle Vergleich zwischen Napoleon und Fichte an [501]).) Wer
anders als Heine wäre auf den anscheinend so paradoxen Gedanken
verfallen, den Begründer des subjektiven Idealismus und Verfasser
der „Wissenschaftslehre" mit dem Beherrscher der realen Kräfte, der
Länder, Städte, Schatzkammern, Geschütz- und Heeresmassen, zusammenzustellen, jene beiden Todfeinde nach ihrer Person und ihrem Denken?
Und doch ist ein tertium comparationis vorhanden, das „große un-
erbittliche Ich, bei welchem Gedanke und Tat eins sind", der „kolossale
Wille", durch dessen Schrankenlosigkeit freilich die aufgeführten Ge-

bäude ebenso schnell wieder verschwinden, wie sie entstanden sind.
Heine hat dieses sonderbare und gleichwohl treffende Gleichnis zuerst
in der Einleitung zu „Kahldorf über den Adel" aufgestellt[502]), dann,
wie gesagt, noch einmal, bei Besprechung der idealistischen Philosophie
der Deutschen in jenem späteren Werke. Wiewohl er selbst das
Gegenteil versichert, war es ihm im Grunde mit diesem Vergleiche
völlig ernst. Hierfür spricht in der „Einleitung zu Kahldorf" die
Gruppe ähnlicher und mit jenem in Beziehung und Zusammenhang
stehender Gleichnisse. Da wird Kant, der durch seine Erfahrungs-
philosophie die Nebel der Metaphysik verscheucht, mit dem kopf-
abschlagenden Robespierre, Schellings Naturphilosophie, „die gegen
die Herrschaft der Vernunft und der Idee beständig intriguiert", mit
der Restauration verglichen, Hegel ist der Orleans der Philosophie,
und ganz folgerichtig wird in diesem Zusammenhang von alten
Kantischen Jakobinern, Schellingschen Pairs und Fichteschen Bonapartisten gesprochen.

In den beiden literarhistorischen Essays über die romantische
Schule und die Geschichte der deutschen Philosophie handelt es sich,
wo er erwähnt wird, um den wirklichen, den historischen Napoleon,
dessen Einfluß auf die Entwickelung des deutschen Geisteslebens
wenigstens gestreift und dessen Gestalt, wie wir sahen, sogar benutzt
wird, um durch gemeinverständliche Gleichnisse Bewegungen in den
höheren und tieferen Regionen des deutschen Denkens den Franzosen
faßlicher zu machen. Dagegen ist es mehr der poetische Napoleon, mit
dem sich Heine in den Briefen „Über die französische Bühne" beschäftigt. Schon in den einleitenden Worten dieses Kapitels war von
der dramatischen Verwendung der Cäsarenfigur in der Julizeit die Rede
und auch davon, daß sie fast ausschließlich auf das niedere Niveau
der Volksstücke, Vaudevilles und Melodramen beschränkt blieb.
Immerhin mußten diese auch auf höhere Bildungsschichten einen gewissen Eindruck machen, und da ist es denn eine merkwürdige Erscheinung, daß Heine jene populären Stücke so wenig beachtete,
während ein Gegner Napoleons wie Börne deren eine ganze Reihe
gesehen und es für der Mühe wert gehalten hat, in seinen Briefen
umständlich darüber Bericht zu erstatten[503]).

Heine ist dagegen äußerst sparsam in seinen Mitteilungen über
dieses Bühnentreiben; ja, er hat eigentlich nur einmal, und verhältnismäßig spät, in jenem 1837 auf einem Dorfe bei Paris geschriebenen
Aufsatze, darüber gesprochen. Hier erzählt er, daß sein Nachbar, ein
alter Invalide von der Kaiserarmee, mit Namen Ricou, nach Paris

gewandert ist, um in dem Zirkus von Franconi einer Aufführung der „Schlacht bei Austerlitz" beizuwohnen. Welches Stück damit gemeint war, läßt sich, da es mehrere des Namens gibt, nicht leicht feststellen; auch dürften Nachforschungen über diese Sache schwerlich der Mühe verlohnen. Auf jeden Fall gehörte es zu der literarischen Fabrikware, die damals mit ihren „spottschlechten" Versen die Menge begeisterte.

Es wird nun wohl keiner Erörterung bedürfen, warum ein Heine solchen Spektakelstücken, in denen möglichst viele Kanonen und Pulverwagen auftraten und der Held, „das Wünschelhütchen auf dem Kopfe und die Hände hinterm Rücken", am Wachtfeuer erscheint, keinen sonderlichen Geschmack abgewinnen konnte. Daß der Erfolg dieser Eintagswesen einzig und allein in der von Hause mitgebrachten Stimmung der Zuschauer wurzelte, darüber bestand bei dem Verfasser der „Grenadiere" natürlich kein Zweifel: „Da gibt es Kouplets, worin Stichworte sind, die wie betäubende Kolbenschläge auf das Gehirn eines Franzosen, andere, die wie Zwiebeln auf seine Tränendrüsen wirken. Das jauchzt, das weint, das flammt bei den Worten: Aigle français, soleil d'Austerlitz, Jena, les pyramides, la grande armée, l'honneur, la vieille garde, Napoléon . . . oder wenn gar der Mann selber, l'homme, zum Vorschein kommt, am Ende des Stücks, als Deus ex machina!"[504]

Der Dichter verlangte anderes: „Es ist die Göttin der Tragödie, welche diese hohe Gestalt als rechtmäßiges Eigentum in Anspruch nimmt. Ist es doch, als habe jene Fortuna, die sein Leben so sonderbar lenkte, ihn zu einem ganz besonderen Geschenk für ihre Kousine Melpomene bestimmt." Indem Heine hier als beredter Advokat für seinen Helden einen Lohn fordert, den die tragische Muse ihm schuldet, erkennt er es besonders als eine Pflicht der französischen Dichter, „die einzige große Herrschergestalt, den einzigen königlichen Helden, woran das neue Frankreich sein volles Herz weiden kann," zu besingen[505].

Zur Zeit, als Heine diese Worte schrieb, hatte von namhaften Dramatikern eigentlich erst Grabbe eine nennenswerte Abschlagssumme auf jene Schuld geleistet, die Melpomene dem Helden zu zahlen hatte. Heimlich und verstohlen hatten es ja noch andere Poeten getan, in deren Dramen der Stern des Korsen mehr oder minder klar durch die Wolken schimmerte. Später ist es lebendiger auf dem Kothurn geworden, sogar so lebendig, daß es heute schwer hält, nur

die Namen der Napoleondramen alle beisammenzubringen, zumal sie
sich großenteils unter seltsamen Titeln verbergen. In Deutschland
hat der dramatische Napoleonkultus, nachdem er früher wie in Frankreich jenen mehr sentimentalen Anstrich gehabt, unter den Jüngst-
deutschen eine scharf realistische Kurswendung genommen. Trotz
Bleibtreus origineller Versuche steht freilich die große Lösung des
Problems eines dramatischen Vollbildes immer noch aus[506]), und
auch, was in neuerer Zeit in Frankreich geleistet wurde, ist nicht
über Ansätze hierzu hinausgekommen. Heines auf die Heldentragödie
hohen Stiles abzielende Forderung ward somit noch nicht erfüllt, aber
ihre Formulierung durch den großen Lyriker verliert dadurch nichts
an ihrem Werte, und, wenn seine Voraussage noch nicht vollständig
eingetroffen ist, so wird sich doch früher oder später das prophetische
Wort erfüllen, und der Kaiser wird seinen Corneille, seinen Shakespeare
oder seinen Schiller finden.

Die Mittelsperson, deren sich Heine bedient, um die Ansichten
über die dramatische Verwertung der Cäsarenfigur zum Ausdruck zu
bringen, der Invalide Ricou, führt bequem zu einer anderen Seite
seines Napoleonkultus hinüber, dem Verhältnis des Dichters zu den
Veteranen der kaiserlichen Heere.

Die ungeheure Anziehungskraft der Persönlichkeit Napoleons
wirkte nach dem psychologischen Gesetze der Assoziation ausstrahlend
auf alle, die mit ihr in einer, wenn auch noch so entfernten Beziehung gestanden. Nicht allein seine Vertrauten, Mutter, Brüder,
Schwestern, Minister, Diplomaten, Generäle, auch Hoffräulein,
Kammerdiener und — Troßknechte hatten durch die noch so geringfügige Berührung mit ihm für die Mit- und Nachwelt eine Art von
Weihe empfangen. Ganz besonders aber seine alten Soldaten, die
zudem durch ihre persönlichen Schicksale bei Freund und Feind einer
lebhaften Anteilnahme begegneten[507]) und natürlich auch ihrerseits
bestrebt waren, die Wechselbeziehung zwischen diesen und den Taten
ihres Kaisers, das Einzige, was ihrem armen Leben Interesse verlieh,
durch unermüdliche Erzählungen wach zu halten. So konnte es
kommen, daß das napoleonische Veteranentum unter den Menschen
des neunzehnten Jahrhunderts einen besonderen Typus bildete, der
auch in der Kunst und Literatur bis in die späteren Jahrzehnte
des abgelaufenen Säkulums eine nicht unerhebliche Rolle spielt, die
in einem Gesamtbilde darzustellen eine reizvolle und dankbare Aufgabe sein würde[508]).

Natürlich war diese Rolle nach den Zeiten verschieden. In den ersten Jahren nach den Kriegen tritt der napoleonische Soldat besonders als antiköniglicher Parteimann oder als Verfolgter auf, der sich, wie z. B. die auch literarisch bekannt gewordenen Brüder Bacheville, landflüchtig in der Fremde umhertreibt[509]) oder, wie der alte Grenadier bei Börne, aus Verzweiflung über die Polizeischikanen von der Spitze der Vendômesäule auf das Pariser Pflaster stürzt[510]). Nach der Julirevolution ist das anders geworden. Was noch übrig ist von den Trümmern der großen Armee, lebt unbehelligt, aber meist arm in den Städten oder auf dem Lande. Der alte Soldat ist Großvater geworden; frühmorgens sitzt er im Sonnenschein vor seiner Hütte und singt seine napoleonischen Lieder, während das blondgelockte Enkelkind ihm zur Seite mit einem Stückchen Zucker die Rosen füttern will. So der alte Ricou[511]). Doch ist das Idyll nicht immer so freundlich; wir hörten auch von einem armen Greise, der ohne Beine sich durchs Leben schleppen mußte und eines Abends im Dunkel eines Pariser Gäßchens den menschenfreundlichen Dichter um eine kleine Gabe ansprach. Im Namen des Kaisers; denn noch immer ist der Kaiser sein Gott, der Helfer, dem er jede Not klagen kann, wie in Balzacs erschütterndem Romane der unglückliche Oberst Chabert, als er von allen verlassen ist, die Vendômesäule zur Vertrauten seiner abgrundtiefen Verzweiflung machen will[512]). Noch immer hat ein Fünkchen Hoffnung in den Herzen dieser braven Leute gelebt; erst als die Kunde von dem Tode des Kaisersohnes kommt, ist auch dieses erloschen. Wir erinnern uns der Worte des alten Stelzfußes während der Reise unseres Poeten in die Normandie.

Es ist merkwürdig, wie der deutsche Dichter der Vertraute dieser schlichten Leute wird. Denn es dürfte wohl kaum zu bezweifeln sein, daß die Heineschen Schilderungen zumeist aus persönlichen Erlebnissen und Begegnungen hervorgewachsen sind. Sein Verhältnis zu diesen Kindern des Volkes ist mir ein neuer Beweis nicht allein für Heines Napoleonverehrung, sondern auch für das reiche und gute Herz des Dichters, das sich so gern hinter dem Sprühregen aristophanischer Witze versteckte.

Auf der Reise nach der Normandie war es auch, wo er, in Dieppe, vom Fenster seiner Wohnung aus den Liedern eines blinden Invaliden lauschte, der auf der Citadelle die Taten des Kaisers in schwermütigen Weisen am brandenden Meere sang. Es ist nur eine Bleifederskizze, die Heine von der rührenden Gestalt entworfen hat, aber sie ist mit Raffetschem Stifte gezeichnet. Auf dem alten Gemäuer fitzt, vom Mondlicht umflossen, eine dunkle Gestalt, starr und unbeweglich. Ganze Nächte fitzt der Blinde da und fingt. „Das Meer schien seinen Gesängen zu lauschen, das Wort Gloire zog immer so feierlich über die Wellen, die manchmal wie vor Bewunderung aufrauschten und dann wieder still weiter zogen ihren nächtlichen Weg ... Wenn fie nach St. Helena kamen, grüßten fie vielleicht ehrfurchtsvoll den tragischen Felfen oder brandeten dort mit fchmerzlichem Unmut"[513].

Unter diefe wehmütig ernften Bilder hat nun aber Heine auch prächtig humoriftifche Scenen gemifcht, wobei er gern unvermittelt aus einer Stimmung in die andere überfpringt, wie das ja feine Art war. So fteht dicht neben der Mondfcheinlandfchaft von Dieppe, die fich den melancholischften Seeftücken feiner Gedichte anreihen ließe, das ergötzliche Gefpräch zwifchen dem launigen Poeten und dem biedern Ricou, als diefer von der fchon erwähnten Vorftellung bei Franconi auf fein Dorf zurückgekehrt ift[514]. Mit fieberhaftem Intereffe ift der Alte der Aufführung gefolgt, über deren Verlauf er mit köftlicher Naivetät Bericht erftattet. Heines Frage nach dem Kaifer bringt den alten Krieger nun auf eine jener hübschen Soldatenanekdoten, die über Napoleon in Menge umliefen und — vielfach in witziger Pointe — die Macht des dämonischen Mannes über die Gemüter der einfachen Menfchen und den ungeheuren Refpekt, den diefe ihm gegenüber empfanden, zum Ausdruck brachten. So auch diefe. Vater Ricou hat einft in Savona den gefangenen Papft Pius VII. mit einem entfchloffenen au nom de l'Empereur! und dem vorgehaltenen Bajonett in feine Gemächer zurückgetrieben. Als ftreng katolifcher Breton muß er nun befürchten, auch noch im andern Leben für feinen Kriegsherrn ins Feuer — der Hölle — gehen zu müffen. „Und doch" fagte er, „konnte ich nicht anders handeln, ich hatte meine Configne, ich mußte dem Kaifer gehorchen; und auf feinen Befehl — Gott verzeih mir's! — hätte ich dem lieben Gott felber das Bajonett durch den Leib gerannt."

Schalk Heine beruhigt den Alten mit der Verficherung, „daß der Kaifer für alle Sünden der großen Armee verantwortlich fei, was ihm aber wenig fchaden könne, da kein Teufel in der Hölle fich unterftehen würde, den Napoleon anzutaften."

> Getrauft du dich, ihn anzugreifen,
> So magft du ihn nach der Hölle fchleifen,

läßt fchon Goethe den Herrgott zum Teufel fagen[515] und auch der alte Ricou tröstet sich in der Hoffnung, daß der Fürst der Unterwelt an dem Kanonenfürsten seinen Meister wohl finden werde.

Auf die Gefahr, der Gemeinplätzigkeit und Wiederholung ge-ziehen zu werden, muß ich hier noch einmal daran erinnern, daß der witzige Jude es nicht über sich gewinnen konnte, was ihm der seiner Rasse eigene Spürsinn für das Komische offenbarte, zu ver-schweigen — und wäre es auf Kosten der heiligsten, auch i h m heiligsten Gefühle gewesen. Ihre komischen Seiten hatten nun aber ganz gewiß jene Biedergreise, mit ihren „verschollenen Uniformen" und „veralteten Manieren", deren Äußeres so seltsam von der leuchten-den Gloire abstach, die noch immer wie ein fernes Abendrot ihre armseligen Gestalten überstrahlte. Diesen Kontrast hat Heine in einem seiner „Zeitgedichte", dem „Tambourmajor"[516]), ergötzlich ge-schildert, dessen Besprechung ich, in der Zeitfolge etwas voraus-greifend, hier einflechten möchte. Auch in der Wahl dieses Stoffes hat unser Dichter einen recht glücklichen Griff getan. Denn der Tambourmajor, „der seinen Stock mit dem vergoldeten Knopf bis an die erste Etage werfen konnte und seine Augen sogar bis zur zweiten"[517]), war eine der charakteristischen Gestalten des Soldatenlebens der Empire-zeit. Eine Menge spaßhafter Anekdoten liefen über den martialischen Ge-sellen um, der mit seinem gewaltigen Schnurrbart für manches harm-lose Gemüt ein noch echterer Repräsentant der kaiserlichen Herrschaft sein mochte als der petit caporal selbst mit seinem kleinen Körper und seiner scheinlosen Uniform[518]).

> Wenn er mit Trommelwirbelschall
> Einzog, in Städten und Städtchen,
> Da schlug das Herz im Widerhall
> Den Weibern und den Mädchen.

Die siegende Gewalt des Kaisers hat dieser Vertreter des Em-pire geteilt, nur kam sie auf einem andern Gebiete zur Geltung:

> Der Kaiser die Herren überwand,
> Der Tambourmajor die Damen.

So muß er auch Sturz und Elend seines Gebieters teilen:

> Sie ernteten beide den Sündenlohn
> Und nahmen ein schlechtes Ende.
> Es fiel der Kaiser Napoleon
> Den Briten in die Hände.
>
> Wohl auf der Insel St. Helena,
> Sie marterten ihn gar schändlich;
> Am Magenkrebse starb er da
> Nach langen Leiden endlich.

Auch der Tambourmajor ward seiner Stelle entsetzt. Um das nackte Leben zu fristen, ist er Hausknecht in einem Gasthof geworden, muß den Ofen heizen, muß Wasser schleppen und sich von übermütigen Gästen ärgern und plagen lassen, wie sein Kaiser von dem elenden Hudson Lowe. Die etwas frivole Schlußpointe:

> Laß ab mit Spöttelei'n, o Fritz!
> Es ziemt Germanias Söhnen
> Wohl nimmermehr, mit schlechtem Witz
> Gefallene Größe zu höhnen.
>
> Du solltest mit Pietät, mich deucht,
> Behandeln solche Leute;
> Der Alte ist dein Vater vielleicht
> Von mütterlicher Seite,

diese Pointe, durch welche der Dichter in einer uns schon vom „Le Grand" her bekannten Manier[519]) gewissermaßen einen Akt poetischer Gerechtigkeit an einem der herzlosen Nörgler des armen Soldaten vollzieht, ist erst später angehängt worden. Ursprünglich lautete der Schluß harmloser.

Ein Umstand von Bedeutung. In dieser ursprünglichen Fassung nämlich zeigt das Gedicht eine unverkennbare Verwandtschaft mit Victor Hugos A un soldat devenu valet[520]), dem Porträt eines Kameraden des Tambourmajors, der später als Diener seiner Herrin, einer frömmelnden alten Marquise, den bissigen Mopshund in die Kirche nachträgt. Eine Beeinflussung des einen Autors durch den andern liegt hier um so näher, als beide Gedichte dem Jahre 1843 entstammen und Heine seine Verse gerade ein Vierteljahr, nachdem Hugo die seinen geschrieben, in der von Freund Laube geleiteten „Zeitung für die elegante Welt" veröffentlichte[521]).

Die Unterschiede in der Darstellung werden meine Vermutung eher stützen als widerlegen. Jeder der beiden Dichter ist natürlich der Stimmlage seines poetischen Talentes gemäß verfahren: an Stelle des Hugoschen Pathos, das namentlich im Schlußwort noch einmal voll ertönt:

> L'ancien lion rugit de honte dans ton cœur!

ist bei Heine die humoristische Behandlung getreten, doch so, daß eine Teilnahme des Dichters für den Krieger Napoleons unverkennbar ist, während die Pfeile seines Spottes auf dessen Gegner zielen, die Engländer und die von Körners Liedern begeisterten Deutschen:

Entsetzliche Verse! sie klangen ins Ohr
Gar schauderhaft den Tyrannen!
Der Kaiser und der Tambourmajor,
Sie flohen erschrocken von dannen.

Nur einmal hat Heine eigentlich auf Kosten eines napoleonischen Veteranen seinen Witz spielen lassen, in den amüsanten, aber frivolen Novellenskizzen der „Florentinischen Nächte", in deren zweiter [522]) ein alter Offizier der Kaiserarmee eine recht betrübsame Rolle spielt. Schon das Verhältnis des Zwerges Türlütü — dessen Name, nebenbei bemerkt, aus Béranger entlehnt sein könnte [523]) — und die öfteren Vergleiche dieses einer umherziehenden Possenreißerbande angehörigen Ungetüms mit Napoleon, vor allem die barocke Parallele, die zwischen des Kaisers Tod auf St. Helena und dem kläglichen Ende jener Mißgeburt gezogen wird, lassen auf eine eigentümliche Laune des Poeten schließen, der bisher bei allem Wechsel der Stimmungen noch niemals seinem Helden den Respekt versagte. Immerhin umschleiert ein wehmütiger Humor diese Sterbescene des elenden Zwerges, der die Karikatur als solche weniger fühlbar macht. Ganz anders die Schlußscene der zweiten Nacht. Diese selbst ist eine Ichnovelle, der darin auftretende Maximilian augenscheinlich kein anderer als der Dichter selber. Er erzählt uns, zwar in der anmutig scherzendsten Form, aber ohne dem Leser etwas von den Präliminarien zu ersparen und ihn über seinen Erfolg im geringsten im Zweifel zu lassen, wie er die leichtfertige Tänzerin Laurence, die junge Gattin eines alten kaiserlichen Offiziers, der unter Ludwig Philipp wieder Dienste genommen, verführt habe. Derartige Scenen finden sich nun zwar in der gleichzeitigen Literatur öfter — das umgekehrte Verhältnis einmal bei Börne — und es wäre an und für sich töricht, aus einer solchen „poetischen Lizenz" auf die mehr napoleonfreundliche oder -feindliche Stellung des Autors einen Schluß ziehen zu wollen, wenn nicht auch in dem Ton der übrigen Darstellung eine Änderung im Urteil Heines über den Kaiser und das Kaisertum hervorträte, die wir zwar schon nach dem Ausbruch der Julirevolution beobachten konnten, welche aber seit den „Französischen Zuständen" entschieden Fortschritte gemacht hat.

Wo Napoleon in den „Französischen Zuständen" und den diesen annähernd gleichzeitigen Schriften Heines Mißbilligung findet, da geschieht es fast ausschließlich, wenn der Sohn der Freiheit wegen seiner Treulosigkeit gegen die Mutter, der Testamentsvollstrecker der großen Revolution wegen versäumter Amtspflicht gestraft werden soll. Immer

steht das Verhältnis zur Revolution in erster Linie, und der Tadel
ihres Exekutors, der freilich dazwischen auch manchmal wieder
umgekehrt als ihr Bändiger auftritt, erscheint doch dadurch in
milderem Lichte, daß der Publizist nicht aufhört, dem großen, wenn
auch nicht konsequenten Revolutionsmann eben als Revolutionsmann
seine Verehrung zu zollen. In den zuletzt besprochenen Schriften
tritt hingegen wieder das Kaisertum als solches mehr in den Vordergrund; aber es ist nicht mehr der goldig flutende Märchentraum
des „Le Grand", es ist ein in realistischer Beleuchtung, manchmal
sogar in der pessimistischen Farbengebung Börnes, gehaltenes Bild des
Imperialismus. „War wirklich die Zeit des Kaiserreichs in Frankreich
so schön und beglückend," fragt Heine, „wie diese Bonapartisten, klein
und groß, vom Invaliden Ricou bis zur Herzogin von Abrantès,
uns vorzuprahlen pflegen?" Heine, der Heine von 1837, will es
nicht glauben. Wenigstens sagt er: „Die Äcker lagen brach, und
die Menschen wurden zur Schlachtbank geführt. Überall Mutter-
tränen und häusliche Verödung"⁵²⁴). Das ist ein neuer Ton in
dem freilich ohnedies vielstimmigen, auch an Dissonanzen nicht armen
Konzert der Heineschen Napoleonweisen. Nur ganz gelegentlich hatte
er auf diese Seiten des Empire hingedeutet⁵²⁵). Und wenn er nun
die Hoffnungen und Träume der Bonapartisten mit dem Rausche
eines armseligen Bettlers vergleicht, dem der genossene Branntwein
die Hütte in einen Palast verwandelt, so mag er in der Sache recht
oder unrecht haben; auf jeden Fall hat er vergessen, daß das Bild
auch auf ihn selbst seine Anwendung findet und, unter diesem Gesichtswinkel betrachtet, der Dichter des „Le Grand", zu den hoch-
gradigen poetischen Deliranten gezählt werden muß.

Höchst bezeichnend in seinen Ausführungen ist schon der Ton,
in dem die Herzogin von Abrantès, die Gattin des Marschalls
Junot, erwähnt wird. Die geistreiche Freundin Balzacs, deren
Lebensbild vor einigen Jahren die dänische Schriftstellerin Mathilda
Malling in einem anmutigen Buche gezeichnet hat⁵²⁶), gab in den
Jahren 1831—1835 in einer stattlichen Reihe von Bänden ihre Memoiren über die Revolution und Kaiserzeit heraus⁵²⁷). Eine leidenschaftliche Verehrerin Napoleons, „zu dem sie jeden Abend und jeden
Morgen wie zu dem Schutzgeist Frankreichs betete", war sie doch
schon infolge ihrer unbezwinglichen Neigung zur Medisance, — Napoleon selber hatte sie in den guten Tagen mit dem Ehrentitel einer
petite peste ausgezeichnet — und wegen ihrer Empfindlichkeit gegen
die Zurücksetzung Junots, ihres Gemahls, durch den Kaiser immerhin

etwas mehr zur kritischen Beurteilung aufgelegt, als die „Evangelisten" von St. Helena in ihrer bedingungslosen Anbetung des von
den Engländern gekreuzigten Weltheilandes. Die Schonungslosigkeit
und Pikanterie, mit der die glänzende Schriftstellerin von noch
lebenden oder eben erst verstorbenen Personen sprach, machte ihre
Denkwürdigkeiten zu einem der gelesensten Bücher Europas, das
auch, von L. v. Alvensleben ins Deutsche übersetzt, von der Kritik
sehr günstig besprochen und von manchen hoch über die historischen
Schriften der Frau v. Staël gestellt wurde [528]). Daß Heine dieses
Buch, das er nur an der einen Stelle erwähnt und das allerdings
eine Verherrlichung der Kaiserregierung enthält, mit einem fast ver-
ächtlichen Seitenblick aus der Hand legt, deutet schon an und für sich
auf einen Stimmungswechsel, der sich in der Seele des Schriftstellers
vollzogen haben mußte. Allerdings hatte er bereits früher die allzu
große Ruhm- und Eroberungssucht des Empire hin und wieder getadelt.
Man wird sich dessen aus den Bemerkungen über die Herstellung des
Standbildes auf der Vendômesäule erinnern [529]). Aber der Ruhm
selbst, nach dem diese Sucht verlangte und dessen Füllhorn die
Kaiserzeit in so reichem Maße ausgoß, er hatte mit seinem Strahlen-
glanze doch immer wieder in dem unwilligen Politiker den Poeten
mitfortgerissen. Jetzt scheint diesem das Kaisertum nur aus „Ehren-
kreuzen, Epauletten, contributions volontaires, spanischen Gemälden,
Herzogtümern in vollen Zügen" und anderem Prunkwerk zu bestehen [530]). Diese Ausdrücke sind wörtlich in den Briefen „Über die
französische Bühne" zu lesen.

Kaum günstiger ist die Bewertung der Heldenepoche in den
„Florentinischen Nächten", die sich von der obigen höchstens wieder
durch die Beigabe schlüpfriger Randbemerkungen unterscheidet: „Ich
spreche von der Zeit des Empires, von der Zeit der goldnen Adler, der
hochfliegenden Federbüsche, der griechischen Koiffüren, der Gloire, der
militärischen Messen, der offiziellen Unsterblichkeit, die der Moniteur
dekretierte, des Kontinentalkaffees, welchen man aus Zichorien verfertigte, und des schlechten Zuckers, den man aus Runkelrüben fabri-
zierte, und der Prinzen und Herzöge, die man aus gar nichts machte.
Sie hatte aber immer ihren Reiz, diese Zeit des pathetischen Materialismus . . . . Talma deklamierte, Gros malte, die Bigotini tanzte,
Maury predigte, Rovigo hatte die Polizei, der Kaiser las den Ossian,
Pauline Borghese ließ sich mulieren als Venus und zwar ganz
nackt. . . . ." [531]).

Gleichgültig, ob das Kolorit solcher Bilder um eine Nuance ernster oder heiterer gehalten war, die Grundstimmung ist nicht zu verkennen. Diese hält im wesentlichen auch in dem umfangreichsten der politisch-publizistischen Werke des Dichters, in der „Lutetia", an. Die einzelnen Aufsätze, aus denen das erst viel später unter jenem Namen herausgegebene Werk zusammengeschlossen wurde, sind bekanntlich in den Jahren 1840—43 als Korrespondenzartikel für die „Allgemeine Zeitung" geschrieben. Die „Lutetia" ist also in ähnlicher Weise entstanden wie die „Französischen Zustände". Über ihren politischen und kulturgeschichtlichen Wert gehen die Ansichten auseinander, doch wird man schwerlich irre gehen, wenn man sie mit dem Dichter für die reifste seiner politischen Schriften hält. Sehr gut aber hat Strodtmann[532]) auf einen Umstand hingewiesen, der für die Beurteilung auch der Napoleon betreffenden Passagen von nicht zu unterschätzender Wichtigkeit sein muß, den „Alpdruck eines inneren Zwanges", der neben dem äußeren Joch der Zensur auf ihr lastet.

Was hat man darunter zu verstehen? Wer die Frage zu beantworten sucht, steht einem äußerst komplizierten Bilde gegenüber. Um die Mitte der dreißiger Jahre, vielleicht etwas später, ist bei Heine, ich möchte nicht sagen eine Abnahme der poetischen Gestaltungskraft, aber ein Zustand geistiger Ermüdung bemerkbar, wie er sich bei Neurasthenikern, namentlich solchen, die ihre Nerven durch die Lebensführung in einem medizinisch ungeeigneten Milieu noch selbst weiter zerrütten, erfahrungsgemäß von Zeit zu Zeit und namentlich in dem Lebensalter, in dem sich der Dichter damals befand, einzustellen pflegt. Äußere und innere Umstände, die ihn noch verschlimmern mußten, waren in Menge vorhanden. Politische und literarische Kämpfe, die mit den durch Menzels Denunziation eingeleiteten Verfolgungen gegen das „Junge Deutschland" und mit anderen Verhältnissen zusammenhingen, Geldsorgen, Schulden, die ein vorübergehendes Zerwürfnis mit dem reichen Onkel Salomon in Hamburg bedrohlich gestaltete, lasteten zeitweilig auf dem Dichter, und sie sind auch die Veranlassung gewesen, daß Heine, um seine finanzielle Lage zu verbessern, während des Jahres 1837 und noch darüber hinaus an die Gründung einer deutschen Pariser Zeitung gedacht hat. Der Erfolg dieses später wieder aufgegebenen Planes war davon abhängig, daß die preußische Regierung dem Vertrieb des Blattes in ihren Landen keine Hindernisse in den Weg legte. Die Art und Weise, wie sich Heine dem alten Gegner damals zu nähern suchte, besonders die in dieser Angelegenheit an Darnhagen gerichteten Briefe[533]), lassen nicht verkennen, daß er in seiner Notlage bis an die Grenze dessen zu gehen gewillt war, was die Manneswürde vorschreibt, und es berührt aus dieser Feder nicht angenehm, wenn er sich in der Verteidigung seiner dermaligen politischen Gesinnungen auf die nicht „allzu große Vergötterung der Franzosen" in den Briefen „Über die französische Bühne" beruft.

Nun sind ja anderseits die Stellen über Napoleon in diesen und den „Florentinischen Nächten" vor jener Anknüpfung geschrieben und können also keinesweges etwa den Preußen zu Liebe verfaßt worden sein. Aber die Ermüdung, von der wir sprachen, dürfte doch auch auf sie mit eingewirkt haben. Denn diese Ermüdung und Ernüchterung zeigt sich ganz besonders in Heines Denken über politische Dinge und alles, was damit zusammenhing. In Zeiten, wo man an einer Verwirklichung seiner Ideale in jeder Hinsicht verzweifelt, pflegt man auch früher bewunderte Menschen mit anderen Augen anzusehen. Freilich ist Heine nie reiner „Idealist" gewesen. Dazu sah er zu scharf, und schon in seiner Jugend mischte sich in das Gefühl der Bewunderung bei ihm stets die durch sein Naturell bedingte Skepsis. Aber je mehr diese letztere wuchs, umsomehr mußte sie jene ersticken. Das gilt ganz besonders von der „Lutetia". Nun könnte man mir die folgende Periode seines literarischen Schaffens entgegenhalten, wo er zu seinem Idol zurückkehrte. Und da muß man denn leider zugeben, daß auf die Darstellung Napoleons in dem soeben erwähnten Buche auch ein Einfluß der französischen Staatspension nicht ganz von der Hand zu weisen sein wird. Die unglücklichen Verhältnisse, die den Dichter zur Annahme des fremden Geldes zwangen, sind im Voraufgehenden kurz angedeutet.) Ist nun auch der Einfluß jener bescheidenen Summe, welche die französische Regierung den politischen Flüchtlingen gewährte, auf Heines Schriftstellerei von feindlicher Seite gehässig übertrieben worden, auf jeden Fall machte die Annahme des Geldes es dem Publizisten unmöglich, gegen eine Regierung zu schreiben, deren materielle Hilfe er in Anspruch nahm, mochten sich die französischen Minister auch noch so wenig darum kümmern, was der politisierende deutsche Poet in die Augsburger Zeitung schrieb[534]). Das alles betrifft vielleicht weniger seine Auslassungen über den ersten Napoleon selbst als vielmehr jene in der „Lutetia" ziemlich zahlreichen Äußerungen über die auf eine Herstellung des Kaisertums hinarbeitende Partei der Bonapartisten, doch ist, wie man sehen wird, beides nicht voneinander zu trennen.

Mit den besprochenen Verhältnissen hängt auch zusammen, daß der Dichter bei dem um zehn Jahre späteren Erscheinen seiner für die „Allgemeine Zeitung" geschriebenen Korrespondenzartikel in Buchform eine Reihe der schärfsten Stellen über Napoleon und Napoleonisches gemildert oder ganz weggelassen hat. Ich will auch dieses Verfahren nicht beschönigen; doch erscheint es in milderem Lichte, wenn man daran denkt, daß der Verfasser in beiden Fällen wieder unter einem Zwange stand, dort der Rücksicht auf Ludwig Philipp und seine Regierung, hier — und im letzten Falle war der Zwang viel stärker — auf das gleich dem Regimente des Oheims in allen Preßsachen scharf durchgreifende zweite Kaiserreich. Jedenfalls legt Heines Verfahren die Pflicht auf, überall auf die ursprünglichen, von dem späteren Text oft stark abweichenden Varianten zurückzugehen, was in meiner Darstellung auch geschehen ist.

Doch ist Heine nicht eigentlich Unehrlichkeit oder Verleugnung seiner Ansichten vorzuwerfen. Denn, allenfalls abgesehen von einer Äußerung Heinrich Laubes, liegt meines Wissens kein Zeugnis dafür vor, daß er über die bonapartistische Partei und deren Haupt, den Prinzen Ludwig Napoleon, um die Zeit von 1840 anders gedacht hätte, als er in seinen damaligen Artikeln geschrieben hat. Was nun den Laubeschen Bericht (in den „Erinnerungen") betrifft, so ist ja nicht zu bezweifeln, daß dessen Verfasser Heine genau gekannt und in vielem richtig beurteilt hat. Man glaubt es gern, daß bei Laubes Besuch in Paris im Jahre 1839 der Dichter der „Reisebilder" Äußerungen getan haben mag wie diese: „Ich gehöre zu keiner Partei oder doch nur zu meiner Partei" [535]), und man sieht Heine auch darin nicht übel gezeichnet, wenn der schlesische Gastfreund von ihm berichtet: „Wie sein Napoleonkultus . . . . zeigt, hätte ihm wohl ein geniales Kaisertum à la Cäsar am besten zugesagt, unter welchem alle Tage ein Geniestreich ins Leben treten könnte, ohne von Kammern und Grundgesetzen behindert zu werden" [536]). Nun sagt Laube an einem anderen Orte: „Heinrich Heine war damals (die Zeit ist diesmal 1836) der einzige Mensch, der an eine Auferstehung der Napoleoniden glauben mochte. Ein Poet! Und nicht ohne Manieriertheit! rief man, wenn seiner Napoleonsgedichte erwähnt wurde" [537]). Der Zusatz und die vage Form der Äußerung kennzeichnen diese als eine vornehmlich aus den früheren Schriften des Dichters abstrahierte Vermutung des Publikums über dessen „Bonapartismus". Als weiter nichts. Zudem ist, wie gesagt, die Rede von 1836. Später aber, bei Laubes Besuch in Paris, habe Heine „diese Frage viel

ernſthafter und nüchterner vertreten, als er andere politiſche Fragen
vertrat". Er habe beſonders auf die Leute in der Provinz, die
Bauern, gedeutet und hinzugeſetzt: „Es fehlt nur an den Poſaunen.
Sobald die Poſaunen dröhnen, werden es Reſurrektionspoſaunen, und
die Reſte der großen Armee ſamt all ihren Kindern und Vettern ſtehen
auf und ſchreien Vive l'empereur!" Er ſoll hinzugefügt haben,
daß die Menge eine greifbare Standarte brauche und Nuancen der
Charte für den Bauern ſpitzfindiger Kram ſeien. Die napoleoniſche
Standarte allein ſei greifbar.

Wie bemerkt, redet Laube aus ſpäterer Erinnerung. Wenn aber die
Worte auch genau ſo von Heine geſagt worden ſind, wie jener angibt,
ſo ſcheinen ſie mir doch weiter nichts zu beweiſen, als daß dieſer
die unzweifelhaft richtige Beobachtung ausgeſprochen habe, daß in
der Tiefe der franzöſiſchen Volksſeele, gewiſſermaßen unter die Schwelle
des Bewußtſeins gedrückt, noch immer ſtarke Sympathieen für den
einſtigen Herrſcher beſtanden und daß ſie bei ſich bietender Gelegenheit
— „ſobald die Poſaunen dröhnen" — erwachen könnten. Erzählt
doch Theodor Mundt, daß es in den Provinzen Leute gegeben, die
noch bei Napoleons III. Thronbeſteigung ſich nicht ausreden ließen,
der geliebte alte Kaiſer ſei von St. Helena zurückgekommen[588]!

Einen Glauben an nahe Ausſichten der politiſchen Partei der
Bonapartiſten oder Sympathieen für deren Beſtrebungen ſcheinen mir
aber Heines Worte nicht zu beweiſen, und wenn er ſolche 1839 auch
wirklich gehabt haben ſollte, ſo konnte er 1840 ſeine Anſichten darüber geändert haben. Zumal nach dem gänzlichen Fehlſchlagen des
Boulogner Landungsverſuchs, von dem noch die Rede ſein wird.

Auch ſonſt erfreute ſich der Bonapartismus in den dreißiger und
vierziger Jahren keines übermäßigen Anſehens, weder in Frankreich
noch im Auslande. /So dachte z. B. auch Gutzkow von ihm äußerſt
geringſchätzig und erging ſich über die Mitglieder der ehemaligen kaiſerlichen Familie in Ausdrücken, welche die von Heine über den Prätendenten Prinzen Ludwig Bonaparte gebrauchten an Verachtung weit
übertreffen. Die „Fettflecken in den Hermelinen Europas", die „Nebel-
flecken einer Unſterblichkeit" beliebt er ſie zu nennen, und in dem
Ausſterben der direkten Nachkommenſchaft des Kaiſers, das andere
ſo tief betrauerten, glaubt er gerade umgekehrt eine dem Helden-
grabe auf St. Helena dargebrachte Huldigung des Weltgeiſtes zu
ſehen, die „den Enkeln einer wunderbaren Herrſchaft die Möglichkeit nimmt, ein großes Andenken traurig zu machen"[589]. Auch
die Frage, ob die Napoleoniden etwas von der Zukunft zu erhoffen

hätten, glaubte Gutzkow verneinen zu müssen [540]). Außer einigen
Überbleibseln des großen Heeres — darunter Graf Montholon, der
Getreueste der Treuen von St. Helena — wollten nur Abenteurer
vom Schlage eines Persigny in dem Sohne der interessanten Königin
Hortense einen neuen Cäsar erkennen. Den „Don Quichote des
Kaisertums" nannte ihn damals die „Kölnische Zeitung" geschmackvoll.

Auch die literarische Tätigkeit des Prätendenten erfreute sich nur
geringer Achtung. Die von ihm 1832 im Sinne einer bonapartischen
Restauration geschriebenen Rêveries politiques [541]) wurden von der
Welt wirklich als „Träumereien" eines Schwärmers angesehen, und
als seine sieben Jahre später erschienenen „Napoleonischen Jdeen"
von einem Freiherrn von Biedenfeld ins Deutsche übertragen waren,
erklärte ein angesehenes Organ der Kritik das Buch einer Übersetzung überhaupt für unwert [542]).

Zwar enthielten diese Schriften, zu denen noch ein dritter Aufsatz, L'Idée Napoléonienne [543]), gerechnet werden darf, eine Menge
von geistvollen Ausführungen im einzelnen; aber der Prinz hatte
den unmöglichen Versuch gemacht, den Mann, der, so hoch man auch
von ihm denken mag, doch nur, wie Heine in der „Lutetia" richtig
sagte, eine „glänzende Tatsache" war [544]), zur Jdee zu stempeln.

Wohl hatte auch unser Heine vor vielen Jahren — bei Gelegenheit des „Le Grand" — das Wort in einem Brief an Varnhagen ausgesprochen [545]). Aber was ein junger Dichter sich in seinem
sechsundzwanzigjährigen Poetenkopfe zurechtgedacht und auch wirklich einmal in einer höchst geistreichen Federzeichnung ausgeführt
hatte, das versuchte hier — und darin liegt der Unterschied — ein
Politiker mit einem ebenso großen Aufwand an spitzfindigem Ma-
chiavellismus wie an träumerischer Phantastik zu beweisen. Der
Jdeologe im Hause Cäsars! Diese „napoleonische Jdee" bestand nach
dem Neffen in der Versöhnung von Ordnung und Freiheit, von
Staatsrechten und Autoritätsprinzipien [546]). Auch die Äußerungen
des Kaisers über die letzten Ziele seines politischen Handelns suchte
der Neffe in ein System zu bringen, als dessen Spitze die Bildung
einer europäischen Assoziation erschien, mit dem verlockenden Luftbilde
allgemeiner Freiheit und eines ewigen Friedens, mit einem internationalen Kodex und Kassationshofe zur Beilegung von Jrrtümern
und Streitigkeiten [547]).

Neben diesen Schwärmereien standen freilich manche treffende
Bemerkungen über Napoleon als den Mann, der die durch die Revolution geweckten Fortschrittsgedanken verbreitet, den Feudalismus

beseitigt und der Industrie, für die und deren Vertreter auch der Neffe
ein besonderes Interesse und Verständnis zeigte, Bahn gebrochen hatte.
Aber, als Ganzes betrachtet, waren diese Schriften doch höchstens
Luftschlösser, Utopieen, die ihren Verfasser nicht in den Ruf brachten,
der Verkünder eines neuen Evangeliums zu sein⁵⁴⁸).

Und das um so weniger, als die ersten Versuche des Prinzen,
aus der grauen Theorie in die grünen Auen der Praxis hinüber=
zuspringen, das Straßburger Attentat und die Landung bei Boulogne,
mit einem glänzenden Fiasko geendet hatten, das den Hauptdarsteller
dieser Tragikomödie dem in Frankreich gefährlichsten Fluche, dem
der Lächerlichkeit, preisgab.

Neben den geschilderten Verhältnissen kommen aber für die Dar=
stellung in Heines „Lutetia" noch andere Gesichtspunkte in Betracht.
Die Zeit von 1840 war die einer politischen Ermüdung, wenigstens
in Frankreich, einer Ermüdung, die den ähnlichen Zustand des
Dichter=Publizisten in merkwürdiger Weise als Allgemeinerscheinung
begleitete und wiederum auf jenen noch verschlimmernd eingewirkt
haben mag. Während in Deutschland trotz des Mißlingens aller
freiheitlichen Bestrebungen in den voraufgegangenen Jahrzehnten und
trotz der nicht minder zu Wasser gewordenen Erwartungen, die man
vielfach an den preußischen Thronwechsel geknüpft hatte, ein ge=
wisses Erstarken des politischen Gefühls hervortrat, war Frankreich
oder doch jedenfalls das herrschende Justemilieu in einem offenbaren
Niedergange begriffen. Das Gefühl einer trägen Unfruchtbarkeit
lastete auf dem Lande.

> Die Trikolore in Paris
> Schaut traurig herab von den Türmen.

Der Eigensinn des alternden Königs, der, obwohl doch im eigent=
lichsten Sinne ein Herrscher von Volkes Gnaden, einer absoluten Re=
gierung zustrebte, die öden Kammerdebatten zwischen ausschließlich
von materiellen und persönlichen Interessen geleiteten Fraktionen,
das ewig sich wiederholende Frage= und Antwortspiel: „Thiers oder
Guizot? — Guizot oder Thiers?", die rücksichtslose Vernachlässigung
der Lage der unteren Klassen durch die herrschende Bourgeoisie,
das alles hatte den Liberalismus des Bürgerkönigtums längst um
den Kredit gebracht. Aber auch der Glanz des Heldenzeitalters, auf
dessen Trümmern jenes aufgebaut war und mit dessen Trophäen es
seinen Thron schmückte, war durch das allmähliche Aussterben seiner
ehemaligen Repräsentanten und durch die immer stärker werdende

Verschiebung der Interessen merklich verblichen. Die Zeit war gekommen, wo statt der Einzelnen die „Chöre agieren", die Massen,
wie das Gutzkow in seinen „Säkularbildern" sehr richtig betont hat.
Und auch die Entfaltung kriegerischer Massen, die jener große Korse
beherrschte, auch sie war es nicht mehr, was die Menschen in erster
Linie anzog. Nicht die Könige und Türme des Schachbrettmeisters
von Austerlitz, die Bauern und Läufer waren jetzt an der Reihe.
Schon in den „Reisebildern" hatte Heine einmal Napoleon als den
„letzten Eroberer" bezeichnet[549]), und jetzt, in der „Lutetia", nennt
er James Watt, den englischen Baumwollspinner, als seinen Nachfolger in der Herrschaft über die Völker. Die Zeit war erfüllt, wo
die Industrie, deren Johannes der Kaiser mit dem Schwerte gewesen,
ihr Weltreich · eröffnen sollte.

Der sausende Webstuhl war in die vordere Linie des Lebens
gerückt, und die starre Gewehrpyramide stand nur noch in der
zweiten. Mit der Entwickelung der Industrie war die Arbeiterfrage
gekommen; hinter dem dritten Stande, der sich in der großen Revolution
die „Menschenrechte" erkämpft hatte, trat mit weitgehenden Forderungen
ein vierter auf den Plan, neben den alten politischen Parteien der
Legitimisten, Orleanisten, Republikaner und Bonapartisten hatten
sich die sozialen Gruppen der St.-Simonisten, Fourieristen und Kommunisten gebildet, denen Heine ein lebhaftes Interesse entgegenbrachte,
wenn auch der Schönheitssinn des Dichters vor den Zerstörungen
zurückbebte, mit denen diese ungestümen Forderer Kultur und Kunst
bedrohten. Hat er doch die Zertrümmerung der Vendômesäule, genau
so, wie sie im Jahre 1871 durch die Kommune stattfand, auf das un-
zweideutigste vorausgesagt![550])

Im „Le Grand" war der Kaiser, in der „Lutetia" ist nach des
Dichters eigenem Geständnis die „soziale Bewegung" der Held des
Buches. Zwar nimmt jener neben dieser trotzdem noch einen bedeutenden Platz ein; aber es wird nach dem Gesagten erklärlich,
daß die Gestalt Napoleons einen großen Teil ihres Zaubers einge-
büßt, verloren hat in den Augen des immer reifer, aber auch immer
kälter gewordenen Mannes, der jetzt vorzugsweise von anderen
Interessen bewegt wird und obendrein, wie wir sahen, durch äußere
und innere Verhältnisse darauf hingewiesen ist, seine Feuilletons
möglichst auf die Tonlage des Indifferentismus zu stimmen.

Auch jetzt noch wird die alte Vorliebe für den Helden hin und
wieder hervorbrechen, aber schwächer und in blasseren Farben als
in den „Französischen Zuständen". Immer kühler und kritischer

wird ihm gegenüber des Dichters Haltung, manchmal fast feindselig, wenn sich auch, wie ich wiederhole, die Spitze eigentlich weniger gegen Bonaparte richtet als gegen die Bonapartisten. Mehr und mehr verliert aber der einstige Gedankengebieter die zentrale Stellung im Geiste des Dichters; seine Gestalt dient zur Verzierung, die Nennung seines Namens wird zur Floskel, zur bequemen Metapher, die nur beiläufig verwendet wird, um irgend einen anderen Gegenstand in grellere Beleuchtung zu rücken oder eine geistreiche Pointe auszusprechen.

Merkwürdig, daß dies zu einer Zeit geschah, wo der letzte Triumphzug des Helden sich vorbereitete. Soeben hatte nach langem Zögern das Julikönigtum den höchsten und den gefährlichsten seiner aus dem Kartenspiel des großen Kaisers gestohlenen Trümpfe auf den Tisch gelegt. Thiers, damals der maßgebende Minister Frankreichs, der durch den politisch recht zweifelhaften Schachzug eine Herzensangelegenheit erledigte, hatte nach vorheriger Verständigung mit der englischen Regierung durch seinen Kollegen de Rémusat am 12. Mai 1840 die Frage der Überführung von Napoleons Leiche vor die Kammer bringen lassen, die dem Vorschlag begeistert zustimmte und sich nur hinsichtlich der Kosten etwas gar zu Louis=Philippisch knauserig zeigte, indem sie statt der verlangten zwei Millionen Franken deren bloß eine für die nationale Ehrensache bewilligte.

Denn als eine Ehrensache mußte die Erfüllung des Wunsches von der Nation betrachtet werden, des letzten Wunsches, den der sterbende Held auf seinem Todbett geäußert hatte, an den Ufern der Seine, inmitten des französischen Volkes, ruhen zu dürfen. Schon bald nach seinem Ende hatten treuherzige Waffengefährten und begeisterte Dichter ihre Stimme dafür erhoben. In Deutschland hatte Karl Immermann dem Gedanken in sympathischer Weise Ausdruck verliehen[551]). Was unter dem bourbonischen Scepter unmöglich war, forderte mit Ungestüm das Volk nach dem befreienden Gewitter der Julirevolution. Barthélemy tat das[552]), und Victor Hugos Zornruf haben wir vernommen, als die französische Kammer ablehnte[553]).

Laut in sein Pantheon der Franken Volk dich ruft,

sang damals auch Wessenberg[554]) und wirklich wollten die Rufe nicht mehr verstummen. Erst eine Woche vor dem erwähnten Kammerbeschluß hatte, an Napoleons Todestage, der Courrier français mit bitterem Vorwurf geschrieben: „Vergeblich wird alljährlich die Kammer und die Staatsgewalt in zahlreichen Petitionen daran erinnert; jeder solche Wunsch wird als eine Verschwörung betrachtet"[555]).

Nun war der Tag seiner Erfüllung gekommen, und die giftigen
Ausfälle der royalistischen Zeitungen, der Quotidienne, der France,
der Gazette de France, die gegen den „Theatercoup" und die
ministerielle Anerkennung Napoleons als eines rechtmäßigen Beherrschers von Frankreich eiferten, sie konnten die überwiegende Zustimmung der Presse[556]), der Kammer und des französischen Volkes
nicht übertäuben. Erinnern wir uns, daß das Geschlecht von 1840
von den großen Tagen des Kaiserreichs nicht weiter entfernt war
als wir von Gravelotte und Sedan!

Wie hätte der alte Heine wieder aufgejubelt, wäre er noch der
Dichter des „Le Grand" gewesen! Wie „sommergrün und goldig"
wäre es da wieder in seinem Poetenherzen geworden! Und wirklich,
im ersten Augenblicke scheint die alte Liebe zu dem Mantel von
Marengo den Dierzigjährigen mit fortzureißen. Er findet — und
das war richtig — daß das Nationalgefühl der Franzosen „bis in
seine abgründlichsten Tiefen" aufgeregt sei, und fährt dann zustimmend
fort: „Der große Akt der Gerechtigkeit, die Genugtuung, die dem
Riesen unseres Jahrhunderts widerfährt und alle edlen Herzen dieses
Erdballs erfreuen muß, erscheint den Franzosen als der Anfang einer
Rehabilitation ihrer gekränkten Volksehre"[557]).

Wieder war es der alte Schmerzensschrei von Waterloo, den
wir da vernehmen, und so dürfen auch die leidenschaftlichen Ausfälle
gegen die „Koterie großbritannischer Fuchsjäger und Stallknechte"
nicht fehlen, welche die Auslieferung der Heldenleiche so lange Zeit
hintertrieben haben sollen. Auch Castlereaghs abgeschnittene Kehle
muß dabei wieder zum Witzwort herhalten. Aber neue Jubelhymnen
braucht Cotta für seine Zeitung nicht zu befürchten, da zieht sich der
Dichter auf sein Altenteil zurück: „Wir haben bereits vor vielen
Jahren in Deutschland dem großen Kaiser den schuldigen Tribut der
Verehrung gezollt, und jetzt haben wir wohl das Recht, die Exaltation
der heutigen Huldigungen mit etwas Gemütsruhe zu betrachten".
Auch denkt er an den wetterwendischen Charakter der Franzosen
und meint, daß sie wie die Kinder das „Spielzeug", wenn es ihnen
nur erst einmal zurückgegeben worden sei, zerschlagen und mit Füßen
treten, auch schlechte Witze über die „große Prozession mit den Reliquien
von St. Helena" nicht ausbleiben würden. Schon hier sieht er also die
Kehrseite der Medaille[558]).

Dieselbe Abkühlung tritt auch in den folgenden Berichten zu
Tage. Zwar hebt Heine im zweiten nochmals die Begeisterung des
Volkes für die feierliche Rückholung der Reste Napoleons hervor,

welche „wichtiger für die Interessen Europas sei als die kommerziellen,
finanziellen und Kolonialgegenstände", die in der französischen Kammer zur Sprache kämen, aber, fügt er hinzu, „während unten im
Volke alles jubelt, jauchzt, glüht und aufflammt, grübelt man oben
in den kältern Regionen der Gesellschaft über die Gefahren, die
jetzt von St. Helena aus täglich näher ziehen und Paris mit einer
sehr bedenklichen Totenfeier bedrohen." Er erwägt die Möglichkeit,
daß Thiers bis zur Ankunft der kaiserlichen Leiche gestürzt und
Frankreich in einen Krieg verwickelt sein könne, und fürchtet, daß
alsdann „aus der Asche Napoleons einige Funken hervorsprühen
könnten, ganz in der Nähe des Stuhls, der mit rotem Zunder bedeckt ist" [559]).

Von den hier als möglich gedachten Ereignissen trat das erste,
Thiers' Sturz, wirklich ein, und auch das zweite, der europäische
Krieg, konnte nur mit Mühe abgewendet werden. Ein napoleonischer oder vielmehr schon altfranzösischer Gedanke, die Befestigung
von Frankreichs Einfluß in Ägypten, und die Unterstützung des tat-
kräftigen Vizekönigs Mehemed Ali gegen die Pforte hatten eine
elektrische Spannung in Europa erzeugt, die unfehlbar zu einer ge-
waltsamen Entladung geführt haben würde, hätte der „stille Mann"
im Sarge, dessen Leichnam auf dem Ozean schwamm, noch als Leben-
der in den Tuilerien gehaust. Frankreich war durch eine zwischen
England, Rußland, Österreich und Preußen zu stande gekommene
Allianz isoliert und sein Einfluß im Orient durch die am 15. Juli 1840
in London geschlossene Konvention der Mächte lahmgelegt worden.
Jede Stunde konnte der Krieg ausbrechen. Der Befehlshaber des
nach St. Helena entsandten Geschwaders, Prinz Joinville, der die
Nachricht von der bedrohlichen Lage auf der Rückfahrt empfing,
hatte das Schiff mit dem Kaisersarg schon in Verteidigungszustand
gesetzt und beschlossen, sich lieber unter den Wogen zu begraben, als
Hektors Leichnam in des Feindes Hand fallen zu lassen. Ein tapferer
Entschluß und eine Katastrophe, die, wäre sie eingetreten, von phäno-
menaler Wirkung hätte sein müssen. Wenigstens im ästhetischen
Sinne.

Auch Heines Gedanken wanderten an den Kreidefelsen Englands
auf und nieder und erwogen die Möglichkeit einer Landung der
Franzosen, ganz in derselben Weise, wie in den Kriegsjahren von
1803—5 deutsche Schriftsteller und Strategen, ein Archenholz und
Bülow, über des Konsuls und Kaisers kühne Angriffspläne gegen
das Inselreich mit Wärme debattiert hatten. Würde dieser, meint

Heine, die ihm angebotene Erfindung der Dampfschiffe ausgebeutet haben — ein Punkt, in dem das Genie des großen Mannes merkwürdig versagte — so wäre die Landung gewiß gelungen, und Napoleon hätte die Vorrechte des normannischen Adels vernichtet und „die englische Freiheit mit der französischen Gleichheit vermählt" [560]).

Trotz dieser sich hier aufdrängenden Erinnerung aus früheren Jahren, wo er über manches anders dachte, und trotz der alten Abneigung gegen England, die sich bei jeder Gelegenheit von neuem Luft macht, verabscheute der Dichter einen Krieg, in dem es sich schwerlich um etwas anderes als eine Grenzverschiebung, nicht um die Ausbreitung freiheitlicher Ideen handeln konnte, wie die Liberalen, am heißesten Börne, eine solche von einem Kampfe Frankreichs mit den Ostmächten nach der Julirevolution gewünscht und erhofft hatten. Während im Franzosenlande der Ruf nach der Rheingrenze wieder laut wurde und die Lamartine und Musset von der einen, die Arndt, Becker und Schneckenburger von der andern Seite des schönen Stromes mit hellem Hornesklang zum Streite riefen, sieht Heine mit Schrecken aus dem Kriege eine soziale Revolution für Frankreich hervorgehen, wie sie 1871 wirklich ausbrach, und Napoleons Andenken, das ihm früher als Palladium der durch die Revolution errungenen Rechte und Freiheiten erschien, tritt ihm in dieser Stunde nur als das Symbol zweckloser Schlag- und Schlachtlust entgegen. Daher der Seufzer: „Ich wollte, der Mann läge schon ruhig unter der Kuppel des Invalidendoms und wir hätten die Leichenfeier glücklich überstanden!" [561])

Auch Thiers, dem Heine zu Dank verpflichtet war, den er persönlich außerordentlich schätzte und der ihm wegen seiner Stellung zu Napoleon hätte sympathisch sein müssen und es früher wie später auch war, kommt in der „Lutetia" manchmal recht übel weg. Sicherlich ist das ein neuer Beweis für Heines verhältnismäßige Unabhängigkeit von den leitenden Ministern, gleichzeitig aber auch für seine veränderte Stellung zu dem früheren Beherrscher Frankreichs. Bezeichnenderweise scheint sich die Haltung des Dichters dem Staatsmanne gegenüber gerade in dem Augenblick zu dessen Ungunsten zu ändern, als dieser seinen Lieblingsgedanken, die Einholung der Asche des Kaisers nach Paris, ins Werk gesetzt hat. Hat er früher Thiers' Namen durchweg mit Anerkennung genannt, so versetzt ihm Heine jetzt immer von Zeit zu Zeit einen kleinen Hieb; bald gilt er den „imperialistischen Gelüsten" seiner Politik, bald gerade der populärsten seiner Maßregeln, der Rückführung der Heldenleiche. Hier wie dort

spielt Napoleon eine Rolle dabei. Unaufhörlich werden der Minister
und der Kaiser miteinander verglichen, ein damals üblicher Gemeinplatz, der auch in die Historie übergegangen ist und den Gutzkow
sogar auf die äußere Erscheinung beider Männer ausdehnt[562]). Heine
beschränkt sich auf die innere Persönlichkeit; er spielt wieder mit
der contradictio in adiecto, in Thiers einen „kleinen Napoleon"
zu sehen; er gibt zu, daß er wie jener der „Mann der Nationalität"
sei und hiermit den „großen Hebel" in der Hand habe, um die
Franzosen, kräftiger noch als durch Ideen, zu bewegen[563]). In
Heines Mund ist das eben kein Lob, und auch der den Feldherrn
spielende kleine Mann, der, „ganz wie Napoleon", auf dem Bauche
liegt und schwarze und grüne Nadeln ins Papier der Landkarten
steckt, wird mit einem merkbaren Anflug von Ironie behandelt.

Die Vermutung lag nahe, daß der leicht entzündliche Südfranzose
bei den langjährigen Vorarbeiten zu der damals entstehenden Kon-
sulats- und Kaisergeschichte[564]) seine Einbildungskraft derart überhitzt
habe, daß er zuguterletzt die eigene mit der Person seines Helden
verwechselte, wie man das neuerdings wohl einem deutschen Schriftsteller, Karl Bleibtreu, im Scherze nachgesagt hat. Hier war die
Sache ernster, zumal es sich um einen Staatsmann in leitender
Stellung und in einer kritischen Lage handelte. Auch Gutzkow
äußerte denselben Gedanken[565]), aber ohne die Malice Heines, dem
es wie ein Unglück vorkommt, daß Thiers „nicht auch den russischen
Feldzug und die große Retirade im Geiste mitmachte. Wäre Herr
Thiers in seinem Buche bis zu Waterloo gelangt, so hätte sich vielleicht sein Kriegsmut etwas abgekühlt"[566]).

Übrigens brachte Heine dem Buche selbst, diesem standard work
der älteren Napoleongeschichtschreibung, eine aufrichtige Verehrung
entgegen. Er hielt es für ein „solideres Monument als die Vendômesäule und das projektierte Grabmal" und hatte seine Ansicht gegen
1826 so sehr geändert, daß er, im Gegensatz zu dem Historiker, die
schriftstellernden Zeitgenossen des Kaisers (die einstigen „Evangelisten"!)
nunmehr sehr respektwidrig mit Insekten vergleicht, die auf dem
Kopf eines Menschen herumkriechen, ohne von dessen wahrem Leben
und der Bedeutung seiner Handlungen das Mindeste zu ahnen[567]).

Mit seinem Kriegsmut aber ist Thiers bei dem Dichter-Publi-
zisten sogar in den Verdacht gekommen, geradezu dem Bonapartismus
in die Hände zu arbeiten. Und von diesem will Heine, wie wir hörten,
nichts wissen. Am schärfsten spricht er seine Abneigung an einer Stelle
aus, die man in der kritischen Ausgabe wieder unter den Varianten aus-

wittern muß, da sie zu denen gehört, die der Herausgeber der „Lutetia“ unterdrückte. Fertigt er etwas später den zweiten Angriff des Prätendenten Ludwig Bonaparte auf das Bürgerkönigtum, die Landung bei Boulogne, als „Akt des Wahnsinns“ eines „erlauchten Abenteurers“ [568]) kurz und bündig ab, so hat er hier ein politisches Glaubensbekenntnis über den Bonapartismus abgelegt, das an Deutlichkeit nichts zu wünschen übrig läßt. Erscheint ihm das Empire selber nur noch als ein „abenteuerliches Interregnum ohne geistige Notabilitäten“, so der Bonapartismus als eine bequeme Übergangspartei, zu deren Standarte sich jeder schlägt, „der nicht genau weiß, was er will oder was er darf oder was er kann“. Mit anderen Worten: die Partei der charakterlosen Leute oder der Streber, die ideenleer dem Götzen des Tages huldigen. „Hier braucht man keiner Idee den Eid der Treue zu schwören, und der Meineid wird hier keine Sünde gegen den heiligen Geist. Das Gewissen, die bessere Ehre, erlaubt hier auch späterhin jeden Abfall und Fahnenwechsel. . . . . Wie leicht konnten die französischen Sansculotten in die gallonierten Prachthosen des Empire hineinspringen! Mit welcher Leichtigkeit hingen sie später die befiederten Hüte und goldnen Jacken des Ruhmes wieder an den Nagel und griffen wieder zur roten Mütze und zu den Rechten der Menschheit! Und die ausgehungerten Emigranten, die adelstolzen Royalisten, sie brauchten ihrem angebornen Höflingssinn keineswegs zu entsagen, als sie dem Napoleon I. statt Ludwig XVI. dienten und als sie, dem erstern wieder den Rücken kehrend, dem legitimen Herrscher, Ludwig XVIII., huldigten“ [569])!

Gewiß, die Fouché und Talleyrand, die Soult und St. Cyr, die Molé, Pasquier, Decazes hatten die Richtigkeit dieser These durch die Tat bewiesen. Ähnlich, denkt Heine, könne es zwar noch einmal kommen, doch weissagt er — und auch darin sollte er recht behalten — einem neuen bonapartischen Regimente keine längere Dauer als dem ersten.

Obwohl er an einen baldigen Sieg jener Partei nicht glaubt, so scheint ihm doch „dieser Bonapartismus ohne Bonaparte, diese Kriegslust ohne den größten Feldherrn“ höchst bedenklich [570]). Das alles waren Erwägungen, die der Logik keineswegs entbehrten und einem Bourgeois der sinkenden Julizeit sogar vortrefflich zu Gesicht gestanden hätten. Nur in dem Munde dessen, der sie schrieb, klingen sie befremdlich. Aber sind es denn überhaupt eigentlich Heinesche Gedanken, die man da hört? Es scheint sich noch niemand diese Frage vorgelegt zu haben. Man übersah, daß

der Korrespondent der „Allgemeinen Zeitung" an jener Stelle ein
Gespräch mit Hippolyte Carnot reproduziert, dem streng republikanischen Sohne des großen Konventsmannes. Allerdings hat er
in seinem Berichte die Sache so dargestellt, als ob er selbst die obigen
Worte gesprochen und Carnot nur zustimmend erwidert hätte. Wer
bürgt für die Richtigkeit dieses Arrangements bei einem Manne, der
auch als Zeitungsberichterstatter viel mehr Dichter als Publizist war
und den seine Feinde so oft des artistischen Spiels mit politischen
Dingen geziehen haben? Es kann nicht bewiesen werden, darf aber
auch niemandem zu glauben verwehrt sein, daß die Sache vielleicht
gerade umgekehrt gelegen hat und nicht Heine, sondern Carnot der
eigentliche Sprecher gewesen ist. Die stärkste Stelle gegen Napoleon,
die sich überhaupt in Heines Schriften findet, würde damit ihren
scharfen Stachel verloren haben.

Immerhin hätte er, für den Augenblick wenigstens, Carnot
zugestimmt. War unserem Dichter der Name seines Heros, den
er so oft den Göttern gleichgestellt, der ihm der „Mann der
Idee" gewesen und sich als die „menschgewordene Revolution" den
vornehmsten Platz in seinem Herzen erobert hatte, zu einem Universal-
popanz geworden, mit dem man die Kinder und die Furchtsamen
schreckt? Merkwürdig. Waren nach des Kaisers tragischem Ende,
von Mitgefühl ergriffen, alte Gegner mit umflorter Muskete an sein
Grab getreten, um den Helden zu feiern, den sie einst mit Schwert
und Feder bekämpft, so scheint der glühendste der Napoleonenthusiasten
im Jahre 1840 beinahe auf dem Standpunkt der Leute von 1813
angelangt zu sein! Und warum? Weil der „stille Mann" die
passive Handlung beging, als Leichnam auf dem Meere zu schwimmen?
In auffallender Weise tritt hier wieder der platonische Charakter des
deutschen Napoleonkults zu Tage. Von Revolutionshistorikern ist oft
genug auf die sonderbare Erscheinung hingewiesen, daß das Deutschtum zwar in seinen geistigen Spitzen — berühmte Beispiele lieferten
Kant, Wieland, Herder, auch Schiller — der großen Bewegung von
1789 sich freudig zuneigte, aber den Gedanken an eine Verwirklichung ihrer Ideen im eigenen Hause ängstlich abwehrte, bis die Waffen
des Korsen sie gewaltsam über die Schwelle trugen. Ganz ähnlich verfährt hier Heine. Für Napoleon hat er die schönsten und begeistertsten
Worte gefunden, den Bonapartismus lehnt er ab; der Erbe des großen
Namens ist ihm nichts anderes als ein „Narr" und ein „Abenteurer".

Übrigens waren, wie immer, Heines Stimmungen einem starken
Wechsel unterworfen. Bald zeigen sie eine dunklere, dann wieder

eine lichtere Abschattung. Heute ist ihm der Kammerbeschluß über die zweite Begräbnismillion ein großer Fehler und eine klägliche, unzeitige Knickerei, morgen erscheint er ihm im Hinblick auf die drohende politische Lage gerechtfertigt[571]). Bald erwacht die alte Streitlust gegen die Feinde des Helden, die royalistische Gazette de France, gegen Lamartine, Benjamin Constant, die Frau von Staël[572]), anderseits nimmt Heine sogar den Chateaubriand gegen einen Vorwurf des Kaisers in Schutz[573]), der seinerseits einmal wieder zur Abwechselung ein „Kollege der Götter" genannt[574]) und gelegentlich als Repräsentant des jungen Frankreich dem alten Europa gegenüber aufgeführt wird[575]), um bei anderer Gelegenheit, im Vergleich mit der Titanenversammlung des Nationalkonvents, zu einem „zahmen Gotte" degradiert zu werden[576]), was ein verspäteter Nachhall von Börne zu sein scheint[577]). Auch „gekrönte Selbstsucht", „Despot", „Feind der Freiheit"[578]) muß er sich nennen lassen, Beiwörter, die unser Heine aus Scott oder Saalfeld entlehnt haben könnte, in Wirklichkeit aber aus den oben angeführten Schriftstellern entnommen hat, übrigens, um daran eine Polemik gegen diese anzuknüpfen. Die Stelle ist für Heines Art, über Napoleon zu schreiben, äußerst bezeichnend und beweist zugleich wieder, welcher Augenblicksmensch er als Schriftsteller war und wie seine Äußerungen wirklich lediglich als Momentsbekenntnisse aufgefaßt werden dürfen.

Die Sache liegt nämlich folgendermaßen: Am 15. und 16. Mai 1840 hatte die Gazette de France, um damit gegen die Leichenfeier zu opponieren, eine Blütenlese aus napoleonfeindlichen Schriftstellern, eben Chateaubriand, Constant, Frau von Staël, gebracht; am 26. Mai — nicht, wie Elster irrtümlich angibt, am 12. — hatte Lamartine bei der Abstimmung über die zweite Begräbnismillion in der Deputiertenkammer eine Rede gehalten, in der er vor dem „Kultus der physischen Stärke" warnte und zugleich die Bewunderung für den zu feiernden Helden so geschickt in die Warnungen zu verflechten wußte, daß Heine die Rede dieses Herrschers im Reiche der Phrase ganz gut als ein „Meisterstück, voll von perfiden Blumen," bezeichnen konnte. Alle die oben genannten Ausdrücke aber von dem Feinde der Freiheit, von der Selbstsucht und dem Despotismus Napoleons standen in den Auszügen der Gazette de France, während der gleichzeitig von Heine verwendete Ausspruch, „daß seine Verherrlichung ein böses, gefährliches Beispiel" sei, mindestens dem Sinne nach in Lamartines Rede enthalten war[579]). Heine gibt nun die Richtigkeit dieser Urteile zu — er sagt: „Es ist wahr, es ist tausendmal wahr, daß Napoleon ein Feind der Freiheit war" u. ſ. w. — aber nur, um, wie geſagt, eine Polemik gegen deren Urheber daran zu knüpfen. Auf weſſen Seite, wenigſtens dieſen Napoleonhaſſern gegenüber, unſer Dichter ſteht, wird nicht zweifelhaft bleiben, wenn man die an derſelben Stelle von ihm gemachten Ausfälle gegen die Staël und gegen Benjamin Conſtant lieſt. Dieſe beiden hätten ihm ja, zumal in ſeiner gegenwärtigen Stimmung, eigentlich gar nicht ſo unſympathiſch ſein müſſen. Mindeſtens aber ſollte man glauben, hätte er jetzt, und auch ſchon früher, ihren Anſichten wirkliche Beachtung ſchenken ſollen. Don beidem iſt das Gegenteil der Fall und eine ernſtere Beſchäftigung des Dichters mit den Napoleon behandelnden politiſchen Schriften der Staël und Conſtants nicht zu erweiſen. Der letzte wird in Heines Werken überhaupt nur ein paarmal flüchtig erwähnt, und auch die Considérations sur les principaux événements de la Révolution française und die Dix années d'exil der Frau von Staël ſcheint Heine niemals ernſtlich ſtudiert, ſich vielleicht gar auf die Leſung von Beſprechungen oder Auszügen beſchränkt zu haben, wie in dem vorliegenden Falle. Daß er ſie früher einmal, in der „Nordſee", unter den „Quellen" für ſeine Napoleonſtudien anführt, widerſpricht dem Geſagten nicht. Denn auch dort wird die Staël mit einer allgemeinen Bemerkung abgemacht. Die Ablehnung Heines erkläre ich mir aus der ihm bekannten perſönlichen Stellung der intereſſanten Frau gegenüber Napoleon, deren über alles Maß hinausgehende Ungerechtigkeit die zeitgenöſſiſche Kritik ſchon bei dem Erſcheinen der erwähnten Werke ſcharf getadelt hatte [580]. Aus ähnlichen Gründen wie die Staël liebte Heine auch deren Freund Conſtant nicht, der jedoch den ihm in der „Lutetia" gemachten Dorwurf Point d'argent point de Suisses inſofern nicht ganz verdient, als er ſich trotz ſeiner Abneigung mit dem von Elba zurückgekehrten Kaiſer ausgeſöhnt und ſogar an dem Derfaſſungswerk von 1815, der bekannten „Zuſatzakte", mitgearbeitet hatte.

Wie dem auch ſei, immer glaubt man doch den roten Faden zu ſehen, der durch die Berichte des Sommers von 1840 hindurchläuft: Napoleon, d. h. der nach einem Dierteljahrhundert wieder auferſtandene, noch einmal aktuell gewordene Napoleon, macht Heine ernſtliche Sorge! Dieſer „Donnergott des Ehrgeizes", deſſen Leiche von St. Helena „bedrohlich" näher ſchreitet wie die toten Reiter in Bürgers Lenore [581], er und ſein Stellvertreter auf Erden Thiers könnten doch wohl die Weltruhe ſtören, in deren Schatten ſich bei Défour in Paris ſo behaglich zu Mittag ſpeiſen läßt! Mit einem

Seufzer der Erleichterung vernimmt Heine die Kunde von Thiers'
Sturze, und Ludwig Philipp, der „Napoleon des Friedens" — ein
scheinbar so bieder klingendes und doch in seiner Ironie so mark-
erschütterndes Epitheton — wird gepriesen, weil er die Ränke der
beiden Bösewichter, des lebenden und des toten, durch eine Minister-
entlassung vereitelt habe [582]).

Es ist wahr, was Strodtmann an einer Stelle seiner nie ver-
altenden Biographie des Dichters andeutet: Heine, der das „ehrbare"
Bourgeoisregiment der Julizeit so tief verachtet, er ist in der „Lutetia"
fast selbst zum Bourgeois geworden. Mögen die vorübergehende Er-
mattung seines Genius und die mit ihr zusammenhängende Ver-
stimmung oder der Epikuräismus des Dichters daran schuld sein, mag
die Rücksichtnahme auf fremde Meinungen, die königlich bayerische
Censur und die königlich französische Staatspension dahinterstecken:
gleichviel. Diese grau in grau malende Philisterstimmung scheint nun
aber, wenigstens in gleicher Stärke, nicht angehalten zu haben, als
der Kriegsrausch diesseits wie jenseits des Wasgenwaldes verflogen
und der letzte Einzug des Helden ohne Störung der Nachtruhe Europas
vor sich gegangen war.

Er war doch von überwältigender Wirkung gewesen.

Am 29. November hatte das Geschwader mit der kaiserlichen
Leiche Cherbourg erreicht, und diese war auf ein Dampfschiff gebracht worden, das sie nach Havre führte. Dann fuhr die kleine
Flottille die Seine aufwärts, bei der Einfahrt in den normannischen
Hafen von der „Sonne von Austerlitz" begrüßt, die, den Wolkenflor
zerreißend, den auf dem Schiffsdeck stehenden Sarg mit einem
Glorienschein umspann [583]). Ganz Frankreich war auf den Beinen,
um die Rückkehr des Helden zu feiern. Auf den Höhen der Steil-
küste des Kanals hatten die Landleute zu Tausenden gestanden, als
die Schiffe vorüberfuhren. In Rouen war mitten in der Seine ein
Triumphbogen errichtet, und Veteranen des großen Heeres warfen
Immortellenkränze auf die Wasserstraße. Beispiellos war die Menschen-
menge, die in Paris zusammenströmte. Die Postwagen, die Eisen-
bahnen vermochten die Fahrgäste nicht zu fassen, die sich an die
Schalter und in die Türen drängten. Mancherlei Anekdoten, auf
deren Wiedergabe hier verzichtet werden muß, bezeichnen die glühende
Begier der Leute, auf jeden Fall und um jeden Preis am 15. Dezember in der Hauptstadt zu sein. Denn dieser war bestimmt,
Napoleons Begräbnistag und der letzte Tag in seiner Geschichte zu
werden. Unterhalb Courbevoie war die Flottille vor Anker ge-

gangen. Hier wurde der Leichnam ausgeschifft und auf einen ungeheuren, mit Prunk überladenen Wagen gesetzt, über den ein mit
goldenen Bienen besäeter Hermelinmantel gebreitet war. Es war
ein eisiger Wintermorgen von acht, nach andern sogar von zwölf
Grad Kälte. Aber ein Tag, der für einen feierlichen Empfang doch
geschaffen schien.

> Jour beau comme la gloire,
> Froid comme le tombeau,

hat ihn Victor Hugo[584]) kurz und treffend genannt. Der Himmel
war anfangs trübe, und der „goldene Siegeswagen rollte geisterhaft
in den weißen Morgennebeln dahin". Noch war der Vorhang zu
der Apotheose nicht aufgezogen. Es geschah, als der Leichenzug
unter der hohen Torwölbung des Triumphbogens hindurchzog, den
der sparsame Hausvater Ludwig Philipp mit reichlichem Aufwand
an — Pappe und Goldschaum dekoriert hatte, und der riesige
Wagen auf der breiten Fahrstraße der elysäischen Felder erschien.
„Hier brach die Sonne plötzlich aus dem trüben Gewölk und küßte
zum letztenmal ihren Liebling und streute rosige Lichter auf die
imperialen Adler, die ihm vorangetragen wurden"[585]). Es ist kein
Zufall, daß die Dichter, die den Zug geschildert, gerade diesen Moment
zur Aufnahme gewählt haben, während prosaische Zeitungsberichterstatter die Fahrt auf der Seine und durch die Straßen von Paris
oder die Ankunft der Leiche im Invalidendom mit wortreicher
Umständlichkeit behandelten. Auch Victor Hugo, der einen prächtigen
Aufsatz über den 15. Dezember geschrieben hat[586]), läßt sich in
ähnlicher Weise vernehmen: „Man sieht in der Ferne, in Nebel-
dampf und Sonnenglast, auf dem rötlichgrauen Hintergrunde der
Bäume in den Champs-Elysées, zwischen hohen, gespenstisch weißen
Statuen einen goldenen Berg langsam heranfahren."

Diesen wandelnden Berg, der wie in seiner Grotte der Kyffhäuser
einen Heldenkaiser barg, begleiteten in langen Reihen „die armen,
spärlichen Überreste jener Legionen, die einst im Sturmschritt die
Welt erobert und jetzt, mit verschollenen Uniformen, matten Gliedern
und veralteten Manieren, hinter dem Leichenwagen als Leidtragende
einherschwankten". Ihr Aussehen mag nicht besonders imposant gewesen sein, und ein Berichterstatter der „Leipziger Allgemeinen Zeitung"
hat von diesen Schatten tapferer Soldaten ein häßliches Zerrbild entworfen: „Was die Journale von dem Enthusiasmus, der sie ergriffen, gesagt, war eitel Poesie. Ihre blödsinnig gewordenen Ge-

sichter verrieten keinerlei Ausdruck, und man sah es den durch-
frorenen Leuten an, daß sie sich nach dem Kamine sehnten, der Suppe
und dem warmen Bett, um auch bald gänzlich schlafen zu
gehen"[587]). So verkannten, die sie verkennen wollten, die Begeisterung
des gemeinen Mannes für den übermenschlichen Helden, der einem
Halbgotte gleich über die Gemüter der Kleinen geherrscht hatte.
Hinreißende Züge werden aus jenen Tagen von den letzten des
großen Heeres berichtet. Beim Anblick des Leichenwagens war eine
Veteranenkompagnie, ausdrücklichem Befehl zuwider, lautlos in die
Kniee gesunken. Ein alter Kämpfer von Austerlitz, dem im Gedränge
der Stelzfuß zerbrach, ließ sich von mitleidigen jungen Leuten an
einen Platz tragen, von wo er den Trauerzug wenigstens mit den
Augen verfolgen konnte[588]). Unter den Offizieren des Kaiserreichs,
neben der alten Garde, den Mamelucken, den Resten des Bataillons
von Elba bemerkte man eine Schar tapferer Polen, die Skrzynecki,
Malachowski, Soltyk, Dwernicki, die 1831 bei Grochow und Ostro-
lenka die Wunder von Wagram und Leipzig erneut, nun wie der
deutsche Poet das Brot der Verbannung aßen und herbeigeeilt waren,
dem Kaiser in alter Treue die letzte Ehre zu erweisen[589]). Der
sechsundachtzigjährige Marschall Moncey hatte in der Furcht, den
Tag des „Heils" nicht zu erleben, bis zum 15. Dezember die Stunden
gezählt und ließ sich nun in einem Rollstuhl nach der Invalidenkirche fahren, wo am Katafalk die Worte Simeons von seinen Lippen
kamen[590]).

Merkwürdig, daß Heine, der Freund des alten Ricou und des
blinden Invaliden von Dieppe, diesen Zügen kein Wort des Beifalls
gespendet hat! Gewiß, er äußert sich nicht mit der Roheit des
Leipziger Zeitungsschreibers, aber auch ihm erscheinen die hinter dem
Sarge ihres Kaisers hinwankenden Gestalten mehr von einer grotesken
als von der erhabenen Seite, und mit einem schneidenden, fast be-
leidigenden Realismus sagt er von ihnen: „Diese Invaliden der
großen Armee sahen aus wie Karikaturen, wie eine Satire auf den
Ruhm, wie ein römisches Spottlied auf den toten Triumphator!"
Die Erscheinung der abgelebten und verkümmerten Greise mochte
das Schönheitsgefühl des Dichters verletzen, der den Herrscher dreißig
Jahre früher, in so ganz anderer jugendfrischer Umgebung, in die
bergische Hauptstadt hatte einreiten sehen!

Den gleichen Zwiespalt zwischen einst und jetzt empfand auch
Hugo, dem bei dem Pomp dieses Aufzuges, während die alten sieg-
reichen Kanonen wie Anno 7 und 9 ihre eherne Stimme in den

Jubelruf der Menge mischen, plötzlich einfällt, daß in diesem Augenblick vielleicht der Wurm im Sarge über das Marmorgesicht des Imperators leise dahinschleicht [591]).

Mit dem scharfsichtigen Realismus, der Heines Bericht über die Feier vom 15. Dezember auszeichnet, hat dieser auch die Stimmung des französischen Volkes an dem denkwürdigen Tage geschildert, an dem die einen Berichterstatter einen unbeschreiblichen Enthusiasmus gesehen haben wollten [592]), während die anderen, namentlich deutsche, sich nicht darin genug tun konnten, die Teilnahmlosigkeit und Kälte der Pariser hervorzuheben, die dann zu dem Frostwetter des Wintertages in pointenreiche Beziehung gesetzt wurde. Sogar in die ernste Geschichtschreibung ist diese mythische Kälte vielfach übergegangen — auch ein Stück napoleonischer Legende.

> So frostig scheint die Sonne,
> So träge schleicht der Strom,
> So frostig steht die Menge
> Am überfüllten Dom,

sang Eduard Brinckmeier [593]).

Die Wahrheit lag, wie meist bei solchen Dingen, in der Mitte, und das hat Heine richtig herausgefühlt. Die Radikalen, die den Schatten des Helden in die Arena des Parteistreites herabzerren wollten, hatten den Begräbnistag zu einer regierungsfeindlichen Kundgebung mißbrauchen wollen, wie einst die Leichenfeier des Generals Lamarque [594]). Sie waren mit ihren löblichen Absichten gescheitert, obwohl in einzelnen Legionen der zu dem Festzuge aufgebotenen Nationalgarde Rufe gegen das Ministerium und die „Verträge von 1815" ertönten.

Auch Heine hatte ja derartiges gefürchtet, und nicht ohne Befriedigung stellt er nach den Eindrücken des 15. Dezember fest, daß die „kriegerischen Gelüste" der Nation, wo nicht erloschen, so doch abgekühlt seien und „der Geist der Soldateska bei den Franzosen nicht so blühend vorwaltet, wie mancher Bramarbas diesseits des Rheins prahlt und mancher jenseits ihm nachschwatzt". Aber so sehr er sich hier den übrigen Berichterstattern über die Festfeier nähert, so entschieden widerspricht er ihnen, wenn sie „in dem Schauspiel jenes wunderbaren Begräbnisses nur Pomp und Gepränge sahen". Das Auge des Dichters war schärfer. Er hatte einen feineren Sinn als die journalistischen Eintagsmenschen für die Gefühle, die das Gemüt des französischen Volkes erschütterten. Auch die jüngere Gene-

ration, welcher die meisten der fremden Journalisten jede ernstere
Teilnahme an der Feier absprechen zu dürfen glaubten, sieht Heine
zwar nicht „mit brennendem Zorn", aber „mit der Wehmut der
Pietät" vor dem goldenen Katafalk stehen, der alle Freuden und
Leiden und die auf immer zerbrochenen stolzen Hoffnungen ihrer
Väter umschloß.

Doch das Kaiserreich selber hat auch er damals für tot gehalten.
Das war denn doch der Totaleindruck, den man an dem merkwürdigen
und so viel besprochenen Tage empfing. Die „Mainzer Zeitung"
brachte am 20. Dezember einen langen Artikel mit der bezeichnenden
Aufschrift „Napoleons Leichenfeier, das Grab des Bonapartismus" [595]),
in welchem ausgeführt wurde, daß „der Leichenzug die Prozession
einer historischen Reliquie" gewesen sei und der mit dem volltönen-
den, aber durch und durch unwahren Satze abschloß: „Unter den
Tönen von Mozarts Requiem ist der Bonapartismus auf immer zu
Grabe getragen worden." Dieselbe Weisheit wurde auch sonst in der
Presse gepredigt [596]). In Verse gebracht, lautet sie bei Georg Herwegh:

> Das eigne Volk saß zu Gerichte,
> Des Kaisers Zauber ist geschieden;
> Es schläft die fränkische Geschichte
> Mit ihm im Dom der Invaliden [597]).

L'Empire est mort, schrieb vor einigen Jahren der Pariser
„Figaro" bei Gelegenheit einer von den Anhängern des Kaisertums
veranstalteten Gedächtnisfeier. Es mag heute wahr sein, obwohl ich
für meine Person auch im Jahre 1902 k e i n Gift darauf nehmen
möchte. L'Empire est mort, hieß es auch damals im Chorus der
Zeitungsmenschen. Nur der eine und der andere wagte schüchtern einen
Einwand [598]). Heine gehörte diesmal nicht zu den Weitsichtigen, was
uns bei seiner Stellung zur Bonapartistenpartei kaum wundert. „Das
Empire ist ebenso tot wie der Kaiser selbst und ward mit ihm begraben unter die Kuppel des Invalidendoms," hat er in der Beilage zur „Allgemeinen Zeitung" vom 20. Januar 1841 geschrieben.

Die Leichenfeier bildet, vom Standpunkt dieser Studie aus betrachtet, den Höhepunkt des Buches „Lutetia". Über die späteren
Partieen können wir flüchtigen Fußes hinwegeilen. Mehr noch als
die der Begräbnisfeierlichkeit voraufgehenden zeigen die folgenden
Auslassungen über Napoleon und Napoleonisches das Gepräge von
Arabesken und Randverzierungen, ohne die der geistreiche Publizist
einmal nicht schreiben kann. Trotz mancher hübschen Aperçus tragen
sie, der Grundstimmung des Ganzen entsprechend, wieder den Stempel

einer mehr gelassenen Gleichgültigkeit. Zwar wird man sich immer hüten müssen, den Humoristen allzu streng beim Worte zu nehmen. Schon der Schluß des Begräbnisberichtes ist in dieser Hinsicht charakteristisch: „Der Kaiser ist tot [und begraben. Wir wollen ihn preisen und besingen, aber zugleich Gott danken, daß er tot ist]. Mit ihm starb der letzte Held nach altem Geschmack, und die neue Philisterwelt atmet auf wie erlöst von einem glänzenden Alp." Und nun folgt die schon früher berührte Stelle: „Über seinem Grabe erhebt sich eine industrielle Bürgerzeit, die ganz andre Heroen bewundert, etwa den tugendhaften Lafayette oder James Watt, den Baumwollespinner."

Die in Klammern gesetzten Worte — sie erinnern an eine frühere Bemerkung in den „Französischen Zuständen" [599]) — hat Heine natürlich später beiseite geschafft. Aber wenn man sie wiedereinsetzt, wer will sagen, ob und inwieweit es dem Autor damit Ernst gewesen? Der Publizist freut sich, der Staatspensionär Ludwig Philipps muß sich vielleicht freuen und Gott danken, daß „der Kaiser tot ist". Aber da mischt sich der Poet dazwischen, zieht einen zarten Schleier der Ironie über die „Helden" der Neuzeit, den „tugendhaften" Lafayette und den nützlichen Baumwollspinner; ein feiner Spott zuckt um die Mundwinkel des Dichters, und, mehr angedeutet als ausgesprochen, klingt uns aus den Beiwörtern die Verachtung entgegen, die der Künstler gegen die Nachfolger des großen Mannes in der Weltherrschaft empfindet. Mit dem Kopfe stimmt er ihnen zu, mit dem Herzen? — — — haine du bourgeois!

Man sieht das auch noch an anderen Stellen. Napoleon und dessen Nachahmer Thiers wird ihre unermüdliche „Aktivität" vorgehalten, durch die beide wie viele Ministerien und Dynastieen ihren Fall beschleunigt haben [800]). Das ist immerhin ernst gemeint. Aber wenn Schalk Heine damit fortfährt, daß er beiden vorwirft, sie hätten die „Kunst des Stillsitzens" nicht besessen, die bei uns den kleinen Kindern zuerst gelehrt wird und die Herr Guizot — Guizot, der französische Premier und Heines allmächtiger Beschützer — in so hohem Grade besitze? Tausend Heineleser mögen darüber hinweglesen; aber der Aufmerksame und feiner Empfindende wird eine gewisse Erschütterung des Zwerchfells verspüren, und ein leises Kichern des Spötters verrät ihm, daß Heine über alle Machtnachfolger Napoleons, diese ehrbaren Tugendbolde einer kleinen Gegenwart, die er nolens volens loben muß und die er auch mit dem Verstande wirklich lobt — im geheimen sich lustig macht, ebenso lustig wie einst über Castlereagh, Saalfeld, Wellington und Ludwig XVIII.

Wenn ich an solchen Stellen Spuren einer in dem Dichter Heine nie erstorbenen persönlichen Sympathie für seinen alten Helden sehe, so will ich nicht in Abrede stellen, daß der Politiker gegen Ende der „Lutetia" mit dem Staatsmann Bonaparte nach wie vor in vieler Hinsicht unzufrieden ist. Trotz seiner gewaltigen Geistesgröße hat er nach Heine den Gang der Zeit nicht recht verstanden, der starke Mann — nach dem mißmutigen Heine der „Lutetia", denn der jugendfrische Schreiber der „Nordsee" hatte einst das gerade Gegenteil behauptet [601]). Hätte Napoleon deutsches Geistesleben begriffen, er, der den Tiefsinn Kants nicht höher einschätzte als die Taschenspielereien eines Cagliostro, Swedenborg und Philadelphia, vor den abgelebten Lehren der Sensualisten und Materialisten, Condillacs, Cabanis' und de Tracys, sich fürchtete und den verderblichen Feind, den er im Reiche des Gedankens ahnte, unter alten Perücken, unter französischen Greisen suchte, statt unter der blonden Jugend der deutschen Hochschulen! [602]) So ist er gefallen, weil er dieses Rätsels Sinn nicht faßte.

Und so handelten denn am Ende die französischen Liberalen und Ideologen auch gar nicht so dumm, als sie — der Publizist erörtert das bei Besprechung der damals brennenden Frage der Befestigung von Paris — als sie den Mann verließen, der über die Zaubermittel der Idee der Freiheit, „welche Heere aus dem Boden stampft", nicht mehr verfügte und der ihnen obendrein gefährlicher war als die Verbündeten und die Bourbonen zusammen [603]).

Ist Heine doch bei Benjamin Constant zu Gaste gewesen oder gar bei der alten Feindin seines Kaisers, der Frau von Staël? Fast sollte man es meinen, wenn man solche Worte liest. Indessen glaube ich, ein Kapitel aus der schriftstellerischen Laufbahn des geistreichen Mannes beschließen zu dürfen, das bei der bunten Mannigfaltigkeit der behandelten Gegenstände nicht zu den leichtesten und übersichtlichsten gehört, aber seinem Stoffe nach für den Verfasser selbst die reizvollsten Aufgaben aus der Geschichte des Verhältnisses zwischen Dichter und Kaiser darbot. Ein einheitlicheres Bild wird der folgende Abschnitt entrollen.

5. Kapitel.

Die Umkehr.

❧

Wie verschiedenartig und widerspruchsvoll die einzelnen Stellen auch sein mögen, als Ganzes genommen, bezeichnet die „Lutetia", bezeichnen vielmehr die für die Augsburger Zeitung geschriebenen Korrespondenzartikel den Tiefstand des Heineschen Napoleonkultus. Rund zehn Jahre verflossen nach den Berichten für das Cottasche Weltblatt, bevor der Dichter wiederum den Mund öffnete, um sich über den Helden seiner Jugend zu äußern. In einem Tone zu äußern, der von dem zuletzt vernommenen ebenso stark absticht wie dieser von den schmetternden Fanfarenklängen des „Buches Le Grand". Hält man die beiden Zeugnisse . nebeneinander, die letzten der Aufsätze für die „Allgemeine Zeitung" und die ersten Seiten der „Geständnisse", wohl gar noch daneben das „Waterloofragment", so gähnt dem Beobachter eine Kluft von erheblicher Breite und Tiefe entgegen, die durch nichts ausgefüllt wird.

Die einzige schwache Brücke zwischen den Pariser Berichten der Jahre 1840—1843 und den 1853 begonnenen „Geständnissen" bilden, von dem „Tambourmajor" und allenfalls noch ein paar zur Zeit ihres Entstehens nicht veröffentlichten Aphorismen abgesehen, die Strophen des zu Anfang 1844 gedichteten Wintermärchens „Deutschland", in dessen achtem Kapitel der Poet noch einmal des eisigkalten Wintertages gedenkt, an dem die Gebeine des toten Kaisers unter den Klängen des Mozartschen Requiems in der Invalidenkirche zu Paris aufgebahrt wurden [604]).

Indem Heine nicht allein als Journalist über das interessanteste Tagesereignis von 1840 sprach, sondern auch als Dichter den Moment

feierte, von dem ein fächfifcher Poet, Theodor Drobifch, damals ge-
fungen hat:

> Europa! diefer Augenblick
> Kehrt nimmer, nimmer wieder[605]),

indem er das tat, berührte er fich noch einmal mit einer allgemeineren
Literaturftrömung, die nicht nur, wie das unausbleiblich war, an die
Feier des 15. Dezember anknüpfte, fondern, über den Rahmen der
eigentlichen Feftpoefie hinausgehend, mit breiterem Wogenfchlage in
das fünfte Jahrzehnt des neunzehnten Säkulums hineinraufcht.

Unter den Nachwirkungen der in dem einleitenden Kapitel ge-
fchilderten Verhältniffe und Stimmungen und zum Teil fchon unter
dem Einfluß Heines felbft war in den dreißiger und vierziger Jahren
auch in Deutfchland eine reiche Napoleonlyrik erblüht, deren einzelne
Vertreter und Erzeugniffe hier nicht einmal andeutungsweife berührt
werden können. Gegen das Ende des vierten Jahrzehnts fcheint
diefer Kultus, der feit der Julirevolution noch beftändig gewachfen
war, vielleicht eher ein wenig abgenommen zu haben, als ihm die
Nachricht von dem Antrag des Minifters Rémufat an die franzöfifche
Kammer und die darauf folgenden Ereigniffe neuen Impuls und frifche
Nahrung gaben. Wieder ging, wie bei Napoleons Tode, ein inter-
nationaler Zug durch die Völker. Wie die Zeitfchriften aller Länder
bis auf das Leipziger Pfennigmagazin von Darftellungen jeglicher
Art, Tagesartikeln, hiftorifchen Auffätzen und Bildern wimmelten, in
denen die franzöfifche Expedition bis ins Detail verfolgt wurde, fo
hat auch die Poetenzunft fich die koftbare Beute nicht entgehen laffen,
die der dankbare Stoff in reichlicher Fülle darbot. Namentlich ift
wie 1821 das betriebfame Völkchen der literarifchen Handwerker
über die kleinen und kleinften Umftände hergefallen, deren keiner
dem Lefer erfpart blieb.

Doch haben auch namhaftere Männer bei diefer Gelegenheit ihre
Stimme erhoben, von den Franzofen Barthélemy und Delavigne, in
Schweden der alte Tegnér, in Rußland Lermontov, von Deutfchen
Georg Herwegh, Hoffmann von Fallersleben, Friedrich Laun und
Emanuel Geibel. Freilich in ganz verfchiedenem Sinne und keines-
wegs ausfchließlich zum Lobe des Helden, der da feinen letzten Ein-
zug gefeiert hatte.

Meine hierüber angeftellten Forfchungen haben eine reichliche
Ausbeute geliefert, deren Verwertung an diefer Stelle den Faden
zerreißen würde und deren wefentlichfte Ergebniffe ich daher am
Schluß meines Buches unter den Noten zufammengeftellt habe[606]).

14*

Doch kann ich hier Victor Hugos Prachtode, Le Retour
l'Empereur, nicht übergehen. Weniger deshalb, weil sie, trotz e
etwas auffällig zur Schau getragenen Pompes wohl die gelunge
ganz sicher die gedankenreichste Dichtung dieses Stoffkreises ist, son
weil ihr eine Verwandtschaft, eine direkte Blutsverwandtschaft,
unserem Heine zugeschrieben wurde.

Die Anklänge in Heines und Hugos prosaischen Schilderun
des Trauerfestzuges sind schon hervorgehoben; sie gehen nicht
jene Ähnlichkeiten hinaus, die eine gleiche Stoffwahl bedingt
mit sich bringt. In der Ode aber stellt Hugo in glänzender A
these den bei Waterloo geschlagenen Kaiser, der doch noch ei
letzten Triumphzug vorausahnt, dem toten gegenüber, der ihn w
lich feiert. Dann folgen die Strophen über das Martyrium
St. Helena:

> O Insel Helena! — Was birgt sich in dem Wort!
> England, verzehrt von Haß, beschloß langsamen Mord
> Im Angesicht der Welt an diesem großen Mann;
> Der Erdball sah aufs neu das Schicksal des Homer:
> Die Kette und den Fels, umbraust vom ew'gen Meer,
> Drauf mit dem Geier den Titan.
>
> Doch solch Martyrium und solch erhabnes Leid
> Solch ungezähmte Wut und Unbarmherzigkeit,
> Mit der man mordete das Opfer nach und nach,
> Solch unerhörte Schmach — empörend jedes Herz —
> Erfüllten endlich mit erbarmungsvollem Schmerz
> Die Welt, gleichwie den Krug allmählich füllt der Bach[607]).

Schon ein damaliger Mitarbeiter der „Allgemeinen Zeitung"
hierin und zwar besonders in dieser letzten Strophe die Versifika
„einer bekannten Stelle in Heines Reisebildern" gesehen[608]). Es k
dabei wohl nur an das IX. Kapitel des „Le Grand" („Britan
dir gehört das Meer" u. s. w.[609])) oder an den Schluß der Sc
kritik in den „Englischen Fragmenten"[610]) gedacht sein. Doch kon
man nach meiner Ansicht an beiden Stellen wieder nicht über
gemeine Bezüge hinaus, den Haß gegen England, der in der H
schen Ode auch an anderen Stellen mächtig durchbricht und in Hei
Schriften von Zeit zu Zeit immer wiederkehrt. Spuren von
klängen, die aus dem Verkehr beider Schriftsteller, vielleicht
aus der wechselseitigen Lektüre ihrer Werke hervorgegangen
mögen, glaube ich hier und da bei beiden festgestellt zu haben,
bei ich noch nachtragen möchte, daß Heine eines der interessante
und wichtigsten Kapitel der „Lutetia", das unter anderem die

fälle gegen Benjamin Conſtant und die Frau von Staël enthält, mit
einem Citat aus Hugos bekanntem Kaiſerliede Lui einleitet [611]). Eine
Entlehnung des franzöſiſchen Dichters, die hier ſtattgefunden haben
ſollte, oder gar eine „Verſifikation“ einer beſtimmten Stelle aus den
„Reiſebildern“ erſcheint mir dagegen wenig glaubhaft.

Auch ſonſt hat Heine mit der übrigen Grabesdichtung recht wenig
gemein, und nur, wenn der Mecklenburger Friedrich Wilhelm Rogge
den toten Napoleon mit den Worten anredet:

> Du wardſt bereits zum Standbild der Geſchichte,
> Das heut vollendet hat ein Königsſohn,
> Und wieder dann im ſagenhaften Lichte
> Rückt deine Welt uns fern und ferner ſchon [612]),

ſo kommt das inhaltlich Heine ſehr nahe.

Ähnliche Ausſprüche fanden wir in den „Reiſebildern“ [613]) und
im Wellingtonaufſatz [614]), und auch der Verfaſſer der „Lutetia“ ſpricht
von dem „Napoleon Bonaparte, der für das heutige Geſchlecht ſchon
längſt dahingeſchwunden war in das Reich der Sage zu den Schatten
Cäſars und Alexanders“, eine Stelle, die ſich mutatis mutandis in
den Verſen des „Wintermärchens“ wiederfindet.

Die Erwähnung Napoleons in dieſem aber bietet eine intereſſante
Analogie zu Byrons „Bronzenem Zeitalter“. Dort wie hier hat der
Dichter dem Helden ſein Totenlied zwiſchen die Zeilen einer Satire
geſchrieben, in der er der Miſere der Gegenwart mit grauſamen Hohn-
worten zu Leibe geht. Ob Heines Spottverſe ſo berechtigt ſind wie
jene Byrons, darauf kommt es hier natürlich nicht an. Aber iſt es
wohl Zufall, daß die erſte Spur ſeiner Umkehr in einem Buche
zu finden iſt, das wieder einen äußerſt feindſeligen Ton gegen Preußen
anſchlägt? Wie in der „Lutetia“ iſt es nur eine Skizze, die er von
ſeiner letzten Begegnung mit dem Kaiſer entwirft, jedoch eine Skizze,
für deren wenige Striche man zwanzig ängſtliche Detailbeſchreibungen
kleiner Leute gerne hingibt, ich für meine Perſon auch den ſchweren
Prachtbau Victor Hugos ohne Schmerzen miſſen könnte.

> Hab' ſelber ſein Leichenbegängnis geſehn,
> Ich ſah den goldenen Wagen
> Und die goldenen Siegesgöttinnen drauf,
> Die den goldenen Sarg getragen.

Noch einmal ſehen wir das gewaltige Prunkgerüſt durch den
Triumphbogen und die elyſäiſchen Felder entlang fahren, während
die klagenden Töne der Trauermuſik durch die eiſige Winterluft

ſchauerlich hinziehen, die Bläſer vor Kälte ſtarren, die Adler d
alten Standarten wehmütig grüßend im Winde wehen. Eine Geiſte
ſtimmung liegt in der Luft, beſchleicht den Leſer, ſie muß auch d
Zuſchauer, wenigſtens den deutſchen Dichter, erfaßt haben.

Der Franzoſe Victor Hugo hat mehr Auge für die äußere Prach
er hört das Donnern der Kanonen, die Rufe der Menge. Er bleil
alſo in der Wirklichkeit, auch da, wo er in grauſiger Antitheſe de
unheimlichen Totenwurm einführt, den er an der Cäſarenmask
nagen ſieht.

Ganz anders verfährt Heine. Bei ihm waltet das Nebelhaft
vor, das Traumhaft-Viſionäre tritt wieder zum Vorſchein, wie in den
ſelben Wintermärchen, als auf der Paderborner Haide, vom erſte
Frührotlicht beſchienen, das Bild des Gekreuzigten aus dem zel
fließenden Morgengrau hervortaucht. Dieſer Nebel paßt zu dei
Nebel der Erinnerung, der die Zuſchauer befängt:

> Der imperiale Märchentraum
> War wieder herauf beſchworen.

Daß das Kaiſerreich nur noch ein Erinnerungsbild ſei, das hatte
auch andere geſagt, auch der Journaliſt Heine. L'Empire est mort
Während aber trockene Seelen in dem ganzen Hergang bloß da
kalte Begräbnis eines fremden toten Mannes ſehen, wird die an
ſcheinende Kühle der bisherigen Strophen durch den „verſchollene
Liebesruf" überwunden, den die Reſte der alten Kohorten dem tote
Feldherrn ins Grab nachſenden, und das Vive l'Empereur! da
einſt den Knaben im Düſſeldorfer Hofgarten zu begeiſtertem Mitru
gezwungen, rührt nach ſeiner Verſicherung den vierzigjährigen Dichte
zu Tränen:

> Ich weinte an jenem Tag. Mir ſind
> Die Tränen ins Auge gekommen,
> Als ich den verſchollenen Liebesruf,
> Das „Vive l'Empereur!" vernommen.

Gleichgültig, ob er ſie wirklich weinte; er hat ſich jedenfalls in di
Stimmung ſo meiſterhaft hineinphantaſiert, daß wir ihm glaubei
müſſen.

Die wenigen Verſe des Wintermärchens bilden, wie geſagt, nu
eine ſchwache Brücke zu der Behandlung Napoleons in den „Geſtänd
niſſen". Ich habe dieſes Kapitel „die Umkehr" überſchrieben. So wei
man ſehen kann, war ſie eine gründliche. Noch einmal, ſo ſcheint
es, tritt ein gewaltiger Stimmungsumſchlag bei dem Dichter zu Tage

Und auch diesmal sind, und diesmal mehr als je, die politischen Ereignisse dabei mitwirkend gewesen. Nach den bei der Durchmusterung
der „Lutetia" gemachten Wahrnehmungen sind Heines Urteile über
den großen Oheim nicht unabhängig von den höheren oder minderen
Wärmegraden seiner Begeisterung für das Treiben des Neffen und
von seiner Bewertung des aktuellen Bonapartismus der Gegenwart.
Im Jahre der Landung von Boulogne stand jene auf dem Gefrierpunkt, zehn Jahre später hatte sie eine recht erträgliche Frühlings-
temperatur erreicht.

Der Februarwind von 1848 hatte das Eis zum Tauen gebracht.
Es scheint mir nicht ganz richtig, wenn man, wie es wohl geschehen
ist, den Anteil des Dichters an diesem ganz Europa erschütternden
Ereignisse als einen rein negativen hinstellt. Wie er selbst, der
kranke Mann, noch persönlich in den kritischen Tagen mitwirken
und auf einer Ausfahrt seinen Wagen zum Bau einer Straßenschanze
hergeben mußte, so hat er an der großen Bewegung, die eine Welt-
bewegung werden sollte, auch innerlich teilgenommen, und zwar zuerst in wesentlich zustimmendem Sinne. Schon Strodtmann hat die
Zeugnisse hierfür und für den freilich sehr bald wieder eintretenden
Stimmungswechsel zusammengestellt[615]), und wer die unmittelbar
unter dem Eindruck der Februartage geschriebenen Aufsätze Heines
mit dem vielbesprochenen „Waterloofragment" vergleicht, wird finden,
daß die pessimistischen Ansichten über die provisorische Regierung, die
das letztere zum Ausdruck bringt, nicht die ursprünglichen waren[616]).
Erst als der Phrasenheld Lamartine, dem der Dichter im Revolutions-
jahre recht wohl geneigt war, und die übrigen Helden der Zwischen-
regierung unseren Heine noch weit schneller und gründlicher enttäuscht
hatten als zu seiner Zeit das Julikönigtum, und als dieser einsah,
daß die Zukunft Frankreichs nicht durch Cavaignac repräsentiert
werde, sondern die Welt sich noch einmal für Bonaparte drehte, da
wendete auch er sich dem neuen Sterne zu. Anfangs nur zaudernd
und halb widerwillig. „Als vor ungefähr einem Jahre die Republik proklamiert wurde," sagt er im März oder April 1849 zu dem
ihn besuchenden Schriftsteller Alfred Meißner, „war der Welt zu
Mute, als ob etwas, das nichts als ein Traum war und ein Traum
sein sollte, Realität geworden wäre"[617]). Auch ihm selber war einen
Augenblick so zu Mute gewesen. „Aber ich habe das Unglück," fährt
er fort, „Frankreich durch langjährigen Aufenthalt nur zu genau zu
kennen, und ich bin über das, was wir zu erwarten haben, gar
nicht im unklaren." Heine entwickelt hierauf die schon ein Menschen-

alter vorher, bald nach dem Ausbruch der großen Revolution, von Wieland und anderen geäußerte Ansicht, daß von dem überreifen Kulturvolk der Franzosen, dem Gold und Ämter haschenden Galliertum der Neuzeit, eine republikanische Tugendära mit Brutusgesichtern und Cassiuscharakteren nicht erwartet werden dürfe: „Paris, glauben Sie mir, ist gut napoleonistisch — ich meine, hier herrscht der Napoleondor." Gewiß, das ist ein Scherz und noch dazu ein recht bitterer.

Auch die Worte über den durch die Wahl vom 10. Dezember zum Präsidenten der Republik beförderten Prinzen Ludwig Bonaparte klingen noch nicht allzu freundlich: „Der Präsident arbeitet nach der Schablone seines Onkels und geht auf den achtzehnten Brumaire los. Nur zu! nur zu!" Hier kündigt er also den kommenden Staatsstreich im voraus an und gleicht auch darin jenen zahlreichen deutschen Propheten der neunziger Jahre, die — berühmte Muster sind wieder Wieland und daneben Schiller — das Auslaufen des Freistaates von 1792 in einen Staat mit diktatorischer Spitze geweissagt hatten[618]).

Aber auch mit der Person des neuen Cäsar sollte sich der Bewunderer des Ahnen allgemach befreunden. Hier scheiden sich seine Wege von denen Victor Hugos, der bis an sein Ende ein Todfeind des dritten Napoleon geblieben ist. Schon am 21. April 1851 schreibt Heine an den alten Freund Kolb von der Allgemeinen Zeitung: „Für den Präsidenten bin ich mit Leib und Seele, aber nicht bloß, weil er der Neffe des Kaisers, sondern weil er auch ein wackerer Mensch ist und durch die Autorität seines Namens größerem Unheil entgegenwirkt; wie Ludwig Philipp es war, so ist auch Louis Bonaparte ein Mirakel zu gunsten der Franzosen". Da fallen ihm noch einmal die Genossen vergangener besserer Tage ein, Lebret und Lindner, die dem großen Kaiser in ihrem Gärtchen ein Denkmal und ein schöneres in der Literatur durch eine Ausgabe seiner Werke errichtet hatten: „Ich denke oft mit Kummer daran, daß Lindner und Lebret das Wiederaufstrahlen des Imperialismus durch Ludwig Napoleon nicht mehr erlebt haben. Welche Dithyramben hätten ihre alten Herzen gesungen!"[619])

Ohne inneren Kampf war Heines Bekehrung zu dem neuen Evangelium doch nicht vor sich gegangen. In einem kurz nach dem Staatsstreich an dieselbe Adresse gerichteten Briefe weist der Dichter unter Bezug auf eine mit Oskar Peschel gepflogene Unterhaltung triumphierend darauf hin, daß er mit seinen — Kolb bekannten — Ansichten über den Präsidenten recht behalten habe. „Jetzt sieht jeder, daß ich ihn richtig beurteilt und daß auch er sich verstellt hat, nur in ganz umgekehrter Weise wie wir. Er war wirklich der Löwe in der Eselshaut, die er eines frühen Morgens von sich abstreifte, zum Entsetzen der ganzen Kammermenagerie" [620]). Diese Stelle gewinnt eine höhere literarische Bedeutung, wenn man sie mit dem ergötzlichen Gedichte „König Langohr I." [621]) zusammenhält, das nach Elsters Vermutung auf Napoleon III. gemünzt sein soll [622]). Wenn auch gewiß kein Kompliment für den neuen Herrscher, so ist dieses scherzhafte Poem freilich zweifellos in erster Linie auf die Dummheit des „Eselvolkes" geschrieben, das den König Langohr zu seinem Regenten gewählt hat, dann rebellisch zu werden beginnt, aber vor der nachdrücklichen Rede des Despoten untertänigst zu Kreuze kriecht. In ganz ähnlichem Tone charakterisiert Heine in jenem Briefe an Kolb den Widerstand der Mitglieder der Nationalversammlung gegen den „Helden, der das blanke Schwert der exekutiven Gewalt in Händen hatte, während sie nur die legale Scheide besaßen". So erscheint ihm das zweite Kaiserreich zwar nicht gerade als die beste der Welten schlechthin, wohl aber als die beste der damals möglichen Welten, und aus einzelnen Gegenäußerungen des subjektivsten der Impressionsmenschen sollte nicht, wie es Rudolf von Gottschall und Heines Neffe, Baron von Embden, getan haben, die etwas vorschnelle Schlußfolgerung gezogen werden, daß unser Dichter „ein eifriger Gegner" des damaligen Präsidenten der Republik war [623]). Ich sagte oben, ohne Kampf ist diese letzte Bekehrung Heines nicht zu stande gekommen. Er selbst gesteht, daß bei dem Wechsel ein Rest von alten Träumen und Wünschen in die Brüche gegangen sei: „Mein Herz blutete dennoch, und mein alter Bonapartismus hält nicht Stich gegen den Kummer, der mich überwältigte, als ich die Folgen jenes Ereignisses (des Staatsstreichs) übersah" [624]). Auch klingt der Verdruß über autokratische Maßregeln der neuen Regierung in späteren Briefen an Kolb und Meißner gelegentlich durch [625]), und eine Bemerkung, die Heine 1855 Adolf Stahr gegenüber fallen ließ: „Es hilft alles nichts, die Zukunft gehört unseren Feinden, den Kommunisten, und Louis Napoleon ist nur ihr Johannes", zeigt wenigstens, daß er nach wie vor dem zweiten Kaiserreich keine Ewigkeit zumaß [626]). Das war wieder die alte Negation, das „Mißvergnügen mit dem Status quo", wie es Meißner in seinen Erinnerungen genannt hat [627]), das in Heine jene Unzufriedenheit mit den bestehenden Verhältnissen erzeugte, die

er mit den Franzosen, mit denen er nun schon so lange hauste, den
größten Teil seines Lebens hindurch geteilt hat.

Trotz alledem war er im ganzen recht froh, daß es so gekommen, und er erkennt den dritten Napoleon nicht allein gern als
Kaiser an; in den 1854 veröffentlichten „Geständnissen", diesem merkwürdigen Dokumente zur Geschichte seines inneren Lebens, sucht er
scherzhaft zu beweisen, daß er als Düsseldorfer schon von altersher
verpflichtet sei, ihn als seinen rechtmäßigen Landesherrn zu betrachten[628]). Als Murat König von Neapel geworden, habe Napoleon I.
das Großherzogtum Berg dem (vierjährigen) Sohn seines Bruders Ludwig,
dem damaligen Kronprinzen von Holland, übertragen. Da nun dieser
„nie abdiziert" habe und sein Fürstentum, das von den Preußen
besetzt ward, nach seinem Ableben dem jüngeren Sohne des Königs
von Holland, dem Prinzen Louis Napoleon, de iure zugefallen sei,
so wäre dieser sein legitimer Souverän. Es ist dies gleichsam die
Ergänzung oder humoristische Berichtigung einer erst später in den
„Letzten Gedichten und Gedanken" mitgeteilten, aber schon nach dem
ersten Besuche in Hamburg 1843 niedergeschriebenen Äußerung, wo-
nach Heine sich als einen Preußen „durch das Recht der Eroberung"
bezeichnet[629]).

Aber noch weit höher wurde das Ereignis der Thronbesteigung
eines neuen Napoleon von dem Dichter bewertet, als die bisherigen
Äußerungen erraten lassen. In dem erst nach seinem Tode erschienenen „Waterloofragment" knüpft er unbedenklich an die Zeit von
1815 und den so oft von uns vernommenen alten Wunsch an, der einst
Bérangers, Hugos und Barthélemys Verse durchklungen, die „Rache
für Waterloo". Schon 1830 hörten wir ihn wieder laut werden, auch bei
der Einholung der kaiserlichen Leiche hatte er sich aufs neue hervorgewagt. Jene Ereignisse waren nur Abschlagszahlungen, meint Heine;
selbst die „große Satisfaktion" der Juliwoche sei nicht „komplett"
gewesen. Erst am 2. Dezember 1852, dem Tage, wo der neue Kaiser
in die Tuilerien seinen Einzug gehalten, habe das französische Volk
die „vollständige Genugtuung" empfangen, und die alte Wunde seines
gekränkten Nationalgefühls könne nun endlich vernarben. „Es ist
nicht ein neuer Mann, der jetzt auf dem französischen Thron sitzt,
sondern derselbe Napoleon Bonaparte ist es, den die heilige Allianz
in die Acht erklärt hat, gegen den sie den Krieg geführt und den
sie entsetzt und getötet zu haben behauptete: er lebt noch immer,
regiert noch immer — denn wie einst der König im alten Frankreich
nie starb, so stirbt im neuen Frankreich auch der Kaiser nicht — und

eben indem er sich jetzt Napoleon III. nennen läßt, protestiert er gegen den Anschein, als habe er je aufgehört zu regieren" [680]).

So stabiliert Heine in schrillem Gegensatz zu seiner früheren Haltung einen Rechtsanspruch des „Narren" von Boulogne auf den französischen Kaiserthron! Und dieser Thron selbst hatte sich in seinen Augen noch einmal mit all dem Glanze umwoben, all dem Schimmer und Flimmer der Romantik, mit dem er einst für den Knaben Harry umgoldet war. Wie der Greis sich zurückträumt in die Tage der Jugend, wie die alten Invaliden noch am Ende des Jahrhunderts mit Begeisterung von den großen Tagen des Empire erzählten, so auch er, der kranke Mann, der den „Jubel armer Stelzfüße" begriff, als statt des gallischen Hahnes die Adler wieder erschienen.

Aber man wird sich doch hüten müssen, eine eigentlich senile Erscheinung in dieser Rückkehr zum „göttlichen" Napoleon zu sehen, die mit wunderbarem Parallelismus neben der „Bekehrung" des Kranken zum Glauben an einen außerweltlichen persönlichen Gott einherläuft, nur mit dem Unterschiede, daß auch der äußere Kultus, den Heine nach wie vor dem Herrn der Welten versagte, von ihm dem „Kollegen" der Götter, wie früher, reichlich gespendet wird.

In gewissem Sinne war ja eine Änderung in seiner Stellung zu Napoleon schon durch den literarischen Charakter der „Geständnisse" bedingt, die der Dichter als eine wichtige Urkunde betrachtete, durch welche die Einheit seines Lebens und seiner Werke besser werde begriffen werden. Da versteht man nun auch, daß die Begeisterung für Napoleon, die ihn in seinen besten Jahren beseelt hatte, in dem Buche stehen mußte! Denn der Heine der „Lutetia" war doch nicht der eigentliche, nicht der typische Heine! Damit soll nun aber anderseits gewiß nicht gesagt sein, daß der Dichter in den Jahren 1853—54, wo er die „Geständnisse" schrieb, nicht wirklich wieder der alte Enthusiast gewesen wäre. Neben den bisher erwähnten Gründen für seine Sinnesänderung seit 1840 erscheint mir auch der Ton bezeichnend, in dem Heine wieder von den Mächten der heiligen Allianz und speziell von Preußen redet.

Nur mit dem Unterschiede, daß, was oft schon früher ein recht bitterer Humor gewesen, nunmehr, wie in manchen seiner letzten Gedichte, vollends in Sarkasmus, in grellen und schneidenden Hohn sich verwandelt hat.

Napoleon, „jener schreckliche korsikanische Taugenichts, der in allen Hauptstädten der Welt die Wache prügelte, überall die Fenster einwarf, die Laternen zerschlug und unsre ehrwürdigen Monarchen

wie alte Portiers behandelte, indem er fie des Nachts aus dem Schlafe
klingelte und ihr Silberhaar verlangte", — er hat sich augenscheinlich
nicht zum geringsten durch eben diese horrenden korsikanischen Nichts-
nußigkeiten den Platz im Herzen des Dichters zurückerobert. Unverkennbar ist das am meisten durch die Schlacht bei Jena geschehen,
die zu gewinnen er nach Heines sarkastischem Ausdruck „die Imperti-
nenz gehabt hatte" [681]).   Der Haß gegen Preußen, den wir fast
jedesmal mit der Begeisterung für den Helden des Franzosenlandes
Hand in Hand hatten gehen sehen, war wieder zu furchtbarer Höhe
emporgewachsen und fand in den „Geständnissen" und im „Waterloofragment" eine durch keine Rücksicht mehr gehemmte Entladung.

Die Bundestagsbeschlüsse von 1835 gegen das „Junge Deutschland", in das die Weisheit des grünen Tisches hineinrechnete, was
ihr paßte, diese kindesmörderischen Bundestagsbeschlüsse, die noch
ungeborene Bücher auf die Proskriptionslisten setzten, sie und die
schmählichen Zensurplackereien — 1841 hatte man den ganzen Campe-
schen Verlag in Preußen verboten — das alles war ja nur der Anfang des erbitterten Kampfes zwischen den deutschen, besonders den
preußischen Behörden und dem Dichter gewesen, in dem jede der krieg-
führenden Parteien von den ihr zu Gebote stehenden Waffen schonungs-
losen Gebrauch machte.   So hatte sich Heine 1844 in dem „Wintermärchen" wieder die schärfsten Angriffe gegen Preußen erlaubt;
dieses antwortete mit dem strengen Verbote des witzigen Gedichtes
und dem gemessenen Befehl an die Polizei sämtlicher Grenzorte, un-
verzüglich den Dichter zu verhaften, wenn er sich einfallen ließe,
den preußischen Boden zu betreten. Heine rächte sich durch neuen
Spott, die preußische Regierung, indem sie dem gelähmten Manne
das Gesuch abschlug, auf nur wenige Stunden nach Berlin kommen
zu dürfen, wo er seinen Jugendfreund, den Professor Dieffenbach,
wegen seines Gesundheitszustandes zu konsultieren wünschte [682]). Diese
Grausamkeit brachte den Dichter außer sich; der Krieg zwischen der
Literatur- und der Militärmacht war ein lebenslänglicher geworden.

So richten sich die Pointen in den „Geständnissen" mit unverkenn-
barer Vorliebe gegen die „preußische Kokarde" und den „häßlichen
schwarzen Geier," wie er den preußischen Adler zu nennen beliebt.
Von Napoleons Besiegern war in Heines Spöttereien bisher Wellington der Bevorzugte gewesen. Jetzt ist dieser „Fahnenjunker der
Aristokratie" gegen Blücher etwas zurückgetreten. Wir wissen, in der
kurzen Zeit, als der Jüngling Harry teutonisch mit- oder anempfand,
war der alte Haudegen der „homerisch göttliche" gewesen. Schon 1827

hatte Heine an Varnhagens panegyrischer Darstellung des tapfern Generals (in den „Biographischen Denkmalen") Anstoß genommen und von einem „pharaospielenden Husaren" gesprochen [633]. Jetzt ist Blücher nichts mehr als eine „alte Spielratte", ein „ordinärer Knaster", und Heine weiß nichts anders von ihm zu erzählen als einen Tagesbefehl, worin jener sich vermaß, Napoleon, wenn er ihn finge, aushauen, d. h. durchprügeln zu lassen. Seinen Gott — aushauen! [634]) Heine war empört über die soldatisch rohen Worte, ein Gefühl, das sein Freund Laube mit ihm geteilt zu haben scheint.

Die hochgradige nervöse Gereiztheit, die ihn, noch mehr als sonst, in den „Geständnissen" dazu führte, die Größe seines Helden ganz besonders wieder a contrario, durch spöttische Behandlung der Gegner, zu beleuchten, hat gewiß auch dazu beigetragen, seinen dortigen Angriffen gegen Frau von Staël ihre eigentümliche Schärfe zu geben. Trotz der Anerkennung ihres Genius, der „begeisterten Corinnaaugen", des „strahlenden Herzens" und „des Feuerwerks ihrer Geistesraketen", war Heine ja niemals ein Freund dieser Dame gewesen, und wir wissen, daß er schon in der „Romantischen Schule" sich und seine Leser auf Kosten der schönen Genferin und ihres Werkes De l'Allemagne belustigt hatte, dessen Seele — hier kommen wir wieder auf den springenden Punkt — der Haß gegen den Kaiser wäre. Diese Seite der Frau von Staël hat Heine in den „Geständnissen" zur Zielscheibe rücksichtslosester Spöttereien gemacht [635]). Ihr Verhältnis zu Napoleon erklärt er auch in den erst aus seinem Nachlaß herausgegebenen „Gedanken und Einfällen", sei gewesen, daß sie „dem Cäsar habe geben wollen, was des Cäsars war; als dieser aber dessen nicht wollte, habe sie ihn frondiert und Gott das Doppelte gegeben" [636]). Wer noch daran zweifeln sollte, ob diese Notiz auf die Beschuldigung einer sinnlichen Neigung des Weibes für den bewunderten Helden der italischen und ägyptischen Feldzüge abgezielt habe, wird in den „Geständnissen" die Bestätigung dafür finden: „Sie hatte sich einmal in den Kopf gesetzt", heißt es da, „daß der größte Mann des Jahrhunderts auch mit der größten Zeitgenossin mehr oder minder idealisch gepaart werden müsse".

Auch andere pikante Anekdoten weiß der Dichter von der Staël zu berichten. So das bekannte Histörchen, daß sie einst in bescheidener Erwartung eines Kompliments an den Kaiser (vielmehr den ersten Konsul) die Frage gerichtet, welche Frau er für die größte seiner Zeit halte, worauf dieser entgegnet haben soll: „Die Frau, welche die meisten Kinder zur Welt gebracht". Dann die köstliche Geschichte

von dem Besuche der Tochter Neckers bei dem Konsul, der bei der
Toilette war oder sich, wie Heine berichtet, gerade im Bade befand.
Auf die Antwort des Dieners, daß sein Herr aus dem genannten
Grunde nicht zu sprechen wäre, sollte sie geantwortet haben, „daß
solches kein Hindernis wäre, denn das Genie habe kein Geschlecht".
Es versteht sich, daß dieses Wort eine unerschöpfliche Quelle für
Heines Anzüglichkeiten werden mußte, der, soweit mir gegenwärtig,
nicht weniger als viermal auf das delikate Thema zurückgekommen
ist. Endlich hat der Dichter auch die schon in der „Lutetia" verwendete Anekdote wieder angebracht, daß die Staël Napoleon nach
seiner Rückkehr von Elba die Hand zur Versöhnung geboten, unter
der Bedingung, daß er zwei Millionen, die Frankreich ihrem Vater
schuldig geblieben, an sie auszahle. Dem Kaiser sei der von seiner
schönen Feindin geforderte Preis aber zu hoch gewesen.

Die Echtheit oder Unechtheit dieser Historien ist hier völlig gleichgültig. Sie stammen samt und sonders aus dem Las Cases und
O'Meara [637]), die der Dichter auch für das IX. Kapitel des „Le
Grand" so eifrig benutzte. Das Zurückgreifen auf die „Evangelisten"
von St. Helena erscheint mir ebenso charakteristisch wie der Mangel
an Galanterie, den der im Umgang mit Damen sonst bis ans Ende
seines Lebens so liebenswürdige Poet der schöngeistigen Frau gegenüber bewies, die den „Unsinn beging" — darin hatte Heine ganz
recht — seinen Kaiser einen „Robespierre zu Pferde" zu titulieren [638]).
Die Frau von Staël, über deren Kritiklosigkeit, wie wir wissen, die
urteilsfähige Mitwelt bei dem Erscheinen ihrer Considérations und
der Dix années d'exil schon einig war [639]), hat neuerdings wieder
viele Verehrer und Freunde, und es ist ja auch nicht zu verwundern,
daß in einer Zeit, wo das Taceat mulier in ecclesia seine Geltung
längst verloren hat, aristokratische Damen sich der politisierenden
Standes- und Geschlechtsgenossin mit besonderer Wärme annehmen [640]).

Da mag es denn verzeihlich sein, wenn auch einmal einer den
ungalanten Dichter in Schutz nimmt, der die schöne Frau, freilich
mit starker Übertreibung der Wirkungen ihrer Tätigkeit, aber in
richtiger Erkenntnis ihrer Absichten, als den bösen Genius schildert,
der alle Pläne des Gewaltigen durchkreuzt, als die „Seele aller jener
aristokratischen und jesuitischen Intriguen, die der Koalition gegen
Napoleon vorangingen", als die „Hexe, die an dem brodelnden Topfe
kauerte, worin alle diplomatischen Giftmischer, ihre Freunde Talleyrand,
Metternich, Pozzo di Borgo, Castlereagh u. s. w., dem großen Kaiser

sein Verderben eingebrockt hatten." Dem Topfe, in dem nach Heines Ansicht „das Unglück der ganzen Welt gekocht wurde!"

Der „große Kaiser" und sein Sturz — „das Unglück der ganzen Welt!" Die Beiwörter genügen, um zu wissen, wie sehr Heine auf den Standpunkt der früheren Jahre zurückgekehrt ist!

Aber wann hat diese Umkehr stattgefunden? Das ist wieder schwer zu sagen und noch schwerer, wie weit man von einer wirklichen „Umkehr" wird reden dürfen. In der „Lutetia" glaubten wir hin und wieder ein leises Kichern des politisierenden Humoristen oder humoristischen Politikers zu hören. Es wird vernehmlicher, wenn man die auf ihre Entstehungszeit nicht genau kontrollierbaren Aphorismen des Dichters in den Kreis der Betrachtung zieht. Sie werden zwar wohl vorwiegend dem letzten Jahrzehnt seines Lebens angehören[641]), doch mögen einzelne bis in den Anfang der vierziger Jahre zurückgehen. Durch sie wird in der Tat eine Art von Verbindung zwischen den Berichten für die „Allgemeine Zeitung" und den „Geständnissen" hergestellt, und ich müßte meine frühere Behauptung von der zwischen den beiden Zeugnissen fehlenden Brücke zurücknehmen, wenn nicht das Material, das diese zeitlich unbestimmbaren Äußerungen bilden, denn doch ein zu luftiges und unzuverlässiges wäre. Auch so mag das oben Gesagte einer gewissen Einschränkung bedürfen.

Soviel ist sicher, daß auch hier schon Napoleon den Strahlenmantel seiner Heldenglorie wieder umgeworfen hat. Dabei sind die gebrauchten Bilder vielfach ganz neu und von überraschender Originalität. „Der Kaiser war keusch wie Eisen", lautet einer dieser Aussprüche. Es ist das Eisen, das der Arzt, der Chirurg gebraucht, um den Kranken — hier die französische Nation — zu heilen[642]).

„Seine Regierung war eine Kurzeit", heißt es an einer andern Stelle[643]). Freilich läßt schon Quinet den Kaiser sagen:

> Des siècles en un jour j'ai corrigé l'injure,
> Et ma lance partout a guéri sa blessure[644]),

und Grillparzer redet diesen an:

> Das Fieber warst du einer bösen Zeit,
> Vielleicht bestimmt, des Übels Grund zu heben[645]).

Ein in seiner Sinnverwandtschaft doch wieder charakteristisch abweichendes Wort. Ganz apart ist nun aber die Wendung Heines, wo er, unter Festhaltung obiger Vorstellungen den kühnen Heer-

führer, der die Franzosen durch Europa getrieben, mit Moses ver=
gleicht, welcher die Israeliten durch die Wüste geführt habe — beide,
um ihre Völker zu heilen.

Ein anderer dieser Gedankensplitter führt den Leser in den Vor=
stellungskreis der Leute von 1813 zurück, hinter deren Schmähreden
ein schärferes Auge leicht die Achtung auswittert, welche die Gegner
dem Gehaßten gegenüber doch beseelte: „Sie schimpfen auf ihn," sagt
Heine, „aber doch immer mit einem gewissen Respekt — während sie
mit der rechten Hand Kot auf ihn werfen, halten sie in der linken
den Hut"⁶⁴⁶). Hierzu paßt auch das boshafte Epigramm gegen die
Fürsten: „Man weiß nicht, warum unsere Fürsten so alt werden —
sie fürchten sich zu sterben, sie fürchten, in der anderen Welt den
Napoleon wiederzufinden." Beiläufig bemerkt, ein Wort, das zu
den ältesten dieser Einfälle gehören dürfte. Wenigstens liegt die
Versuchung nahe, es mit dem 1840 erfolgten Tode des siebzigjährigen
Königs Friedrich Wilhelms III. in zeitliche und ursächliche Verbindung
zu bringen.

Endlich findet sich unter den Aphorismen noch ein altes Gleich=
nis, aber in neuer Einkleidung: „Napoleon war nicht von dem Holz,
woraus man die Könige macht — er war von jenem Marmor, woraus
man Götter macht"⁶⁴⁷).

Das klingt fast wie das „Buch Le Grand", und die Intimität
dieser mindestens nicht unmittelbar zu dem Zweck einer Veröffent=
lichung niedergeschriebenen Einfälle dürfte die wohl hier und da auf=
getauchte Ansicht widerlegen, als habe der Verfasser des „Waterloo=
fragments" der wieder zu Glanz und Ehren gekommenen napoleonischen
Dynastie schmeicheln wollen. Gewiß hatte der alte Campe recht, als
er seinen Autor vor dem ungünstigen Eindruck vieler scharfen Stellen
in den „Geständnissen" und in diesem Fragmente warnte, dessen
Drucklegung daher auch vor der Hand unterblieb, um erst dreizehn
Jahre nach dem Tode des Verfassers zu erfolgen⁶⁴⁸). Aber wenn
er schreibt: „‚Waterloo' schmeichelt den Franzosen und besonders
Napoleon III.", so ist damit wohl nicht gesagt und noch weniger be=
wiesen, daß die unzweifelhaft wahre Tatsache aus einer niedrigen
Absicht des Dichters hervorgegangen sei.

Wenn man den Zustand Heines im Jahre 1854 bedenkt, welches
Interesse konnte der arme, fast völlig gelähmte Mann, von dem
buchstäblich nur noch der Kopf lebte, daran haben, dem neuen Cäsar,
der jüngst auf dem Marsfelde zum ersten Mal seine Legionen ge=

mustert, zu schmeicheln? Daß der hülflose Kranke, der von Wohnung zu Wohnung flüchten mußte, um ein ruhiges Plätzchen für seinen Morphiumschlaf zu finden, den neuen Machthaber nicht reizen durfte und daher die verfänglichen Stellen der Augsburger Zeitungsberichte in der „Lutetia" unterdrückte, ist doch etwas anderes. Aber ihm in niedriger Weise schmeicheln? Es war Heines Art nicht; auch dem Könige von Frankreich hatte der „Staatspensionär" oftmals die Wahrheit gesagt, mit einer Ungeschminktheit, wie sie heutzutage unter gleichen Verhältnissen kaum denkbar wäre.

Warum nicht lieber annehmen — was sich ungezwungen annehmen läßt — daß der „alte Mann mit dem Gesichtsschmerz" zu den Göttern seiner Jugend zurückgekehrt war?

Und er war zu ihnen zurückgekehrt. Das zeigt der Tonfall in jeder einzelnen Zeile des berühmten Fragments. Trotz des sichtlichen Vergnügens, das der korsikanische Taugenichts als europäischer Laternenzertrümmerer dem kranken Poeten in seinem grimmigen Humor bereitet, hat dieser ihm doch einen edleren Triumph zugedacht, indem er ihn wieder die Fahne der Revolution und des Fortschritts vorantragen läßt. Ja, er hat ihn geradezu zum Repräsentanten der nach Erlösung vom alten Joche ringenden Menschheit gemacht, und mit einer Energie des Ausdrucks, die alles bisher Gehörte hinter sich läßt, hat er es klar gesagt, daß „man in jenem einzigen Mann auch uns schlug, auch uns verhöhnte, uns kreuzigte, daß der „Bellerophon" auch uns transportierte, daß Hudson Lowe auch uns quälte, daß der Marterfelsen von St. Helena unser eigenes Golgatha war und unsre erste Leidensstation Waterloo hieß"!

So sind die Zweifel der Zwischenzeit geschwunden, und der Glaube der Liberalen aus den zwanziger Jahren, daß der Kaiser Napoleon trotz allem ein Paladin der Freiheit gewesen, beherrscht das merkwürdige Dokument der Gesinnung des sterbenden Dichters, das dieser an der Schwelle der Neuzeit niederlegte. Und so mag es denn nicht unpassend sein, mit dem Satze zu schließen, der für die Anschauung jener alten Liberalen von Anno 1825 ebenso bezeichnend ist, wie ihm wenigstens eine subjektive Wahrheit nicht abgesprochen werden kann: „Es waren die Interessen der Freiheit, der Gleichheit, der Brüderschaft, der Wahrheit und der Vernunft, es war die Menschheit, welche zu Waterloo die Schlacht verloren."

6. Kapitel.

Anklänge und Ausklang.

Mit dem Jubelgruß der Legionäre an den Imperator war Heine von dem Schauplatz abgetreten, auf dem er seine tapferen Federschlachten geschlagen. Halten wir noch einmal eine summarische Musterung über die verschiedenen Wandlungen in seiner Auffassung des Kaisers und des Kaiserreichs, so werden aus der uferlosen Flut hin- und herwogender Meinungsäußerungen und Urteilsabgaben sich mehrere feststehende Punkte erheben, die der Leser als Merkstellen aus diesem Buche mit nach Hause nehmen mag. Nach dem glänzenden Vorspiel der Grenadierromanze ersteigt der Kaiserkultus des Dichters in der „Nordsee" und im „Le Grand" seinen Kulminationspunkt. Held Napoleon wird von Heine zu der höchsten Stellung erhoben, die ein Federheld ihm geben kann, er wird zum Träger der eigenen Ideen des Schriftstellers gemacht. Dieser unbedingte Glaube gerät in den späteren „Reisebildern" in leises Schwanken; nach der Julirevolution werden diese Schwankungen heftiger, und unvermittelt steht in den „Französischen Zuständen" und den ihnen gleichzeitigen Schriften politische Abneigung der persönlichen Verehrung gegenüber. Die erstere scheint den Sieg davonzutragen: in der „Lutetia" ist Napoleon aus dem Träger der stolzen Ideen der „Freiheit" und „Gleichheit" zu einem Opportunisten und das Kaiserreich eine gedankenarme Zeit des Übergangs geworden — wenn auch, um es noch einmal zu sagen, der Zweifel bestehen bleibt, inwieweit uns im farblosen Grau dieser nüchternen Alltäglichkeitsprosa der wahre Heine entgegentritt und ob nicht mit Rüksicht hierauf hinter mancher seiner Äußerungen ein Fragezeichen am Platze wäre. Auch der militärische Glanz der imperialen Zeit, dessen strahlende Glorie

auf der Stimmungshöhe des „Le Grand" den jungen Dichter derart
blendete, daß er die Schatten nicht mehr fah, ist in den Briefen
„Über die französische Bühne" und den „Florentinischen Nächten"
merklich verblaßt, bis der Umschwung im letzten Stadium der Künstler-
laufbahn Heines ihn wie einen Phönix aus der Asche emporsteigen
läßt, während gleichzeitig der also rehabilitierte Kaiser wieder als
Vorkämpfer der Ideen des „Buches Le Grand" auftritt, als Vertreter
der Menschheit, als der Ecce homo des neunzehnten Jahrhunderts.

Nun ist allbekannt, daß das lyrische Genie des Poeten, der
„weltberühmt wie kein deutscher Dichter seit Goethe gestorben ist",
gleich dem Rattenfänger von Hameln die große Schar der kleinen
Leute hinter sich herzog. Auch die glänzende Gabe des Schriftstellers,
im Feuilleton, im Essay, im prosaischen Capriccio seine geistfunkeln-
den Gedanken wie einen Sprühregen im Sonnenschein zerstieben zu
lassen, hat die zum Antritt dieser Erbschaft mehr oder minder gut
legitimierte Nachahmung gereizt.

Da erhebt sich die fesselnde Frage, ob denn Heine auch in seiner
künstlerischen Darstellung Napoleons Nachfolger gefunden habe. Es
bot sich schon Gelegenheit, hin und wieder diese Frage zu streifen.
Sie ganz zu lösen, ist auch hier nicht meine Absicht. Dann müßte
„das Buch noch ein Buch gebären". Denn ich halte es für nicht
unwahrscheinlich, daß, wie Heine, der moderne Mensch par excellence,
ein rüstig arbeitender Pionier für das literarische Tagewerk unserer
neuesten Neuzeit gewesen ist, so auch Spuren seiner Einwirkung auf
den Napoleonkultus unserer Gegenwart sich werden nachweisen lassen.
Doch bedürfte dies sehr umfangreicher und eingehender Untersuchungen, und ihre Resultate am Schluß einer Studie zusammenzustellen, die ohnehin genug Detail geboten haben wird, möchte schon
aus Gründen der Ökonomie dieses Buches wenig empfehlenswert sein.

So habe ich mich denn im wesentlichen auf ein Gebiet beschränkt, das der Lebenszeit und dem Milieu des Dichters näher
liegt. Aus begreiflichen Gründen spielen die „Grenadiere" und die
„Reisebilder", unter diesen vorzugsweise wieder das „Buch Le Grand",
darin die Hauptrolle. Von der Wirkung beider Dichtungen war oben
die Rede und auch davon, daß der durchschlagende Erfolg der
„Reisebilder" geradezu als Eis- und Wogenbrecher für eine fortschritt-
liche Napoleon-Auffassung in Norddeutschland gewirkt habe. Daher
ist es kein Wunder, daß dem nach Kopieen Heinescher Bonaparte-
dichtung Suchenden gerade der Einfluß dieser Werke in der um-
schwebenden Literatur am bemerklichsten entgegentritt. Ist er doch

auch durch die panegyrische Tonfarbe am erſten erkennbar. Ur
doch auch nicht immer ſo ganz leicht erkennbar. Zahlreiche Ir
lichter — wie Heineſche Gedanken ſo neckiſch — umflimmern m
täuſchendem Schimmer das Auge des Forſchers. Die Ähnlichkeit d
Stoffes, und nicht nur des Stoffes, ſondern auch der, wie wir c
zahlreichen Stellen beobachten konnten, eigentümlichen Geſtalt, d
er im Munde der Legende, der Tradition, der dichteriſchen Do
ſtellung angenommen hatte, führt den oft irre, der an dieſer od
jener Stelle ſagen möchte: „Das iſt Heine" und häufig genug dab
nur auf jene ſattſam bekannten Gemeinvorſtellungen ſtößt, die ſi
im Laufe der Jahrzehnte gebildet hatten.

Auch andere haben das ſchon erfahren. So hat man aus Bérange
ſpäteren Gedichten den ſpezifiſchen Ton des „Le Grand" heraushör
wollen. Ich für meine Perſon vermag dieſer Botſchaft keinen rechte
Glauben entgegenzubringen, bin vielmehr der Anſicht, daß eine g
wiſſe ſchon früher hervorgehobene Ähnlichkeit der Männer zwar vo
handen, aber bei beiden Dichtern vollſtändig original iſt.

Auch bei Edgar Quinet kommt man doch über Vermutungen kau
hinaus. Zwar machte Doretzſch in der mehrfach erwähnten hübſche
Studie über Gaudys „Kaiſerlieder" [649]) auf einige Verſe in deſſe
„Napoleon" aufmerkſam, die auf den erſten Blick eine verdächtig
Verwandtſchaft mit Heineſcher Auffaſſung zu haben ſcheinen. De
Dergleich des Gefangenen von St. Helena mit dem gefeſſelten Prom
theus möchte ich freilich von vornherein ausſcheiden, da dieſer au
allzu großer Nähe lockende Gedanke längſt unter das Allgemeing
geraten war. Auch das treuloſe, perfide u. ſ. w. Albion (la vi
Angleterre nennt es Quinet) gehört zu demſelben Dorrat poetiſch
Gemeinvorſtellungen. Schon auffallender iſt die Übereinſtimmung a
Stellen, die einen individuelleren Charakter tragen. Beide Dicht
prophezeien, gleichſam als Strafe für die Mißhandlung des große
Gefangenen, dem mächtigen Britenreich ſeinen Untergang. So ſin
Quinet:

> Der Tag wird kommen, wo dein Herz verdorret,
> Wo Geiern gleich, die jagt der Vogelfänger,
> Zerſtreut, mit lahmem Flügel, deine Schiffe
> Die ungetreue Küſte Albions ſuchen,
> Da ſie dich tot, erfüllt dein Schickſal finden,
> So denken ans zerſtörte Neſt ſie trauernd . . . . . [650]).

Das erinnert nicht den Worten, aber dem Sinne nach an d
Stelle des „Buches Le Grand": „Einſt aber wird dieſes Lied hinübe

klingen, und es gibt kein Britannien mehr, zu Boden geworfen ist
das Volk des Stolzes, Westminsters Grabmäler liegen zertrümmert,
vergessen ist der königliche Staub, den sie verschlossen" [651]). Und
doch ist eine Einwirkung des deutschen Dichters auf Quinet auch hier
wieder sehr zweifelhaft; denn in anderer Wendung findet sich der
Gedanke schon in der Napoleon-Begräbnis-Poesie von 1821, wo sogar
der Stern des toten Korsen geradezu der französischen Flotte beim
vernichtenden Angriff auf Englands Küsten voranleuchtet [652]).

Wie dem auch sei, bestenfalls sind das nur belanglose Einzelheiten. Im übrigen waren die beiden Dichter grundverschieden, und
Quinet, der in Napoleon „den Typus des individuellen Menschen"(!)
behandeln wollte und seiner Dichtung eine sehr eigentümliche Theorie
der epischen Poesie vorausschickte, ist mit Heine so wenig verwandt,
wie es ein philosophisch angehauchter Geschichtsprofessor mit einem
Humoristen zu sein pflegt.

Noch weniger darf an Théophile Gautier gedacht werden, der
in der prächtigen Skizze „Die Alten von der alten Garde" nicht an
seinen Freund Heine, sondern an Zedlitz anknüpft, dessen Name
auch in dem Gedichte des französischen Romantikers ausdrücklich
erwähnt wird.

Ein Gleiches wird man unter den Deutschen von dem auch als
Polenliederdichter nicht unbekannten Lyriker Ernst Ortlepp sagen
dürfen, der im „Siebengestirn" [653]) und in den seiner 1843 erschienenen
Sammlung von „Napoleonliedern" beigegebenen eigenen Gedichten
den Mann der jüngsten Vergangenheit in jene uns bekannte ossianische
Nebelwelt versetzt, in der die eigentlich durch und durch plastische
Gestalt dieses Klassikers in unbestimmten und unbestimmbaren Umrissen zerfließt. Überhaupt hat, wie schon angedeutet wurde, die
„Nächtliche Heerschau", nach den „Grenadieren" das populärste Gedicht des Napoleoncyklus, weit hinaus gewirkt, daneben auch Zedlitz'
„Geisterschiff", ein Spukstück à la „Fliegender Holländer", dessen
literarische Eigenart ich in meiner Studie über Napoleons Tod gewürdigt zu haben glaube. Außer dem Dresdener Theodor Drobisch
und dem frühe verstorbenen Erfurter Ludwig Hilsenberg, welche die
Ausgrabung der Heldenleiche im Jahre 1840 in Zedlitzschem Kolorit
behandelt haben, hat das letztgenannte Gedicht einen gleichfalls
wenig bekannten Poeten, Eduard Finck, zu einer Ballade „Die mitter-
nächt'ge Meerfahrt", begeistert, die — seltsame Zusammenstellung! —
einen urgermanischen Nordlandsrecken Harald an das Grab des
lateinischen Cäsars auf der weltentlegenen Meeresinsel führt.

Das Vorhandensein Zedlitzscher Einflüsse ist in der Regel leicht zu erweisen. Neben der charakteristischen Behandlung von Luft und Licht — entweder neblige Nächte oder hinter dem Wolkensaum hervorbrechender Mondschein — tritt vielfach die Geistererweckung auf: tote Schwadronen werden wieder lebendig, Knochenarme halten die im falben Lichte blinkenden Säbel, oder der Kaiser selbst steht als Schatten am Bug eines leise die Wogen durchfurchenden Schiffes.

Schwieriger ist auf seinen Ursprung ein anderer Typus zurückzuführen, die als lebend eingeführten Soldaten, Reiter, Tambours, Grenadiere, die Napoleons Preis verkünden und in deren Taten sich der Ruhm des Feldherrn mannigfach spiegelt. Ist das Heine oder Béranger, oder findet auch bei den kleineren Poeten generatio spontanea statt? Da haben wir in den „Kaiserliedern" den tapfern Reitersmann, der im Paß von Somosierra, von den rachgierigen Spaniern ermordet, mit einem Vive l'Empereur! auf den Lippen stirbt, dann den Soldaten, welcher im Lenz von 1815 die Veilchenblüte auf dem Grabe seines bei der Verteidigung des Vaterlandes gefallenen Bruders sinnend betrachtet:

> Ihr dunkler Kelch, er mahnet mich an Treue,
> Ihr Blatt an Hoffnung auf Napoleon,

und den wahnsinnigen Grenadier der alten Garde, der, am Gitterfenster der Zelle von Bicêtre stehend, seinen wirren Träumen nachhängt:

> Verworr'ne Schatten treiben am Geist vorüber wild, —
> Klar aus des Irrsinns Wolken taucht nur des Kaisers Bild,

dann die Kohle ergreift und unter bitteren Tränen den Schattenriß des großen Feldherrn auf die Wand malt [654]).

Ähnliches findet sich auch bei anderen Dichtern. In Anastasius Grüns „Invaliden" [655]), in Drobisch' hübscher Erzählung „Die Dattel" [656]), in Otto Webers „Der sterbende Adlerträger" und „Der alte Reiter" [657]), kurz, auf vielen dieser zum Teil von wenig berühmten, oft nicht einmal dem Namen nach bekannten Künstlern entworfenen Bildern steht eine schlichte Kriegergestalt, die den Ruhm ihres Generals und Kaisers verkündet, ein volkstümlicher Typus, der die Empfindungen des kleinen Mannes in echter Treue widerspiegelt und selber verständlich zum Volke redet.

Daraus, daß Heine auch dieser Manier huldigte, folgt natürlich für eine Nachwirkung seiner Dichtungen oder gar eine Entlehnung

aus diesen immerhin noch nichts. Doch mag es dem, der die Sammlungen napoleonischer Gedichte durchblättert, auffallen, daß unter den
auftretenden Soldaten der Grenadier von den Poeten bevorzugt wird.
Auch das ist aber leicht zu erklären, da der historische Gardegrenadier
zu einer Elitetruppe gehörte und aus diesem Grunde von den Künstlern mit Vorliebe zum Herold des Kaiserruhmes erwählt worden sein
mag, ein Ehrenamt, das der tapfere Mann mit seinem Blute teuer
genug bezahlt hatte.

Freilich zeigen die meisten dieser Grenadiere mit den Heineschen
eine mehr oder minder nahe Verwandtschaft; manche sehen ihnen
sogar verzweifelt ähnlich. Sie kennen weder Vater noch Mutter,
weder Weib noch Kind, viele auch eigentlich kein Vaterland; das
alles ist ihnen der Kaiser.

So sagt der alte Reitersmann in den Gedichten eines der
glühendsten Napoleonenthusiasten der vierziger und fünfziger Jahre,
des Bautzener Rechtsanwalts Otto Weber:

> Zeitlebens will ich zu Rosse hängen,
> Mit meinem Kaiser die Welt durchsprengen.
> Ich habe nicht Heimat und habe nicht Herd;
> Mein Kind und mein Weib sind mein Roß und mein Schwert 658),

und ähnlich in Gaudys „Kaiserliedern", denen wir gleich noch eine
etwas genauere Betrachtung widmen werden:

> Nicht Weib, nicht Kinder weinen mir ihre Tränen nach;
> Wohl längst schon ist zerfallen der Väter Hüttendach.
> Ich kenne keine Heimat als einzig die Schwadron,
> Mein Kirchturm ist der Adler, mein Gott Napoleon 659).

Man ist hier leicht versucht, an Heines berühmte Romanze zu
denken, und doch war das Soldatenwort Le clocher de mon village,
c'est les aigles de l'Empereur ein allgemeiner Wahrspruch des
alten Troupiers, den die deutschen Dichter einfach zu übersetzen
brauchten.

Aber es finden sich Stellen, die noch intimere Beziehungen zu
der Heineschen Romanze zeigen. In der erwähnten Erzählung von
Drobisch hat ein Soldat — und wieder ist es ein Grenadier — auf
dem syrischen Feldzuge von dem kleinen Korporal eine Dattel geschenkt bekommen, die er von Stund an in seinem Tornister mit sich
herumgetragen und selbst über die Beresina gerettet hat. Dazu ist
später als zweite Auszeichnung das Kreuz der Ehrenlegion gekommen.
Vor seinem Tode nun bittet der Alte:

> So heftet mir den Orden,
> Den mir mein Kaiser gab,
> Aufs Herz und pflanzt die Dattel,
> Die Dattel mir aufs Grab.

Die Übereinstimmung mit Heine wird hier zu einer fast wörtlichen:

> Das Ehrenkreuz am roten Band
> Sollst du aufs Herz mir legen.

Ein anderes Gedicht unbekannter Herkunft, das sich in Brinckmeiers Napoleon-Album findet, heißt „Der Tambour" [660]):

> Auf Borodinos Feldern,
> Da steht der greise Tambour,
> Sein Auge schweift so düster
> Hin über die eisige Flur.

Die letzten Worte, das Beiwort „eisig", deuten vielleicht darauf hin, daß an den Rückzug zu denken ist, der die „große Armee" bekanntlich noch einmal an der grausigen Walstatt von der Moskwa vorüberführte.

> Es blitzet ein Gottgedanken
> Durch seine Todesnacht,
> Und er trommelt die alten Schlachten
> Und die Marengoschlacht.

Wieder fast wörtliche Übereinstimmung mit Heine, dessen Le Grand wie jener die „alten Schlachten" trommelt [661])! Dazu die gleiche Idee. Es ist des Tambours Schwanenlied, das er da auf seinem Kalbsfell ertönen läßt:

> Hin sank er unter die toten
> Kameraden sonder Zahl;
> Der Tambour hat getrommelt, —
> Es war das letzte Mal.

„Monsieur Le Grand hat in diesem Leben nie mehr getrommelt", sagt Heine. Jener alte Tambour auf Borodinos Feldern, was ist er anders als ein Le Grand, der, glücklicher als jener, das herzzerreißende Elend des Rückzugs nicht mehr gesehen hat?

Immerhin sind das wieder nur Einzelheiten von geringerer Bedeutung. Wir betreten ein breiteres Gebiet und zugleich festeren Boden, wenn wir uns an die bekannten „Kaiserlieder" des Freiherrn Franz von Gaudy wenden, die im Jahre 1835 erschienen sind. Gaudy zeigt auch sonst in seinem Dichten Heineschen Einfluß, von dem er sich erst in späteren Jahren nach und nach mehr losmachte.

Schon in der Grundanschauung steht der preußische Lyriker seinem rheinischen Kollegen, der kein Preuße sein wollte, vielfach nahe. Wenigstens dem Heine, der der Dichter der „Grenadiere" und des „Le Grand" war. Freilich erscheint sein Napoleonismus noch platonischer, wenn man bedenkt, daß sich der Sänger der „Kaiserlieder" mit dem Gedanken getragen hat, einen ähnlichen Cyklus dem Fürsten Blücher zu widmen [662]). Anderseits steht Gaudy in diesen Gedichten ganz auf dem Boden der Legende, mit einer (echten oder wenigstens poetisch angenommenen) Naivetät, wie sie Heine in gleichem Grade selbst in seiner Jugend kaum gekannt hat.

Wer sich von der Wahrheit des Laubeschen Wortes überzeugen will, daß Heine mit seinem Preise Napoleons in Preußen „das Eis des Hasses und des Widerwillens gegen Anerkennung" gebrochen habe, der braucht nur Gaudy zu lesen. Zugleich werden die starken Nachwirkungen der St. Helenaliteratur auch bei ihm sichtbar. Ganz durchdrungen ist dieser Märker von der Überzeugung, daß der große Mann bei seinen Kriegen nur an Friedensziele gedacht habe. An Frieden und Freiheit, beides besonders im Kampfe gegen die Barbarei Rußlands.

> Und die Freiheit des Jahrhunderts mordet dies Autodafe [663]),

läßt er seinen Napoleon im Anblick des Flammenmeers von Moskau sagen. Das ist Heine: „Und die Söhne des Feuers und der Freiheit gehen zu Grunde durch Kälte und Sklaven" [664]). Oder vielmehr beide sind hier Übersetzer der Gedanken von Ségur [665]).

Dabei sieht Gaudy, wieder in Übereinstimmung mit Heine, in Napoleon neben dem Exekutor zugleich den Bändiger der Revolution, deren Gedanken er ausführt, während er ihren Greueln Einhalt gebietet:

> Nicht, ein kühner Abenteurer, schwang ich siegberauscht das Schwert,
> Nicht des Welteroberers Krone war es, die mein Mut begehrt.
>
> * * *
>
> Blutigrot stieg das Jahrhundert aus der Zukunft Wolke auf,
> Und auf das verworr'ne Chaos präg' ich meines Schwertes Knauf.
> Kettend meinem Siegeswagen jene blut'gen Tiger an,
> So vollendete mein Degen, was des Henkers Beil begann [666]).

Aber auch das war, wie wir längst wissen, eine so weit verbreitete Auffassung, daß ihre Verwertung bei diesem und jenem Schriftsteller nichts Auffallendes hat.

Eine greifbare Gestalt gewinnen die Beziehungen zwischen beiden Dichtern eigentlich erst in den Darstellungen von Napoleons Sturze und seiner Gefangennahme durch die Engländer. Nehmen wir die schöne Strophe aus dem „Northumberland":

> Ziel, an dem die Dornenkrone
> Um des Siegers Stirn sich schlingt,
> Wo der Fürst vom Strahlenthrone
> In des Kerkers Nacht versinkt:
> Er, der Gastes Schutz begehrend
> An des Feindes Herde saß
> Und den Überwinder ehrend
> Nach der eignen Größe maß [667].

Hier wird der Einfluß Heines wohl zweifellos; allzu laut spricht die Übereinstimmung in Wort und Sinn. Nicht allein muß Gaudy die Schuld auf sich nehmen, an der „blasphemischen" Passionsgeschichte mitgeschrieben zu haben — die „Dornenkrone" ist ja hierfür ein klassisches Zeugnis — auch die Ansicht von der Gastfreundschaft, der „schrecklichen Gastfreundschaft des Bellerophon", hat er geteilt. Nun könnte er sich diese Ansicht vielleicht selbständig nach der Lektüre des Maitland, O'Meara, Las Cases und anderer Quellen gebildet haben. Aber fast Satz für Satz stimmt Gaudy mit Heine überein, wovon man sich leicht überzeugen wird, wenn man sich nur die Mühe nehmen will, aus der sentimentalen Sprache des Märkers in die humoristische des rheinischen Poeten zu übersetzen. Wir lesen bei diesem: „Die tragische Erhabenheit seines Unglücks habe ihn (Napoleon) selbst so gewaltig begeistert, daß er zivilisierte Engländer für persische Barbaren (gedacht ist natürlich an die Aufnahme des Themistokles durch den König Xerxes) und die Beefsteakküche von St. James für den Herd eines großen Königs ansah — und eine heroische Dummheit beging" [668]. Mit anderen Worten: Napoleon war zu groß, um bei seinen Feinden eine kleinliche Rachsucht vorauszusetzen. Das haben beide Dichter sagen wollen, und jeder hat es auf seine Weise ausgedrückt. Fast wörtlich aber hat Gaudy seinen rheinischen Kollegen in der fünften und sechsten Zeile kopiert, eigentlich nur dessen Prosa in Reime gebracht.

> Er, der Gastes Schutz begehrend
> An des Feindes Herde saß,

heißt es in den „Kaiserliedern". „Und er war dein Gast und hatte sich gesetzt an deinen Herd", sagt Heine.

Auch im weiteren Verlaufe des Gedichtes scheinen Heinesche Prosasätze von Gaudy zu Versen umgeschmolzen zu sein.

Erbin ist Britannias Krone
Von des Kaisertodes Schmach 669)!

singt der napoleonfreundliche Brandenburger; es ist wieder eine berühmte Stelle aus dem IX. Kapitel des „Le Grand" 670), die er versifiziert haben dürfte. Freilich ist auch hier nicht ausgeschlossen, daß der preußische Dichter das bekannte Wort Napoleons, der dem „regierenden Hause von England die Schmach seines Todes vermachte", aus den Schriften von St. Helena selbständig geschöpft haben könnte.

„Der Kaiser ist tot", klagt Heine in der Einleitung zu dem eben genannten Abschnitt seines Capriccios, „er, dem die Erde zu eng war, liegt ruhig unter dem kleinen Hügel, wo fünf Trauerweiden gramvoll ihre grünen Haare herabhängen lassen und ein Bächlein wehmütig klagend vorüberrieselt". Die Trauerweiden sind uns längst als eines der am häufigsten verwendeten Requisiten der St. Helenapoesie geläufig. Auch Gaudy hat sie sich natürlich nicht entgehen lassen:

Fünf gebeugte Trauerweiden senken ihre Zweige weich
Auf des Marmorsteines Decke, auf den Rasen schimmernd bleich,
Neigen ihre langhin weh'nden Ranken tränenschwer herab,
Jungfrau'n mit gelöstem Haare gleich, umsteh'nd das Kaisergrab.

Das würde also wieder weiter nichts beweisen, wenn nicht die nähere Ausführung abermals den Kopisten zeigte, der durch saubere und sorgfältige Bearbeitung des Details für den Mangel an Originalität entschädigen möchte. Bei Heine lassen die Weiden ihre grünen Haare auf das Grab herunterhängen, eine schöne Metapher, der Gaudy nur von ihrem poetischen Reize nimmt, wenn er den Vergleich weiter ausführt. Denn daß dabei an Jungfrauen mit gelöstem Haar gedacht werden muß, weiß jeder.

Und so geht das fort. Eine weitere Häufung der Beispiele dürfte ermüden. Nur noch einen Punkt möchte ich kurz berühren. Auf Napoleons Grabstein wurde bekanntlich keine Inschrift gesetzt. Auch darin blieben die Staatsmänner der heiligen Allianz ihrer Rolle getreu. Sie taten recht daran, wie ihre Nachfolger, die Männer von der heiligen Allianz der Philister, die im Hofgarten zu Düsseldorf für ihren berühmten Mitbürger keinen Platz haben. Brauchen die Napoleon, Byron und Heine von solchen Händen ein Denkmal? Unser Dichter hat das selbst in dem wunderschönen Satze gesagt: „Es

steht keine Inschrift auf seinem Leichensteine; aber Klio, mit dem
gerechten Griffel, schrieb unsichtbare Worte darauf, die wie Geistertöne durch die Jahrtausende klingen werden". Ein Bergwerk von
Gedanken war in den wenigen Worten enthalten. Es wurde von
kleinen Händen fleißig ausgebeutet, ein lehrreiches Beispiel nicht allein
für die fast fabrikmäßige Arbeit eines Teiles dieser Napoleonlyriker,
sondern auch für die Nachahmer Heines im allgemeinen, unter denen
übrigens Gaudy bei weitem keiner der schlechtesten war. Doch hat
er den von Heine à jour gefaßten Gedanken in eine Hülle von sechzehn Zeilen gekleidet, die den Diamanten weniger schmücken als
dessen Feuer verdunkeln. Nur die letzten und besten dieser Verse will
ich hersetzen:

> Eine größ're Grabesplatte
> Ward ihm, mit gigant'scher Schrift:
> Mal, das stürmend die Fregatte
> Nicht in Jahresfrist umschifft;
> Des Jahrtausends Wolkenschichte,
> Sie durchblitzt der Züge Strahl,
> Denn die Schrift ist die Geschichte
> Und der Erdenrund das Mal [671]).

Zur „Denkmalsfrage" haben sich noch verschiedene Dichter geäußert. Auch diese mehr oder minder frei nach Heinrich Heine.

So Otto von Deppen:

> Sein Name lebt — sein Monument
> Sind Taten, die der Erdball kennt [672]).

Eine gleich knappe, aber nicht geschmacklose metrische Fassung
hat der Erfurter Ludwig Hilsenberg dem zweiten Teil des Heineschen
Satzes gegeben:

> Das Grab erglänzt in Abendglut —
> Und die Geschichte wird Gedicht [678]),

während Otto Weber einen etwas längeren Anlauf nimmt:

> Der Heldenkaiser braucht den Barden,
> Den Erz- und Marmorbildner nicht;
> Im grauen Rock, mit seinen Garden,
> Ist er ein Ossiansgedicht.

Der Schreiber dieser Zeilen, der an die Wiederherstellung des
Standbildes auf der Vendômesäule anknüpft, fährt dann fort:

> Was stellt ihr ihn mit schweren Mühen
> Auf einer Säule engen Rand?
> Der Simplon, wo die Gletscher glühen,
> Die Pyramide ist sein Stand [674]).

Die Erwähnung des Simplon, der auch bei ihm einmal in gleichem Zusammenhange genannt wird, führt auf einen „Nachfrevler" Heines, der nicht die Prosa des genialen Lyrikers in Reimzeilen umgoß, sondern den kaum minder kecken Versuch machte, den aphoristischen Stil des Verfassers der „Reisebilder" direkt nachzuahmen. Es ist Heinrich Laube, ein Altpreuße aus dem patriotischen Schlesien, zugleich ein Burschenschafter, der Arndtsche Lieder gesungen, auch einer von denen, die der blinde Eifer der Reaktion dem Sterne des Korsen wieder zuführte, oder dem wenigstens seine bewegliche Natur erlaubte, in diesem Kultus eine Zeitlang mitzumachen.

Daß Laube in seinen „Reisenovellen" dem Vorbilde des rasch berühmt gewordenen Heine, dem er in den dreißiger Jahren auch persönlich nahe trat, gefolgt ist, darf als ausgemacht gelten, so sehr er sich auch selber gegen die Beschuldigung wehrte. Laube lebte in dem gewitterschwangeren Sommer von 1813 als damals siebenjähriger Knabe in seiner Vaterstadt Sprottau. In einiger Entfernung wurde die Schlacht an der Katzbach geschlagen, und Plänkeleien fielen um das eigene Vaterstädtchen vor. In diese Welt der Truppendurchmärsche und der täglichen Gefechte hat der Schlesier einen Kavalleristen Gardy hineingedichtet, der bei seiner Mutter im Quartier liegt, mit dem Knaben spielt und ihn in das Leben der „großen Armee" einführt wie der französische Tambour Le Grand den Knaben Harry zu Düsseldorf. Die Kopie ist überall handgreiflich, wenn auch Laube, wohl dem deutschen Patriotismus zu Liebe, aus seinem Freunde einen Elsässer macht, einen Halbdeutschen, der, nur dem Zwange der Konskription gehorchend, widerwillig dem Kalbsfell gefolgt ist und den „Donnergott des Ehrgeizes" im geheimen verflucht. Nur nicht wenn er von dessen Schlachttagen berichtet. Dann erfaßt auch diesen armen Teufel die Begeisterung für den Meister des Kriegshandwerks: „Wenn aber Gardy von den Schlachten erzählte, da war er ein ganz anderer Mensch, da nannte er den Kaiser nur Napoleon, und er sprach das Wort so stolz aus, wie unser alter Ratsdiener, wenn er „Donnerwetter" sagte". Gardy nimmt seinen kleinen Freund auch mit nach der Ecke der Herrngasse, wo General Bertrand wohnte und Napoleon während einer vorübergehenden Anwesenheit einmal Quartier genommen haben soll. Diese interessante Geschichte kennzeichnet besser als alles andere das Verhältnis Laubes zu Heine: „Das Gesicht des Mannes gefiel mir damals nicht besonders, es sah wie von Wachs aus und hatte keinen Bart. Der kleine dreieckige Hut, der auf dem Kopfe saß, mißfiel mir entschieden. Aber

dennoch rieselte mir ein solcher Respekt durch alle Glieder, daß ich
der festen Meinung wurde, der Mann sei ein Verwandter vom
lieben Herrgott. Wäre er nur größer gewesen, hätte er einen
langen Bart gehabt und keinen Dreimaster getragen, so hätte ich
ihn für den lieben Gott selbst gehalten, denn als er das Auge
niederschlug, sah er mich einen Augenblick an. Da wußt' ich
nicht, wie mir geschah; es war mir, als sei ich in der Kirche und
als bekäme das braunschwarze gemalte Auge Gottes, das oben an
unserem Altar in einem Dreieck hing, Leben und Bewegung. Es
war alles ganz still, auch der Mann mit dem Auge Gottes sprach
nicht"[675]).

Ein Kommentar ist überflüssig, und an das „Buch Le Grand"
braucht wohl nicht erst erinnert zu werden. Aber nun kommt noch
eine kleine Überraschung, auf die der Leser nicht gefaßt sein wird.
An den meisten Stellen, wo er in den „Reisenovellen" und den „Erinnerungen" von der „Entrevue" in Sprottau spricht, läßt Laube
seinen Leser hierüber im unklaren, doch lauten seine Berichte meist
so, daß dieser annehmen muß, er habe den Kaiser wirklich gesehen[676]).
Zweimal sagt er es sogar ausdrücklich[677]). Und doch ist an der
Geschichte kein wahres Wort, und das ist leicht zu erweisen, worüber
die beigegebene Note belehren wird[678]). Bekanntlich spielt auch
Heine, der sich in einer günstigeren Lage befand, mit dem Gedanken,
als sei Napoleons Erscheinung eine bloße Vision gewesen. Laube
hat ihm das nachmachen müssen, und es kam ihm dabei auf eine
kleine Lüge nicht an. Möglich auch, daß er, einer Autosuggestion
zufolge, schließlich selbst daran geglaubt hat.

Und daß er im übrigen ein gläubiger Anhänger des Propheten
der Lehre vom „göttlichen" Napoleon gewesen, ist ja nicht zu be-
streiten. Auch am Schlusse dieses interessanten Kapitels der „Reisenovellen" steht zu lesen: „Ein verlassener Gott, saß er am 18. Oktober auf dem Thonberge bei Leipzig."

Und auch darin war Laube seines Meisters gelehriger Jünger,
daß er sich wie jener von dem kleinen Mann im grauen Rocke und
mit dem „Auge Gottes" auf seinen Reisen begleiten ließ, durch die
Wiesengründe der Tiroler Alpen und der Donauberge nach Wien,
dem Wien des „guten" Schwiegervaters Franz und des unglücklichen
Kaisersohnes. Vor allem aber nach Italien, jenem Italien, wo in
dem „Romanzennebel" des lombardischen Flachlandes neben römischen
Helmen und gotischen Lanzenspitzen die französischen Adler zwischen
fernen Cypressen auftauchen und wo sich erst unlängst, in Verona,

die „nordischen Barbaren" zu jenem Kongreß versammelt, dessen
hölzerne Diplomatenfiguren auch Byrons Spott herausforderten, und
wo Cäsar Napoleon, der „römische Posthumus", die Schlacht bei
Marengo geschlagen hatte [679]). Die alten Freiheitswünsche und -träume
der Foscolo, Leopardi und Niccolini hat sich auch der Virtuos Laube
geschickt angeeignet. Nun aber wäre es doch allzu geschmacklos gewesen, auch die Stelle von der Marengoschlacht so ohne weiteres
nachzuschreiben. Eine Schlacht aber mußte es sein. Was tut also
der Kopist? Er verlegt seine Schilderung von der Bormida um einige
Meilen weiter ostwärts nach Montebello, wo in den italischen Feld-
zügen gleichfalls gekämpft worden war und wo einer der von der Dichtung bevorzugten Paladine Napoleons, der schöne, ritterliche Lannes,
sich seinen Herzogstitel erobert hatte [680]). Das Lied aber von der
„Freiheitsschlacht" bei Marengo und von Italias Sehnen nach einem
Erlöser hat Laube einer jungen Tochter des heißumstrittenen Landes
in den Mund gelegt, der schönen Hortensia, mit der er im geräumigen
Boot über den Gardasee fährt: „Von jenen fliegenden, brausenden,
jähen Taten des jungen Genies, des olympischen Adlers, sang das
Lied. Es drängte alle Kraft auf den Moment zusammen, wo er
zur Schlacht bei Marengo abging, wo Cäsar in den Kahn bei
Brindisi steigt und den Schiffer im Sturme tröstet: „Du trägst Cäsar
und sein Glück." Und es sang von dem emporgesprungenen Weibe
Italia, das sich mit offenem Busen dem willkommen schönen Cäsar
an die Lippen geworfen, dem er den heißen ägyptischen Kuß auf
die geöffneten Lippen gedrückt habe. O, es sang das Lied wunderbar schöne Dinge von neuer Römerherrlichkeit, und als es zu Ende
war, schwieg alles, und die Schiffer tauchten die Ruder leise und
geräuschlos in den See" [681]).
Die viele Einzelmalerei des zwei Seiten langen Liedes gehörte
zu Laubes Privatbesitz und war nicht Heinisch. Überhaupt ist ein
Vergleich zwischen den Schlachtfeldkapiteln der beiden Dichter äußerst
lehrreich. Während wir an der Marengostelle den Mann mit dem
grauen Schlachtmantel geisterschnell wie einen Gedanken vorüberfliegen
sahen, hat sich Laube auf seinem Schlachtfeld unter einen Baum gesetzt und ist gemütlich eingeschlafen. Hiermit sollte das Heinesche
Traumwesen eingeführt werden. Aber bei Laube huschen die Bilder
nicht vorüber, wie das wirklich im Schlummer zu geschehen pflegt;
er träumt en détail und stellt während des Schlafes eingehende Betrachtungen an über das Verhältnis Lannes', des freiheitsliebenden
Republikaners, zu dem „Tyrannen", dem doch sein Herz gehörte.

Daneben sieht er die ganze große Armee vorübermarschieren: „Regungs-
los sahen alle Augen links her, da stand Er, und wo eine Bärmütze
stürzte, da trat eine andre ein, und die Augen blieben immer links
her gerichtet, ob er sie auch sähe. So tanzen junge Mädchen, deren
Geliebter an der Seite steht und dem Tanze zusieht, sie sehen nur
nach ihm" [682]).

Daß Napoleon einem Menschen in Marengo und Montebello
einfallen kann, ist natürlich. Heine fällt er überall ein, in Berlin
und in Tirol, beim Anblick des Mailänder Domes, wenn die Pariser
ihre Stadt befestigen wollen und wenn er am Strand in London
eine Tänzerin und ein elendes Gezwerg ihre Kapriolen machen sieht.

Wir wissen, daß auch andere dieser Manier huldigten: Goethe,
Börne, Grabbe, Gutzkow, Hermann Marggraff, Fürst Pückler-Muskau,
Deutsche und Ausländer. Es lag eben in der Luft. Bei Byron und
noch mehr bei Hugo findet man Napoleons Namen auf jeder zweiten
Seite. Der die Welt durchwandernde Semilasso (Fürst Pückler) muß
an ihn denken, wenn er gleichmütig in Paris die Rivolistraße hin-
unterschlendert oder einen Alexanderkopf im Louvre betrachtet [683]).
Als der Dichter des „Uriel Acosta" in Genua weilt, richtet sich sein
Blick von den marmornen Palästen der Nobili übers Meer nach
Korsika, „wo zwischen schneebedeckten Felsen Napoleon geboren
wurde" [684]); und auf einem Platze der malerischen Schifferstadt fällt
ihm ein, daß sich dort einst ein Standbild des großen Korsen erhoben,
das 1815 der Wahnsinn des Pöbels zertrümmerte [685]). Wenn er
über den Doktor Francia und die Kämpfe in Paraguay schreibt, so
wird sein innerer Blick durch die größeren Kämpfe gefesselt, die der
Diktator von Europa zu seiner Zeit aufführte [686]). Der erste Gruß
der Tiroler Bergspitzen weckt in Laube die Erinnerung an den „Urias-
brief", den Österreich mit der Abtretung des tapferen Berglandes dem
Napoleon in die Hand gegeben [687]). Als der junge Literat durch die
Säle des Dogenpalastes in Venedig wandert, bleibt er vor dem Bilde
des letzten und ohnmächtigsten dieser Herrscher stehen, den „Napoleon
pensionierte" [688]), und das Gesicht des alten Gouverneurs einer dal-
matinischen Festung ruft ihm die Züge des modernen „Tantalus" ins
Gedächtnis [689]), ähnlich wie das Heine mit dem Virtuosen Boucher
ging. Beiläufig bemerkt: auch jetzt noch spielt der Napoleonskopf
eine physiognomische Rolle, in der ihm unter historischen Ähnlichkeiten der Christuskopf, aber auch nur dieser, an die Seite treten kann.

Nach der Weise der Imitatoren spinnt nun Laube diese Sachen
ins Unendliche fort. In Triest mag er bei der Villa Marzo, wo

Napoleons Schwester Karoline damals wohnte, wirklich an das Haus der „Pelopiden" gedacht haben[690]). In Wien drängte sich die Erinnerung an das freudlos verstorbene Kaiserkind auf[691]), und in Schönbrunn, „diesem Absteigequartier Napoleons, wenn er mit Österreich Krieg führte", war es gleichfalls erlaubt, an diesen zu denken[692]). Auch dem Besucher von Weilburg, der Residenz des Erzherzogs Karl, des Siegers von Aspern, mochten das „Genie" und das „tapfere Talent" unaufgefordert entgegentreten[693]). Aber selbst vom Sömmering, den Laube auf der Fahrt nach der österreichischen Hauptstadt passierte, muß er melden, daß von dort einst „die französischen Kanonen der großen Armee abwärts gedonnert zu den blutigen Schlachten an der Donau"[694]).

Und bald darauf eröffnet unser Schlesier eine wahre Jagd nach napoleonischen Bildern. Da ist das heimatliche Riesengebirge der „Napoleon der deutschen Berge" und die sächsische Schweiz dessen „Josephine", das hohe Rad vergleicht er mit dem Konsulate, und im Ottowalder- und Amselgrunde sind die „süßen Erinnerungsplätze der revolutionären Liebe des Generals Bonaparte. Dort liegen für ewige Zeiten jene unsterblichen Liebesbriefe, welche ein großer Mann vergessen muß, denn die Größe ist einsam und lieblos"[695]). In Laubes Interesse wäre es zu wünschen gewesen, daß auch er diese „süßen Liebesbriefe" vergessen hätte. Er hat sie aber gelesen und kann uns die wichtige Tatsache nicht verschweigen, daß er über dem interessanten Buche ein Kapitel aus dem eigenen Minneleben, ein Rendezvous, aufs Haar verabsäumt hätte[696]). Das ist wieder Heinrich Heine, nur daß dieser seine gelegentlichen Bemerkungen über die Lektüre napoleonischer Schriften weit geschickter einzuflechten weiß als der Schlesier. Auch da zeigt sich, was das „Genie" leisten kann und was das „tapfere Talent" vermag.

Laube präpariert viel mehr als Heine, dessen genialer Intuition sich solche Einfälle unaufgefordert zur Verfügung zu stellen scheinen. Daher machen sie bei ihm viel seltener den Eindruck des Gesuchten.

Das tritt besonders bei den zahlreichen Napoleonsvergleichen beider Autoren zu Tage. Wir sahen Laube soeben auf einer wilden Jagd hinter solchen einhergaloppieren. Der Usus, den berühmten Mann mit den verschiedenartigsten Menschen der Vorzeit und Mitwelt zusammenzustellen — ein Usus, der hier und da auch zum Abusus wurde — ist schon verschiedentlich in meinem Buche beleuchtet worden; doch muß ich hier noch einmal darauf zurückkommen, zumal ein Einfluß unseres Dichters auf den einen oder anderen seiner Zeitgenossen

auch in dieser Hinsicht kaum zu leugnen ist. Ein Einfluß von nicht
zu unterschätzender Wichtigkeit; denn die malerische Anschaulichkeit
dieser Bilder hat sich zweifellos unendlich viel tiefer der Lesewelt
eingeprägt als die gelehrtesten Abhandlungen der Geschichtsprofessoren
von Saalfeld bis Treitschke.

Von den Götter-, Helden- und ähnlichen Vergleichen bei Heine
kennen wir genug, wissen, daß Napoleon der „Riese des Jahrhunderts"[697], der „gewaltige Kriegsgott selbst"[698]) ist und so „klassisch
wie Alexander und Cäsar"[699]). Das alles hat natürlich auch Laube.
Den „Titan"[700]), den „olympischen Adler"[701]), den „fränkischen Jupiter"[702]), den „Herrn der Welt"[703]) nennt er den großen Zeitgenossen seiner kleinen Kinderjahre, und kopfschüttelnd soll der Vater
des Schriftstellers, der biedere alte Sprottauer Bürgersmann, die
„junge Romantik" der flaumbärtigen deutschen Freiwilligen mit den
„klassischen zweifellosen Augen" der napoleonischen Kerntruppen verglichen haben[704]). Frei nach den „Englischen Fragmenten".

Der Leser wird sich auch der homerischen Vergleiche aus der
„Nordsee" erinnern, wo die Führer des großen Heeres als die Ajax,
Nestor und Diomedes mit dem Napoleon-Agamemnon an der Spitze,
auftreten. Das durfte sich Heinrich Laube für die Schilderung seiner
Schlacht bei Dresden wieder nicht entgehen lassen. Die Verbündeten
triumphieren, und bei den Franzosen ist die Not aufs höchste ge-
stiegen; denn „der Kaiser ist nicht da". Da erscheint dieser mit der
Garde, und alles ändert sich wie mit einem Zauberschlage. „Der
Kaiser ist in Dresden", ruft Fürst Schwarzenberg, „der günstige
Augenblick ist vorüber, denken wir nur daran, uns zu sammeln"[705]).
Soweit der Schlachtbericht. Der Heinekenner Laube aber setzt als
Dessert hinzu: „So dachten die Trojer nur an Rettung, nimmer an
Sieg, wo sie den Wagen des Achilles sahen".

Ein feiner organisiertes Gehirn als diese im Grunde naheliegenden Bilder erfordern aber jene Vergleiche Napoleons mit von ihm
grundverschiedenen Personen, deren Wirkungskreis mit allen kriegerischen, staatsmännischen und sonstwelchen von dem Beherrscher der
realen Größen ausgeübten Tätigkeiten nichts gemein hat. Der Leser
wird sich der originellen Aneinanderreihung der Namen Fichte und
Bonaparte wohl erinnern. Ein andermal denkt Heine an letzteren,
als er unter allgemeinem Jubel Franz Liszt in Paris spielen hört[706]).
Und — merkwürdig! — dieser so originell scheinende Gedanke ist
nicht einmal neu! Als im Frühjahr von 1831 die nach längerer
Krankheit zum erstenmal wiederauftretende Sängerin Cinti von den

Parifern überfchwenglich gefeiert wird, entlockt dies dem in der Oper anwefenden Börne den Ausruf: „Wie mochte man den Napoleon empfangen haben, wenn er von feinen Siegen heimkehrte?" [707]). Als dritter im Bunde reiht fich wieder Heinrich Laube an, der, als die Schaufpielerin Krones vom Leopoldftädter Theater in Wien, „jenes wunderbare Talent der Gemeinheit", mit Tode abgegangen ift, fich den fchönen Satz leiften konnte: „Keine hiftorifche Perfon wird in Wien fo betrauert wie dies Weib, die Leopoldftädter berufen fich bei etwaigen Anklagen auf dies Mädchen, wie die Bonapartiften auf Napoleon" [708]).

Hier liegt das tertium comparationis eigentlich außerhalb des Begriffs „Napoleon" und hat zu diefem nur eine indirekte Beziehung: das tertium ift der Beifall, der den genannten Perfonen wie dem unvergleichlichen Sieger gefpendet wurde. Aber diefe Künftlervergleiche gehen noch weiter. So weiß Heine von dem alten Spontini, dem Prachtopernkomponiften der Kaiferzeit, deffen Ruhm fpäter ziemlich fadenfcheinig geworden war, im Jahre 1840 zu berichten: „Er findet große Ähnlichkeit zwifchen feinem Schickfal und dem Napoleon-fchen. Er dünkt fich ein Genie, wogegen fich alle mufikalifchen Mächte verfchworen. Berlin ift fein Sankt Helena und Rellftab (der Kritiker der „Voffifchen Zeitung") fein Hudfon Lowe. Jetzt aber müffe man feine Gebeine nach Paris zurückkommen laffen und im Invalidenhaufe der Tonkunft, in der Académie royale de Musique, feierlich beifetzen" [709]). Laube fieht in Wien den „modernen Helden Öfterreichs, Napoléon autrichien", den Walzerkomponiften Johannes Strauß. „Was den Franzofen die Napoleonfchen Siege waren," meint er, „das find den Wienern die Straußfchen Walzer, und wenn fie nur Kanonen hätten, fie errichteten ihm beim Sperl eine Vendômefäule." Er fieht Strauß feine „Schlacht bei Aufterlitz" fchlagen und glaubt fogar bemerkt zu haben, wie jener mit dem Fiedelbogen hinaus nach dem Himmel gezeigt und die Geigen den Aufgang der berühmten Schlachtenfonne verkündet hätten [710]). In diefen Künftlervergleichen liegt, wie man fieht, der Vergleichungspunkt in Napoleon felber. Kunft ift Können, und das unvergleichliche Können diefes Mannes legte den Gedanken einer Zufammenftellung mit fchöpferifchen oder ausübenden Künftlern doch wirklich näher als es auf den erften Blick fcheinen follte. Auch Goethe hat ähnlich empfunden, als er fagte: „Napoleon behandelte die Welt wie Hummel feinen Flügel" [711]) und als er ihn mit Mozart, dem Lehrer des gefeierten Virtuofen, und dazu mit Raffael und Shakefpeare in einem Atem nannte [712]).

Täglicher Verkehr hat Vertraulichkeit im Gefolge. Die Herr
Poeten, die mit dem „Herrn der Welt" so intimen Umgang pfleg[
nehmen sich zuguterletzt heraus, bei allerlei wichtigeren und unwi
tigeren Vorkommnissen die eigene Person mit der Person dieses Mä
tigsten der Erde in ideelle Verbindung zu bringen, hin und wied
selbst diese mit jener zu identifizieren.

Goethe, eines Tages gefragt, wie er sich befinde, antwort[
„Nicht ganz so schlecht als Napoleon auf seiner Insel" [713]). Hei[
der letzte Badegast am öden Strand von Norderney, kommt sich v[
wie „Napoleon auf St. Helena" [714]). „Nur daß ich hier eine Unt[
haltung gefunden habe", setzt er scherzhaft hinzu, „die jenem d[
fehlte. Es ist nämlich der große Kaiser selbst, womit ich mich h[
beschäftige." Noch weit ungenierter verfährt darin, seinem Te[
perament entsprechend, Lord Byron, der von sich und seinem Leber
werk zu sagen wagt:

> Ich war geraume Zeit der Kaiserheld
> Napoleon in der gereimten Welt.
> Dann war „Juan" mein Moskau und „Saliero"
> Mein Leipzig und mein Mont St. Jean scheint „Kain";
> Die Belle-Alliance der Tröpfe kann nunmehro
> Victoria ob dem toten Löwen schrein.
> Ich mindestens will fallen wie mon héros
> Und gar nicht oder ganz ein Kaiser sein.
> Ein einsam Eiland gibt's wohl irgendwo,
> Wo Judas Southey dient als Hudson Lowe [715]).

Von Heine wissen wir anderseits, daß er in einem Schreiben [
Varnhagen einen Vergleich mit Napoleon in humoristischem To
ablehnt: er denke nicht einmal daran, Pankow zu erobern. Dageg[
schreibt er, während des bekannten Streites mit dem Grafen Plate[
an seinen Freund und Bundesgenossen Immermann: „Nach ein[
Schlacht bin ich immer die Milde selbst, wie Napoleon, der imm[
sehr gerührt war, wenn er nach dem Siege über ein Schlachtfe[
ritt. Der arme Platen! — C'est la guerre!" [716])

Das hat Laube, soweit ich ersehen, nicht nachgemacht, der n[
einmal eine Winterreise nach Berlin mit dem Marsch der groß[
Armee auf Moskau vergleicht [717]). Es mag ihm allzu unbescheid[
vorgekommen sein. Nur den Adlern des Geistes war es erlaubt,
dicht neben dem Kaiseradler zu horsten.

Es ist uns längst bekannt, daß Heine in dem französisch[
Kaiser den homme par excellence, den großen Mann, den V[
treter der Menschheit sah und dementsprechend seinen Namen [

Trope verwertet, wie wir das soeben auch bei Byron beobachten konnten.

Ja, der metaphorische Gebrauch des Begriffs „Napoleon" — in diesem Sinne ist es wohl erlaubt, von einem Begriff zu reden — gehört geradezu unter die typischen Merkmale der heineschen Prosa. So entsteht bei aller Originalität ein formelhaftes Wesen. In Worte gebracht, würde diese überall verwendbare Formel etwa folgendermaßen lauten: „Auf diesem oder jenem Gebiete ein Napoleon sein" heißt so viel wie „eine Größe ersten Ranges sein". Der „Napoleon" der und der Klasse aber ist „d e r große Mann" dieser Menschen- oder Berufsart. So war für Heine, der das Bild gern scherzhaft verwendet, Ludwig Philipp ein „Napoleon des Friedens"[718]) und der alte Lafayette der „Napoleon der petite bourgeoisie, der Gevatter Schneider und Handschuhmacher"[719]). Für Laube ist Pipin der „erste französische Napoleon"[720]) und Armand Carrel, den schlagfertigen und federgewandten Redakteur des „National", nennt er den „Napoleon-Journalisten"[721]). Ähnlich soll Kommerzienrat Punktum in Gutz-kows „Säkularbildern" der „Napoleon der Buchführung in der ganzen Handelswelt sein"[722]).

Wohl das merkwürdigste Beispiel dieser Auffassung aber bietet Moritz Graf von Strachwitz in seinem „Gordischen Knoten"[723]). Zuckt der Leser nicht zusammen? Graf Strachwitz, der junge Ritter, der den Gedanken an Deutschlands Einheit als köstlichstes Juwel im hochgemuten Herzen trug, hätte so von — Bonaparte gedacht? Strachwitz, den man einen Kaiserherold nennen könnte, aber in dem Sinne, wie Max von Schenkendorf ein solcher genannt wurde? Und doch ist es nicht anders, und der mit „deutschen Hieben" so derb dreinschlagende Feind des „Ellenkrämertums" und der Mittelmäßig-keiten, der wenigstens in diesem Zuge, trotz allem, was sie sonst trennen mochte, eine gewisse Verwandtschaft mit Heine nicht ver-leugnet, hat sich gerade den Neugestalter der deutschen Dinge, der damals schon seit langem unter den Lebenden wandelte, nicht als den Diplomaten Bismarck gedacht, sondern als einen Bonaparte, einen Brumairemann, einen deutschen Napoleon. Da steht es zu lesen:

> Ihr rüttelt an dem Königspalast
> Mit unverdrossenem Mute,
> Ihr baut ein neues Haus mit Hast
> Und schreit zum Kitt nach Blute.
> Doch ist es fertig, das neue Haus,
> Nach manchem saueren Tage,

Der Bonaparte bleibt nicht aus,
Der's stürzt mit einem Schlage!

Und wie sehr dieses an die liberalen Frondeurs der vormärz-
lichen Tage gerichtete Gedicht von spezifisch napoleonischen Vorstellungen durchwebt ist, zeigen die folgenden Verse:

Die Arme gekreuzt, gewaltig und stumm,
So wird er vor euch stehen,
Ihr aber ziehet den Buckel krumm
Und traget seine Livreen.
Und schlachten laßt ihr euch gern und froh,
Mit dienstergebener Miene,
Und denket: besser in Waterloo,
Als unter der Guillotine! —

Gewiß, es ist etwas anders in Deutschland gekommen, und wir
haben keinen achtzehnten Brumaire gehabt — schon weil wir keine
Revolution großen Stils gehabt haben. Aber man konnte sich eben
noch in den vierziger Jahren einen Mann, von dem man das
Höchste erwartete, nur unter diesem Bilde denken.

Und selbst in unserer nüchternen Gegenwart ist es üblich geblieben, einen first-rate man, einen „Kerl", der alles vermag und
dem wir alles zutrauen, einen „Napoleon" oder „Bonaparte" zu
nennen. Jeder Zeitungsleser wird sich aus dem Burenkriege des
„afrikanischen Napoleon" erinnern, des genialen Dewet, der durch
seine strategischen Schachzüge die englischen Generäle in den Transvaal-
bergen so matt setzte wie sein großer Vorgänger die Österreicher in
den kühnen Zickzackgängen der italienischen Kampagne. Hier und
in Strachwitz' Versen war ja der Vergleich freilich packender und lag
ungleich näher als bei Lafayette und Ludwig Philipp, bei Sängerinnen
und Zeitungsschreibern.

Ist nun dieser vielgenannte Held, dieser Zauberer mit dem „dreieckigen Wünschelhütchen" [724]) auf dem Haupte, der Inbegriff des
Großen, so nehmen, wie uns schon die Einschätzung seiner Kriegs-
und Ruhmesgefährten bewies, alle, die an seinen Riesenwerken mitgeholfen, dadurch eine Sonderstellung unter dem kleinen Menschen-
volk ein, und selten unterläßt ein Dichter, der ein Mitglied dieser
Elitetruppe einführt, seine Leser auf das rote Band im Knopfloch
des Vorgestellten hinzuweisen. Es geschieht das nicht immer in gleich
freundlicher Weise, aber darauf kommt es hier nicht an. So ist der
Minister Soult, dem Heine nicht besonders gewogen war, der „im-
perialistisch rohe Soult" [725]), ein „Condottiere", der noch „voll ist
von den Velleitäten der Kaiserzeit" [726]), freilich „in einer edlern

Schule das Waffenhandwerk gelernt hat" als etwa Lord Wellington[727]). Auch ist er für Heine kurzweg der „Mann des Schwertes"[728]),
dem mit Rücksicht auf seine tapfere Vergangenheit trotz des Dichters
Abneigung das Epitheton des „greisen Helden" nicht versagt werden
kann. General Sébastiani, den Heine noch weniger liebt, wird von
ihm mit spöttisch bezeichnendem Beiworte der „Cupido der Kaiserperiode" genannt[729]). Umgekehrt gefällt dem derben Hallenser
Burschenschafter Laube an Marschall Maison, dem „wohlrenommierten
Napoleoniden mit der Restaurations-Taufe", den er 1833 in Karls-
bad sieht, die „napoleonische" Ungeniertheit, die ihn von den übrigen
Franzosen und Emigranten der vornehmen Badegesellschaft unterscheidet,
und es wird als ein Zeichen seiner sorglosen Bravour und Nonchalance
erwähnt, daß dieser alte Krieger die Nachricht von Napiers großem
Seesieg bei Kap Vincent, die er zuerst erhalten hat, „beiläufig" am
Sprudel erzählt, als er eben „einen Becher aus der Kelle hob"[730]).

Heines ungemeine Vertrautheit mit seinem Helden führte ihn
endlich dazu, alle möglichen Verhältnisse der Gegenwart und Vergangenheit durch Bilder aus dem napoleonischen Vorstellungskreise
zu illustrieren, diese oft ganz heterogenen Dinge gewissermaßen unter
einem napoleonischen Gesichtswinkel zu betrachten. Aus solchen Ge-
dankenverbindungen entspringen die allerkühnsten seiner Metaphern,
Tropen und Redefiguren von einer verwegenen Schönheit, wie sie die
Weltliteratur nicht zum zweitenmale aufzuweisen hat.

Wenn Friedrich Wilhelm III. 1822 seine Lieblingsschöpfung, die
neue Agende, „empfiehlt" — im Jahre 1830 ward sie Gesetz — so
sieht Schalk Heine hierin für strebsame Konsistorialräte einen Befehl,
für dessen pünktliche Befolgung den gehorsamen Kindern in der
Ferne ein Ordensband winkt. Andere mögen das auch gedacht
haben. Aber welches Prachtkleid hat er seinem Gedanken angezogen!
Wir erinnern uns des kecken Satzes, der durch geistreiche Helle den
Zensor derart blendete, daß er ihn unbeschnitten passieren ließ: „Die
Liturgie! die Liturgie! sie wird auf den Flügeln des Roten Adlers
dritter Klasse von Kirchturm zu Kirchturm fliegen, jusqu'à la tour
de Notre Dame!"[731]) Italienische Priester, die er in der Stadt
Lucca in einer Prozession aufmarschieren sieht, nennt Heine „eine
Art von alter Garde"[732]); in einem Briefe bezeichnet er den jungen
Otto von Raumer als seinen las Casas in Göttingen[733]), und ein
andermal spricht er gar von „einigen Häuptlingen der großen Armee
— der Narren"[734]).

Wenn die „Sultanin des Gedankens", Frau von Staël, auf
ihren literarischen Kunstreisen in Weimar und anderswo die Dichter
und Schriftsteller „geistig die Revue passieren läßt", so sieht Heine
darin eine Parodie auf „den Sultan der Materie" — Napoleon.
„Wie dieser", sagt er, „die Leute mit einem: ‚Wie alt sind Sie?
Wieviel Kinder haben Sie? Wieviel Dienstjahre?‘ u. s. w. anging,
so frug jene unsre Gelehrten: ‚Wie alt sind Sie? Was haben Sie
geschrieben? Sind Sie Kantianer oder Fichtianer?‘ und dergleichen
Dinge, worauf die Dame kaum die Antwort abwartete, die der
getreue Mamluck August Wilhelm Schlegel, ihr Rustan, hastig in
sein Notizenbuch einzeichnete". Heine nennt und auch Schiller empfand ihn als „geistige Einquartierung", diesen Aufenthalt der
schönen Sultanin am Musenhofe zu Weimar, wo sie die Musen in
ihrer stillen Arbeit störte, aber deren Jünger, die ihr gefielen, durch
eine ehrenvolle Erwähnung, „gleichsam das Kreuz der Légion
d'honneur", in ihrem Buche De l'Allemagne belohnte [735]). Ergreift
einer mit fester Hand die Zügel der Herrschaft, ganz gleichgültig auf
welchem Gebiete, so hat Heine dafür das hübsche Wort: „seinen
achtzehnten Brumaire machen". Das sagt er von Goethe mit Bezug
auf dessen oder vielmehr Heinrich Meyers Aufsatz über „die neu-
deutsch-religiös-patriotische Kunst", worin der Cäsar der Literatur
nach dem Worte seines witzigen Zunftgenossen dem „Schlegelschen
Direktorium" ein Ende gemacht haben soll [736]). Auch in den „Französischen Zuständen" kommt der Brumaire einmal in ähnlicher Verwendung vor [737]), und irgendwo spricht der Dichter der „Grenadiere"
von der „Goetheschen Kaiserzeit".

Besonders bevorzugt er aber die Bilder aus der Kampagne nach
Rußland. Ségurs Schilderungen hatten sich ihm wie seinem Freunde
Nerval unvergeßlich eingeprägt! Als er die Ankündigungen von
Scotts Kaiserbiographie gelesen, fürchtet er für den schottischen Barden,
daß das neue Buch der „russische Feldzug" seines Ruhmes werden
könnte [738]), ein Bild, das Friedrich Ludwig Lindner nicht ohne Ge-
schick noch weiter ausmalte [739]). In London ist für ihn das atemlose
Treiben und Hasten an der Ecke von Cheapside „der Übergang der
Franzosen über die Beresina" [740]).

Unser Dichter hat sich in die Welt dieser Vorstellungen derart
eingelebt, daß er sogar von andern Schriftstellern aufgestellte Napoleon betreffende Metaphern benutzt, um nach ihrem Muster neue
zu schmieden, die in ihrer Art wieder höchst originell und ergötzlich
sind. So hat Frau von Staël zum berechtigten Ärger des deutschen

Poeten den Bonaparte einen „Robespierre zu Pferde" genannt. Heine rächt sich durch den feinsten Spott, indem er den zu seinen Truppen mit wortreicher Geschwätzigkeit redenden König Ludwig Philipp als einen „Cicero zu Pferde" bezeichnet[741]). Er hat sich auch über diesen geärgert, durch sein Epigramm also zwei Fliegen mit einer Klappe geschlagen. Ein andermal scheint ihm Lafayette, der Schutzgott der Krämer und soliden Leute, den Titel einer „Vorsehung zu Pferde" zu verdienen[742]).

Sehr gern auch entnimmt der um eine geistreiche Wendung nie verlegene Schriftsteller seine Tropen und Figuren aus der sattsam bekannten „Passionsgeschichte" des Kaisers. Die Kühnheit der Metaphern in dem Satze über den alten Spontini, die wir zu bewundern Gelegenheit hatten, wird noch überboten an einer Stelle in der Einleitung zu „Kahldorf über den Adel", wo es von der Reaktionszeit heißt: „Ganz Europa wurde ein Sankt Helena, und Metternich war dessen Hudson Lowe"[743]).

Auch diese Metaphorik findet sich hier und da bei andern Dichtern und Schriftstellern der Zeit. Johannes Strauß sahen oder hörten wir bei Laube seine „Kaiserschlacht bei Austerlitz" schlagen. Die alte Frau Rothschild nennt Börne die „Lätitia, die so viele Finanzbonaparten geboren hat"[744]), und einmal spricht er sogar von einem „musikalischen Befreiungskrieg, um den Tyrannen Rossini zu stürzen"[745]).

Noch andere Beispiele ließen sich beibringen. Doch der Ruhm der genialsten Erfindungen auf diesem Gebiete wird Heine unbestritten bleiben. Schon an und für sich ein Zeichen der ungeheuren Popularität Napoleons — denn die Metapher würde, wenn nicht gemeinverständlich, ohne Wirkung sein — hat dieser Brauch selbst wieder zur Steigerung der Volkstümlichkeit des Geschilderten ganz gewiß beigetragen. Heinesche Bonmots waren und sind noch heute in aller Munde.

Aber es würde doch verfehlt sein, wenn hier, auf der letzten Station unserer Reise durch das Geistesleben Heinrich Heines, von ihm nur immer als dem feurigen Bewunderer Napoleons die Rede wäre. Wenigstens andeutungsweise mag gesagt sein, daß auch die in den auf die „Reisebilder" folgenden Schriften vertretenen Anschauungen nicht ohne literarische Nachwirkung geblieben sein werden. Wenn es auch schwer hält, deren unmittelbare mehr oder minder legitime Nachkommenschaft auszuwittern, so ist jedenfalls auch der Realismus vieler Äußerungen des berühmten Schriftstellers in seinen Folgen

keineswegs zu unterſchätzen. Wer für gewiſſe Dinge ein Empfinden
hat, Dinge, die ſich beſſer fühlen als ausſprechen laſſen, der wird
anderſeits zugeben, daß ſelbſt in dem gekreuzigten „Heiland", in
dem „Kollegen der Götter" eine wahrere und realere Geſtalt ſteckt,
als in dem bis zur Langweiligkeit „guten" Napoleon der Legende
und der Vaudevilles. Denn der erſtere iſt die Verkörperung eines
— gleichviel, ob richtigen oder unrichtigen, aber jedenfalls — völlig kon-
kreten Gedankens: es iſt ein tragiſch untergegangener Held, eben
jener gewaltige Teſtamentsvollſtrecker der weltbefreienden Revolution,
den der Widerſpruch mit der beſtehenden Geſellſchaftsordnung zu Fall
brachte, während der mit allen möglichen oder unmöglichen Tugenden
ausgeſtattete ſentimentale Biedermann eher der weinerlichen Komödie
des hochſeligen achtzehnten Jahrhunderts anzugehören ſcheint und
ſich bei näherer Betrachtung als ein Phantom, ein für den geſunden
Menſchenverſtand faſt lächerliches Wahngebilde ausweiſt. Indem
nun Heine trotz aller Bewunderung für ſeinen Kaiſer die melo-
dramatiſche Napoleonsfigur mit dem ätzenden Scheidewaſſer ſeines
Spottes zerſtören hilft, zeigt er ſich, wie ſo oft in anderen Dingen,
als Vorkämpfer moderner Anſchauungsweiſe. Er hat hierdurch für
ſeinen Teil dazu beigetragen, einen Charakter, der ein ganz un-
gewöhnliches menſchliches und künſtleriſches Intereſſe erweckt und
beanſpruchen darf und deſſen ſich das ſchale Liederſpiel bemächtigt
hatte, für 'die wahre Tragödie zurückzugewinnen, als deren rechtmäßiges Eigentum er ihn ausdrücklich gefordert hatte. Der Dr. iuris
Heine iſt ein guter Anwalt geweſen. Schon mehrfach hat ja in der
Neuzeit ſeine Klientin von ihrem Rechte Gebrauch gemacht. Doch es
waren nur Abſchlagszahlungen, die ſie ihrerſeits auf die große Schuld
leiſtete, welche ihr mit dem koſtbaren Gute zufiel.

Aber die Schuld wird einſt getilgt werden. Und der Napoleondichter der Zukunft, dem es gelingt, aus Cäſars Taten und Charakter
mit goldenem Hammer die Wallenſteintrilogie des zwanzigſten Jahrhunderts zu ſchmieden, er wird, ſo hoffe ich, auch dem tapferen Anwalt für ſeine Kaiſerplaidoyers das Honorar zahlen, indem er einen
Kranz trägt zur Höhe des Montmartre — auf das Grab des Sängers
der „Grenadiere".

Anmerkungen.

❧

[1] Herm. Marggraff, Deutschlands jüngste Literatur- und Kulturepoche, 1.

[2] Holzhausen, Literatur- und Stimmungsbilder aus den ersten Koalitions-kriegen, Beilage zur Allgem. Zeitg., 1898/99; Der erste Konsul Bonaparte und seine deutschen Besucher, Bonn, 1900.

[3] Vergl. mein Buch: Davout in Hamburg, 38 ff.

[4] Vergl. u. a. das Gedicht: Was uns bleibt, wenn Deutschlands Säulen brechen, Werke (Reclam), 27.

[5] Arndt, Gedichte, Berlin, 1860, S. 225.

[6] A. a. O. 249.

[7] A. a. O. u. öfter.

[8] A. a. O., 356.

[9] A. a. O., 358.

[10] A. a. O., 373.

[11] A. a. O., 389.

[12] Vergl. Andreas Fischer, Goethe und Napoleon, 129 ff. „Die Zeit der Befreiungskriege und der heiligen Allianz", sagt Fischer, meines Wissens der erste, der die Kehrseite der patriotischen Lyrik von 1813/15 ernsthaft beleuchtete, „trieb auf dem Gebiete der politischen Dichtung ... seltsame, zum Teil recht widerwärtige Blüten, die einen Goethe mit Abscheu und Ekel erfüllten. Es muß hiebei nachdrücklich betont werden, daß eine große Zahl von Dichtern (nicht die besten!) ihren „unbändigen" Haß und ihre Wut vorsichtig bezähmt und gespart hatten bis nach der Leipziger Schlacht und erst jetzt losbrachen, um den Feind mit Tinte zu ersäufen, nachdem die Blutarbeit im Felde den deutschen Boden gesäubert." An einer andern Stelle spricht er von dem „Lechzen nach Blut, wie es sich so brutal noch niemals in der Poesie hervorgewagt". Wer hierin eine Übertreibung sieht, wird sich durch ein Studium der Scheiblesche Sammlung (Der Volkswitz der Deutschen über den gestürzten Bonaparte, Stuttgart, 1849—50, I—XII) leicht von der Wahrheit überzeugen können.

[13] Exemplare mancher dieser Karikaturen begegnen dem Besucher des Leipziger Schlachtfeldes in den historischen Sammlungen zu Thonberg und auf dem Monarchenhügel; auch das Museum des Vereins für die Geschichte Leipzigs und die reiche Sammlung des dortigen Kunstantiquars Max Grüner haben deren aufzuweisen. Hübsche Reproduktionen bei: Dayot, Napoléon raconté par l'image, und in Velhagen u. Klasings Monatsheften, Jahrg. 1890/91, Heft 10, S. 475 ff.

¹⁴) Pröhle, Jahns Leben, 1855, 77, 113 (nach Eiselen), dagegen: Jahn, auf einem Nachlaßblatt, bei Pröhle: 113–14. — Wolfgang Menzel spricht in seiner „Deutschen Geschichte" von den „kannibalischen" Liedern auf Napoleon, die die Gymnasiasten der folgenden Jahre auf den Turnplätzen sangen, und der für ihr Alter wenig passenden Lust zum Räsonnieren, die sie in Jahns Schule angenommen hatten (Pröhle, a. a. O., 166).

¹⁵) Kotzebue, Der Flußgott Niemen und noch Jemand.

¹⁶) Holzhausen, Der erste Konsul Bonaparte u. s. w., 13–14 u. ö., vergl. Welschinger, La Censure sous le premier empire, Kap. V.

¹⁷) Alle drei wurden deshalb auch in den politischen Broschüren der Zeit arg mitgenommen. Vergl. die (ironische) „Apologie Napoleons des Großen, Kaisers der Franzosen, Königs von Italien, Protektors des Rheinbundes, Vermittlers der Schweiz u. u.", 3–4. — Kosegarten fühlte sich bemüßigt, in dem Buche: Geschichte meines fünfzigsten Lebensjahres, Leipzig, 1816, auf die Angriffe zu antworten. Vergl. Rhein. Blätter, No. 96 vom 17. Juni 1817.

¹⁸) Überraschende Belege für Voigts politische Charakterlosigkeit brachte Ludwig Geiger in seinem schönen Buche: Aus Alt-Weimar.

¹⁹) Dies geschah in der Beilage zur Allgem. Zeitg., No. 190 vom 10. Nov. 1823. Ein Berliner Gegner hatte nämlich in der Beilage zu No. 164 ders. Zeitg. vom 30. September 1823 den im Text ausgesprochenen Vorwurf gegen Buchholz erhoben.

²⁰) Schlossers Anklage in der Anzeige des 2. Teils des von ihm und Bercht herausgegebenen Archivs für Geschichte und Literatur, Heerens Entgegnung in: Meine Antwort auf die Schmähungen des Geh. Hofr. und Prof. Schlosser in Heidelberg in den Heidelberger Jahrbüchern im Maiheft dieses Jahrs, Göttingen, 1831. — Völlig unvermittelt war der Systemwechsel auch in der bekannten Bredow-Venturinischen Chronik zu Tage getreten, naiver und darum weniger verletzend bei Peter Hebel.

²¹) Das zeigt Görres' Schrift: Resultate meiner Sendung nach Paris im Brumaire des achten Jahres, Koblenz im Floreal J. VIII, eine wahre Eruption der vulkanischen Natur des Mannes.

²²) Friedr. Jos. Grulich, Preußens Not und Rettung von dem Jahre 1806 bis 1815, Halle u. Berlin, 1819.

²³) Vergl. darüber die Ausführungen Arthur Lévys in dessen Napoléon intime und meinen Aufsatz: Neues über Napoleons Reise von Fontainebleau nach der Insel Elba, Beil. 3. Allgem. Zeitg., 1895. Beil. No. 70 u. 71.

²⁴) Hoffmanns Leben, Ges. Werke (Gerstenberg), VII, 38.

²⁵) H. E. Brockhaus, Friedrich Arnold Brockhaus, Sein Leben und Wirken, I, 329.

²⁶) Und doch stand dieser Vorwurf, dessen moralische Berechtigung einmal zugegeben, hinsichtlich des Tatbestandes auf schwachen Füßen. Es ist nicht so ganz unwahrscheinlich, daß Napoleon zu Fontainebleau in der Nacht vom 12. auf den 13. April Gift genommen, dieses aber die Wirkung versagt hat. Hingegen wird ein zweiter, angeblich in der Nacht vom 21. zum 22. Juni 1815 unternommener Selbstmordversuch, von dem der General Thiébault (Mémoires, V, 373–74) zu erzählen weiß, bei der Unzuverlässigkeit dieses Berichterstatters und dem Fehlen sonstiger Quellen ins Reich der Fabel zu verweisen sein.

²⁷) Rahel an M. Th. Robert, Prag, 2. Mai 1814, Rahel, ein Buch des Andenkens für ihre Freunde, II, 210.

²⁸) Briefwechsel zwischen Varnhagen von Ense und Rahel, IV, 189.

²⁹) Pröhle, a. a. O., 121 ff., Schultheiß, Friedr. Ludw. Jahn, 93. Auch 1815 äußerten rheinbündlerische Offiziere über Napoleons Rückkehr stürmische Freude. Vergl. meine Schrift: Napoleons Tod im Spiegel der zeitgenössischen Presse und Dichtung, 4.

³⁰) Belege bei: Fischer, Goethe und Napoleon, 150—151.

³¹) Die erste der beiden Schriften erschien o. O., 1814, die zweite Germanien, 1815. Auch Joh. Georg Reinwalds Broschüre: Napoleon. Bau und Sturz. Von J. G. R. Philalethes, o. O., 1814, zeigt ein gleich rühmliches Streben nach Objektivität. „Der leidenschaftslosen Ruhe hat sich der Verfasser beflissen," konnte R. im „Vorbericht" von sich sagen.

³²) In einer Sammelkritik: 1815, No. 109 ff. Schon in einer Rezension des Jahres 1814 (No. 203) hatte ein Kritiker der Jen. Allgem. Lit.-Zeitg. Napoleon nachgerühmt, daß er, der noch vollkommen im stande gewesen, den Krieg mit den verbündeten Mächten, und nicht ohne Hoffnung glücklichen Erfolgs, fortzusetzen, mit wahrhafter Größe seiner Macht entsagt habe, um Frankreich vor dem Bürgerkriege zu bewahren.

³³) Europ. Aufseher, Nr. 64 vom 11. Oktober 1814. (Ex.: Kgl. Bibl., Dresden.)

³⁴) Rahel an M. Th. Robert, Wien, Freitag, 6. April 1815, Rahel, ein Buch des Andenkens für ihre Freunde, II, 281.

³⁵) Vergl. meine Schrift: Napoleons Tod u. s. w., 4.

³⁶) Noch nach der Julirevolution hat es Benjamin Constant im Gespräch mit dem Berliner Rechtsgelehrten Eduard Gans beklagt, daß der Kaiser anstatt des Acte additionnel nicht eine ganz neue freisinnige Verfassung gegeben habe. (Gans, Rückblicke auf Personen u. Zustände, 7.)

³⁷) Welschinger, La Censure sous le premier Empire, 51 ff.

³⁸) Europ. Aufseher, 1815, No. 46 vom 8. Juni.

³⁹) Jen. Allgem. Lit.-Zeitg., 1815, No. 109, Spalte 387.

⁴⁰) Byron's Works (neue Murraysche Ausg., hrsg. von Ernest Hartley Coleridge u. Rowland E. Prothero), Poetry, III, 427 ff.

⁴¹) Vergl. weiter unten, Kap. 3.

⁴²) Napoleons Tod, 9—10.

⁴³) Über Raffets berühmte Federzeichnung Le Cri de Waterloo vergl. Dayot, Napoléon raconté par l'image, 386.

⁴⁴) Eine ausführliche, zwar in den Einzelheiten nicht immer stichhaltige, aber als Totalbild recht wohlgelungene Schilderung der Leiden des napoleonischen Heeres bietet: de Vaulabelle, Histoire des deux Restaurations.

⁴⁵) Börne, Ges. Schriften, V (Hambg., 1829), 52 ff., IX (Hambg., 1832), 64 ff.

⁴⁶) Treitschke, hist. u. pol. Aufsätze, 4. A., III, 57.

⁴⁷) Alberto Lumbroso, Béranger e Napoleone, Rom u. Modena, 1895, 55. Vergl. Legouvés Verteidigung Bérangers gegen Brunetière im Pariser Temps, 8. u. 9. Februar 1894.

⁴⁸) Vergl. Brandes, Die Hauptströmungen der Literatur des neunzehnten Jahrhunderts (deutsche Ausg. von Strodtmann), III, 348—49.

⁴⁹) Englisch: Byron's Works (neue Murraysche Ausg.), Poetry, III, 436 —438, deutsch: Lord Byrons Werke (Seubert), Leipzig, Reclam, III, 91.

⁵⁰) Treitschke, Deutsche Geschichte, II, 4.

⁵¹) Belege bieten Rückerts Napoleon (2. Teil, 1817) und der Timoleon des Wasserpoeten Raupach. Noch 1823 erschienen „Liederkränze" von Julius von der Heyden, deren Verfasser von einem Rezensenten der Jen. Allgem. Lit.-Zeitg. (1828, Erg.-Bl., No. 95) darüber belehrt wird, daß der „glühende Franzosenhaß" dieser Dichtungen sich inzwischen etwas abgekühlt haben könnte. Einer der letzten Ausläufer dieser Poesie ist Karl Gottlob Ernst Webers „Völkerschlacht", ein schauderhaft langweiliges Epos, das nur durch das Vernichtungsurteil Goethes (Goethes Gespräche, Biedermann, VII, 52, 6. April 1829) einigermaßen bekannt geblieben ist.

⁵²) Schmalz, Berichtigung einer Stelle in der Venturinischen Chronik für das Jahr 1808, Berlin, 1815.

⁵³) Nach Friedrich Karl von Strombeck: Darstellungen aus meinem Leben und aus meiner Zeit, Braunschweig, 1833.

⁵⁴) F. O. von Diericke, Ein Wort über den preußischen Adel, Berlin, 1817.

⁵⁵) Aus dem Nachlasse Friedr. Aug. Ludwigs von der Marwitz, auf Friedersdorf, passim.

⁵⁶) Börne, Ges. Schriften, Bd. XVII (Franz. Schriften u. Nachtrag, Leipzig, 1847), 76.

⁵⁷) Byron, Childe Harold, III, 19—20, in Gildemeisters Übersetzung: Bd. II, S. 183.

⁵⁸) Europ. Aufseher, 1817, No. 66 vom 5. August.

⁵⁹) Europ. Aufseher, 1818, No. 53 vom 25. Juni.

⁶⁰) Europ. Aufseher, 1819, No. 43 vom 1. Juni. Der Artikel führt die bezeichnende Aufschrift: Über einige Ursachen, warum sich die öffentliche Meinung über Napoleon so sehr geändert hat.

⁶¹) Europ. Aufseher, 1817, No. 86 vom 14. Oktober.

⁶²) Bilder des Krieges vom Jahr 1813, von Justus Civilis, Leipzig, 1831. Das Werk selbst war mir unzugänglich, nur eine die im Text angezogene Stelle enthaltende Besprechung in der Jen. Allgem. Lit.-Zeitg., 1832, No. 116, habe ich gelesen.

⁶³) Laube, Erinnerungen, Ges. Schriften in 15 Bänden, I, 21.

⁶⁴) Gutzkow, Säkularbilder, I, Ges. Werke, IX (Frankfurt, 1846), 83.

⁶⁵) Byron, Childe Harold, III, 37, Werke (Gildemeister), II, S. 188.

⁶⁶) Karl Georg Neumann, Gedichte, Aachen, 1841, 168.

⁶⁷) Ein neuer Zeuge gegen Sir Hudson Lowe ist kürzlich in der Person des englischen Marinearztes Stokoe aufgetreten, dessen von Paul Frémeaux herausgegebene Aufzeichnungen (Napoléon prisonnier, Mémoires d'un médecin de l'Empereur à Sainte-Hélène) in Paris bei E. Flammarion erschienen sind.

⁶⁸) Rhein. Blätter, 1817, No. 51. Der Brief selbst war in den beiden voraufgehenden Nummern der Rhein. Blätter erschienen. Auch die Allgemeine Zeitung (No. 88 ff.), die Kölnische (No. 47 ff.) und die Mainzer Zeitg. (No. 39, 41 u. 42) haben ihn in ihre Spalten aufgenommen.

⁶⁹) Europ. Aufseher, 1817, No. 32 vom 10. April.

⁷⁰) Quarterly Review, XXXII, Jan. 1817, 480 ff.

⁷¹) Europ. Aufseher, 1817, No. 86 vom 14. Oktober.

⁷²) Fourniers Ansicht (Napoleon I., Bd. III, 302), daß die Lettres du Cap die „Märtyrerlegende" von St. Helena „begründet" hätten, kann ich nicht teilen.

Was Journier als die „Märtyrerlegende" zu bezeichnen beliebt, eine Legende, die leider einen sehr starken Wahrheitskern enthält, wurde, wie meine obige Darstellung zeigen dürfte, eher durch die andern zur St. Helenaliteratur gehörigen Stücke als gerade durch die „Kapbriefe" begründet.

. 73) „Napoleon", sagt der Übersetzer der Kapbriefe in den „Europäischen Annalen", der nach dem Ton seiner Anmerkungen zu urteilen, nicht zu den Freunden des Kaisers gehörte, „Napoleon zeigte durch den Verkauf seines Silbergeschirrs, daß er Würde und ein schönes Gefühl besitze, da jenes zum glänzenden Vorwurf wurde, sobald diejenigen, die seinem Schicksale gefolgt waren, Bedrängnisse erduldeten, die dessen Erlös mildern konnte". (Europ. Ann., 1818, 5. Stück, 282.)

74) Ausführliche Artikel über das Leben der beiden Murhards in der Allgem. Deutsch. Biogr. Der umfangreiche Nachlaß liegt in der Murhardbibliothek zu Kassel.

75) Leipzig, 1818.

76) S. 31 der im Text erwähnten Schrift.

77) In Übereinstimmung mit andern Gelehrten hat der bekannte Psychiater Rudolf Arndt in Greifswald an mehreren Stellen seines Lehrbuchs der Psychiatrie (Wien und Leipzig, 1883) Napoleon als Epileptiker angesprochen und die cholerischen Anfälle, in die er bei starken Reizungen verfiel, aus diesem Krankheitszustande erklärt.

78) Mainzer Zeitung, 1818, No. 137 vom 14. November.

79) Stägemann an Varnhagen, Berlin, 16. Mai 1817, Briefe von Stägemann, Metternich, Heine und Bettina von Arnim, Leipzig, 1865, 47.

80) Treitschke, Hist. u. pol. Aufsätze, 4 A., III, 149.

81) Brandes, Die Hauptströmungen der Literatur des neunzehnten Jahrhunderts (Strodtmanns Ausg.), III, 348.

82) Varnhagen, Denkwürdigkeiten u. verm. Schriften, IX, 133.

83) Varnhagen, a. a. O., 296.

84) Dannucci, Ricordi della vita e delle opere di G.-B. Niccolini raccolti, Florenz, 1866, I, 156.

85) Stendhal, Racine et Shakespeare, Paris, 1854, 266.

86) Vergl. Mohnike, Napoleon, Stimmen aus dem Norden und Süden, Stralsund, 1829, 89.

87) Delavignes Départ, in : Sept Messéniennes nouvelles par M. Casimir Delavigne, Paris, 1827, 19 ff.

88) Vergl. Antonio Medin, La caduta e la morte di Napoleone nella poesia contemporanea (Nuova Antologia, Bd. 135, 1894, S. 274.)

89) Hierzu und zum Folgenden vergl. meine Schrift „Napoleons Tod", wo die Belegstellen gesammelt sind.

90) Brandes, Die Literatur des neunzehnten Jahrhunderts in ihren Hauptströmungen, VI (Leipzig, 1891), 169—70.

91) Vergl. Voretzsch, Gaudys Kaiserlieder und die Napoleondichtung, Preuß. Jahrb., 95, 455 ff.

92) Legras, Henri Heine poète, Paris, 1897, S. XXIII der Introduction.

93) Julius Meyer, Geschichte der modernen französischen Malerei, Leipzig, 1867, 434.

94) Vergl. darüber: Dayot, Napoléon raconté par l'image, 384 ff.

⁹⁵) Doretzſch, a. a. O., 452, hat dies noch unlängſt getan. Unus de multis. Schon oftmals wurde der Vorwurf gegen Heine erhoben.

⁹⁶) Napoleon in Exile: or a voice from St. Helena; the opinions and reflections of Napoleon on the most important events of his life and government, in his own words, London, 1822.

⁹⁷) Quarterly Review, Februar 1823.

⁹⁸) Varnhagen, Blätter aus der preußiſchen Geſchichte, II, 195.

⁹⁹) Vergl. Napoleons Tod, 16.

¹⁰⁰) Jen. Allg. Lit.-Zeitg., 1823, No. 186.

¹⁰¹) Lit. Converſations-Blatt, 1822, No. 236.

¹⁰²) Das Mémorial de Sainte-Hélène erſchien zuerſt 1823 in Paris (8 Bde.). Zahlreiche Ausgaben.

¹⁰³) Lit. Converſations-Blatt, No. 150 vom 30. Juni 1823, S. 600, dazu: No. 117 vom 22. Mai 1823, S. 465.

¹⁰⁴) Jen. Allg. Lit.-Zeitg., 1823, No. 129.

¹⁰⁵) Hall. Lit.-Zeitg., 1824, No. 141.

¹⁰⁶) Varnhagen, Blätter a. d. preuß. Geſch., II, 364—65.

¹⁰⁷) Beil. 3. Allg. Zeitg., No. 35 vom 4. März 1823.

¹⁰⁸) Les mémoires du docteur Antommarchi, ou les derniers moments de Napoléon, Paris, 1825, 2 Bde. Eine deutſche Überſetzung erſchien bei Cotta, eine andere in Leipzig, eine dritte (von Fr. Schott) in Dresden.

¹⁰⁹) Lit. Converſations-Blatt, No. 60 vom 11. März 1825.

¹¹⁰) Narrative of the surrender of Buonaparte, and of his residence on board H. M. S. Bellerophon, London 1826. Deutſche Bearbeitung von W. A. Lindau, eine andere (anonym) erſchien bei Campe.

¹¹¹) Vergl. Hall. Lit.-Zeitg., 1826, No. 244, dagegen: Jen. Allg. Lit.-Zeitg., 1827, No. 59.

¹¹²) Werke, III, 444. Mit „Werke" iſt durchweg die kritiſche Ausgabe der Heineſchen Werke von E. Elſter bezeichnet. Die Ausgabe von Karpeles, die gleichfalls zu Rate gezogen wurde und nach der die Briefe citiert werden, iſt durch den Zuſatz des Namens ihres Herausgebers kenntlich gemacht.

¹¹³) Die von dem General Foy verfaßte Histoire de la guerre de la Péninsule sous Napoléon wurde von der Witwe des Verfaſſers 1827 in vier Bänden zu Paris herausgegeben, deutſch von dem Oberſten Puttrich zu Leipzig in demſelben und dem folgenden Jahr. Heines Bemerkung darüber findet ſich in dem 1828 geſchriebenen Aufſatze: Über körperliche Strafe in England, Werke, VII, 260—61.

¹¹⁴) Vaudoncourt ſchrieb verſchiedene Werke über die Feldzüge in Rußland, Deutſchland, Frankreich und die Kampagne von Waterloo, ſowie eine Histoire politique et militaire du prince Eugène.

¹¹⁵) Der ehemalige Sekretär Napoleons ſchrieb: Manuscrit de 1814, Paris, 1823, Manuscrit de 1813, Paris, 1824. Später folgten noch: Manuscrit de 1812 und Manuscrit de l'an III (1794—1795).

¹¹⁶) Chambures Napoléon et ses Contemporains erſchien 1826. Es war ein populäres Buch mit Bildern, auf den Geſchmack der weiteren Kreiſe berechnet. Menzels ſehr anerkennende Kritik: Stuttgarter Litteraturblatt, 1826, No. 63.

¹¹⁷) Mémoires pour servir à l'histoire de la vie privée, du retour et du règne de Napoléon en 1815. Par M. Fleury de Chaboulon, London, Murray, 1819—20, 2 Bde.

¹¹⁸) Ein Ausschnitt aus Pelets Denkwürdigkeiten des Jahres 1809, der Napoleons Aufenthalt in Schönbrunn behandelt, erschien in Band XXI, ein Aufsatz, „Über die vornehmsten Operationen des Feldzugs 1813", in Band XXI, XXII, XXIV und XXV der Annalen, die letzten Teile (er wurde abgebrochen) also unmittelbar vor Beginn von Heines Teilnahme an der Redaktion der Zeitschrift, die mit dem XXVIsten Bande einsetzt.

¹¹⁹) Mémoires pour servir à l'histoire de France, sous Napoléon, écrits à Sainte-Hélène, par les généraux qui ont partagé, sa captivité, Paris, 1822—25, 8 Bde.

¹²⁰) Werke, a. a. O.

¹²¹) Die Histoire de Napoléon et de la grande armée pendant l'année 1812 des Grafen Ségur (Philippe Paul), die ihrem Verfasser die Palmen der Akademie eintrug, erschien zuerst 1824. Zahlreiche Ausgaben, Bearbeitungen, Auszüge u. s. w., auch Entgegnungen (die berühmteste von Gourgaud, eine andere vom Freiherrn von Völderndorff). Von deutschen Übersetzungen erschienen damals eine durch den General von Theobald besorgte bei Cotta, eine andere von L. G. Förster, eine dritte in dem bekannten militärwissenschaftlichen Verlag von Mittler in Berlin und Posen.

¹²²) Der württembergische Kriegsminister Ernst Eugen Freiherr von Hügel, den Wilhelm Hauff in seiner schönen Novelle „Das Bild des Kaisers" porträtierte.

¹²³) Ergreifend sind die Nachforschungen, Aufforderungen und Todeserklärungen, die in den zwanziger Jahren durch ganze Bände der Allgemeinen Zeitung gehen und verschollene Teilnehmer am russischen Feldzuge zum Gegenstand haben.

¹²⁴) Allgem. Zeitg., 1825, No. 205. Eine weit günstigere Beurteilung in demselben Jahrgang dieses Blattes: Beilage zu No. 121. Andere Rezensionen: Jen. Allgem. Lit.-Zeitg., 1825, No. 119, 1826, Erg. Bl., No. 55; Hall. Lit.-Zeitg., 1825, No. 175, 176, Erg. Bl., No. 128—130; Literarisches Conversations-Blatt, 1825, No. 71, 78, 82, 88, 89. Eine sehr anerkennende Besprechung brachte das Stuttgarter Literaturblatt, 1825, No. 13, aus der Feder Adolf Müllners, der sich hier wie auch sonst als warmer Verehrer Napoleons zeigt.

¹²⁵) Heine an Moser, ohne Datum, Werke (Karpeles), VIII, 464.

¹²⁶) Arnault (Antoine Vincent), Vie politique et militaire de Napoléon, Paris, 1822—26, 2 Bde.

¹²⁷) Thibaudeau, Histoire générale de Napoléon, Paris, 1827—28, 6 Bde.

¹²⁸) Buchholz, Geschichte Napoleon Buonapartes, Berlin, 1827—29, 3 Bde.

¹²⁹) Schlosser, Zur Beurteilung Napoleons und seiner neusten Tadler und Lobredner, Frankfurt a/M., 1832—33.

¹³⁰) Gemeint ist die bekannte „Geschichte Almansors".

¹³¹) Vergl. Minor, Das deutsche Schicksalsdrama (Kürschners Nationalliteratur, Bd. 151), 11.

¹³²) Minor, a. a. O., 301.

¹³³) Grillparzers Selbstbiographie, Werke, 1872, X, 132.

¹³⁴) Varnhagen, Blätter aus der preußischen Geschichte, III, 414 ff., Holtei, Vierzig Jahre, hrsg. von Max Grube, II, 121 ff., vergl. Liter. Conversations-Blatt, 1826, No. 97.

135) Die schweizerische Amazone, Abenteuer, Reisen und Kriegszüge eine Schweizerin u. s. w., 2. Aufl., 1825.

136) Dieser Novellencyklus erschien Breslau, 1828.

137) Goethes sämtl. Werke (Ausg. in 10 Bänden, Stuttg., 1875), VIII, 162 ff

138) In der Erzählung „Vergißmeinnicht oder das nie gesehene Bild" Spindlers Vergißmeinnicht, Taschenbuch auf 1830. Vergl. Jen. Allgem. Lit.-Zeitg 1830, No. 234.

139) Vergl. Richard M. Meyer, Die deutsche Literatur des neunzehnten Jahrhunderts, 94.

140) Vergl. Lumbroso, Béranger e Napoleone, Rom u. Modena, 1895, 52

141) Werke, V, 275.

142) Vergl. Max Kaufmann, Heines Charakter und die moderne Seele, Zürich, 1902, 26.

143) Der dem Heinekenner geläufigen Ansicht, daß der Dichter in seinen Denken vom Vater nicht allzustark beeinflußt sein wird (vergl. z. B. Legras Henri Heine poète, XIV der Introduction) scheint mir das keineswegs zu widersprechen. Gerade Napoleons Bild ist für unzählige der Mit- und Nachlebenden durch die Erzählungen von Personen geprägt worden, die in anderen Dingen einen nicht allzu großen Einfluß auf die Hörer übten. Besonders die Großväter und Großmütter spielen dabei eine Rolle.

144) Werke, III, 234—35.

145) Werke, VII, 463.

146) A. L. d'Eckmühl, Mlle de Blocqueville, Le Maréchal Davout, Prince d'Eckmühl, raconté par les siens et par lui-même, III, 416. Die Nachricht stammt aus dem Werke des Engländers Stigand über Heine.

147) Dohm, Über die bürgerliche Verbesserung der Juden, Berlin, 1793.

148) Pahls National-Chronik der Teutschen, 1801, S. 275.

149) Louis Ducros, Heine et son temps, Paris, 1886, Kap. V. Das Ducrossche Werk, mit einer seltenen Unparteilichkeit und Sachkenntnis geschrieben gibt ein hübsches Bild der Lage Düsseldorfs unter der französischen Herrschaft Nur hin und wieder verrät sich in dem gut gearbeiteten, mit Geist und Humor geschriebenen Buche, das eine erfreuliche Lektüre bietet, durch eine minder treffende Auffassung der Ausländer. Man kann dazu über die einschlägigen Verhältnisse vergleichen: Goecke, Das Großherzogtum Berg, Köln 1877, und das bekannte Werk von Perthes, Politische Zustände und Personen, auch Beugnots Mémoires, alle drei Werke passim.

150) Werke, VII, 579 (Lesarten zu den Briefen aus Berlin), VI, 605 (Lesarten zur Lutetia).

151) Aus Immermanns Memorabilien, I.

152) Werke, III, 493.

153) Elster (Heines Werke, III, 493) irrt, wenn er von einer nochmaligen Anwesenheit Napoleons in Düsseldorf im Mai 1812, also unmittelbar vor Eröffnung des russischen Feldzugs, redet. Napoleon verließ damals Saint-Cloud am 9. Mai, 6 Uhr früh, traf am 10. in Metz ein, hielt sich am 11. u. 12. in Mainz auf und fuhr von hier aus über Aschaffenburg, Würzburg (13.), Bayreuth (14.), Plauen (15.) direkt nach Dresden, wo er am 16. eintraf und von wo er am 29., morgens um 3 Uhr, in der Richtung nach der russischen Grenze aufbrach. — Die unrichtige Angabe scheint aus Strodtmann, H. Heines Leben und Werke, 2. A.,

I, 36 zu ſtammen und durch eine Ungenauigkeit des Dichters entſtanden zu ſein, der (Werke, a. a. O.), der Zeit etwas vorausgreifend, von den den Kaiſer begleitenden Grenadieren ſagt, daß „er (Napoleon) ſie damals nach Rußland ſchickte". Man konnte in dem Irrtum noch beſtärkt werden durch die Naturſchilderung des Buches Le Grand (ſ. weiter unten, Kap. 3), die auf einen Frühlings- oder Sommertag ſchließen läßt, während Napoleon Anfang November die Stadt an der Düſſel beſuchte. Dieſe Naturſchilderung iſt aber offenbar eine dichteriſche Fiktion Heines, der ſein Bild poetiſch verſchönt hat, indem er es auf den bekannten „ſommergrün und goldigen" Untergrund malte.

Auch C. A. Buchheim (Biogr. Einleitung zur Ausgabe von Karpeles, I, XIII) und Karl Heſſel (Heines ,Buch Le Grand', Vierteljahrſchr. f. deutſche Literaturgeſchichte, V [1892], 554) haben den Fehler übernommen. Einer der Irrtümer, die von Buch zu Buch wandern.

154) Dergl. zu Obigem die Monographieen zur Geſchichte rheiniſcher Städte von Milz (Aachener Gymn. Progr. 1871—72) über Aachen, Heſſe über Bonn, Ennen (Zeitbilder) über Köln, Leonardy über Trier, Bockenheimer (Geſchichte der Stadt Mainz während der zweiten franz. Herrſchaft) über Mainz. Eine hübſche Schilderung des Aufenthalts in Koblenz nach den Worten eines Augenzeugen: Rhein. Antiquarius I, 2, 617 ff.

155) Rhein. Antiquarius I, 2, 625. Dergl. auch den Bericht im Berliner Freimütigen, 1804, No. 202.

156) Auch dieſe hat in den meiſten der erwähnten Städtegeſchichten Erwähnung gefunden. Zum Aufenthalt in Düſſeldorf, der hier vor allem in Betracht kommt, vergl. die treffliche Monographie von O. Redlich: Die Anweſenheit Napoleons I. in Düſſeldorf im Jahre 1811, Düſſeldorf, 1892.

157) Redlich, a. a. O., 40.

158) Redlich, a. a. O., 70—71.

159) Holzhauſen, Literatur- und Stimmungsbilder aus den erſten Koalitionskriegen, Beil. 3. Allgem. Zeitg., 1898, No. 234.

160) Auszüge vertrauter Briefe aus Raſtatt, 3. Lieferung, März 1798: No. VII, Raſtatt, d. 8. März 1798. — Aus Metternichs nachgelaſſenen Papieren, I, passim, vergl. Hüffer, Der Raſtatter Kongreß, I, 6; Holzhauſen, Literatur- und Stimmungsbilder, Beil. 3. Allgem. Zeitg. 1899, No. 33.

161) Mme. de Staël, Considérations sur la Révolution française, Teil III, Kap. XXVI, Teil IV, Kap. XVIII.

162) Dergl. Holzhauſen, Der erſte Konſul Bonaparte und ſeine deutſchen Beſucher, Bonn, 1900, passim.

163) Holzhauſen, a. a. O., Kap. IV.

164) Nach Schoppenhauers Tagebuche. Perſönl. Mitteilungen des Herrn Geh. Rat Gwinner an den Verfaſſer.

165) Gutzkow, Rückblicke auf mein Leben, 169.

166) Dergl. meinen Aufſatz über dieſen — 1896 verſtorbenen — Neſtor unſerer Gelehrtenwelt in Fleiſchers Deutſcher Revue, Auguſt 1895, S. 239.

167) Aus der Tuchwirkerſtadt Euskirchen wurde mir berichtet, daß noch um 1870 eine Anzahl dieſer alten Herren an der Königsgeburtstagstafel nach dem Weggange des Bürgermeiſters und der übrigen „offiziellen" Perſonen ein Vive l'Empereur! anſtimmten. Dergl. auch Treitſchke, Deutſche Geſchichte, II, 273.

168) Dergl. dazu: Elſter, Deutſche Dichtung, XXV, 7 ff.

17*

169) Werke, II, 159 ff. Die Handschrift zuerst vollständig abgedruckt in Hüffers anziehendem Büchlein „Aus dem Leben Heinrich Heines", 135 ff.

170) Grillparzer, Napoleon, Werke, 1872, I, 192.

171) Immermann, Das Grab auf St. Helena. In allen Ausgaben der Gedichte. Vergl. meinen Aufsatz: Immermanns Verhältnis zu Napoleon I., Beil. zur Allgem. Zeitg., 1898, No. 34.

172) Heine an Christian Sethe, Hamburg, 27. Okt. 1816, Werke (Karpeles), VIII, 333.

173) Zu dem alle Grenzen übersteigenden Franzosenhaß der „Altdeutschen" vergl. die Aufsätze „Die Allemannia" und „Vandalismus und Antiroyalismus" in den bei Duncker und Humblot in Berlin erschienenen Freimütigen Blättern für Deutsche, IV. u. V. Heft (1815–16). Von Görres, der neben Jahn zu den eifrigsten Fanatikern dieser Richtung zählte, konnte damals ein geachteter Schriftsteller sagen, daß er „uns durch Merkurialmittel von den Franzosen und allen, die er für Franzosen hält, auf jede Art erlösen will". Das wilde Gebahren, das wie jede Übertreibung die Parodie herausforderte, wurde schon 1815 in zwei Satiren verspottet, welche den Landshuter Professor Schultes zum Verfasser haben sollen: „Sendschreiben des Michael Freyherrn von und zu Michelhausen an die Deutsch-Michel-Gesellschaft zu Jdstein" und „Verfassungs-Urkunde und Gesetze der deutschen Gesellschaft zu .... bekannt gemacht von D. Carl Hoffmann, Justizrath und Obristen des Landsturms ..... In deutsche Knittelreime mühsam gebracht von Gian Michele Bavareti" u. s. w. — Auch ein feuriger Patriot, der bekannte hessische Demokrat Wilhelm Schulz, spricht von dem „täppisch blinden Franzosenhasse" (Briefwechsel eines Staatsgefangenen, II, 29). Arndt und Friedrich Arnold Brockhaus hielten es für geraten, sich wegen ihres Verhaltens in dieser Hinsicht zu verteidigen. (B. z. B. in einem Aufsatz „Über den Franzosenhaß" in den von ihm herausgegebenen Deutschen Blättern. Vergl. H. E. Brockhaus, Fr. A. Brockhaus. Sein Leben und Wirken, I, 344 ff.)

174) „Was soll bei der neuen Verfassung aus den Juden werden?" o. O. o. J.

175) Fries, Über die Gefährdung des Wohlstandes und Charakters der Deutschen durch die Juden, Heidelberg, 1816, Rühs, Über die Ansprüche der Juden an das deutsche Bürgerrecht u. s. w., Berlin, 1816, und: Die Rechte des Christentums und des deutschen Volks. Verteidigung gegen die Ansprüche der Juden und ihrer Verfechter, Berlin 1816.

176) Werke, III, 169, VII, 406, Briefe an Moser, Ritzebüttel, 23. August 1823, und Hannover, 21. Januar 1824, Werke (Karpeles), VIII, 389 u. 415.

177) Derselbe, in dem auch der „homerisch göttliche herrliche Blücher" erwähnt wird, Werke (Karpeles), a. a. O.

178) Werke, VII, 592.

179) Varnhagen, Denkwürdigkeiten, 2. A., II, 360.

180) Varnhagen, Denkwürdigkeiten, IX, 514–17.

181) Jakob Schmitt, Meine Verhaftung und Verurteilung unter der Verwaltung des Herrn Justus Gruner, Generalgouverneur vom Mittelrhein u. s. w., o. O., 1816.

182) Werke, VII, 592.

183) Saalfelds Geschichte Napoleon Buonapartes erschien zuerst in einem Bande, Leipzig und Altenburg, Brockhaus, 1815, dann in zweiter, noch um einen weiteren Band voll Schimpfwörter vermehrter Auflage, 1816–17.

184) Die Fanfaronaden erschienen im Juni 1814.

185) Werke, III, 157.

186) Dergl. u. a. meinen Aufsatz: Napoleons Landung in England und die öffentl. Meinung in Deutschland, Sonntagsbeilage zur Voss. Zeitg., 1900, No. 37.

187) Gemeint ist natürlich Nords Enkel Maximilian, der während der Expedition nach China umgekommene Verfasser des Buches „Napoleon als Feldherr".

188) Varnhagen, Blätter aus der preußischen Geschichte, I, 55.

189) Varnhagen, a. a. O., I, 338. Dergl. meine Schrift „Napoleons Tod", 35.

190) Varnhagen, a. a. O., II, 246.

191) Varnhagen, a. a. O., II, 459.

192) Varnhagen, a. a. O., IV, 284.

193) Varnhagen, a. a. O., IV, 195.

194) Varnhagen, Denkwürdigkeiten, 2. A., I, 253, vergl. das., 263.

195) Varnhagen, a. a. O., 421.

196) Varnhagen an Rahel, Tübingen, 5. Jan. 1809, Briefwechsel zw. Varnhagen u. Rahel, I, 249, vergl. das. I, 295.

197) Varnhagen an Rahel, Lauenburg, 12. Juni, 1813, Briefwechsel, III, 111.

198) Varnhagen an Rahel, Dillenewe-le-Roi, Ostersonntag, 10. April 1814, Briefw., III, 317.

199) Varnhagen, Denkwürdigkeiten, IX, 281 f.

200) Brandes, Die Hauptströmungen in der Litteratur des neunzehnten Jahrhunderts, VI (Leipzig, 1891), 125—26.

201) Gottschall, Aus meiner Jugend, 315. Ducros (Heine et son temps, 184) sagt: Varnhagen n'aimait pas Napoléon, dont il semble même n'avoir pas compris le génie. Der erste Teil dieses Satzes ist gewiß richtig, den zweiten erlaube ich mir nach meinen Studien der Varnhagenschen Werke, namentlich der Briefwechsel, zu bezweifeln.

202) Sie steht in den Berliner Jahrbüchern f. wissenschaftl. Kritik, 1827, No. 223—226, Sp. 1791—1807. Die angezogene Stelle das., Sp. 1805.

203) Varnhagen, Denkwürdigkeiten, 2. A., II, 238.

204) Rahel an Ernestine Robert, Prag, 20. Dez. 1813, Rahel, ein Buch des Andenkens für ihre Freunde, II, 157, und an Mendelssohn-Bartholdy, Prag, 10. Jan. 1814, a. a. O., II, 159.

205) Rahel an Mor. Robert, Wien, 12. März 1815, a. a. O., II, 264.

206) Rahel an M. Th. Robert, Wien, 6. April 1815, a. a. O., II, 281.

207) Rahel an Varnhagen, Baden bei Wien, 27. Juli 1815, a. a. O., II, 298.

208) Baden, 31. Juli 1818 (mündlich), a. a. O., II, 543.

209) Heine an Varnhagen, München, 6. Juni 1828, Werke (Karpeles), VIII, 547.

210) Chamisso, Der Tod Napoleons. Nach Alessandro Manzoni (1827). In allen Chamisso-Ausgaben.

211) Varnhagen, Denkwürdigkeiten, IX, 282.

212) Dergl.: Der fünfte Mai. Ode auf Napoleons Tod von Alexander Manzoni. In der Italischen Urschrift nebst Übersetzungen von Goethe, Fouqué, Giesebrecht, Ribbeck, Zeune, Berlin 1828.

213) Fouqué, Abfall und Buße oder die Seelenspiegel, ein dreibändiger Roman, der nach des Verfassers Tode 1844 in Berlin erschien. Über Fouqués Stellung zu Napoleon vergl. noch: Fouqués Lebensgeschichte, 195 ff. und meine

Literatur- und Stimmungsbilder aus den erſten Koalitionskriegen, III, Beil. 3.
Allgem. Zeitg., 1899, No. 34.

²¹⁴) Stägemann, Hiſtoriſche Erinnerungen in lyriſchen Gedichten, 294 ff.

²¹⁵) Heine an Varnhagen, Hamburg, 28. Februar 1830, Werke (Karpeles),
VIII, 584.

²¹⁶) Werke, V, 18. Noch auf ſeinem Schmerzenslager erinnert er ſich des
„alten Stägemann“ (Heine an Guſtav Kolb, Paris, 21. April 1851, Werke (Karpeles), IX, 378.

²¹⁷) Morgenblatt für die gebildeten Stände, 1829, No. 224.

²¹⁸) Berdrow, Rahel Varnhagen, 321.

²¹⁹) Hegel an Niethammer, 29. April 1814, Werke, 19, I, S. 371 (Brief
No. 125).

²²⁰) A. a. O., S. 238. Daſelbſt finden ſich noch andere Zeugniſſe der Bewunderung des Philoſophen für den Kriegshelden (Stellen im Regiſter). Vergl.
auch Brandes, a. a. O., VI, 125, Berdrow, Rahel Varnhagen, 126.

²²¹) Wilhelm Hauff in den „Mitteilungen aus den Memoiren des Satan“,
Ludwig Robert in den „Promenaden eines Berliners in ſeiner Vaterſtadt“.

²²²) In den Briefen aus Berlin, Werke, VII, 576 (Lesarten) und in der
Harzreiſe, Werke, III, 57.

²²³) Proelß, Heinrich Heine, ſein Lebensgang und ſeine Schriften, 80.

²²⁴) Näheres vermag ich leider nicht anzugeben. Vor mehreren Jahren
wandte ich mich einmal in dieſer Angelegenheit an die (inzwiſchen verſtorbene)
Tochter der Frau von H., die gleichfalls als Schriftſtellerin bekannte Eliſe von
Hohenhauſen. Die damals ſchon mehr als achtzigjährige Dame antwortete in
liebenswürdiger Weiſe, konnte ſich aber auf Einzelheiten aus jener Zeit nicht
mehr beſinnen.

²²⁵) Holzhauſen, Der erſte Konſul Bonaparte und ſeine deutſchen Beſucher,
14—16, wo eine genauere Charakteriſtik, auch weiteres Material angegeben wird.

²²⁶) Strodtmann, H. Heines Leben und Werke, 2. A., I, 626.

²²⁷) Der alte Student. Das Stück erſchien 1828.

²²⁸) Er erlag ſchon am 25. Juni 1822 ſeinem qualvollen Rückenmarksleiden.

²²⁹) Grabbe, Erzählung, Charakteriſtik, Briefe, in Immermanns Memorabilien, II. Teil, Werke (Hempel), XIX, 72, 92, 98, 101.

²³⁰) Vergl. Kap. VII des ſchönen und ſtimmungsvollen Buches von Guſtav
Karpeles: Heinrich Heine. Aus ſeinem Leben u. aus ſeiner Zeit.

²³¹) Richard M. Meyer, Die deutſche Literatur des neunzehnten Jahrhunderts, 128.

²³²) S. 62 dieſes Buches.

²³³) Geiger, Geſchichte der Juden in Berlin, I, 143.

²³⁴) Vergl. Holzhauſen, Der erſte Konſul Bonaparte, 78.

²³⁵) Heine an Moſes Moſer, „Verdammtes Hamburg“, 14. Dez. 1825,
Werke (Karpeles), VIII, 473.

²³⁶) Werke, II, 166.

²³⁷) Mitgeteilt in dem Brief an M. Moſer aus Göttingen, 25. Oktober 1824,
Werke (Karpeles), VIII, 438, Werke (Elſter), I, 164—65. Vergl. Strodtmann,
a. a. O., I, 379.

²³⁸) Werke, II, 261.

²³⁹) Werke, I, 140 ff.

²⁴⁰) Mein verewigter Freund Emile Montégut hat in seinem höchst geistreichen Aufsatze über Heine in der Revue des deux Mondes (15. Mai 1884, S. 252—53) diese Sache anziehend behandelt. Nur ist das von ihm daselbst angegebene Datum eines Briefes an Moser (5. November 1824) unrichtig. Wenigstens steht in der Ausgabe von Karpeles (Bd. VIII) kein.Schreiben des Dichters unter dem genannten Datum verzeichnet.

²⁴¹) Proelß, Heinrich Heine, sein Lebensgang und seine Schriften, 127.

²⁴²) In den Gedanken und Einfällen, Werke, VII, 401.

²⁴³) H. Heine. Erinnerungen von Alfred Meißner, Hamburg, 1856, 99.

²⁴⁴) Brandes, Die Literatur des neunzehnten Jahrhunderts in ihren Hauptströmungen, VI (Leipzig, 1891), 132—33.

²⁴⁵) Louis P. Betz, Heine in Frankreich, Zürich, 1895, 30.

²⁴⁶) Natürlich ist im Text von der französischen Romantik die Rede.

²⁴⁷) Werke, VII, 593.

²⁴⁸) Werke, III, 57.

²⁴⁹) Werke, III, 304.

²⁵⁰) Werke, VII, 576, III, 116 u. ö.

²⁵¹) Heine an M. Moser, Göttingen, 25. Juni 1824, Werke (Karpeles), VIII, 434.

²⁵²) Werke, I, 268.

²⁵³) Byrons Werke (Gildemeister), III, 239.

²⁵⁴) Werke, III, 116.

²⁵⁵) Brandes, Die Literatur des neunzehnten Jahrhunderts in ihren Hauptströmungen, IV (Leipzig, 1900), 421.

²⁵⁶) Byrons Werke, (Gildemeister). III, 237.

²⁵⁷) Napoleons Tod, 50 ff.

²⁵⁸) Byrons Werke (Gildemeister), II, 190.

²⁵⁹) Byron's Works (neue Murraysche Ausgabe, von Ernest Hartley Coleridge und Rowland E. Prothero), Journal, 13. Nov. 1813, Letters and Journals, II, 340.

²⁶⁰) Heine an Varnhagen, München, 6. Juni 1828, Werke (Karpeles), VIII, 547.

²⁶¹) Montégut, a. a. O., 267.

²⁶²) Richard M. Meyer, Die deutsche Literatur des neunzehnten Jahrhunderts, 145.

²⁶³) Adolf Bartels, Geschichte der deutschen Literatur, II, 314.

²⁶⁴) Max Kaufmann, Heines Charakter und die moderne Seele, III. Abschnitt.

²⁶⁵) Vergl. Richard M. Meyer, a. a. O., 134.

²⁶⁶) Vergl. Strodtmann, a. a. O., I, 57, Elster, Heinrich Heines Leben u. Werke, Einleitg. zu E.s Heineausgabe, 28 und Werke, I, 39, 490. Auf Heines eigene Datierung (1816) gebe ich wenig, da er in solchen Dingen recht ungenau war und es sich außerdem nur um eine ungefähre Angabe aus dem Gedächtnis handelt. Immerhin wäre möglich, daß, wenn Heine, wie ich annehme, seine schöne Romanze erst 1819 verfaßt hat, doch der historische Vorgang, an den er sich in dieser und im Le Grand anlehnt (die Begegnung mit den gefangenen Franzosen), soweit ein solcher überhaupt wirklich stattgefunden hat, um einige Jahre weiter zurückliegt.

²⁶⁷) Werke, III, 164.

268) Die Cahiers du Capitaine Coignet, die, von Lorédan Larchey herausgegeben, 1889 bei Hachette in Paris erschienen.

269) Dergl. Brandes, Die Literatur des neunzehnten Jahrhunderts in ihren Hauptströmungen, VI (Leipzig, 1891), 167.

270) Dergl. oben, S. 43.

271) In meiner Abhandlung über Ballade und Romanze, Zachers Ztschr. f. dtsche. Phil., Bd. XV.

272) Dergl. Napoleons Tod, 82 ff.

273) Richard M. Meyer, Die deutsche Literatur des neunzehnten Jahrhunderts, 131.

274) Doretzsch, Gaudys Kaiserlieder und die Napoleondichtung, Preuß. Jahrb., Bd. 95, 454.

275) Im Urtext: Adieu, femme, enfants et patrie!

276) Werke, VII, 624, Richard M. Meyer, a. a. O., 131.

277) Seegersche Übersetzung. Im Urtext: Vieux grenadiers, suivons un vieux soldat.

278) Düsseldorfer Tägl. Anzeiger, 1893, No. 97.

279) Der Abdruck befindet sich gegenwärtig im Besitz des Herrn Oberarztes Dr. Liniger in Bonn.

280) Auch Wilhelm Smets (1796—1848) gehörte zu denen, die gegen den Korsen die Muskete getragen hatten, um später Apostel seines Ruhmes zu werden. Geb. zu Reval als Sohn der berühmten Schauspielerin Sophie Schröder, aber frühzeitig ins Rheinland gekommen, besuchte S. das kaiserliche Lyceum in Bonn, das er wegen der Stiftung einer deutschtümlichen Verbindung verlassen mußte. Die Schlacht bei Waterloo machte er im Heere der Verbündeten mit, studierte dann Theologie und starb als Aachener Domherr während der deutschen Reichsversammlung, deren Mitglied er war, zu Frankfurt. Er war ein fruchtbarer Poet und hat noch mehrere Gedichte zu Napoleons Preis geschrieben. Übrigens gehörte S. zu Heines Freunden, und dieser widmete einem seiner Trauerspiele eine eingehende Besprechung (Werke, VII, 152 ff.). Näheres über S.' Leben: Goedeke, Grundriß, III (Dresen, 1881), 2, 1121—23, Brümmers Lexikon der deutschen Dichter und Prosaisten, I, 500—501.

281) Dergl. darüber das folgende Kapitel.

282) „Die Liturgie! die Liturgie! sie wird auf den Flügeln des Roten Adlers dritter Klasse von Kirchturm zu Kirchturm fliegen, jusqu'à la tour de Notre Dame!" (Werke, VII, 185). Wie gewöhnlich, citiert Heine ungenau. In der erwähnten, bei der Rückkehr von Elba am 1. März 1815 vom Golf Juan an die französische Armee gerichteten Proklamation heißt es: jusqu'aux tours de Notre Dame. (Fleury de Chaboulon, Mémoires pour servir à l'histoire de la vie privée, du retour et du règne de Napoléon en 1815, London, 1820, I, 159).

283) Werke, VII, 587 (Lesarten).

284) Werke, VII, 209.

285) Werke, III, 165.

286) Dergl. Elster, Heinrich Heines Leben, 47, 80 ff., Werke III, 82, Elsters Aufsatz in der Vierteljahrschr. f. Literaturgeschichte, IV, 493 ff. Eine andere Auffassung vertritt Karl Hessel, Heines ‚Buch Le Grand', in ders. Zeitschr., V, 546 ff., der annimmt, daß das Werk an Friederike Robert gerichtet sei. Hiergegen

wieder: Elster in den Jahresberichten f. neuere deutsche Literaturgesch., 1892, IV, 11, No. 20. Für meine Zwecke ist die Polemik ohne erhebliche Bedeutung.

287) Werke, III, 111.

288) Richard Voß in seinem dreiaktigen Drama: Wehe den Besiegten! (1889).

289) Werke, III, 113.

290) Die schöne Stelle über Ségurs Histoire: Werke, III, 117 ff.

291) Die Bemerkungen über Scott: Werke, III, 115—17.

292) Die Napoleon wenig günstigen, übrigens äußerst unzuverlässigen Memoiren seines ehemaligen Sekretärs Bourrienne erschienen zu Paris 1828—30, deutsch Stuttgart 1829—30, 10 Bde.

293) Werke, III, 113.

294) Werke, a. a. O.

295) Sehr schön hat wieder Montégut in dem erwähnten Aufsatze (Revue des deux Mondes, 15. Mai 1884, S. 266) diese Gabe der Synthese bei Heine selbst hervorgehoben. (Vergl. auch Betz, Heine in Frankreich, 83.)

296) Werke, III, 113—14. Heine nimmt in dieser Auseinandersetzung auf Kants Kritik der Urteilskraft, II. Teil, § 77 Bezug. Eine noch etwas weitere Ausführung dieser geistreichen Gedanken zeigt die von Elster in den Lesarten (III, 524) mitgeteilte älteste Fassung der Stelle.

297) Goethes Gespräche (Biedermann), VI, 272—73 (11. März 1828, mit Eckermann).

298) Treitschke, Hist. u. pol. Aufsätze, 4. A., III, 153.

299) In den prächtigen Kapiteln VI—VIII des Le Grand, Werke, III, 145 ff.

300) Werke, III, 493.

301) IX. Kapitel des Le Grand, Werke, III, 160.

302) Vergl. oben, S. 43.

303) Schon in einem unmittelbar nach Napoleons Tode erschienenen Artikel des Pariser Constitutionnel vom 11. Juli 1821. Später in schwungvoller Sprache von Gaudy. (Vergl. Kap. 6).

304) Victor Hugo in der Ode „Die beiden Inseln", Les deux Iles, französisch in den Odes et Ballades (Paris, Hetzelsche Ausgabe, 132 ff.), die Verdeutschung in: Victor Hugos sämtlichen poetischen Werken, deutsch von Ludwig Seeger, Stuttgart, 1860, II, 167 ff.

305) Bei der Stelle aus Victor Hugo legt die Zeit den Gedanken an eine Entlehnung oder doch ein Erinnerungsbild nahe. Die Odes et Ballades erschienen bekanntlich im Jahre 1826, in dessen Sommer- und Herbstmonaten Heine das Buch Le Grand ausarbeitete.

306) Werke, III, 160.

307) Antommarchi, Memoiren oder die letzten Augenblicke Napoleons (deutsche Ausg.), Stuttg. u. Tüb., 1825, II, 89. Ähnliche Aussprüche öfter.

308) O'Meara, Napoleon in der Verbannung (deutsche Ausgabe von Friedrich Schott), Dresden, 1822, I, 55. Ähnl. öfter.

309) Antommarchi, a. a. O., II, 90.

310) Pfizers Aufsatz „Heines Schriften und Tendenz" erschien in der Deutschen Vierteljahrsschrift, Stuttg. u. Tüb., 1838, 1. Heft, 167 ff. Die angezogene Stelle daselbst, 234—35.

311) Vergl.: Napoleons Tod, 77—78, wo noch weitere Beispiele dieser Vergötterung und Vergöttlichung angegeben werden.

³¹²) Varnhagen, Blätter aus der preuß. Geschichte, II, 273.

³¹³) Dumas that das in dem noch später zu erwähnenden Bühnenstücke: Napoléon Bonaparte ou Trente ans de l'histoire de France. Vergl. Voretzsch, a. a. O., 452—53.

³¹⁴) Gutzkow, Öffentliche Charaktere, Ges. Werke, II (Frankfurt, 1845), 4.

³¹⁵) Blanchemain, vergl. Treitschke, hist. u. pol. Aufsätze, 4. A., III, 147.

³¹⁶) Vergl. Strodtmann, a. a. O., I, 471—72.

³¹⁷) Schmidt-Weißenfels, Über Heinrich Heine, 34 ff.

³¹⁸) Elsters Einleitung zum 2. Teil der Reisebilder, Werke, III, 83 ff.

³¹⁹) Dies wurde in geistvoller Weise ausgeführt von Hessel, a. a. O., 555 ff.

³²⁰) Heine an Varnhagen, London, 1. Mai 1827, Werke (Karpeles), VIII, 517.

³²¹) Laube, Erinnerungen, Ges. Schriften in 15 Bänden, I, 15.

³²²) Strodtmann, a. a. O. Über den einseitigen und größtenteils ungerechten Haß der Hamburger gegen den französischen Marschall Davout, der 1813/14 auf Napoleons Befehl ihre Stadt befestigen und gegen die Verbündeten verteidigen mußte, vergl. mein Buch: Davout in Hamburg, Mülheim (Ruhr), 1892.

³²³) Vergl. Karl Hessel, Heines Buch ‚Le Grand‘, Vierteljahrschr. f. Literaturgeschichte, V, 570.

³²⁴) Stuttgarter Literaturblatt, 1827, No. 48.

³²⁵) Hall. Lit.-Zeitg., 1827, Erg. Bl., No. 85, Sp. 680.

³²⁶) Leipziger Lit.-Zeitg., 1830, No. 89.

³²⁷) Vergl. Proelß, Heinrich Heine, sein Lebensgang und seine Schriften, 160.

³²⁸) Neue allgem. polit. Annalen, Bd. XXIV (1827), Heft 1, S. 3—11. Sie war zuerst im Mitternachtblatt für gebildete Stände, No. 44, vom 16. März 1827 erschienen.

³²⁹) Sie erschien in den Neuen allgem. pol. Annaleu, Bd. XXVI (1828), Heft 2, S. 173—81. In Heines Werken: III, 448 ff.

³³⁰) Johannes Proelß, Das junge Deutschland, 118 ff.

³³¹) Zu Menzel und seinen Wandlungen, sowie zur Haltung des von ihm geleiteten weiland berühmten Blattes vergl. Stuttgarter Literaturblatt, 1827, No. 88 ff. (die gleich zu erwähnende Kritik des Scottschen Buches durch Lindner), 1829, No. 71 (Kritik des Barthélemyschen Fils de l'homme), 1830, No. 104 (Kritik von Mohnike, „Napoleon, Stimmen aus dem Norden und Süden"), 1831, No. 18 (Thibaudeau-Kritik), No. 79 u. 80 (die Kritik der Reisebilder IV), 1832, No. 115 (Besprechung der Memoiren der Herzogin von Abrantès, Bd. I—V), 1833, No. 68 (über Montbels „Herzog von Reichstadt"), 1834, No. 16 (über Louis Napoleon Bonapartes „Politische und militärische Betrachtungen über die Schweiz"), 1835, No. 27 u. 28 (Sammelkritik einer Anzahl napoleonischer Schriften), No. 82 (der wütende Ausfall gegen Gaudy, als Dichter der Kaiserlieder!), 1836, No. 37 (Menzels Angriff gegen Börne: Herr Börne und der deutsche Patriotismus). Wenn also Menzel später (Denkwürdigkeiten, 353), von sich behauptet: „Ein Lobredner Napoleons war ich nie und nirgend", so kann das stolze Wort wenigstens nicht als buchstäbliche oder ausnahmslose Wahrheit gelten.

³³²) Neue allgem. pol. Annalen, Bd. XXVI (1828), Heft 1, S. 79 ff.

³³³) A. a. O., 81.

³³⁴) Neue allgem. pol. Annalen, Bd. XXVII (1828), Heft 4, S. 376.

³³⁵) Heine an Varnhagen, Hamburg, 19. Okt. 1827, Werke (Karpeles), VIII, 526.

336) Derfelbe an denfelben, München, 6. Juni 1828, Werke (Karpeles), VIII, 547.

337) Vergl. Napoleons Tod, 7.

338) Über Lebret: Ed. Heyck, Die Allgemeine Zeitung (Stellen im Regifter).

339) Heine an Varnhagen, Hamburg, 27. Februar 1830, Werke (Karpeles), VIII, 584.

340) Lebret gab u. a. heraus: Urteile Napoleons während feines Aufenthalts auf St. Helena ... gefammelt von dem Grafen Las Cafes, bekannt gemacht von Dr. Lebret, Stuttg. u. Tüb., 1821 (mit gegenübergedrucktem franzöfifchen Text) und: Napoleon, eine biogr. Skizze, a. d. Franz. mit Anmerkungen. — Lindner überfetzte auch ein Reifewerk der Königin Hortenfe (Stuttg., 1834).

341) Bailleul, Examen critique de l'ouvrage posthume de Mme. la Bnne. de Staël, ayant pour titre: Considérations sur les principaux événements de la Révolution française, Paris, 1818, 2 Bde.

342) Eine Überfetzung des Scottfchen Life of Napoleon Buonaparte durch den General von Theobald erfchien in Stuttgart bei Franckh 1827, eine andere von Georg Nikolaus Bärmann bei Gebr. Schumann in Zwickau, eine dritte (anonym) in der Arkutfchen Buchhandlung zu Dresden.

343) Werke, III, 448. Die Scottkritik geht bis 454.

344) Gourgaud, Réfutation de la Vie de Napoléon par Sir Walter Scott, Paris, 1827. Auf einen offenen Brief Sir Walters entgegnete er nochmals in einer Réponse à la Lettre de sir Walter Scott. Der Streit erregte Auffehen, und Mebold, der bekannte Redakteur der Allgemeinen Zeitung kritifierte, für Gourgaud Partei nehmend, die letztgenannten beiden Schriften in Menzels Literaturblatt, 1827, No. 94.

345) Réponse à sir Walter Scott sur son Histoire de Napoléon, Paris, 1828. Deutfch u. d. T.; Die Gefchichte Napoleons von Sir Walter Scott, geprüft von Ludwig Bonaparte, Grafen von St.-Leu u. f. w., Stuttg., 1829. Vergl. Stuttgarter Literaturblatt, 1829, No. 10, Hall. Lit.-Zeitg., 1829, No. 206.

346) Varnhagen, Blätter aus der preußifchen Gefchichte, IV, 284.

347) Blätter für literar. Unterhaltg., 1827, No. 142, 143, 149, 150.

348) Jen. Allgem. Lit.-Zeitg., 1828, No. 9 u. 10, 1829, No. 11 u. 12.

349) Berliner Jahrbücher, 1827, No. 223—226.

350) Stuttgarter Literaturblatt, 1827, No. 88—91.

351) „Für Ihre Rezenfion des Napoleonifchen Charakters müffen Sie noch manche Stücke von mir ausftehen", fchreibt Heine und fchickt Varnhagen die feinige „zur Strafe, zur doppelten Strafe" (Heine an Varnhagen, München, 12. Februar 1828, Werke (Karpeles), VIII, 540).

352) Die Campagne de 1815 hatte Gourgaud noch 1818, in dem Jahre feiner Rückkehr von St. Helena, herausgegeben.

353) Die Scottkritik bildet das IV., der Auffatz über Wellington das X. Kapitel der englifchen Fragmente (Werke, III, 448 ff. u. III, 490 ff.)

354) Don Juan, 8, 48—49 (Bd. VI, S. 41 der deutfchen Ausgabe bei Gildemeifter) und 14, 90 (VI, 224 bei Gildemeifter).

355) Las Cafes, Mémorial de Sainte-Hélène, Paris, 1823, IV, 304—305, VII, 274 ff.

356) Diefe Stelle fteht bei O'Meara, a. a. O., I, 133.

857) Die Anfangsstrophen des 9. Gesangs im Don Juan (VI, 67 ff. bei Gildemeister).

858) In den Fragmenten und Aphorismen, Ges. Schriften, Bd. XVII (Leipzig, 1847), 303.

859) Werke, V, 128.

860) Werke, V, 125.

861) Byrons Werke (Gildemeister), VI, 67.

862) Werke, III, 490.

863) A. a. O., 492.

864) Über körperliche Strafe in England, Werke, VII, 260.

865) Treitschke, Deutsche Geschichte, III, 272.

866) Werke, III, 493—94.

867) Stuttgarter Literaturblatt, 1831, No. 80, S. 319.

868) Börne, Briefe aus Paris, 11. Febr. 1831, Ges. Schriften, X (Hamburg, 1832), 63, 65.

869) Werke, III, 277.

870) Das Trauerspiel in Tirol. Ein dramatisches Gedicht in fünf Aufzügen von Karl Immermann, Hamburg, 1828.

871) Werke, III, 230.

872) Werke, III, 273. Man vergl. auch die Varianten, a. a. O., 550—51.

873) Kap. XXIX und XXX der Reise von München nach Genua, Werke, III, 273 ff.

874) Werke, III, 551.

875) Hierauf scheint sich der Brief Heines an Lindner, München, 11. Febr. 1824, Werke (Karpeles), VIII, 537 zu beziehen. Vergl. Strodtmann, a. a. O., I, 549.

876) Vergl. Strodtmann, a. a. O., I, 567.

877) Dieses eröffnet bekanntlich die Englischen Fragmente, Werke, III, 433 ff.

878) Werke, III, 434.

879) Vannucci, Ricordi della vita e delle opere di G.-B. Niccolini raccolti, Florenz, 1866, I, 185 u. ö.

880) Poesie di G.-B. Niccolini. Raccolte et pubblicate da Corrado Gargiolli (Opere edite e inedite, IV), Mailand, 1880, 28 ff.

881) Vergl. Treitschke, Hist. u. pol. Auff., 4 A., III, 155.

882) Antonio Medin, La caduta e la morte di Napoleone nella poesia contemporanea, Nuova Antologia, Bd. 135 (1894), 291.

883) In den erwähnten, in der Beilage zur Allgem. Zeitg. 1898/99 veröffentlichten Literatur- und Stimmungsbildern aus den ersten Koalitionskriegen.

884) Börne, Briefe aus Paris 1830—1831, Ges. Schriften, Bd. IX (Hambg., 1832), 75.

885) Börne, Mitteilungen aus dem Gebiete der Länder- und Völkerkunde, II, Ges. Schriften, Bd. XII (Offenbach, 1833), 133—34.

886) Börne, Briefe aus Paris 1830—1831, a. a. O., IX, 260.

887) Graetz, Geschichte der Juden, XI, 342.

888) Börne, Fragmente u. Aphorismen, 131 („Napoleon"), Ges. Schriften, Bd. VI (Hamburg, 1829), 93.

889) Heines Denkschrift über Börne, Werke, VII, 20. Ganz richtig bemerkte Gutzkow: „Börne bewunderte ihn, ohne in ihm seinen Lieblingshelden zu sehen." (Gutzkow, Börnes Leben, Gutzkows Ges. Werke, VI (Frankfurt, 1845), 86.

³⁹⁰) Börne an Menzel, 13. Juli 1827, bei Gutzkow, a. a. O., 168.

³⁹¹) Börne, Fragmente und Aphorismen, 131 („Napoleon"), a. a. O., VI, 93.

³⁹²) Werke, VII, 20.

³⁹³) Werke, III, 273—74.

³⁹⁴) Vorrede zur 1. Ausg. von „Börnes Leben", Gutzkows Ges. Werke VI (1845), 13 ff.

³⁹⁵) Vergl. oben, S. 136.

³⁹⁶) Es ist da, wo Lady Marfield die Passionsbilder betrachtet, Werke, III, 399.

³⁹⁷) Werke, VII, 56, 61.

³⁹⁸) In der (karikierenden) Charakteristik Heines in Treitschkes Deutscher Geschichte, III, 711 ff.

³⁹⁹) Original: Barthélemy et Méry, La Tricolore, in: Nouveautés de la littérature française, 1re livr., Stuttgart, 1830, 34—35.

⁴⁰⁰) Französisch: Barthélemy, Poésies satiriques, in: Nouveautés de la littérature française, 26e livr., Stuttgart, 1831, 68—69.

⁴⁰¹) Französisch: Victor Hugo, Dicté après juillet 1830, Chants du Crépuscule, 19. (Œuvres complètes de Victor Hugo, Hetzelsche Ausgabe. Auf diese beziehen sich, soweit nicht ausdrücklich anders angegeben, sämtliche Citate).

⁴⁰²) Bérangers Lieder, Auswahl in freier Bearbeitung von A. v. Chamisso u. Frhr. v. Gaudy, Leipzig, Reclam, S. 152.

⁴⁰³) In der onzième Messénienne, vergl. Napoleons Tod, 44.

⁴⁰⁴) Werke, IV, 573 (Lesarten zum ersten Band des Salon).

⁴⁰⁵) Franz.: Barthélemy, Douze Journées de la Révolution, in: Nouveautés de la littérature française, 40e livr., Stuttg., 1832, 369.

⁴⁰⁶) Franz.: Victor Hugo, Feuilles d'Automne, 11. (Ce siècle avait deux ans).

⁴⁰⁷) Théophile Gautier, Les Vieux de la Vieille. Das Gedicht erschien zuerst in der Revue des deux Mondes vom 1. Januar 1850 und steht auch in den Emaux et Camées (1852).

⁴⁰⁸) Feuilles d'Automne, 72.

⁴⁰⁹) Orientales, 242.

⁴¹⁰) Entscheidend bei Hugo in der (ersten) Ode A la Colonne. Sie ist „Februar 1827", die beiden letzten Teile allerdings erst „Mai 1828" gezeichnet. (In den Odes et Ballades, 109 ff.).

⁴¹¹) A l'Arc de Triomphe, in den: Voix intérieures, 39 ff.

⁴¹²) Vergl. z. B. Bounaberdi in den Orientales, 235—36, das großartige Gedicht Lui (das., 237 ff.), die (zweite) Ode à la Colonne (Chants du Crépuscule, 27 ff.) u. a.

⁴¹³) Beispiele für Hugo bieten die Gedichte: Ce siècle avait deux ans (Feuilles d'Automne, 9 ff.), in derselben Sammlung das Gedicht No. XV (S. 89 ff., am Schluß), Il n'avait pas vingt ans (Chants du Crépuscule, 97 ff. das. 100, 3. 6), Sunt lacrymae rerum (Voix intérieures, 17 ff., das. 19) Tentanda via est (Voix int., 176), auch die merkwürdige Rolle, die Napoleon in Regard jeté dans une mansarde (Rayons et Ombres, 37 ff.,) als Schutzengel eines armen Mädchens spielt. Für Heine wird der Text noch eine Menge von Illustrationen dieser bekannten Erscheinung bieten.

⁴¹⁴) Näheres hierüber noch im Schlußkapitel.

⁴¹⁵) Vergl. Werke, IV, 524 ff. mit V, 479—80 und VI, 164—66, 344—45.

⁴¹⁶) S. 116—17 dieses Buches.

⁴¹⁷) Quinets Napoléon.

⁴¹⁸) Näheres über Quinets Verhältnis zu Heine im Schlußkapitel.

⁴¹⁹) Vergl. Quinets Aufsatz: Henri Heine in der Revue des deux Mondes, 15. Febr. 1834, S. 353 ff.

⁴²⁰) George Sand, Spiridion, Brüssel, 1839, 258 ff.

⁴²¹) So der alte General in den „Bauern" (Les Paysans), dem Schmerzenskinde Balzacs.

⁴²²) In Ménage de garçon.

⁴²³) In der gleichnamigen Erzählung (Le Colonel Chabert).

⁴²⁴) In den „Unzufriedenen" und den „Spaniern in Dänemark". Auch in Mérimées Glanzstück „Colomba" ist der Held, der Korse della Rebbia, ein ehemaliger kaiserlicher Offizier. Nebenbei bemerkt, stand dieser Schriftsteller auch politisch und persönlich ganz zum Kaisertum. (Vergl. Augustin Filon, Mérimée et ses amis, Paris, 1894, passim).

⁴²⁵) In: Servitude et grandeur militaires.

⁴²⁶) Poésies politiques und Elégies nationales et satires politiques in: Poésies complètes de Gérard de Nerval, Paris, 1877, 1 ff. (Œuvres complètes, VI).

⁴²⁷) Börne, Ges. Schriften, IX (Hamburg, 1832), 255 ff.

⁴²⁸) Le Temps vom 13. November 1893.

⁴²⁹) Rostand, L'Aiglon, Akt. I, Sc. 5, S. 19.

⁴³⁰) Werke, V, 40.

⁴³¹) Incapable de les comprendre, elle sut les exploiter, heißt es wörtlich in dem Buche Napoléon et ses détracteurs des Prinzen Napoleon, 8 A., Paris, 1887, 3.

⁴³²) Eine hübsche Scene dieser Art schildert Friedrich Seybold, Bruchstücke aus den Schriften eines Gefangenen, Stuttgart, 1833, 289 ff. („Eine Pariser Emeute").

⁴³³) Béranger, Les Souvenirs du peuple.

⁴³⁴) Chants du Crépuscule, 37.

⁴³⁵) Paris, 19. Januar 1832, Werke, V, 39 ff.

⁴³⁶) Geibel und Leuthold, Fünf Bücher französischer Lyrik, Stuttgart, 1862, 196.

⁴³⁷) Bekanntlich eine der Bezeichnungen Napoleons im Soldatenmunde, die seine grenzenlose Popularität im Sprachbilde widerspiegeln. (Vergl. über diese die hübschen Ausführungen des italienischen Napoleonforschers Alberto Lumbroso in dessen Altri soprannomi popolari negli eserciti del primo impero napoleonico [Estratto dall'Archivio, per le tradizioni popolari, Bd. XIV, Palermo, 1895] und meine Broschüre „Napoleons Tod", 78).

⁴³⁸) Vergl. Strodtmann, a. a. O., II, 41.

⁴³⁹) Werke, V, 177.

⁴⁴⁰) Werke, IV, 40—41.

⁴⁴¹) Immermann, Wiege und Traum, Schriften, I (1835), 457.

⁴⁴²) Napoleon II., in: Chant du Crépuscule, 51 ff.

⁴⁴³) M. G. Saphir, Trauer-Kleeblatt, den Napoleoniden geweiht, München 1832. Auch Friedrich Wilhelm Rogge, Fr. Niemann, Theodor B. von Sydow, Otto Weber u. a. haben dem Schicksal des früh verklärten Kaisersohnes Gedichte gewidmet.

444) Platen, Die Wiege des Königs von Rom in Parma.

445) Aus: Jacoby, Bilder und Zustände aus Berlin, vergl. Stuttgarter Literaturblatt, 1833, No. 68.

446) Werke, III, 120.

447) Barthélemy, der sich dafür in der Satire Le Fils de l'homme gerächt hat.

448) Werke, V, 86.

449) Werke, V, 193 ff.

450) General Montholon.

451) Original im Louvre, Nachbildung bei Dayot, a. a. O., 60. Über die ungemeine Popularität des Bildes vergl. Holzhausen, Der erste Konsul Bonaparte, 115 f.

452) Gemeint ist wohl das auf S. 441 des Dayotschen Werkes in den Text eingeschaltete Bild von Horace Vernet.

453) Fragmente und Aphorismen, Ges. Schriften, VI (Hamburg, 1829), 106.

454) Werke, V, 87. Heine macht diese Bemerkungen im Anschluß an eine Schilderung der Herabnahme von Napoleons Standbilde, dem man bei dieser Gelegenheit die Füße abgesägt und einen Strick um den Hals gelegt habe. Elster (a. a. O., Anm. 1) bemerkt dazu: „Dies geschah im Jahre 1815 bei der zweiten Einnahme von Paris auf Anordnung Blüchers". Nach Ambroise Tardieu, dem zuverlässigen Chronisten der Vendômesäule, wurde indessen dieser Vandalismus nicht 1815, nicht von den Deutschen und nicht auf Anordnung Blüchers, sondern Anfang April 1814 von Franzosen selber, fanatischen Royalisten, verübt. (Dayot, a. a. O., Anm. 3 zu S. 154.)

455) Werke, V, 103.

456) Französisch: Barthélemy, La Statue de Napoléon, in: Poésies satiriques (Nouveautés de la littérature française, 22e livr., Stuttg. 1831, 33.

457) J. H. v. Wessenberg, Sämtl. Dichtungen, II (Stuttg. u. Tübingen, 1834), 182.

458) Werke, V, 39.

459) Werke, VII, 20.

460) Werke, V, 195.

461) Börne, Briefe aus Paris, 24. Februar 1831, Ges. Schriften, X (Hamburg, 1832), 130.

462) Börne: Schüchterne Bemerkungen über Östreich und Preußen, Ges. Schriften, III (Hamburg, 1829), 75, Heine: Werke, VII, 290 (in der Einleitung zu „Kahldorf über den Adel"). Vergl. auch oben, S. 95 dieses Buches.

463) Werke, IV, 65.

464) Über den längst zum Gemeinplatz herabgesunkenen unglückseligen Vergleich Napoleons mit Washington, dessen sich sogar ein Byron nicht schämt, s. S. 3 und „Napoleons Tod", 57. Vergl. dazu die S. 126 citierte Stelle aus den Neuen allgem. polit. Annalen, Bd. XXVII (1828), Heft 4, S. 376.

465) Treitschke, hist. u. pol. Aufs., 4. A., III, 153, Deutsche Geschichte, III, 712.

466) Werke, V, 171.

467) Werke, V, 194.

468) Saint-René Taillandier sagt das in seinem bekannten Aufsatz über Heine in der Revue des deux Mondes, 1. April 1852, S. 22. Plaisamment ist der von dem französischen Kritiker gebrauchte Ausdruck.

⁴⁶⁹) Werke, V, 23.

⁴⁷⁰) Werke, IV, 70 u. 89.

⁴⁷¹) Werke, III, 114.

⁴⁷²) Werke, VI, 148.

⁴⁷³) Paris, Montag, 25. Februar 1833, Gef. Schriften (Reclam), III, 585—90.

⁴⁷⁴) Deutsche Vierteljahrsschrift, 1838, 1. Heft, S. 234—35.

⁴⁷⁵) Werke, V, 50.

⁴⁷⁶) Europe littéraire, 28. Juni, 1833. Der Verfasser des G.-A. D. ge-zeichneten Artikels ist unbekannt (vergl. Betz, a. a. O., 44). Eine Abschrift ver-danke ich der Liebenswürdigkeit des Herrn Maurice Courcelle.

⁴⁷⁷) Saint-René Taillandier, a. a. O., 22.

⁴⁷⁸) Werke, V, 216.

⁴⁷⁹) Die Stellen: Werke, IV, 372, VI, 584 (aus den Lesarten zur Lutetia, in der Beilage zur Allgem. Zeitg. v. 20. Juni 1840, No. 172), VI, 23.

⁴⁸⁰) Werke, V, 238.

⁴⁸¹) Werke, V, 275. Vergl. dazu Werke, IV, 522.

⁴⁸²) Werke, V, 238.

⁴⁸³) Werke, V, 279.

⁴⁸⁴) Werke, V, 281—82.

⁴⁸⁵) Werke, V, 275.

⁴⁸⁶) Werke, V, 237.

⁴⁸⁷) Werke, IV, 19.

⁴⁸⁸) Werke, II, 453.

⁴⁸⁹) Werke, IV, 19. Über die Frage nach der objektiven Berechtigung des Vorwurfs vergl. oben, S. 8.

⁴⁹⁰) Werke, VI, 178.

⁴⁹¹) Vergl. Pröhle, Jahns Leben, Berlin, 1855, 133—34, Schultheiß, Friedr. Ludw. Jahn, 97.

⁴⁹²) Werke, V, 264—65.

⁴⁹³) Werke, III, 492 u. ö.

⁴⁹⁴) Werke, V, 71.

⁴⁹⁵) Werke, V, 40.

⁴⁹⁶) Werke, V, 177, dann später VI, 225.

⁴⁹⁷) Werke, V, 95.

⁴⁹⁸) Werke, V, 359. Besonders boshaft ist hier noch die Anführung Sébastianis, den Heine wegen seiner Haltung als Justemilieuminister haßt und in den „Französischen Zuständen" mit einer Blütenlese maliziöser Beiwörter beehrt. (Werke, V, 66 f.) Übrigens war Sébastiani, wie Heine selber (a. a. O., 67) zugeben mußte, ein verdienter General der Kaiserzeit.

⁴⁹⁹) Werke, V, 86.

⁵⁰⁰) Werke, VI, 172.

⁵⁰¹) Werke, IV, 264—65, 289.

⁵⁰²) Werke, VII, 281—82.

⁵⁰³) Börne, Briefe aus Paris, Gef. Schriften, IX u. X (Hamburg, 1832), passim.

⁵⁰⁴) Werke, IV, 518.

⁵⁰⁵) Werke, IV, 519.

⁵⁰⁶) Eingehender habe ich mich hierüber in meinem Aufſatz: Napoleon im deutſchen Drama (Bühne und Welt, Jahrg. II [1900] 725 ff.) ausgeſprochen. Eine umfaſſende Unterſuchung über das Thema, die ſehr intereſſant zu werden verſpricht, bereitet ein junger Forſcher, Herr Gaehtgens zu Nſentorff, in Roſtock vor. Die franzöſiſchen Napoleondramen hat Adolphe Briſſon in einem Aufſatze der Revue illustrée (1899) behandelt.

⁵⁰⁷) Vergl. hierüber S. 18 ff., 77.

⁵⁰⁸) In Form einer Skizze habe ich das in dem Beiblatt zum Berliner Tageblatt, „Der Zeitgeiſt", No. 2, 3, 4 vom 9., 16. u. 23. Januar 1899 verſucht.

⁵⁰⁹) Voyages des frères Bacheville après leur condamnation par la cour prévôtale du Rhône, en 1816, Paris, 1822 (vergl. die wertvolle Studie des Pariſer Doktors E. Guillon, Les Complots militaires sous la Restauration, Paris, 1895, 334—35).

⁵¹⁰) Börne, Schilderungen aus Paris, Geſ. Schriften, V (Hamburg, 1829), 157—58. Dieſes oder ein ähnliches Ereignis iſt von M. Veit poetiſch behandelt (Die alte Säule auf dem Platze Vendôme, in: Napoleons-Album, hrsg. von Ed. Brinckmeier, Braunſchweig, 1842, 220 ff.)

⁵¹¹) Werke, IV, 505.

⁵¹²) Balzac, Œuvres complètes, Scenes de la vie parisienne, II (Paris, 1835), 31.

⁵¹³) Werke, IV, 518 ff.

⁵¹⁴) Werke, IV, 514 ff.

⁵¹⁵) Goethes ſämtliche Werke (Ausg. in zehn Bänden, Stuttg., 1875), I, 310.

⁵¹⁶) Werke, I, 305—6.

⁵¹⁷) Werke, III, 147—48.

⁵¹⁸) Sehr hübſch hat Béranger dieſen Gegenſatz in ſeinem „Tambourmajor" behandelt, einem 1838—40 entſtandenen Gedichte, das übrigens außer dem Titel mit dem Heineſchen nichts gemein hat (Bérangers ſämtl. Werke, überſetzt von Ludwig Seeger, Stuttg., 1859, II, 261).

⁵¹⁹) Vergl. oben, S. 119.

⁵²⁰) Victor Hugo, Toute la Lyre, I, 62—63.

⁵²¹) Die (erſt nach Hugos Tode) veröffentlichten Verſe des franzöſiſchen Dichters tragen als Datum den 13. Mai 1843. Heines Tambourmajor erſchien in No. 34 der Zeitg. f. d. eleg. Welt vom 23. Auguſt 1843.

⁵²²) Werke, IV, 350 ff.

⁵²³) Schon in deſſen erſter (1815, aber mit der Jahreszahl 1816 veröffentlichter) Gedichtſammlung findet ſich ein Turlututu (vergl. Jules Brivois, Bibliographie de l'œuvre de P.-J. de Béranger, Paris, 1876, S. 3), auch in dem lockeren leichten Bon vin et fillette ein ähnlich lautender Refrain: Turlurette, turlurette (Béranger, Œuvres compl., Paris 1848, 12).

⁵²⁴) Werke, IV, 517.

⁵²⁵) Werke, V, 50, wo es heißt: „Außerdem hat dieſe imperiale Heldenperiode gar vielen das Leben gekoſtet, die jetzt Männer wären, ſo daß überhaupt unter dieſen letztern von manchen Jahrgängen nur wenige komplette Exemplare vorhanden ſind".

⁵²⁶) Mathilda Malling, Die Frau Gouverneurin von Paris, Kopenhagen, 1896.

⁵²⁷) Mémoires, ou souvenirs historiques sur Napoléon, la Révolution, le Directoire, le Consulat, l'Empire et la Restauration, Paris, 1831—35, 18 Bde.

⁵²⁸) Stuttgarter Literaturblatt, 1832, No. 115; 1835, No. 27. Vergl. auch Jen. Allg. Lit.-Zeitg., 1832, Erg. Bl., No. 32; 1833, No. 34 u. 54 (Erg. Bl.), No. 217; 1834, Erg. Bl., No. 11; 1835, Erg. Bl., No. 83; 1836, No. 216.

⁵²⁹) Werke, V, 39. Vergl. auch V, 50.

⁵³⁰) Werke, IV, 517.

⁵³¹) Werke, IV, 372.

⁵³²) Strodtmann, a. a. O., II, 294.

⁵³³) Heine an Varnhagen, Paris, 12. u. 13. Febr. 1838, Werke (Karpeles), IX, 104 ff.

⁵³⁴) Daß sich die französischen Minister thatsächlich recht wenig um Heines politische Schriftstellerei gekümmert haben, beweist der von Legras (Deutsche Rundschau, LXXX, 90—91) veröffentlichte Entwurf eines Briefes von Heine an Thiers aus dem Jahre 1855.

⁵³⁵) Laube, Erinnerungen, Ges. Schriften in fünfzehn Bänden, I, 400.

⁵³⁶) Laube, a. a. O., 399.

⁵³⁷) Laube, a. a. O., 328.

⁵³⁸) Mundt, Paris und Louis Napoleon, Berlin, 1858, I, 88.

⁵³⁹) Gutzkow, Öffentl. Charaktere, Ges. Werke, II (Frankfurt 1845), 3, 6, 20.

⁵⁴⁰) Gutzkow, a. a. O., II, 19; ders., Der Tod des Herzogs von Orleans, Ges. Werke, XII (Frankfurt 1846), 378.

⁵⁴¹) Œuvres de Napoléon III, Bd. I (Paris 1854), 371 ff.

⁵⁴²) Die Schrift Des Idées Napoléoniennes steht in den Œuvres, I, 15 ff., die im Text herangezogene Rezension: Jen. Allgem. Lit.-Zeitg., 1840, No. 52.

⁵⁴³) Der Aufsatz L'Idée Napoléonienne, in den Œuvres, I, 1 ff.

⁵⁴⁴) Werke, VI, 584 (Lesarten).

⁵⁴⁵) Vergl. oben, S. 120 und Note 320.

⁵⁴⁶) L'Idée Napoléonienne, Œuvres, I, 8.

⁵⁴⁷) Des Idées Napoléoniennes, Kap. V, Œuvres, I, 153 ff.

⁵⁴⁸) Vergl. Mundt, Pariser Kaiser-Skizzen, Berlin, 1857, II, Kap. V („Die napoleonische Idee"), S. 147 ff. und: Ders., Paris und Louis Napoleon, II, Kap. IV („Die inneren Kämpfe im Empire und die Ideen von 1789"), S. 118 ff.

⁵⁴⁹) Werke, III, 274.

⁵⁵⁰) Werke, VI, 285—86.

⁵⁵¹) Vergl. Napoleons Tod, 83—84.

⁵⁵²) In dem erwähnten Gedichte: La Statue de Napoléon, Anniversaire du cinq Mai.

⁵⁵³) Vergl. oben, S. 156.

⁵⁵⁴) Wessenberg, Sämtl. Dichtungen, II, 181.

⁵⁵⁵) Allgem. Zeitg., 1840, No. 139, S. 1108.

⁵⁵⁶) So des liberalen Constitutionnel und des Courrier français, der gemäßigten Débats und des Capitole, das heftige Ausfälle gegen England nicht unterdrücken konnte. Auch der von dem Grafen Montalembert geleitete klerikal-katholische Univers stimmte bei, indem er an die „religiösen Überzeugungen" und das Ende des Kaisers erinnerte.

⁵⁵⁷) Werke, VI, 169.

⁵⁵⁸) Werke, VI, 580—81.

⁵⁵⁹) Werke, VI, 171.

⁵⁶⁰) Werke, VI, 207, vergl. VI, 313.

561) Werke, VI, 226. Vergl. dazu 241.

562) Gutzkow, Briefe aus Paris, Ges. Werke, XII (Frankfurt, 1846), 189—90.

563) Werke, VI, 222, 252—53.

564) Thiers' Histoire du Consulat et de l'Empire begann 1845 zu erscheinen.

565) Gutzkow, a. a. O., 189.

566) Werke, VI, 203.

567) Werke, VI, 286.

568) Werke, VI, 588 (Lesarten zu 211 der Lutetia).

569) Werke, VII, 583—85. (Aus den Lesarten zur Lutetia. In dieser ist ein längeres Stück unterdrückt worden).

570) Werke, VI, 585 (Lesarten).

571) Werke, IV, 177, 180, dagegen: VI, 584 (Lesarten).

572) Artikel X vom 30. Mai 1840, Werke, VI, 177—80.

573) Werke, VI, 178.

574) Werke, VI, 204.

575) Werke, VI, 180.

576) Werke, VI, 585 (Lesarten).

577) Wenigstens soll Börne nach Heines Bericht (Werke, VII, 93) im Jahre 1832 zu diesem gesagt haben: „Hier vor uns, im Tuileriengebäude, donnerte der Konvent, die Titanenversammlung, wogegen Bonaparte mit seinem Blitzvogel nur wie ein kleiner Jupiter erscheint . . . .“

578) Werke, VI, 179.

579) Eine Abschrift der betreffenden Nummern der Gazette de France und der Rede Lamartines (letztere aus dem Moniteur Universel) verdanke ich der Güte des Herrn Maurice Courcelle in Paris. Zur Lamartineschen Rede vergl. auch Kölnische Zeitg., No. 152 vom 31. Mai und Allgem. Zeitg., No. 153 vom 1. Juni 1840, S. 1219.

580) Vergl. Jen. Allgem. Lit.-Zeitg., 1819, No. 69 ff. und Literar. Conversationsblatt, 1822, No. 71.

581) Werke, VI, 199.

582) Werke, VI, 225.

583) Allgem. Zeitung, 1840, No. 350, S. 2795.

584) Victor Hugo, Le 15 décembre 1840, Légende des Siècles, IV, 37.

585) Werke, VI, 242. Die folgenden Citate aus Heine beziehen sich, soweit nicht besonders angegeben, auf die Schilderung der Begräbnisfeierlichkeit, Werke, VI, 241—43 nebst den Lesarten, VI, 596.

586) Victor Hugo, Œuvres inédites: Choses vues, Paris, 1888, 23.

587) Leipziger Allgem. Zeitung, 1840, No. 357.

588) Allgem. Zeitung, 1840, No. 358, S. 2858.

589) Allgem. Zeitung, 1840, No. 351, S. 2802.

590) Allgem. Zeitung, 1840, No. 358, S. 2858. Marschall Moncey war damals krank; er lebte noch nahezu anderthalb Jahre und starb erst, fast achtundachtzigjährig, am 20. April 1842.

591) Victor Hugo, Le Retour, in: La Légende des Siècles, IV, 28.

592) So der Moniteur und andere französische Zeitungen, auch manche deutsche. Die Berichte widersprechen sich, oft in einem und demselben Blatte, ebensosehr wie die über die Stimmungen bei Napoleons Tode (vergl. Kap. II

meiner öfter erwähnten Schrift). Vergl. Kölnische Zeitg., 1840, No. 356, Allgem.
Zeitg., No. 356, S. 2842 ff., Leipziger Zeitg., 1840, No. 307, No. 309 und Beil.
zu No. 305, Leipziger Allgem. Zeitg., No. 357, 358, 359.

593) Brinckmeier, An die Franzosen, in: Napoleons-Album, hrsg. von Ed.
Brinckmeier, Braunschweig, 1842, 310.

594) Werke, V, 144 ff.

595) Mainzer Zeitg., 1840, No. 352.

596) Leipziger Allgem. Zeitg., 1840, No. 357.

597) Herwegh, Ufnau und St. Helena, in: Gedichte eines Lebendigen, 7. A.,
Zürich u. Winterthur, I (1843), 79.

598) Leipziger Allgem. Zeitg., 1841, No. 3.

599) Werke, V, 40. Vergl. oben, S. 159.

600) Werke, VI, 334.

601) Werke, III, 114. Vergl. oben, S. 113.

602) Werke, VI, 310, 312, 313.

603) Werke, VI, 249—50.

604) Werke, II, 449—50.

605) Th. Drobisch, St. Helenas letzte Tage, in: Eduard Brinckmeiers Napoleons-Album, 302.

606) Von Deutschen und Franzosen wurde Prinz Joinville gepriesen, der
dem Helden die Ehre der Heimholung erwies, und Vater Ludwig Philipp, der
den jungen Prinzen über das ferne Meer hinaussandte:

> In Frankreichs Namen soll mein Sohn die Pflichten,
> Die es dem Ruhme schuldig ist, entrichten . . . .

(Aus: Friedrich Laun [Friedrich August Schulze], Ludwig Philipp und Napoleon.
Zum Andenken an das Jahr 1840 und dessen Feier der Buchdruckerkunst, Dresden
u. Leipzig, 1840. Vergl. Jen. Allgem. Lit.-Zeitg., 1840, No. 209. Ähnlich: Louis
Belmontet, Joinville à Sainte-Hélène, L'Alleluja de l'Empire, La Magnani-
mité, in dessen: Poésie de l'Empire français, Paris, 1853, 52 ff., 54 ff.,
84 ff.).
Andere, z. B. die alten Napoleondichter Delavigne und Barthélemy, haben,
wie in Deutschland Friedr. Wilh. Rogge (vergl. über diesen den Text!), eigentliche
„Rückkehrlieder", νόστοι, gedichtet, der erstgenannte mit scharfen Ausfällen gegen
England. (Le Retour in: Œuvres compl. de Casimir Delavigne, Bd. V:
Messéniennes, chants populaires et poésies diverses, nouv. éd., Paris, Didier,
1854, 209 ff. D. verfaßte auch bei dieser Gelegenheit eine ziemlich matte
Napoléonne, a. a. O., 245 ff. Kürzer und wirkungsvoller ist seine gleichfalls
auf das Ereignis des 15. Dezember bezügliche Hymne des Invalides, a. a. O.,
253—55.)
Dagegen zeigt Barthélemys Le voici (vergl. Allg. Zeitg., 1840, No. 362,
S. 2890) wahrnehmbare Anklänge an den Geisterspuk in Zedlitz' „Nächtlicher
Heerschau", die durch mehrfache Übertragungen in Frankreich eingebürgert und
durch Raffets Zeichnungen sehr populär geworden war.
In ähnlicher Farbengebung hat der schon erwähnte Sachse Drobisch die zur
Nachtzeit stattgefundene Ausgrabung der Heldenleiche zum Gegenstand einer
balladenartigen Dichtung gemacht (das erwähnte Gedicht: Sankt Helenas letzte
Tage), während sein Landsmann Wilhelm Gerhard und in Frankreich Théodore

Villenave und Louis Belmontet in längeren epischen Gedichten, aber ohne von dem Gespensterwesen Gebrauch zu machen, die Heimholung erzählt haben. (Wilhelm Gerhard, ein Urenkel Paul G.s, in: Napoleons Rückkehr, Leipzig, 1841, Belmontet: Le Retour du grand mort, a. a. O., 57 ff., Th. Villenave in der von ihm besorgten Ausgabe des Corquetschen Napoléon [vergl. über diesen: Napoleons Tod, 110 Anm. 2 und S. 40 dieses Buches], Paris, 1840, 219 ff. V.s Gedicht führt den Titel: Les Cendres de Napoléon).

Noch weiter ging ein schon früher erwähnter deutscher Poet, der Medizinalrat Karl Georg Neumann, sogar ein spezifisch preußischer Patriot, der gerade damals seine vaterländische Gesinnung durch einen „Nachtrag zu Beckers Rheinliede" dokumentierte, aber in versöhnlichem Tone dem Leben des großen Gegners einen strophenreichen Sang weihte, den er in der Feier im Invalidendom ausklingen ließ:

> Sein König, alle seine Großen stellen
> Den Sarg des Helden bei den Helden auf,
> Die für ihn kämpften. Herrlicher erhellen
> Wird seinen Namen langer Zeiten Lauf.
> Der Wahrheit Spiegel ist der Welt Geschichte:
> Ihr Mund schallt durch die Welt, ihr Wort wird zum Gerichte.

(Neumann, Napoleon, in: Karl Georg Neumanns Gedichten, Aachen, 1841, 105 ff., die angeführte Stelle das., 169.)

Während hier ein wackerer Preuße den Manen des tapferen Feindes gerecht zu werden sucht, können wetterfeste Demokraten dem Manne des Brumaire, dem Kaiser, noch immer nicht verzeihen. Das zeigt Herweghs bekanntes Gedicht „Ufnau und St. Helena", das dem „Freiheitsmörder" einen Streiter für geistige Freiheit, Ulrich von Hutten, gegenüberstellt. Noch schärfer äußert sich Hoffmann von Fallersleben, der von seinem Standpunkt aus über die zweite Begräbnismillion spottete (Hoffmann, Napoleons Asche, Ges. Werke [Gerstenberg], IV, 190) und in dessen Gedichten der naheliegende Wunsch nach Ruhe für die Heldenasche in eine scharfe Pointe verläuft:

> Nun, er ruh' in Gottes Namen,
> Und du Frankreich, freue dich!
> Und wir alle jauchzten: Amen!
> Wär's der letzte — Wüterich!

(Hoffmann, Napoleon, a. a. O., IV, 191.)

Gerechter als diese leidenschaftlichen Gegner wurde dem Andenken Napoleons Emanuel Geibel, der für seinen Gönner und Freund, den kunstsinnigen Freiherrn Karl von der Malsburg-Escheberg, ein die Überführung der Gebeine Napoleons behandelndes dramatisches Gelegenheitsstück verfaßte. Albert Duncker hat in seiner Ausgabe der Briefe des Poeten an den hessischen Baron (Emanuel Geibels Briefe an Karl Freiherrn von der Malsburg und Mitglieder seiner Familie, Berlin 1885, 21 ff.) über das Stück einige Notizen gebracht, die ich hier noch ergänzen kann. Einen ersten Hinweis in dieser Sache verdanke ich Herrn Otto Simon in Görlitz. Dann hatte der Sohn des Escheberger Schloßherrn, Se. Exzellenz, Herr Kammerherr Dr. iur. Baron Hans v. d. Malsburg, der mit seiner Schwester, der Gräfin Holnstein, bei der Aufführung des Geibelschen Stückes einst mitgewirkt, die Gewogenheit, mir perſönlich über den Inhalt desſelben genauere Mitteilungen zu machen. G. hatte es für den Geburtstag des Freiherrn (1841) geſchrieben, deſſen Datum mit dem Jahrestage der Schlacht an der Moskwa, die jener als napoleoniſcher Offizier mitgemacht hatte, ſehr nahe zuſammenfiel. Der Inhalt war folgender: Zwei Steinklopfer ſitzen an einer Straße, die der Eſcheberger Gutsherr baut, und trinken auf deſſen Wohl den Wein, den er den Arbeitern zu ſeiner Geburtstagsfeier geſchickt hat. Da zieht ein franzöſiſcher Invalide des Weges und fragt, wie es komme, daß die Arbeiter Wein tränken. Dieſe antworten, daß es der Geburtstag des Gutsherrn und der Jahrestag der Schlacht bei Moshajsk ſei, worauf der Invalide erzählt, daß er bei der Über-führung der Gebeine Napoleons nach dem Pariſer Invalidendom zugegen ge-weſen ſei. Dann trinken alle drei auf das Wohl des Gutsherrn, und ſchließlich wird ein Vorhang weggezogen, hinter dem des Kaiſers Büſte ſichtbar wird, die ein Genius bekränzt. Dieſen ſtellte die jetzige Frau Gräfin Holnſtein dar, die Steinklopfer waren die Söhne des Eſchebergers, den Invaliden ſpielte der Dichter — alles im engſten Familienkreiſe.

Die ganze Scenerie, die Aufführung des anſpruchsloſen Stückes in dem von lieblichen Waldhügeln umkränzten Eſcheberg (unweit von Kaſſel), vor allem aber die Geſtalt des für Napoleon begeiſterten Gutsherrn werden an Hauffs „Bild des Kaiſers" erinnern. Erhalten hat ſich von der liebenswürdigen Dichtung an-ſcheinend nur der Prolog. Mag er auch im Hinblick auf die Entſtehungsart des Stückchens keinen Schluß auf Geibels Stellung zu Napoleon zulaſſen, ſo iſt doch die Anerkennung der Größe des fremden Helden durch den patriotiſchen Dichter, die in ihrer Objektivität etwas Manzoniſches hat (vergl. M.s klaſſiſche Ode auf Napoleons Tod und deren Beſprechung in meiner oftmals erwähnten Schrift, 64 ff.), poetiſch ſehr wirkungsvoll:

> Von allen, die emportrug ihr Jahrhundert,
> Die mächtig in des Schickſals Rad gefaßt,
> Ward keiner ſo wie Du geſchmäht, bewundert,
> Ward keiner ſo wie Du geliebt, gehaßt.
>
> Ein ſchöner Heros warſt Du Deinem Volke,
> Ein Halbgott ſchrittſt Du Deinem Heer voran,
> Dem Feinde ſchienſt Du des Verderbens Wolke,
> Ein Frevler dem Beſiegten, ein Tyrann.
>
> Was kümmerts Dich? Es eilt die flücht'ge Stunde,
> Es ſinkt des Haſſes, ſinkt der Liebe Kleid,
> Ihr Urteil ſpricht mit unbeſtochnem Munde,
> Der Menſchheit große Richterin — die Zeit.
>
> Was Du gethan, es ſtrahlt in der Geſchichte,
> Was Du gefehlt, hat abgebüßt Dein Los —
> Unſterblich wirſt du leben im Gedichte,
> Du warſt der Mann des Schickſals, Du warſt groß.

Außer an Manzoni, mit dem die Grundauffaſſung übereinſtimmt, finden ſich in dieſem Prolog auch Anklänge an Victor Hugo, die möglicherweiſe auf Er-innerungen aus der Lektüre des franzöſiſchen Dichters zurückzuführen ſind, mit dem ſich Geibel bekanntlich viel beſchäftigte. Die auffallendſte Parallele ſcheint mir — gegen Schluß des Prologs — die hübſche Stelle zu bieten:

Hier ruhst Du unter vaterländ'schem Himmel,
Die treuen Fechter schlafen um Dich her,
Und über Dir erbrauset das Gewimmel
Der Stadt Paris gleichwie ein zweites Meer.

Auch Hugo hat in der (zweiten) Ode A la Colonne (Chants du Crépuscule, 38) diesen schönen Vergleich des bewegten Treibens der Weltstadt mit dem Murmeln der Wogen des Ozeans. — Soweit über Geibels Gelegenheitsdichtung, die dem Helden und seiner Feier immerhin gerecht zu werden versuchte.

Übrigens waren Herwegh und Hoffmann nicht die einzigen, die sich über die Einholung der Asche unliebsam geäußert haben. Hatten schon früher französische Dichter — von namhafteren taten es jetzt wieder Hugo und Delavigne — den Sarg des Schlachtengewinners wie eine Bundeslade angejubelt, ein Palladium, von dessen Anwesenheit in der Hauptstadt sie sich alles Mögliche und Unmögliche für die Begeisterung der Soldaten in künftigen Kriegen versprachen, so konnten sie ernüchtert werden durch die kühleren Betrachtungen minder berühmter deutscher Kollegen, die bei aller Bewunderung des Lebenden doch nicht umhin konnten, ihnen zu sagen, daß man von dem Staube nichts mehr zu erwarten habe:

Was euch zum Ruhm geleuchtet,
Des Flammengeistes Licht,
Das mit euch siegte, herrschte,
Lebt in der Asche nicht!

So schrieb Eduard Brinckmeier, der sich die Mühe nicht verdrießen ließ, die besten Erzeugnisse der Napoleonlyrik bis in die vierziger Jahre in einem der Größe des Gefeierten auch in der äußeren Ausstattung nicht ganz unwürdigen Album zusammenzustellen. (Das schon erwähnte, in Braunschweig 1842 erschienene Napoleons-Album. Das Gedicht, „An die Franzosen" betitelt, das., 307 ff. Auch andere Sammlungen ähnlicher Art erzeugte oder begünstigte das durch die Rückholung der Asche stark erregte literarische Interesse. Eine war unter dem Titel „Napoleonsche Gedichte" schon 1840 bei A. F. Böhme in Leipzig anonym erschienen; eine dritte veranstaltete Ernst Ortlepp: Napoleonlieder, Ulm, 1843).

Und ähnlich hören wir Ludwig Hilsenberg in Erfurt:

Eine Kaiserleiche ist es, doch der Kaiser ist es nicht!

(Brinckmeiers Napoleons-Album, 306. Über Hilsenberg vergl.: Napoleons Tod, 39, Anm. 2.)

Auch Heine hatte (Werke, VI, 581) gewarnt: „Jetzt schwärmen sie, die gutmütig leichtsinnigen Franzosen. Sie sind mit den Lebenden so unzufrieden, daß sie Gott weiß was von dem Toten erwarten. Ihr irrt euch. Ihr werdet einen sehr stillen Mann an ihm finden."

Trotz Trommelgerassels und pomphafter Reden blieb der Gefeierte doch ein Toter, und diesen Toten, meinten manche, hätte man lieber in seinem wogenumrauschten Grabe schlummern lassen sollen. Es wäre poetischer gewesen. So hat in Italien der Pistojese Ugo Marini empfunden (vergl. den mehrfach citierten Aufsatz von Antonio Medin, Nuova Antologia, Bd. 135, S. 295), so empfand auch der alte Tegnér, ein Mann, der sich auf die Meerespoesie gewiß verstehen mußte:

> Den Staub nicht rühre: wo er weilet,
> Siehst eine Siegessäule du;
> Nur seine Ehre ist's, die eilet
> Zur Zeitengrenz'. — dem Staube Ruh'!

(Tegnér, Napoleons Grab, deutsch von Mohnike, in: Sämtliche Gedichte von Esaias Tegnér, aus dem Schwedischen von Gottlieb Mohnike, Leipzig 1840, II, 107, in Brinckmeiers Napoleons-Album, 297).

Auch Gutzkow sagt (Ges. Werke, XII, [Frankfurt 1846], 184): „Und doch hatte der Weltgeist es schöner mit Napoleon im Sinne als Herr Thiers. Er machte Napoleon zur Mythe, Thiers hat ihn wieder zur Geschichte gemacht." Wenn dieser Schriftsteller bedauert, daß man dem großen Kaiser etwas von seinem Nimbus geraubt habe, so hat Heine, freilich in der Werkeltagsstimmung der „Lutetia", noch Schlimmeres befürchtet: „Ja, der tote Held hätte in St. Helena bleiben sollen, und ich will ihm nicht dafür stehen, daß nicht einst sein Grabmal zertrümmert und seine Leiche in den schönen Fluß geschmissen wird, an dessen Ufern er so sentimental ruhen sollte, nämlich in die Seine!" Heine denkt dabei (Werke VI, 286) an die Kommunisten; es ist die nämliche Stelle, wo er die Zertrümmerung der Vendômesäule durch dieselben Hände vorausgesagt hat.

Wir hörten den Dichter auch davon reden, daß die Franzosen mit ihrer Exaltation sich wie Kinder geberdeten, die das ihnen genommene Spielzeug, wenn sie es zurückerhalten, „lachend zerschlagen und mit Füßen treten würden". Nicht viel anders dachte ein junger Napoleonschwärmer am Fuß der finsteren Felsen des Kaukasus, Michail Lermontov, dem ein Jahr nach der Rückkehr seines Helden eine in sinnlosem Zweikampf abgefeuerte Kugel das Poetenherz zerreißen sollte. Dieser zweite Puschkin macht der großen, wie er sie nennt, der „erbärmlichen" Nation die bittersten Vorwürfe, daß sie den Mann, den sie verlassen, dessen Sohn sie „dem Feinde preisgegeben", nun — so will es ihm scheinen — zum Possenspiel erniedrige:

> Und Jahre flohn. Da schrie mit kindischer Geberde
> Das Volk: „Gebt uns den Staub! Laßt uns ihn benedein!
> Als Samen senken wir ihn in die freie Erde
> Und ernten reichsten Segen ein!"
> Nun hat die Heimat ihn. Und wieder drängt die Menge
> Mit wildem Jubelschrei zu dem entweihten Staub;
> In Frankreichs Hauptstadt wird mit eitlem Schaugepränge
> Bestattet der Verwesung Raub . . .
> Verflogen ist der Rausch des blödersehnten Glückes,
> Der überreizte Sinn heischt wechselnden Genuß,
> Und die gebebt vor ihm, — sie treten stolzen Blickes
> Den Heldenstaub mit plumpem Fuß!

(Gedichte von M. J. Lermontoff [richtiger Lermontov], im Versmaß des Originals von Friedrich Fiedler, Leipzig, Reclam, 97—98. Über den Dichter und sein Verhältnis zu dem französischen Kaiser vergl. Napoleons Tod, 64).

Das wären, soweit mein Wissen reicht, die merkwürdigsten poetischen Erzeugnisse der Napoleon-Begräbnis-Literatur. Vollständigkeit ist hier überhaupt nicht beabsichtigt. Ich vermeide es vielmehr, in einem Buche, dessen Titel den Namen eines Sternes erster Klasse trägt, den Meteoroidenschwarm zu untersuchen, der sich in jenen fruchtbaren Tagen am poetischen Himmel, namentlich Frankreichs, zeigte. (Eine Sammlung von Gedichten dieser Art ist die: Couronne poétique de Napoléon. Hommage de la poésie à la gloire, Paris, Amyot, 1840. Ein Exemplar des heutzutage seltenen Buches sah ich in der Privatbibliothek des Herrn Kammerherrn v. d. Malsburg auf Escheberg). Nur die in der Leipziger Allgemeinen Zeitung (1840, No. 359) und auch sonst in gleichzeitigen Preßberichten mehrfach gerühmten Verse der auch sonst als Dichterin bekannten Louise Révoil Colet (1810–1876) möchte ich noch erwähnen. Und dann kann ich ein kleines litterarisches Erlebnis nicht übergehen, dessen Erwähnung diese Grabespoesie würdig beschließen mag. Als ich im November vor. J. in einem der Säle des uralten Kölner Kauf- und Gesellschaftshauses Gürzenich einen Vortrag über die den Tod Napoleons umschwebende Poesie gehalten hatte, trat ein einundachtzigjähriger Herr auf, der frühere Verlagsbuchhändler Eduard Heinrich Mayer (der sich unter dem Namen Ernst Fest auch schriftstellerisch bekannt gemacht hat) und las ein Gedicht vor, das er selbst — vor mehr als sechzig Jahren! — zur Feier des 15. Dezember 1840 verfaßt hatte. Die Schlußstrophen, die ich mitteile, zeigen, daß auch dieser ehrwürdige Veteran der Poetenzunft in seiner Jugend zu denen gehörte, die in der Rückkehr von Napoleons Asche Heil und Segen für das Frankenland erblickten:

> Auf Frankreich! auf! entgegen
> Breite die Arme ihr!
> Der Asche, die nur Segen
> Kann bringen heute dir.
>
> Vielleicht, daß ihr ein Stäublein
> Der alten Kraft entsprüht
> Und wieder seines Geistes
> Ein Funke dich durchglüht!

607) Nach einer (noch nicht veröffentlichten) Übersetzung von Otto Simon. Französisch: Victor Hugo, Lég. des Siècles, IV, 29.

608) Allgem. Zeitg., 1840, No. 355, S. 2835.

609) Werke, III, 160.

610) Werke, III, 454.

611) Lutetia, Kap. X, Werke, VI, 177.

612) Rogge, Des Kaisers Heimkehr. Die Kenntnis des Gedichts verdanke ich Herrn Direktor Otto Simon.

613) Werke, III, 273.

614) Werke, III, 493.

615) Strodtmann, a. a. O., II, 348 ff.

616) Vergl. Werke, VII, 384–85 mit VI, 540 ff.

617) Alfred Meißners Erinnerungen an H. Heine, 97. Vergl. Strodtmann, a. a. O., II, 353.

618) Vergl. meinen Aufsatz: Inwieweit spiegeln sich in Schillers Wallenstein zeitgeschichtliche Personen und Ereignisse wieder?, II, Beil. 3. Allgem. Zeitg., 1900, No. 233.

619) Heine an Gustav Kolb, Paris, 21. April 1851, Werke (Karpeles), IX, 378.

620) Heine an Kolb, Paris, 13. Februar 1852, Werke (Karpeles), IX, 416.

621) Werke, II, 192—95.

622) Strodtmann (a. a. O., II, 354) bezieht es auf deutsche Verhältnisse. Ein zwingender Grund zu der Annahme, daß die Verse auf Napoleon III. zielen, liegt meines Erachtens immerhin nicht vor. Vergl. aber oben den Text.

623) Gottschall, Aus meiner Jugend, 362, v. Embden, Heinrich Heines Familienleben, 234.

624) Werke (Karpeles), a. a. O.

625) Heine an Meißner, Paris, 1. März 1852, Werke (Karpeles), IX, 420 („Über Politik schreibe ich Ihnen nichts" u. f. w.), und derf. an Kolb, Paris, 22. März 1853, Werke (Karpeles), IX, 465 („Politisches schreibe ich Ihnen nicht, da die Dinge zu betrübt sind" u. f. w.).

626) Strodtmann, a. a. O., II, 425.

627) Meißners Erinnerungen, 99. Vergl. oben, S. 90.

628) Werke, VI, 32.

629) Aus den projektierten Briefen über Deutschland, Werke, VI, 533.

630) Das auf Veranlassung seines Verlegers Campe (vergl. Strodtmann, a. a. O., II, 434—35) anfänglich unterdrückte und erst nach Heines Tode in den „Letzten Gedichten und Gedanken" (S. 333 ff.) veröffentlichte Waterloofragment steht in den Werken, VI, 538 ff. unter den Lesarten, die oben angeführte Stelle daf., 543.

631) Man vergl. dazu die Behandlung der Schlacht bei Jena (das „— dum, dum, dum —") im Buch Le Grand, Werke, III, 158.

632) Strodtmann, a. a. O., II, 335—37. Friedrich Wilhelm IV. hätte es zugegeben. Der Romantiker auf dem Throne war zu hochherzig, um die Erfüllung einer solchen Bitte zu verweigern. Der Minister von Bodelschwingh hat sich den traurigen Ruhm erworben, die Zurückweisung veranlaßt zu haben. Sie war ein würdiges Seitenstück zu den Steckbriefen, die verschiedene Bundesstaaten schon 1844 gegen den größten deutschen Liederdichter erlassen hatten. Hoffmann von Fallersleben hat das in ihnen enthaltene Signalement des berühmten Schriftstellers mitgeteilt (vergl. Kaufmann, Heines Charakter und die moderne Seele, 70).

633) In dem schon erwähnten Brief Heines an Varnhagen, London, 1. Mai 1827, Werke (Karpeles), VIII, 517.

634) Werke, VI, 28.

635) Die Stellen über die Staël in den Geständnissen; Werke, VI, 22—31, 40.

636) Werke, VII, 435.

637) Las Cases, Mémorial de Sainte-Hélène, Paris, 1823, II, 164 ff., V, 312 ff.; O'Meara, Napoleon in der Verbannung (Fr. Schott), III, 31. (Vergl. auch Montholon, Mémoires, IV, 288.)

638) Werke, VII, 435.

639) Vergl. oben, S. 202.

640) Lady Blennerhasset, „Frau von Staël und ihre Beziehungen zu Deutschland", Deutsche Rundschau, XXXVI, 376 ff.; dieselbe, „Frau von Staël, ihre Freunde und ihre Bedeutung in Politik und Literatur", Berlin, 1887—89, 3 Bde. Lady B., deren Gelehrsamkeit übrigens Achtung einflößt, glaubt (a. a. O., II, 307 f.), das

im Text erwähnte angebliche Gespräch zwischen der Staël und Napoleon auf eine Gedächtnistäuschung des letzteren zurückführen zu müssen, worin sie recht zu haben scheint. Für meine Zwecke ist das, wie im Text bemerkt, ohne Bedeutung. — Die neueste Studie über Frau von Staël verdanken wir der glänzenden Feder des berühmten Akademikers Albert Sorel (Mᵐᵉ de Staël, Paris, Hachette, 1890, 3. Aufl., daf. 1901).

641) Ein vorsichtiger Forscher wie E. Elster hat ihre Entstehungszeit ungefähr zwischen 1845—1856 angesetzt.

642) Werke, VII, 434.

643) Werke, VII, 435.

644) Quinet, Napoléon, Paris, 1836, 376.

645) Vergl. Napoleons Tod, 77.

646) Werke, VII, 434.

647) Werke, a. a. O.

648) Campe an Heine, 17. April 1854, mitgeteilt von Strodtmann, a. a. O., II, 434.

649) Doretzsch, a. a. O., Preuß. Jahrbücher, 95, 453—54.

650) Original: Quinet, Napoléon, 369.

651) Werke, III, 160.

652) Napoleons Tod, 101.

653) Leipzig, 1833.

654) Die drei Gedichte „Reiters Tod", „Das Veilchen", „Der Grenadier der alten Garde", in Gaudys sämtl. Werken (Arthur Mueller), VII (Berlin, 1844), 53 ff., 131 f., 140 ff.

655) In allen Ausgaben der Gedichte von Anastasius Grün.

656) In Brinckmeiers Napoleons-Album, 54 ff.

657) Otto Weber, Blätter vom Stamme Napoleon, 58 ff. u. 62 ff.

658) Otto Weber, a. a. O., 62.

659) Gaudy, Werke, VII, 55.

660) Napoleons-Album, 127 f.

661) Werke, III, 165.

662) Doretzsch, a. a. O., 492.

663) Gaudy, Werke, VII, 86.

664) Werke, III, 118.

665) Ségur, Histoire de Napoléon et de la grande armée, passim.

666) Gaudy, Werke, VII, 85.

667) Gaudy, Werke, VII, 144.

668) Werke, III, 453.

669) Gaudy, Werke, VII, 146.

670) Werke, III, 160.

671) Gaudy, Werke, VII, 156—57.

672) Napoleons-Album, 234. Otto von Deppen ist ein Pseudonym für Karl Friedrich Heinr. Straß, den Dichter des ursprünglichen Textes von „Schleswig-Holstein meerumschlungen".

673) Napoleons-Album, 247.

674) Otto Weber, Blätter vom Stamme Napoleon, 113.

675) Die Gardy-Episode steht in Laubes Reisenovellen, Ges. Schriften in fünfzehn Bänden, VIII, 31 ff., die im Text angezogenen Stellen daf., 33, 36, 43.

676) Laube, Reisenovellen, Ges. Schriften, VIII, 26, 37, 254, 299, Erinnerungen, Ges. Schriften, I, 14. An dieser letzteren Stelle drückt er sich am vorsichtigsten aus: „Hier verläßt mich mein Gedächtnis; ich weiß nicht zu sagen, ob ich den Kaiser wirklich gesehen" u. s. w. Es mochte ihm doch bedenklich vorkommen, diese zweifelhafte Geschichte in ein Buch aufzunehmen, das er als eine Urkunde zur Geschichte seines Lebens angesehen wissen wollte.

677) Laube, a. a. O., VIII, 254, 299.

678) Für jeden, der den Feldzug von 1813 einigermaßen kennt, ist eine Anwesenheit des Kaisers in dem von der großen Heerstraße abgelegenen Städtchen schon an sich so gut wie ausgeschlossen. General Bertrand, mit dessen Anwesenheit Laube den Besuch Napoleons zusammenbringt, lag vom 9. Juni bis zum 13. August 1813 in der Stadt. Sein Hauptquartier war thatsächlich in dem von Laube bezeichneten, gegenwärtig dem Kaufmann Drescher gehörigen Hause in der Herrngasse. Jene Zeit der Waffenruhe verbrachte aber der Kaiser, mit Ausnahme kurzer Fahrten nach Magdeburg, Luckau, Lübben und einem mehrtägigen Aufenthalt in Mainz, zu Dresden. Auch im Frühjahrsfeldzug und während seines zweimaligen Vorstoßes nach Schlesien, im August und September 1813, hat er Sprottau nicht berührt. Die Geschichten dieser Feldzüge, das Itineraire de Napoléon Bonaparte von Charles Dolly, die Correspondance wissen kein Wort davon. Auch in der von dem Polizeiratsmann Joh. Gottlieb Kreis verfaßten „Chronik von Sprottau" ist von einer Anwesenheit des Franzosenkaisers keine Spur zu finden, und die Lokaltradition des Ortes weiß gleichfalls nichts von einer solchen zu melden. (Auskunft hierüber verdanke ich dem Direktor des dortigen Gymnasiums, Herrn Dr. Schwenkenbecher.)

679) Laube, Ges. Schriften, VIII, 288.

680) Das Kapitel „Montebello" steht in den Ges. Schriften, VIII, 300 ff.

681) Laube, Ges. Schriften, VIII, 256.

682) Laube, Ges. Schriften, VIII, 312.

683) Briefe eines Verstorbenen, München, 1830, II, 329, 344.

684) Gutzkow, Aus der Zeit und dem Leben, Leipzig, 1844, 305.

685) Gutzkow, a. a. O., 311.

686) Gutzkow, Ges. Werke, II (Frankfurt, 1845), 124.

687) Laube, Ges. Schriften, VIII, 216.

688) Laube, a. a. O., VIII, 355.

689) Laube, a. a. O., VIII, 386.

690) Laube, a. a. O., VIII, 384.

691) Laube, a. a. O., IX, 75—76.

692) Laube, a. a. O., IX, 81—82.

693) Laube, a. a. O., IX, 49.

694) Laube, a. a. O., VIII, 388.

695) Laube, a. a. O., IX, 123.

696) Laube, a. a. O., IX, 12.

697) Werke, VI, 169.

⁶⁹⁸) Werke, V, 57.

⁶⁹⁹) Werke, V, 238.

⁷⁰⁰) Laube, a. a. ©., IX, 76.

⁷⁰¹) Laube, a. a. ©., VIII, 256.

⁷⁰²) Laube, a. a. ©., VIII, 311.

⁷⁰³) Laube, a. a. ©., VIII, 327.

⁷⁰⁴) Laube a. a, ©., VIII, 25.

⁷⁰⁵) Laube, a. a. ©., VIII, 41.

⁷⁰⁶) Werke, VI, 447.

⁷⁰⁷) Börne, Gef. Schriften X (Hamburg, 1832), 291.

⁷⁰⁸) Laube, a. a. ©., IX, 6.

⁷⁰⁹) Werke, VI, 192.

⁷¹⁰) Laube, a. a. ©., 17 – 18.

⁷¹¹) Goethes Gespräche (Biedermann), VII, 61 (7. April 1829, mit Eckermann und H. Meyer).

⁷¹²) Goethes Gespräche (Biedermann), VII, 163 (6. Dez. 1829, mit Eckermann).

⁷¹³) Goethes Gespräche (Biedermann), IV, 331 (7. Dezember 1823, mit Soret).

⁷¹⁴) Werke, III, 111.

⁷¹⁵) Byron, Don Juan, 11, 55–56, Werke (Gildemeister), VI, 131–32. –
Ein ähnliches Beispiel aus dem Wirtschaftsleben des Gutsherrn Byron findet sich:
Byron's Works (neue Murraysche Ausg., von Ernest Hartley Coleridge und
Rowland E. Prothero), Letters and Journals, I, 312.

⁷¹⁶) Heine an Immermann, ohne Datum, wohl 22. oder 23. Dezember 1829,
Werke (Karpeles), VIII, 573–74.

⁷¹⁷) Laube, a. a. ©., IX, 133.

⁷¹⁸) Werke, VI, 225.

⁷¹⁹) Werke, V, 42.

⁷²⁰) Laube, a. a. ©., VIII, 299.

⁷²¹) Laube, a. a. ©., VIII, 153.

⁷²²) Gutzkow, Säkularbilder, I, Gef. Werke, IX (Frankfurt, 1846), 115.

⁷²³) Strachwitz, Gedichte (Reclam), 93–94. Dergl. Richard M. Meyer,
a. a. ©., 374 ff.

⁷²⁴) Werke, VI, 213.

⁷²⁵) Werke, VI, 285.

⁷²⁶) Werke, V, 175.

⁷²⁷) Werke, V, 125.

⁷²⁸) Werke, VI, 225.

⁷²⁹) Werke, V, 67.

⁷³⁰) Laube, a. a. ©., VIII, 101–2.

⁷³¹) Werke, VII, 185.

⁷³²) Werke, III, 391.

⁷³³) Heine an Varnhagen, Lüneburg, 24. Oktober 1826, Werke (Karpeles),
VIII, 509.

⁷³⁴) Werke, III, 183.

⁷³⁵) Werke, VI, 24.

[736] Werke, V, 248, vergl. V, 238 und Elsters Anmerkung am letztgenannten Orte.

[737] Werke, V, 107.

[738] Werke, III, 115. Vergl. oben, S. 111.

[739] Lindner in seiner Scottkritik, Stuttgarter Literaturblatt, 1827, No. 91, S. 362.

[740] Werke, III, 439.

[741] Werke, V, 176.

[742] Werke, V, 42.

[743] Werke, VII, 290.

[744] In Heines Denkschrift über Börne, Werke, VII, 32.

[745] Börne, Ges. Schriften, XVII (Leipzig, 1847), 203.

Perſonen-Regiſter.

Einzug des Kais

am

Nach de

...eon in Düsseldorf

...811.

Petersen.